Win-Q

잠수
기능사 필기

시대에듀

합격에 **윙크[Win-Q]**하다!

Win-Q

Always with you

사람이 길에서 우연하게 만나거나 함께 살아가는 것만이 인연은 아니라고 생각합니다.
책을 펴내는 출판사와 그 책을 읽는 독자의 만남도 소중한 인연입니다.
시대에듀는 항상 독자의 마음을 헤아리기 위해 노력하고 있습니다.
늘 독자와 함께하겠습니다.

Win Qualification

끝까지 책임진다! 시대에듀!
QR코드를 통해 도서 출간 이후 발견된 오류나 개정법령, 변경된 시험 정보, 최신기출문제, 도서 업데이트 자료 등이 있는지 확인해 보세요! **시대에듀 합격 스마트 앱**을 통해서도 알려 드리고 있으니 구글 플레이나 앱 스토어에서 다운받아 사용하세요.
또한, 파본 도서인 경우에는 구입하신 곳에서 교환해 드립니다.

편집진행 윤진영 · 오현석 | **표지디자인** 권은경 · 길전홍선 | **본문디자인** 정경일

PREFACE

새로운 자원 개발, 수중작업과 관련된 건설업의 증가, 수자원 및 환경보호의 인식 등에 따라 잠수활동이 활발해지고 있다. 잠수는 수압에서 오는 위험성이 항상 도사리고 있어 잠수장비는 고도화, 복잡화되고 있으며, 안전한 잠수를 통하여 목적한 업무를 수행할 수 있는 전문 기능 인력의 양성이 필요하게 되었다. 이러한 시대 변화의 흐름에 따라 만들어진 자격증이 잠수기능사이다.

잠수기능사는 자격증 취득 후 국가 및 각종 수중 전문건설업체에서 다리나 부두 및 방파제, 수중교각이나 선박 점안시설, 유조선 터미널, 화력 및 원자력발전소 냉각시설 등의 구조물을 시공하기 위해 물속에서 해야 하는 용접, 수중준설, 수중암석 파쇄, 수중 터파기, 수중 콘크리트 타설 같은 일을 주로 하며, 수중에 생활용수관이나 송유관, 하수처리관, 통신케이블 부설공사, 인공어초 투하공사, 선박수리 및 보수 등의 일도 한다. 또한 방송프로덕션이나 해양개발연구소의 수중작업부서에서 해저사진촬영, 수중조사연구 및 해안조사업무, 소방서, 해경특수기동대에서 해난구조업무, 수산물채취업, 스포츠잠수업 및 훈련강사 등으로도 진출할 수 있다.

상당수의 잠수사는 해군이나 육군 공수특전단, 해병 특수수색대에서 잠수기술을 배운 후 업체에 취업하고, 자격증을 취득하는 경우가 많다. 업체에서는 수중공사업면허를 취득하기 위해 토목기술자 또는 관련 종목의 기능사 중 2인 이상을 보유하여야 하므로 자격증을 취득하는 것이 취업에 유리하다.

한국산업인력공단에서 잠수작업 전문인력의 양성을 목적으로 잠수기능사 자격시험을 실시하고 있으나 관련 도서 및 특히 수험서 대비 교재는 전무한 상황이다. 이에 시대에듀에서 잠수기능사의 첫 걸음이자 시작인 필기시험을 대비한 교재를 출간하였다.

본서의 간결하고 확실한 내용의 핵심이론과 빈출문제 그리고 적중예상문제와 과년도＋최근 기출복원문제 및 해설로 완벽하게 대비하여 반드시 합격하도록 하자.

기술자격연구팀 올림

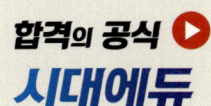

자격증·공무원·금융/보험·면허증·언어/외국어·검정고시/독학사·기업체/취업
이 시대의 모든 합격! 시대에듀에서 합격하세요!
www.youtube.com ➔ 시대에듀 ➔ 구독

[잠수기능사] 필기

시험안내

개요
새로운 자원 개발, 수중작업과 관련된 건설업의 증가, 수자원 및 환경보호의 인식 등에 따라 잠수활동이 활발해지고 있다. 잠수는 수압에서 오는 위험성이 항상 도사리고 있어 잠수장비는 고도화, 복잡화되고 있다. 따라서 안전한 잠수를 통하여 목적한 업무를 수행할 수 있는 전문 기능 인력의 양성이 필요하게 되었다.

진로 및 전망
국가 및 각종 수중 전문건설업체에서 다리나 부두 및 방파제, 수중교각이나 선박점안시설, 유조선 터미널, 화력 및 원자력발전소 냉각시설 등의 구조물을 시공하기 위해 물속에서 해야 하는 용접, 수중준설, 수중암석 파쇄, 수중 터파기, 수중콘크리트 타설 같은 일을 주로 한다.

시험일정

구분	필기원서접수 (인터넷)	필기시험	필기합격 (예정자)발표	실기원서접수	실기시험	최종 합격자 발표일
제1회	1월 초순	1월 하순	2월 초순	2월 초순	3월 중순	4월 중순
제2회	3월 중순	4월 초순	4월 중순	4월 하순	5월 하순	6월 하순
제3회	6월 초순	6월 하순	7월 중순	7월 하순	8월 하순	9월 하순

※ 상기 시험일정은 시행처의 사정에 따라 변경될 수 있으니, 큐넷 홈페이지(www.q-net.or.kr)에서 확인하시기 바랍니다.

시험요강
❶ 시행처 : 한국산업인력공단
❷ 시험과목
  ㉠ 필기 : 잠수물리, 잠수위생, 잠수장비, 잠수작업
  ㉡ 실기 : 잠수작업
❸ 검정방법
  ㉠ 필기 : 객관식 4지 택일형 60문항(1시간)
  ㉡ 실기 : 작업형(3시간 30분 정도)
❹ 합격기준(필기·실기) : 100점을 만점으로 하여 60점 이상

검정현황

필기시험

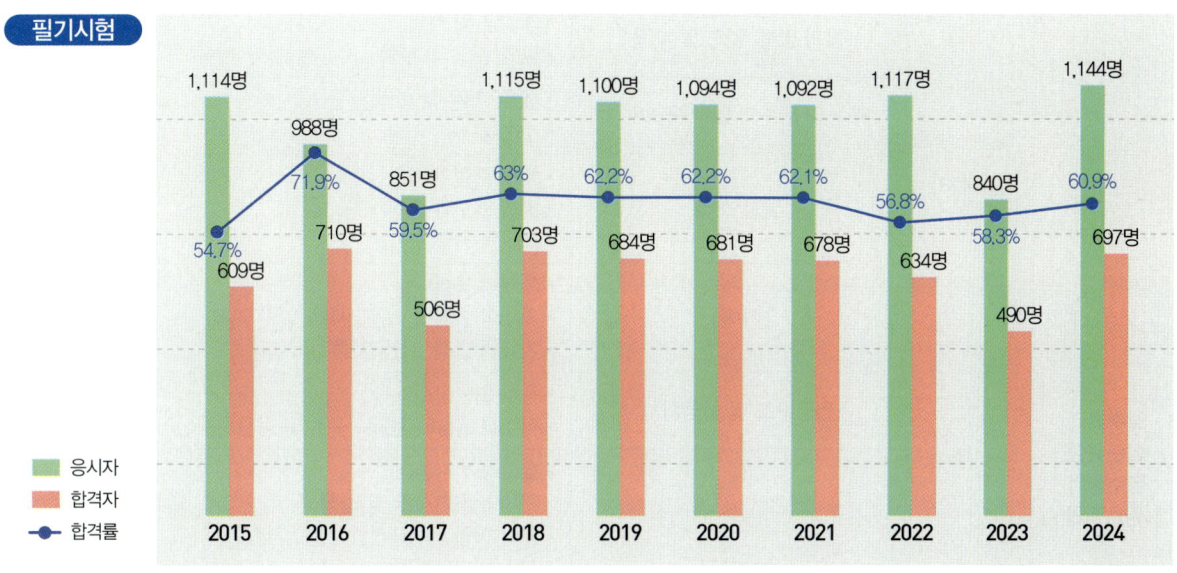

실기시험

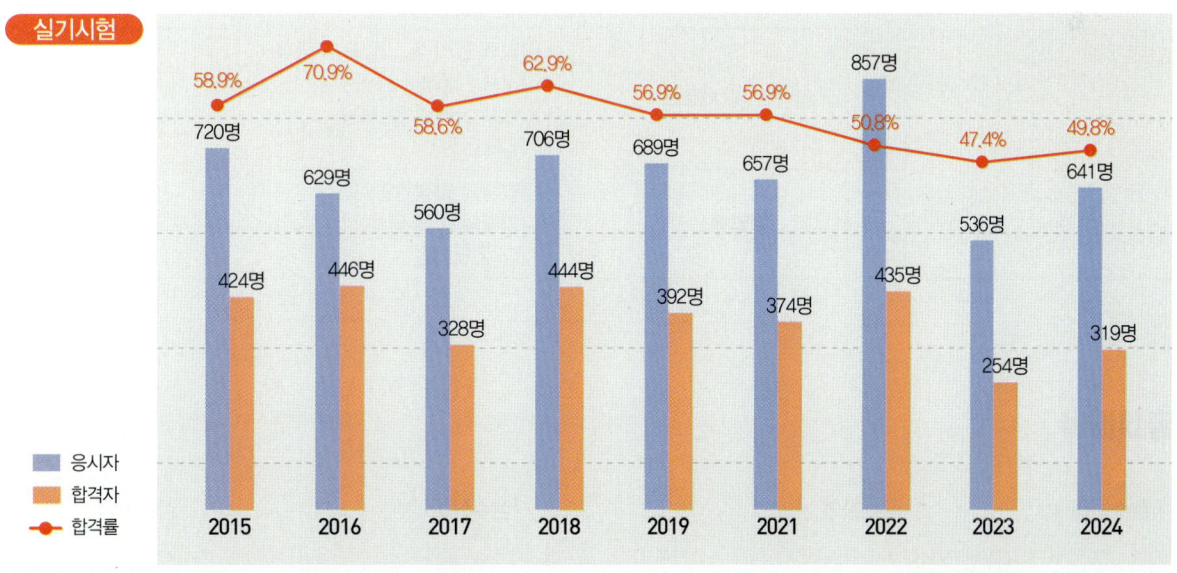

※ COVID-19로 인해 2020년 실기시험 미시행

[잠수기능사] 필기

시험안내

출제기준

필기과목명	주요항목	세부항목	세세항목
잠수물리, 잠수위생, 잠수장비, 잠수작업	잠수물리	물의 압력, 밀도 및 부력	• 대기압 및 수압 • 물의 밀도 및 부력
		해수 및 담수의 일반 물리환경	• 해류, 파랑 및 바람 • 수온 및 해저지형
		빛과 소리	• 빛의 굴절과 반사 • 빛의 흡수와 분산 • 소리의 전달
		기 체	• 기체의 특성 • 기체의 법칙 Ⅰ(보일, 샤를, 일반 기체) • 기체의 법칙 Ⅱ(헨리, 돌턴, 기타)
	잠수생리	인명구조 및 응급처치	• 잠수 일반안전수칙 • 잠수사고(상해 등) 시 구조 및 응급처치
		잠수생리	• 호흡계와 순환계 • 인체의 공기공간 및 압착 • 폐의 파열(기체색전증, 기흉, 기종) • 산소 및 일산화탄소 독성 • 질소마취 • 호흡과 잠수 • 수온과 인체
		감압표 및 치료표	• 감압의 원리 및 감압표의 종류 • 감압표 사용법 및 적용 • 치료표 사용법 및 적용 • 기압조절실
		감압병	• 감압병의 발생원인 • 감압병의 종류 및 증상 • 기타 유의사항

출제비율

잠수물리	잠수위생	잠수장비	잠수작업
11%	32%	35%	22%

필기과목명	주요항목	세부항목	세세항목
잠수물리, 잠수위생, 잠수장비, 잠수작업	잠수장비	스쿠버장비	• 호흡 조절기 • 공기통 • 기타 장비 • 검사 및 사후관리
		표면공급식 장비	• 종류 및 명칭 • 잠수헬멧의 구조 및 원리 • 잠수헬멧 사용법 • 생명줄(Umbilical) 외 기타 장비 • 기체공급압력과 기체량 • 검사 및 사후관리
		잠수지원장비 및 공구	• 잠수보조장비의 종류 및 명칭 • 잠수보조장비 사용 및 관리 • 탐사 및 검사장비 • 기타 장비 • 잠수 관련 공구의 종류 및 사용
	잠수작업	수중공사	• 수중공사의 종류 및 작업
		로프 및 결색	• 로프의 재료 및 종류 • 로프의 사용 및 결색법
		수중용접 및 절단작업	• 수중용접 • 수중절단 • 안전수칙
		수중발파작업	• 폭파물의 종류와 성질 • 수중발파작업 • 수중발파 안전수칙
		수중통신	• 줄신호 및 통신
		수중조사, 수중촬영 및 검사	• 수중조사 • 수중촬영 • 수중검사
		해난구조	• 해난구조 기본기술 • 선박구조, 인양 및 예인
		해양환경정화작업	• 수중오염 방지 및 제거
		잠수 관련법	• 산업안전보건법 및 시행령, 시행규칙 중 잠수 관련법 • 산업안전보건기준에 관한 규칙 중 잠수 관련 규칙

[잠수기능사] 필기

CBT 응시 요령

기능사 종목 전면 CBT 시행에 따른
CBT 완전 정복!

"CBT 가상 체험 서비스 제공"

한국산업인력공단
(http://www.q-net.or.kr) 참고

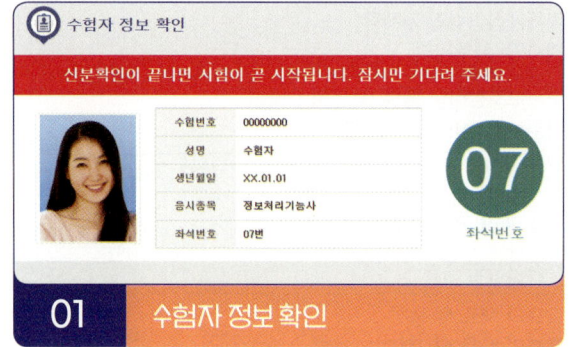

01 수험자 정보 확인

시험장 감독위원이 컴퓨터에 나온 수험자 정보와 신분증이 일치하는지를 확인하는 단계입니다. 수험번호, 성명, 생년월일, 응시종목, 좌석번호를 확인합니다.

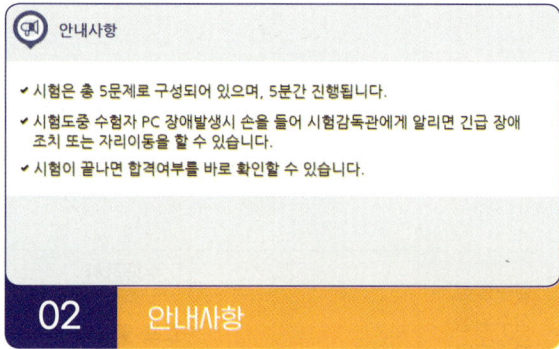

02 안내사항

시험에 관한 안내사항을 확인합니다.

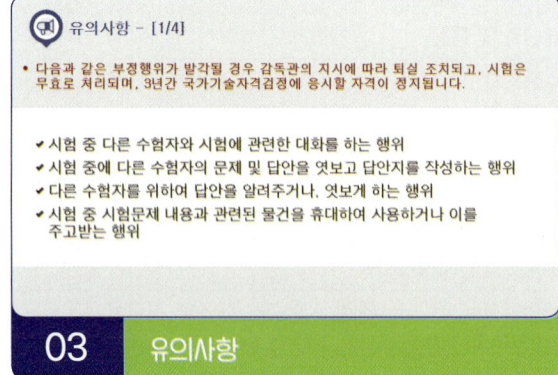

03 유의사항

부정행위에 관한 유의사항이므로 꼼꼼히 확인합니다.

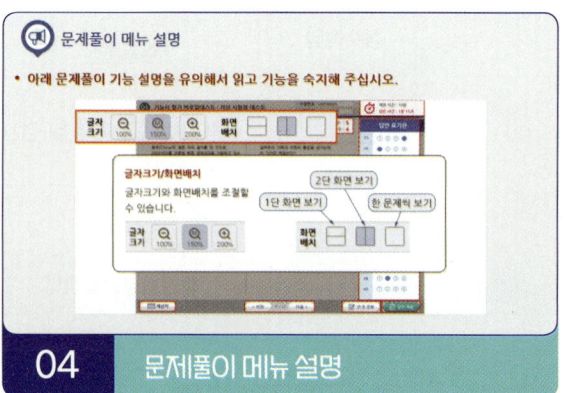

04 문제풀이 메뉴 설명

문제풀이 메뉴의 기능에 관한 설명을 유의해서 읽고 기능을 숙지해 주세요.

CBT GUIDE

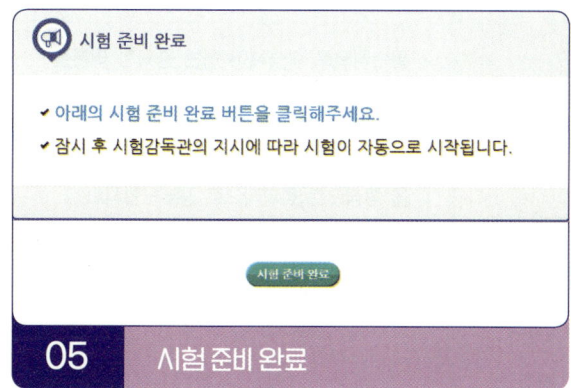

05 시험 준비 완료

시험 안내사항 및 문제풀이 연습까지 모두 마친 수험자는 시험 준비 완료 버튼을 클릭한 후 잠시 대기합니다.

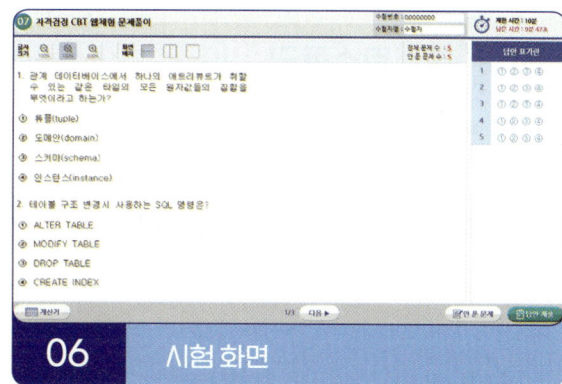

06 시험 화면

시험 화면이 뜨면 수험번호와 수험자명을 확인하고, 글자크기 및 화면배치를 조절한 후 시험을 시작합니다.

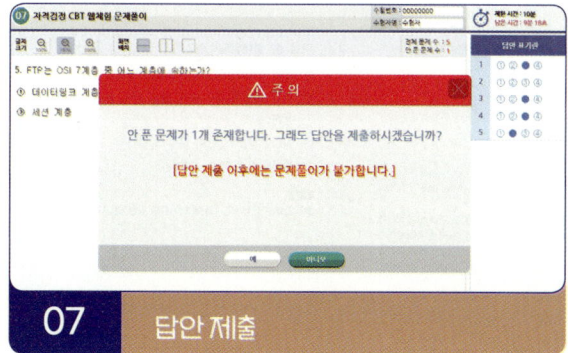

07 답안 제출

[답안 제출] 버튼을 클릭하면 답안 제출 승인 알림창이 나옵니다. 시험을 마치려면 [예] 버튼을 클릭하고 시험을 계속 진행하려면 [아니오] 버튼을 클릭하면 됩니다. 답안 제출은 실수 방지를 위해 두 번의 확인 과정을 거칩니다. [예] 버튼을 누르면 답안 제출이 완료되며 득점 및 합격여부 등을 확인할 수 있습니다.

CBT 완전 정복 Tip

내 시험에만 집중할 것
CBT 시험은 같은 고사장이라도 각기 다른 시험이 진행되고 있으니 자신의 시험에만 집중하면 됩니다.

이상이 있을 경우 조용히 손을 들 것
컴퓨터로 진행되는 시험이기 때문에 프로그램상의 문제가 있을 수 있습니다. 이때 조용히 손을 들어 감독관에게 문제점을 알리며, 큰 소리를 내는 등 다른 사람에게 피해를 주는 일이 없도록 합니다.

연습 용지를 요청할 것
응시자의 요청에 한해 연습 용지를 제공하고 있습니다. 필요시 연습 용지를 요청하며 미리 시험에 관련된 내용을 적어놓지 않도록 합니다. 연습 용지는 시험이 종료되면 회수되므로 들고 나가지 않도록 유의합니다.

답안 제출은 신중하게 할 것
답안은 제한 시간 내에 언제든 제출할 수 있지만 한 번 제출하게 되면 더 이상의 문제풀이가 불가합니다. 안 푼 문제가 있는지 또는 맞게 표기하였는지 다시 한 번 확인합니다.

[잠수기능사] 필기

구성 및 특징

핵심이론

필수적으로 학습해야 하는 중요한 이론들을 각 과목별로 분류하여 수록하였습니다. 시험과 관계없는 두꺼운 기본서의 복잡한 이론은 이제 그만! 시험에 꼭 나오는 이론을 중심으로 효과적으로 공부하십시오.

적중예상문제

적중예상문제에 자세한 해설을 수록하여 핵심이론에서 학습한 중요 개념과 내용을 한 번 더 확인할 수 있도록 하였습니다. 과년도 기출문제를 기본으로 한 적중예상문제를 통해 실제 시험의 유형과 패턴을 익히면서 조금 더 효과적으로 학습할 수 있습니다.

STRUCTURES

과년도 기출문제

지금까지 출제된 과년도 기출문제를 수록하였습니다. 각 문제에는 자세한 해설이 추가되어 핵심이론만으로는 아쉬운 내용을 보충 학습하고 출제경향의 변화를 확인할 수 있습니다.

최근 기출복원문제

최근에 출제된 기출문제를 복원하여 가장 최신의 출제경향을 파악하고 새롭게 출제된 문제의 유형을 익혀 처음 보는 문제들도 모두 맞힐 수 있도록 하였습니다.

[잠수기능사] 필기

최신 기출문제 출제경향

2018년 4회
- 감압병의 증상 및 치료방법
- 작업현장에서 사용되는 매듭의 종류
- 수중작업 중 사용하는 비상신호
- 스쿠버용 공기통의 수압검사
- KMB 밴드마스크
- 수중탐색방법 및 탐색신호

2019년 2회
- 심폐소생술 시행방법
- 법률에 따른 잠수작업 시 근로시간
- 공기색전증과 기체색전증
- 보일의 법칙
- 피복제의 기능
- 수중탐색

2020년 2회
- 기체색전증
- 보일의 법칙, 돌턴의 법칙
- 재압체임버의 안전 수칙
- 아노드(Anode)
- 감압병의 증상
- 비상신호방법

2021년 2회
- 빛의 굴절
- 보일의 법칙
- KMB 밴드마스크
- 산소아크절단
- 감압병의 증상 및 치료법
- 기체색전증
- 탐색신호
- 잠수사의 근로시간 및 건강진단주기

TENDENCY OF QUESTIONS

2022년 2회
- 잠수기록표 기록 사항
- 미 해군 치료표의 적용
- 맥박성 출혈의 유형
- 일산화탄소 중독의 증상
- 입수 전 안전수칙
- 샤를의 법칙

2023년 2회
- 산소 중독의 증상과 예방
- 기체색전증의 치료법
- 감압병
- 잠수신호
- 잠수종의 특징
- 상어에 대한 예방책

2024년 2회
- 피복제 역할
- 공기통 수압 검사
- 산소 치료표
- 아이 스플라이스
- 감압병 증상
- 심폐소생술 시행방법

2025년 2회
- 이상증상에 따른 기체 법칙
- 수중용접
- 잠수 헬멧과 밴드마스크
- 잠수 관련 법
- 스쿠버 잠수
- 예인 시 안전수칙

[잠수기능사] 필기

D-20 스터디 플래너

20일 완성!

D-20
✅ CHAPTER 01
잠수물리
핵심이론 01~
핵심이론 07

D-19
✅ CHAPTER 01
잠수물리
핵심이론 08~
핵심이론 15

D-18
✅ CHAPTER 01
잠수물리
핵심이론 16~
핵심이론 21

D-17
✅ CHAPTER 02
잠수위생
핵심이론 01~
핵심이론 09

D-16
✅ CHAPTER 02
잠수위생
핵심이론 10~
핵심이론 19

D-15
✅ CHAPTER 02
잠수위생
핵심이론 20~
핵심이론 28

D-14
✅ CHAPTER 03
잠수장비
핵심이론 01~
핵심이론 08

D-13
✅ CHAPTER 03
잠수장비
핵심이론 09~
핵심이론 17

D-12
✅ CHAPTER 03
잠수장비
핵심이론 18~
핵심이론 25

D-11
✅ CHAPTER 04
잠수작업
핵심이론 01~
핵심이론 09

D-10
✅ CHAPTER 04
잠수작업
핵심이론 10~
핵심이론 19

D-9
✅ CHAPTER 04
잠수작업
핵심이론 20~
핵심이론 28

D-8
제1~2회
적중예상문제 풀이

D-7
2009~2011년
과년도 기출문제 풀이

D-6
2012~2014년
과년도 기출문제 풀이

D-5
2015~2017년
과년도 기출(복원)문제 풀이

D-4
2018~2020년
과년도 기출복원문제 풀이

D-3
2021~2024년
과년도 기출복원문제 풀이

D-2
2025년
최근 기출복원문제 풀이

D-1
기출문제 오답정리 및 복습

합격 수기

한 번에 붙을 줄은 몰랐는데 70점대로 합격했어요.

후기들 보니깐 기출만 풀어보면 웬만하면 필기는 다 붙는다 그러더라고요. 그래서 인터넷에서 기출만 찾아서 풀어보려 했는데, 찾기도 귀찮고ㅋㅋ 책 없나 찾아보니까 시대고시 거 밖에 없더라구요. 선택의 여지가 없어서 좀 반신반의했는데 이 책 하나로 필기 붙었으니 할 말 다 한 듯! 기출만 봐도 된다고 그러던데 그래도 좀 불안해서 기출 5번 정도 먼저 풀고 이론도 5번 정도 읽었어요. 기출 먼저 풀고 그냥 읽기만 했는데 확실히 눈에 들어오더라구요. 물리 쪽에서 좀 애먹었는데 대학교 때 공부한 게 이럴 때 도움이 되네요. 근데 이 책 물리 쪽도 시험에 나오는 것만 나름 잘 정리해 놨더라구요. 다른 책으로 굳이 공부할 필요는 없을 거 같아요. 참고하시면 좋을 듯. 암기할 내용은 따로 적어서 외웠구요, 복잡한 암기 내용이 아니라 어렵진 않았어요. 그리고 시험 일주일 전부터 회사 끝나고 두 시간씩 기출 더 풀어보고 갔는데 합격했습니다. 저는 혹시 몰라서 이론까지 좀 꼼꼼하게 봤는데 이론 봐도 되고 그 시간에 기출 풀어도 되고, 각자 스타일에 맞게 공부하면 될 거 같아요. 저는 이 책 기출 10번 풀고 가는 거 추천합니다. 해설이 거의 이론이라 보시면 되거든요. 다들 합격하세요.

2018년 잠수기능사 합격자

안녕하세요. 잠수기능사 합격자입니다.

비가 억수같이 쏟아지는 날에 잠수기능사 시험 보러 갔습니다. 진짜 힘들었어요. 합격해서 천만다행! 저번에 한 번 떨어지고 보는 거라 좀 불안한 마음이 컸는데 날씨까지 안 도와줘 가지고… CBT 시험도 처음 치는 거라 긴장을 많이 했는데 시험 문제 받고 나니 뭔가 엄청 쉬운 거예요! 배분을 잘 받았나 봐요. 같이 시험 공부했던 언니들은 새로운 문제도 많이 나왔다고 했는데(물론 합격!) 저는 몇 문제 빼고 거의 풀었던 문제였어요. 작년에 시험 떨어지고 기출만 한 20번은 돌려본 거 같은데 운도 좋았고 저 나름 공부도 열심히 했다고 생각합니다. 잠수기능사 쉽다고 얕보시면 떨어집니다. 잠수는 떨어지는 시험이 아니에요. 딱 공부한 만큼 점수가 나오는 것 같아요. 뭔가 주저리주저리 쓴 거 같은데 도움이 됐음 좋겠네요. 파이팅하세요!

2019년 잠수기능사 합격자

[잠수기능사] 필기

이 책의 목차

PART 01	핵심이론

CHAPTER 01	잠수물리	002
CHAPTER 02	잠수위생	030
CHAPTER 03	잠수장비	062
CHAPTER 04	잠수작업	096

PART 02	적중예상문제

| 제1회 | 적중예상문제 | 130 |
| 제2회 | 적중예상문제 | 145 |

PART 03	과년도 + 최근 기출복원문제

2009~2016년	과년도 기출문제	160
2017~2024년	과년도 기출복원문제	316
2025년	최근 기출복원문제	422

PART 01

핵심이론

CHAPTER 01　잠수물리

CHAPTER 02　잠수위생

CHAPTER 03　잠수장비

CHAPTER 04　잠수작업

CHAPTER 01 잠수물리

핵심키워드 물의 압력, 밀도 및 부력, 해수 및 담수의 일반 물리환경, 빛과 소리 그리고 기체의 특성과 법칙을 이해해야 한다.

핵심이론 01 대기압

① 압력 : 유체가 단위 면적당 수직 방향으로 작용하는 힘의 크기를 말하며, 덧붙여서 고체인 경우에는 응력이라고 한다.

② 대기압(ATM) : 대기의 중량이며, 이는 공기가 존재하지 않는 성층권에서부터 해수 표면까지의 범위를 말한다. 지표 면적 1m²를 누르고 있는 공기의 무게는 무려 1,293kg이다. 그것도 10km 상공 이하에 대부분이 몰려 있다. 만약 공기가 지금보다 적어진다면 공중의 압력이 줄어들어 바닷물이 육지를 끊임없이 덮쳐 예상치 못할 재난이 발생하게 된다.

③ 대기의 무게 : 대기의 무게는 성층권에서 가로·세로 1cm(또는 1inch)인 직육면체 관을 해수면까지 세워 놓았다고 가정했을 때, 그 관속에 들어가 있는 공기의 무게는 1.033kg(14.7lbs)이다. 이것이 바로 대기의 무게며, 대기압은 $1.033kg/cm^2$, 14.7psi, 1.02bar, 1,013hPa, 760mmHg이다.

④ 압력 환산 공식
  ㉠ kg/cm^2를 psi로 환산할 때 psi = (kg/cm^2 × 14.7) / 1.033
  ㉡ psi를 kg/cm^2로 환산할 때 kg/cm^2 = (psi × 1.033) / 14.7

⑤ 대기압 잠수 : 외부는 내압성의 특수 재질로 감싸고, 내부는 대기압 조건인 잠수함, 잠수정, 대기압 잠수복(ADS ; Atmospheric Diving Suit), ROV 등을 이용하는 것을 말한다.
  ㉠ 환경압 잠수에서 겪는 반복 잠수, 감압, 혼합 기체, 질소 마취, 감압병, 상승 속도, 잠수 횟수 등의 생리학적 문제점이 발생하지 않는 장점이 있다.
  ㉡ 1715년에는 영국의 발명가 존 레스브리지(John Lethbridge)가 한 사람이 들어갈 수 있는 원통형의 잠수 기구를 발명했다. 레스브리지의 잠수 기구는 오늘날 대기압 잠수복의 원조가 되었다.

⑥ 대기의 압력을 최초로 측정한 사람은 갈릴레오의 제자였던 토리첼리이다.

10년간 자주 출제된 문제

지구를 둘러싸고 있는 기체의 무게로 해변을 누르는 힘을 무엇이라고 하는가?

① 대기압
② 기 압
③ 절대압
④ 계기압

해설
대기압이란 대기의 중량이며, 이는 공기가 존재하지 않는 성층권에서부터 해수 표면까지의 범위를 말한다.

정답 ①

핵심이론 02 수 압

① 수압 : 물 무게에 의해 형성되며, 이 힘을 정수압이라 한다.
② 수압은 계기압으로 측정하고 일반적으로 물과 같은 액체는 압력을 가해도 압축되지 않는다. 이는 물에 가해지는 압력이 물 전체에 균등하게 전파되기 때문이며, 수압은 모든 방향으로 동일하게 작용한다.
③ 수압은 수심에 비례하여 매 10m(33ft)씩 증가할 때마다 1기압씩 증가한다. 그리고 잠수사가 수중에서 서 있을 때 머리보다는 발쪽에 약 3psi(0.21kg/cm^2) 정도 압력을 더 받는다. 그것은 매 m당 0.1025kg/cm^{2}의 수압이 존재하기 때문이다. 즉, 수압 = 수심 × 0.1025kg/cm^2 또는 수심 × 0.445psi이다.

구 분	미터법	피트법
해 수	1m^3 = 1,025kg	1ft^3 = 64lbs
	1cm^2 = 0.1025kg	1inch^2 = 0.445lbs
	수압 = 수심 × 0.1025	수압 = 수심 × 0.445
	1기압 = 10m = 1.025kg/cm^2	1기압 = 33ft = 14.7psi
	해수는 1m^{3}당 1,025kg이므로 이는 가로·세로·높이가 1m인 정육면체 속에 가로·세로가 1cm며, 높이가 1m인 직육면체의 물기둥이 10,000개 들어 있는 셈이다. 이 1개의 물기둥 무게는 0.1025kg이며, 이것을 10m 길이로 쌓았을 때 물기둥의 전체 무게는 1.025kg이다. 따라서 해수 10m는 1.025kg/cm^{2}이다.	해수는 1ft^{3}당 64lbs이므로 이는 가로·세로·높이가 1ft인 정육면체 속에 가로·세로가 1inch며, 높이가 1ft인 직육면체의 물기둥이 12 × 12, 즉 144개가 들어 있는 셈이다. 이 1개의 물기둥 무게는 0.445lbs이며, 이것을 33ft 길이로 쌓았을 때 물기둥의 전체 무게는 14.7lbs이다. 따라서 해수 33ft는 14.7psi이다.
담 수	1m^3 = 1,003kg	1ft^3 = 62.4lbs
	1cm^2 = 0.1003kg	1inch^2 = 0.434lbs
	수압 = 수심 × 0.1003	수압 = 수심 × 0.434
	1기압 = 10.3m = 1.003kg/cm^2	1기압 = 34ft = 14.7psi

10년간 자주 출제된 문제

1기압을 미터법으로 옳게 표시한 것은?
① 0.1025kg/cm^2
② 1.025kg/cm^2
③ 0.1013kg/m^2
④ 1.013kg/m^2

|해설|

1기압(미터법과 피트법)

미터법	1기압 = 10m = 1.025kg/cm^2
피트법	1기압 = 33ft = 14.7psi

정답 ②

핵심이론 03 계기압(PSIG)

① 계기압은 대기압과 공기통의 압력 또는 수압 차이를 나타내는 것으로, 각종 공기통의 내부압력과 수압은 계기압으로 측정하고, 압력의 형태가 명확하게 표시되지 않았을 때는 계기압으로 간주한다. 계기압은 대기압 상태에서는 눈금이 '0'으로 표시된다.

② 계기압의 정의
 ㉠ 계기압 = 절대압 − 대기압
 ㉡ psig = psia − ATM

③ 계기압의 환산
 ㉠ 계기압을 수심(D)으로 환산할 때, D = psig ÷ 0.1025
 ㉡ 수심(D)을 계기압으로 환산할 때, psig = D × 0.1025

④ 해수 33ft는 1기압과 같으며, 담수는 해수에 비해서 밀도가 작기 때문에 34ft(10.3m)가 1기압이 된다. 즉, 33ft(10m)의 물은 1기압과 같고, 66ft(20m)는 2기압과 같으며, 99ft(30m)는 3기압이 된다. 그러나 해수면에서는 1기압의 공기압력을 받으므로, 해수 33ft(10m)에서는 대기압 1기압과 물로부터 받는 1기압을 더하여 합계 2기압을 받게 되고, 해수 66ft(20m)에서는 3기압의 압력을 받게 된다. 그리고 담수에서는 34ft(10.3m)에서 2기압이 된다.

> **더 알아보기**
> **바닷물과 민물의 차이**
> • 바닷물은 민물에 비해 비중이 1.025배 더 높다.
> • 민물은 수심의 깊이 10.3m마다 수압이 1대기압씩 증가한다.
> • 바닷물은 수심의 깊이 33ft마다 수압이 1대기압씩 증가한다.
> • 민물 : 1,030cm(10.3m)/30.4801 ≒ 33.792 = 약 34ft마다 1대기압씩 증가
> • 바닷물 : 33ft × 30.4801cm ≒ 10.058m = 약 10m마다 1대기압씩 증가(1ft = 30.4801cm = 0.304801m)

10년간 자주 출제된 문제

수중 20m에서의 계기(Guage)압력은?
① 1기압 ② 2기압
③ 3기압 ④ 4기압

|해설|
수중은 수심이 10m 깊어질 때마다 1기압씩 압력이 증가하게 된다.

정답 ②

핵심이론 04 절대압(PSIA)

① 절대압이란 수중의 물체가 받고 있는 압력의 총합을 말한다. 잠수사가 수심 10m에 있다면 단순히 수압만 계산했을 때는 1기압이 되나 사실은 대기압도 잠수사를 누르고 있는 것이나 다름없기 때문에 수심 10m는 2기압($1.033 kg/cm^2$ + $1.025 kg/cm^2$ = $2.058 kg/cm^2$)이 된다. 따라서 잠수의 압력은 계기압(수압)에 반드시 대기압을 더해야 하고 물리의 법칙을 응용하는 데 있어서 모든 압력은 절대압으로 산출되어야 한다.

※ 해면에서의 표준대기압을 절대압력으로 나타내면 14.7psi이다.

② 절대압의 정의
  ㉠ 절대압 = 대기압 + 계기압(수압)
  ㉡ psia = ATM + psig

③ 절대압의 환산
  ㉠ 절대압을 수심으로 환산할 때, $D = (psia - 1.033) \div 0.1025$
  ㉡ 수심을 절대압으로 환산할 때, $psia = (D \times 0.1025) + 1.033$

④ 절대 대기압(ATA)
  ㉠ 절대 대기압의 정의 : 해면에서 0℃일 때 1대기압을 나타낸 것으로 ATA는 Atmosphere Absolute의 약자이다.
  ㉡ 절대 대기압의 환산
    • 수심을 절대 대기압으로 환산할 때, $ATA = (D \div 10) + 1$
    • 절대 대기압을 수심으로 환산할 때, $D = (ATA - 1) \times 10$

⑤ 기 압
기압은 상대적인 공기의 무게를 나타낸 것이며 근본적으로는 대기압과 같으나 일기 상태에 따라 변하며 수은주의 높이로 표시된다. 즉, 공기도 물질이므로 무게를 가지고 있다. 압축된 공기는 엉성하게 뭉쳐 있는 공기의 무게보다 무거우므로 부피가 같은 2개의 공기 덩어리 중 어느 쪽이 무거운가를 나타내는 것이 기압이다. 그리고 압력의 기준은 0℃에서 수은 기압계가 760mmHg일 때 1대기압이라 한다.

10년간 자주 출제된 문제

일반적으로 수중의 압력을 나타낼 때 절대압력으로 나타낸다. 이 절대압력은 수압과 무엇을 합한 것과 같은가?

① 산소압
② 질소압
③ 계기압
④ 대기압

【해설】
절대압은 계기압에 대기압을 더한 것으로 계기압보다 항상 1기압이 더 크다.

정답 ④

핵심이론 05 물의 밀도

① 밀도

단위 부피당 어떤 물질이 차지하는 질량을 말한다. 따라서 같은 부피를 가진 물질들도 그 종류에 따라 질량이 서로 다르다. 이와 같이 한 물질의 단위 부피의 질량을 밀도라고 하며, 단위로는 kg/m^3 또는 g/cm^3를 쓴다. 밀도 = 질량/부피이다.

② 물의 밀도

단위 부피당 물의 무게이다. 물의 밀도는 g/cc, kg/L(또는 lbs/ft^3)로 표시하며, 물의 밀도는 공기의 밀도보다 약 800배 높다. 그리고 담수보다 해수의 무게가 더 무겁다.
  ㉠ 해수의 밀도를 측정할 때는 통상 15℃를 기준으로 하며, 수심 10m(33ft)씩 증가할 때마다 1기압씩 증가한다. 그리고 해수의 밀도는 $1.025kg/L(64lbs/ft^3)$이다.
  ㉡ 담수는 수심 10.3m(34ft)씩 증가할 때마다 1기압씩 증가하며, 담수의 밀도는 $1.003kg/L(62.4lbs/ft^3)$이다.
  ㉢ 물속에서 잠수사가 안정되고 천천히 움직이게 되는 가장 큰 이유는 물의 밀도가 운동의 저항을 높이기 때문이다.

③ 기체의 밀도

액체나 고체의 밀도와 여러 가지 면에서 다르다. 같은 질량이라도 기체 상태에서는 고체 상태나 액체 상태에 비하여 매우 큰 부피를 차지하므로 그 밀도는 매우 작아 고체나 액체의 밀도에 비해 약 1,000분의 1 정도밖에 되지 않는다.
  ㉠ 공기의 밀도는 $1.21g/L(0.08lbs/ft^3)$이다.
  ㉡ 공기의 밀도는 고도와 수심에 따라 변하는데, 고도가 높을수록 밀도는 낮아지고 수심이 깊을수록 밀도는 높아진다.
  ㉢ 잠수할 때 수심이 깊어질수록 잠수사가 숨쉬는 공기의 밀도는 높아진다.

④ 비중

어떤 물체의 무게와 이와 같은 부피의 순수한 물 4℃의 물 무게와의 비를 말하며, 단위는 $1g/cm^3(1,000g/L)$로 표시한다. 해수의 비중은 염분도, 수온, 수압에 의해 영향을 받으며 홍해의 고염분도 지역은 비중이 높고, 대서양의 저염분도 지역은 비중이 낮다.

10년간 자주 출제된 문제

풍선 안에 주어진 공기의 양에 2배의 압력이 가해졌을 때 공기의 밀도는?
① 1배
② 1.5배
③ 2배
④ 3배

[해설]
풍선의 부피는 대기압에 반비례하고 공기의 양(공기의 밀도)은 대기압에 비례한다.
- 일정한 온도에서 압력이 2배, 3배이면 기체의 부피는 1/2, 1/3로 줄어든다.
- 일정한 온도에서 압력이 1/2, 1/3배이면 기체의 부피는 2배, 3배로 된다.

정답 ③

핵심이론 06 물의 부력

① 부 력
- ㉠ '어떤 물체가 액체 속에 잠기면 그 물체가 액체 속에 잠긴 만큼의 부피와 동일한 액체를 밀어낸다. 이 밀려난 액체의 무게만큼 그 물체는 원래의 무게보다 가벼운 상태가 된다.'는 것이 아르키메데스의 원리 또는 부력의 원리이다.
- ㉡ 여러 가지 물질의 밀도는 비중에 의하여 비교된다. 사람의 몸에는 허파, 부비동 등과 같이 공기가 들어 있는 공간이 있어서 사람의 비중은 평균적으로 1보다 약간 적기 때문에 대부분의 사람은 물에 뜨는 것을 어렵지 않게 습득할 수 있다. 액체에 물체가 뜨거나 가라앉는 것은 그 물체의 비중에 의해서 결정된다. 그리고 잠수하기 가장 좋은 부력은 중성부력이다.

② 부력과 밀도와의 관계
- ㉠ 밀도가 큰 액체가 큰 부력을 준다.
- ㉡ 같은 물체라도 그 물체가 잠겨 있는 액체의 종류에 따라 부력의 크기가 달라진다.
- ㉢ 물의 밀도는 공기보다 약 800배 높다.
- ㉣ 물은 수심에 관계없이 밀도가 일정하다.
    ※ 물의 열전도율은 공기와 비교해서 25배나 크다.

③ 부력의 종류
- ㉠ 양성부력 : 어떤 물체가 액체에 뜨는 상태
- ㉡ 중성부력 : 어떤 물체가 액체에 뜨지도 가라앉지도 않는 상태
- ㉢ 음성부력 : 어떤 물체가 액체에 완전히 가라앉은 상태

④ 잠수사의 부력에 영향을 주는 요소
신체구성, 잠수복, 호흡, 잠수 장비의 무게, 수심의 변화, 물의 밀도

더 알아보기
- 물체의 부피 = 물의 무게
- 물체의 무게 = 물체의 부피 × 물체의 비중
- 음성 부력 = 물의 무게 − 물체의 무게

10년간 자주 출제된 문제

물의 열전도율은 공기보다 약 몇 배나 더 큰가?
① 약 10배
② 약 25배
③ 약 45배
④ 약 60배

해설
물의 열전도율은 공기에 비해 25배 정도 크다.

정답 ②

핵심이론 07 해류의 생성 원인

① 취송류(Drift Current)
  ㉠ 바람에 의해 생기는 해류를 취송류, 또는 풍성해류라 한다. 바람에 의해 해수에 직접운동을 일으키는 것은 해수의 표면에 한정되어 있으나 일정한 방향으로 계속하여 불면 해수에는 점성(끈끈한 성질)이 있어서 그 마찰에 의해 상층의 운동이 하층으로 전달되어 오래 계속 불면 상당히 깊은 곳까지 운동이 일어나 해류가 생기는 원인이 된다.
  ㉡ 남북적도해류는 편동의 무역풍에 의해 생기고 있고 Kuroshio, Mexico 만류는 편서풍에 의해 생기고 있다. 다만 계절풍에 의해 생기는 인도양의 계절풍해류는 반년마다 바람방향이 변화하기 때문에 표면 흐름이다.

② 경사류(Slope Current)
  ㉠ 해면이 바람, 기압, 비 또는 강물의 유입 등에 의해 경사를 일으키면 흐름이 생긴다. 예를 들면 해수가 바람에 의해 어느 방향으로 이동하여 대륙에 부딪치면 해수가 퇴적되어서 해면에 경사가 생긴다. 이와 같이 해면의 높이의 차에서 생기는 흐름을 경사류라 한다.
  ㉡ 북적도 해류가 Philippine 대륙에 부딪치면 거기에 경사류가 생겨 그 대부분이 Kuroshio로 되어 북상하고 있는 것이 그 예이다.

③ 밀도류(Density Current)
  ㉠ 대부분의 해류는 바람을 원동력으로 하고 거기에 지구 자전, 대륙의 작용 등이 부차적 원인이 되어 있으나 이밖에 수온의 고저 및 염분의 농도차 등의 밀도차에 의한 밀도류가 있다. 현장 밀도는 같은 수심에서는 염분과 수온 때문에 변하고 해면의 복사에 의한 열의 받는 양, 증발, 유입하천의 큰 밀도차, 강수량 또한 결빙 및 녹은 얼음 등에 따라서도 변화를 일으킨다고 본다.
  ㉡ 무게가 달라 밑으로 가라앉은 해류, 즉 극에서 온 찬물과 적도쪽에서 온 따뜻한 물이 만나면 찬물이 무거워 밑으로 가라앉으면서 해류를 만드는데 이 해류를 밀도류라 한다. 또 지중해의 짠물과 대서양의 묽은 물이 만나면 짠 지중해 물이 밑으로 흐른다. 즉, 온도와 염분이 연직순환(수직순환)을 일으킨다. 그래서 밀도류를 열염분순환이라고도 한다.

10년간 자주 출제된 문제

해류의 생성 원인으로 부적합한 것은?

① 수온의 차이
② 지진과 화산 폭발
③ 지구의 회전
④ 해와 달의 인력

|해설|
해류의 생성원인은 바람이나 해면의 경사, 또는 해수의 밀도 등에 의해 생기고 거기에 대륙 및 지구 자전의 영향을 받아서 거의 일정한 방향으로 오른다.

정답 ②

④ 대륙의 영향

해류의 진로상에 대륙이 있으면 해류는 두 갈래로 갈라져 육지를 따라 흐른다. 예를 들면 남북적도 해류와 같이 두 줄기의 평행해류가 대륙에 부딪치면 2류 모두가 두 갈래로 나뉘어 그 안쪽으로 향하는 분류는 서로 충돌하였다가 합류되어 처음의 본류 사이를 통과하여 이른바 적도 반류가 되거나 대부분은 대륙을 따라서 고위도 쪽으로 진행하며 지구 자전의 영향을 받아 동편한다.

⑤ 지구 자전의 영향

해류는 지구 자전의 영향을 받아 북반구에서는 끊임없이 오른쪽으로 흐르고 남반구에서는 왼편으로 기울어 흐르는 경향이 있다.

⑥ 보류(Compensation Current)

어느 장소의 해수가 다른 곳으로 이동하면 이것을 보충하기 위해 흐름이 생긴다. 이것을 보류라 하며 California 해류가 여기에 해당된다.

핵심이론 08 조석이론

① 조석 현상
  ㉠ 태양과 지구와 달이 서로 끌어당기는 인력에 의해서 발생하며 조석을 일으키는 힘을 기조력이라 한다.
  ㉡ 기조력의 크기는 지구상에서 각 지점에서의 원심력과 인력의 차이에서 결정되지만 태양은 지구로부터 멀리 떨어져 조석의 영향은 달보다 미약하다.
  ㉢ 지구는 달보다 크기 때문에 달은 지구 주위를 돌면서 해수면을 주기적으로 승강 운동시킨다.
  ㉣ 조석과 조류는 거의 동시에 시작되며 조류는 수평 운동을 하고, 조석은 수직 운동을 한다.

② 조 석
  ㉠ 대조 : 지구를 중심으로 달과 태양의 인력이 합해질 때, 즉 셋의 궤도가 일직선상에 놓이면 보통 때의 고조 또는 저조 때보다 유속도 빠르며 해면의 수위가 훨씬 높거나 낮아지는데 이를 대조(사리)라 한다.
  ㉡ 소조 : 지구를 중심으로 달과 태양의 궤도가 직각이 되었을 때 그 영향력이 최소가 되어 유속도 느리고, 고조와 저조의 차이도 크지 않다. 이때를 소조(조금)라 한다.

③ 고조와 저조
  반일주조의 경우 정확히 12시간 25분에 한번 고조와 저조가 일어나는데 하루 중 해면의 물높이가 최고인 상태를 고조(만조)라 하고, 최저인 상태를 저조(간조)라 한다. 잠수 중 수중 시야는 고조일 때가 좋다.

10년간 자주 출제된 문제

다음 중 음력 15일에 조류가 가장 센 지역은?

① 동해 강릉 앞바다
② 부산 앞바다
③ 인천 앞바다
④ 제주도 앞바다

[해설]
우리나라 연안에서는 동해안에서 조차가 30cm 내외로 매우 작고 남해안과 서해안으로 가면서 점차 커져 인천의 대조차는 약 8m에 이른다.

※ 조류 : 조석(潮汐)현상은 바닷물이 달과 태양의 인력과 지구 자전에 의해 주기적으로 상승하고 하강하는 현상으로 12시간 25분의 주기를 가진다. 대략 하루에 두 번씩의 만조와 간조가 생긴다. 조석에 의해 물이 들거나 나면서, 그 물의 높이 차이에 의해 바닷물의 흐름이 생기는데 이것이 조류이다.

정답 ③

④ 우리나라의 조석 특성
  ㉠ 동해안 : 조석이 매우 적어 1일 승강차는 최대인 경우라도 0.3m 이내에 불과하며 평균 고조 간격은 대부분이 3시간이나, 동해 남단 부근에서는 남쪽으로 내려감에 따라 급격히 증가하여 부산 부근에서는 약 8시간이 된다.
  ㉡ 서해안 : 전파된 조석파는 대체로 한반도 서남단에서 상해에 이르는 선에서 조시 0시(태음의 135°E 통과시 기준)를 보이며 북상하다가 발해만에서 반사되어 다시 태평양으로 빠져 나간다. 그리고 지구 자전의 영향으로 북상하는 조석파는 대체로 한반도 서해안으로 치우쳐 대략 5시에 경기만에 도달하며 압록강 하구에는 대체로 11시에 도착한다.
  ㉢ 남해안 : 동중국해에서 북상하는 조석파와 동해에서 대한 해협을 통하여 방사되는 조석파가 서로 만나는 합성파로 동에서 서로 진행하는 경향을 보이나 진행 속도가 매우 느려 부산과 여수에서 겨우 한 시간의 조시차를 보일 뿐이며 조시차는 대체로 서해안보다는 작고 동으로 갈수록 작아진다.

[우리나라 연안의 조석]

구 분 \ 위 치	동해안	서해안	남해안
대조차	0.3m	3.2~8.2m	1.2~3.0m
평균 해면의 변동	3월에 낮고 7월에 높음 (차 0.3m)	2월에 낮고 8월에 높음 (차 0.5m)	3, 4월에 낮고 7, 8월에 높음
일조부등	대단히 현저함	적음	적음
고조부등	저조에 큼	고조에 큼	저조에 거의 같고 고조에 차가 있음
1일 회조	일주조가 많음	반일주조	반일주조

핵심이론 09 조 류

① 조류는 조석에 의해 발생하는 수평적인 물 흐름을 말하며, 조석은 수직 운동을 하지만 조류는 수평 운동하고 조석은 일조부등이 커지면 고조와 저조가 일주조로 생기지만 조류는 약 6시간 주기로 정확히 물 흐름이 바뀌는 왕복성의 성질을 갖는다.

② 고조와 저조의 시점에 관계없이 지속적으로 흐를 때도 있다. 이러한 현상은 대부분 물의 관성력과 주변 해저 지형의 변화에 영향을 받기 때문이다.

③ 먼 바다에서는 조류의 전류가 고조와 저조의 시점이 아니라 평균 해면 부근일 때가 많다. 따라서 조류는 해저 지형의 변화에 따라 큰 영향을 받아 유향과 유속도 주기적으로 변하므로 지역에 따라 다르지만 전류 후 약 30분간 정류(정조)하는 시간도 일정치 않다.

④ 먼 바다보다 앞바다의 만 입구와 협수로에서는 조류의 유속이 매우 강하므로 물의 흐름이 약해지는 정류 시간을 선택해서 잠수해야 한다.

⑤ **게류** : 고조와 저조가 교차되는 시점에서 일시적으로 물의 흐름이 정지하는 상태를 말하며 조석의 정조와 같은 뜻이다.

⑥ **전류** : 게류 후 조류의 방향이 바뀌는 것을 말한다.

⑦ **와류** : 협수로에서의 소용돌이성 조류를 말한다. 임진왜란 때 충무공 전승지로 유명한 우수영 울돌목 해협은 와류 발생지다.

⑧ 우리나라의 조류 특성
  ㉠ 동해안 조류

  물의 흐름이 약하며 조류가 거의 없다. 동해안의 조류는 전반적으로 연안 근해에 있어서 일정한 조류라고 할 만한 것이 없고, 다만 바람에 의해 생기는 미약한 표면류가 있을 뿐으로 해류에 의해서 일어나고 조류의 강약에 따라 유향, 유속이 모두 변하며 대체로 그 유속은 1노트 이하이나 울산만 부근에서 썰물 때 유속이 1.3노트 내외를 보이고 있다.

  ㉡ 서해안 조류

  물의 흐름이 북쪽으로 밀려와 남쪽으로 나간다. 지역적으로 차이가 있으며 조류 유속은 대체로 0.1~0.8노트 정도이나 서남 서부 해저에서는 8~14노트를 보이는 곳도 있다.

  ㉢ 남해안 조류

  물의 흐름이 서쪽에서 밀려와 동쪽으로 나간다. 남해안의 서부 해역은 도서가 가장 많이 산재해 있는 다도해로서 여러 갈래의 대·소수도를 이루어 분류되었었다가 다시 합류하는 등 그 유향이 매우 복잡하며, 유속은 강한 편으로 조류 유속은 2~3노트 정도이며 횡간수도 부근에서는 최강 유속이 6.3노트에 달하기도 한다.

⑨ 물 때

조석과 조류의 강약을 파악하기 위하여 음력 한 달을 15간법으로 나누어 표시한 숫자이며 한 달 주기의 총체적인 조석 현상을 말한다. 조류가 강한 사리와 약한 조금이 약 보름을 주기로 형성되고 한 달에는 2회의 사리 기간과 조금 기간이 있다. 물때가 좋다, 좋지 않다의 기준은 이러한 한 달 주기를 파악함으로써 얻을 수 있는 생활의 지혜이다.

㉠ 조석표 : 조석 현상을 양력으로 기록한 책자이며 조고 위주로 되어 있다.
㉡ 조금 : 조류가 가장 약할 때이며, 음력 8일과 23일을 기준으로 한다. 즉, 상현과 하현일 때이다.
㉢ 사리 : 조류가 가장 셀 때이며, 음력 1일과 15일을 기준으로 한다. 즉, 그믐과 보름 때이다.

⑩ 물때와 조석표의 비교

구 분	물 때	조석표
달 력	음 력	양 력
조석 현상	조류 위주	조석(조고) 위주
해수 운동	수평 운동	수직 운동
예측 여부	예측 가능	예측 불가능
암기 여부	암기 가능	암기 불가능
정밀도	평균치	예측치
변화 여부	매년 매월 동일	매년 매월 차이
사용자	민간인	관공서

10년간 자주 출제된 문제

우리나라 근해에서 간만의 차에 의해 생기는 조류는 약 몇 시간마다 흐름이 바뀌는가?

① 6시간   ② 12시간
③ 18시간   ④ 24시간

[해설]
만조와 간조는 대략 6시간을 기준으로 들물과 날물이 하루에 4번가량 변한다.

정답 ①

⑪ 물때와 조류의 강약

음력일자		지역별			잠수 가능한 날	조류의 특성
		고유명칭	남 해	서 해		
1일	16일	턱사리	여덟물	일곱매	②	① 기간은 보편적으로 조류가 약하고 물이 맑아 잠수하기 좋은 때 ② 기간은 조류가 가장 빠르고 세게 흐르는 때
2일	17일	한사리	아홉물	여덟매		
3일	18일	목사리	열 물	아홉매		
4일	19일	어깨사리	열한물	열 매		
5일	20일	허리사리	열두물	한꺾기		
6일	21일	한꺾기	열세물	두꺾기		
7일	22일	두꺾기	열네물	아 조	①	
8일	23일	선조금	조 금	조 금		
9일	24일	앉은조금	한 물	무 시		
10일	25일	한조금	두 물	한 매		
11일	26일	한 매	세 물	두 매		
12일	27일	두 매	네 물	세 매		
13일	28일	무릎사리	다섯물	네 매		
14일	29일	배꼽사리	여섯물	다섯매	②	
15일	30일	가슴사리	일곱물	여섯매		

> **더 알아보기**
>
> **노트(knot)**
> - 1시간에 1해리(1.852km)를 달릴 때의 속도, 선박의 속도를 표시하는 기본단위를 말한다.
> - 선박의 속력을 km/h 단위가 아닌 노트 단위로 나타내는 것은 지구 위도 45°에서의 1′에 해당하는 해면상의 거리가 1해리이므로 사용이 편리하기 때문이다.
> - 선박의 속력을 나타내는 단위는 노트(knot, km, kt)이며 1시간에 1마일 항주하는 속력을 1knot라 한다. 10knot 속력의 선박이라 하면 1시간에 10마일을 항주하는 선박이라는 뜻으로 CGS 단위로 환산하면 18.52km/h가 된다.

핵심이론 10 이안류

① 파도에 의해 해안으로 밀려들었던 흐름은 해안에 부딪치면 다시 바다로 되돌아가게 된다. 이같이 바다로 다시 흘러나가는 흐름을 이안류라고 한다.
② 이 흐름은 저항이 가장 작은 곳을 택해 나가며 해안으로 밀려온 물의 양, 속도, 폭, 지형에 따라 나가는 폭과 거리, 속도가 좌우된다.
③ 이안류는 대개 폭이 좁고, 나가는 속도가 빠르나 그 거리는 그리 멀지 못하고 힘이 약해지면 다시 되돌아온다.
④ 이안류가 흐르는 곳은 비교적 파도가 늦게 부서지며 수심도 깊고 물이 흐리거나 물 색깔이 다르다.
⑤ 파도타기를 하는 사람들은 이안류를 이용해 바다로 쉽게 나가기도 하나 잠수사는 이안류가 있는 곳을 미리 파악하여 피해야 하고, 만약 이안류에 휘말렸을 경우 거슬러 나가려 하지 말고 비껴 수영해 이안류에서 빠져나가야 한다. 일단 빠져나오면 해수의 흐름이 해안으로 흐르고 있으므로 쉽게 해안까지 수영해 갈 수 있다.
※ 연안류 : 파도나 조류가 해안선 비스듬히 밀려오면 옆으로 흐르는 흐름이 생긴다.

10년간 자주 출제된 문제

역류(이안류)에 대한 설명 중 가장 적합한 것은?
① 항상 일정한 속도로 흐른다.
② 남극에서 적도를 향해 흐르는 해류이다.
③ 해안에서 바다 쪽으로 흐른다.
④ 수심이 얕은 곳으로 흐른다.

해설

역류(이안류)
역류(Rip Current)는 해안에서 바다 방향으로 흐르는 해류이다. 대체적으로 완만한 경사, 넓은 면적을 가진 해변에서 주로 발생하는데, 폭이 좁고, 물살이 매우 빠르다.

정답 ③

핵심이론 11 주요 해류

① Kuroshio

북적도 해류가 Philippine 동쪽 외해에서 남북으로 갈라지는 것 중 대부분이 Kuroshio가 되어 대만을 지나 중국동해로 유입하여 대륙붕 외면을 따라 북상하면서 갈라져 일부 지류는 일본의 남쪽 해역을 지나 도류한다. 지류는 일본 Kyushu 남쪽에서 분리되어 대한해협을 거쳐 동해로 흘러 들어가는 대한난류로서 3지류로 분류되는데 제1지류는 대한해협에서 동수도를 지나 일본 Honshu의 북서안을 따라 북쪽으로 흐르며, 제2지류는 서수도를 거쳐 동해로 흘러들면서 동쪽으로 전류하여 일본의 Okino Shima 외해를 거쳐 Noto 반도 근해에서 첫 번째 갈래와 합류하여 북쪽으로 흘러간다. 제3지류는 동한 난류라 하며 서수도를 지나 제2지류와 분리된 다음 우리나라 동안을 따라 북류하여 죽변근해에서 남하하는 한류와 만나 혼합되면서 동쪽으로 전류하여 일본의 Noto 반도 근해에서 제1, 제2지류와 합류하며 일부는 함경남도 근해까지 북상하는 것도 있다. 계절과 연도에 따라 세력의 변화가 있어 함경남도 외해까지 미칠 때가 있으나 겨울에는 죽변-울릉도 선에서 주문진 외해까지가 한계이다.

대한난류의 유속은 표층에서는 0.5~1.0노트이나 곳에 따라서 상당한 차이가 있고 대한해협에서는 2.0노트 일대도 있으며, 겨울보다는 여름이 강하다. 수심이 깊어질수록 유속은 약해져서 200~300m층에서는 매우 약해진다.

② Liman 해류와 동해 북부의 해류

동해에는 Tartar 해만을 서류하는 Liman 해류와 그 서방 연해주 외해에는 연해주류 그 서쪽에는 북한 해류가 있다. Sakhain 서안 외해를 북상하는 쓰시마 해류의 말단 Soya 난류의 분파는 세력이 미약하며 탁월풍의 영향도 크지만 Tartar 해만 동안은 언제나 이 영향을 받아 비교적 고온이고 염분이 높다. 이 부근 외의 해역의 해수는 겨울철 계절풍이나 해빙 때문에 냉각된 해수를 서쪽으로 흐르게 하여 한류성인 Liman 해류를 일으킨다. 유속은 때와 장소에 따라 변화한다.

10년간 자주 출제된 문제

태평양의 강한 표층 해류로, 북적도 해류가 필리핀의 루손섬 부근에서 북동쪽으로 방향을 틀어 일본의 동부해안까지 흐르면서 형성된 해류로 우리나라의 서해와 동해로 흐르는 난류와 가장 관계가 깊은 것은?

① 쓰시마 해류
② 리만 해류
③ 북적도 해류
④ 쿠로시오 해류

【해설】

④ 쿠로시오 해류 : 태평양 서부 타이완 섬 동쪽에서 시작해서 북쪽으로 일본을 거쳐 흐른다. 일본 동쪽에서 오야시오 해류와 만나 동쪽으로 향하는 북태평양 해류가 된다. 해류의 일부는 동해로 흘러들어 쓰시마 해류가 된다.
① 쓰시마 해류 : 동중국해에서 쿠로시오 해류에서 갈라져 나온 해류이다.
② 리만 해류 : 타타르 해협 부근으로부터 유라시아 대륙을 따라 동해로 남하하는 해류(한류)이다.
③ 북적도 해류 : 태평양, 대서양의 중요한 해류로 동쪽에서 서쪽으로 북위 10~20°에서 흐른다.

정답 ④

핵심이론 12 파 도

① 파 도
  ㉠ 파도는 바람, 지진, 바닷속의 화산 등에 의해 생기며 일단 생성된 파도는 어떤 장애물에 의해 막힐 때까지 그 힘을 계속 전달해 퍼져 나간다.
  ㉡ 먼 바다에서 생성된 파도는 그 생성된 자리에서 멀어질수록 파도의 높이가 높아지지만 그 힘은 계속 전달되어 수심이 얕은 해안에 도달하여 저항이 생기면 파도는 다시 높아지게 된다.
  ㉢ 파도의 높이가 수심과 거의 같아지는 시점에 오면 파도는 휘말리며 부서지기 시작한다.
② 파도의 모양과 수심
  ㉠ 파도가 해안으로 밀려오다가 파도의 높이가 수심보다 약 1.3배 이상 커지면 파도의 꼭대기가 휘말리기 시작한다.
  ㉡ 파도가 밀려들어오다 해안에서 먼 곳에서도 부서진다면 그 밑의 수심이 얕다는 것을 나타내 준다.
  ㉢ 너울은 먼 바다에서는 파장이 길고 파속도 빠르나, 점차 해안에 가까이 오면 수심의 변화에 따라 파장이 짧아지고 파속도 감소한다.

10년간 자주 출제된 문제

너울이 해안에 가까워지면 어떻게 변하는가?

① 파장이 짧아지고 파고는 낮아진다.
② 파장이 길어지고 파고는 높아진다.
③ 파장이 길어지고 파고는 낮아진다.
④ 파장이 짧아지고 파고는 높아진다.

[해설]
수심이 파장의 반 이하로 낮아지는 순간부터 너울이 바닥에 닿기 시작한다. 이 영향으로 물입자의 운동이 제약을 받아 파의 속도는 느려지지만 뒤따라오는 파도는 원래의 속도를 유지하기 때문에 파장이 짧아지면서 높은 파고를 형성하게 된다.

정답 ④

핵심이론 13 수중에서 방향 찾기

① 자연환경을 이용한 방향 찾기
    ㉠ 바닥의 모양 : 지형의 모양을 따라 잠수하면서 자기가 가고 있는 방향을 기억
    ㉡ 조 류
        • 조류의 방향을 알고 잠수하면 수중에서도 방향을 알 수 있음
        • 긴 해초류는 조류의 방향이나 세기를 아는 데 도움이 됨
    ㉢ 모래 바닥의 모양
        • 해안 가까이에 있는 모래의 물결 무늬는 일반적으로 해안과 나란히 생김
        • 물결 무늬의 위쪽은 해안 쪽으로 꼬부라지며 급경사면을 이룸
    ㉣ 파도의 움직임 : 해안 쪽으로 미는 힘이 바다 쪽으로 미는 힘보다 센 것을 이용함

② 나침반을 이용하는 방법
    ㉠ 잠수 전 잠수할 진행방향을 정하고 그 방향이 동서남북 어느 쪽인지 미리 알아둘 것
    ㉡ 나침반이 360° 표시가 있는 것이면 목적한 방향의 각도를 외워두고 잠수를 시작함
    ㉢ 시작할 때의 방향을 기억하기 위해 회전베젤을 사용하면 편리함
    ㉣ 수영해 간 거리를 기억하려면 핀킥한 숫자를 세면서 가면 어느 정도 알 수 있음

더 알아보기

핀킥(Fin Kick)
헤엄치는 속도를 얻기 위하여 물을 차는 발의 동작으로 핀(잠수용 물갈퀴)을 신고 발차기하는 것을 말한다.

10년간 자주 출제된 문제

수중에서 방향을 판단할 때 참고할 수 있는 것으로 적당하지 않은 것은?
① 해저의 모래무늬
② 동료의 신호음
③ 해류의 방향
④ 생물의 움직임

해설

자연단서
빛과 그림자, 물의 움직임, 파랑(Surge), 바닥 물질과 지형, 해저지형, 수중생물, 소음

정답 ②

핵심이론 14 빛의 굴절

① 빛의 굴절 개념
  ㉠ 태양의 자연광은 해면을 통과하면서 굴절을 일으킨다. 빛의 굴절 현상은 빛이 서로 다른 매질을 통과할 때 일어나는데, 물컵에 잠긴 막대기가 휘어져 보인다거나 수중에서 손에 닿을 수 있는 돌을 줍기 위해 손을 뻗었을 때 손에 닿지 않는 거리감 등이 모두가 빛의 굴절 때문이다.
  ㉡ 굴절 현상 때문에 빛이 공기 중에서보다 수중에서 더 느리게 이동하기 때문에 수중에서는 물체가 실제보다 4 : 3의 비율로 가깝고 크게 보인다.
  ㉢ 수중은 아니지만 사막에서 신기루가 보이는 것도 빛의 굴절 현상이다.
② 굴절(Refraction)
  ㉠ 굴절 현상은 빛이 물과 공기의 경계선을 통과할 때 나타나며 다이버가 수중에서 어떤 물체를 볼 때 역시 굴절 현상이 나타난다.
  ㉡ 수중에서 마스크를 통하여 볼 수 있는 물체는 실제보다 25% 정도 크고 가깝게 보인다.

10년간 자주 출제된 문제

잠수사가 수중에서 물안경을 통해 사물을 볼 때 실제보다 크게 보이는 이유는?
① 빛의 확산 현상
② 빛의 흡수 현상
③ 빛의 속도 변화 현상
④ 빛의 굴절 현상

|해설|
빛의 굴절 현상 : 수중에서는 마스크를 통하여 보는 모든 물체는 33%만큼 크게 보이고 동시에 실제 거리보다 25%만큼 가깝게 보인다.

정답 ④

핵심이론 15 빛의 흡수와 산란

① 빛(Light)
  ㉠ 태양빛이 수면을 통과하는 동안 일부는 반사, 산란, 흡수되기 때문에 수중으로 투과되는 빛의 양은 줄어든다. 일단 수중으로 투과된 빛도 작은 부유물에 의해 산란, 반사되기 때문에 수심이 깊어지면 주위 환경이 어두워진다.
  ㉡ 태양광은 여러 가지 색깔의 가시광선으로 이루어져 있다. 이들은 서로 다른 파장을 띠고 있기 때문에 물 입자를 통과하는 투과력이 모두 다르다. 붉은색은 투과력이 약하기 때문에 깊은 수심까지 투과되지 못하는 반면 푸른색은 투과력이 강하기 때문에 깊은 수심까지 전달된다.
  ㉢ 대부분의 붉은색은 10m 이내에서 거의 사라지며 푸른색은 100m 이상 투과된다. 이런 현상을 극복하기 위한 방법으로 낮은 수심에서 촬영하는 방법과 인공 광원을 사용하는 방법, 색 보정 필터를 사용하는 방법 등이 있다.

② 빛의 흡수
  ㉠ 태양의 자연광은 해면을 통과하는 순간부터 수평, 수직, 경사각에 관계없이 물에 흡수되어 원래의 색을 잃게 된다. 즉 파장이 긴 빨간색부터 가장 먼저 없어지며 점차 수심이 깊어질수록 주황, 노랑, 보라, 초록 순으로 사라진다.
  ㉡ 빛의 흡수에는 수심만 영향을 주는 것이 아니라 염분, 혼탁도, 이물질의 크기 및 오염도 등이 색을 투과시키는 데 영향을 미친다.
  ㉢ 수심 5m에서는 빨간색이 거의 검은색으로 나타나며, 10m 지점에서는 노란색을 비롯하여 대부분의 물체는 푸른색으로 나타난다. 따라서 인위적인 수중 라이트를 사용하면 수중 시야를 도와줄 뿐만 아니라 물체의 고유 색채를 볼 수 있다.

③ 빛의 반사와 확산
  ㉠ 태양의 자연광은 해면에서 일어나는 파도의 영향에 의해 빛이 반사되기 때문에 수심이 깊을수록 어두워지는 경향도 있지만 물속의 부유물, 플랑크톤에 의해 빛이 확산됨으로써 더욱 어두워지는 원인이 되고 수중 사진 촬영 시 대비감이 상실된다.
  ㉡ 빛의 확산은 전체의 광도를 감소시키지만 빛이 여러 방향으로 흩어지게 하여 명암의 차이를 약화시킨다.

10년간 자주 출제된 문제

다음 중 가장 먼저 물에 흡수되는 빛 색깔은?

① 빨 강
② 노 랑
③ 초 록
④ 보 라

[해설]

백색광선인 햇빛이 물을 통과할 때 물은 색깔을 하나씩 순차적으로 흡수하는데, 이는 빨강, 주황, 노랑의 순서로 가장 마지막까지 남는 것은 파랑이다. 이러한 빛의 흡수는 깊은 수심에서의 붉은색, 주황색의 물체를 흔히 갈색 혹은 회색이나 검은색으로 보이게 하며, 다이버들은 원래의 색상을 보기 위해서 종종 수중 라이트를 휴대하기도 한다.

정답 ①

핵심이론 16 소리의 전달

① 소리의 파동은 일정한 밀도를 가진 물체의 매체를 통해 전달되기 때문에 공기의 밀도보다 물의 밀도가 높으므로 육상보다 약 4배가 빠르며, 특정한 온도(15°F)에서 초당 약 4,800ft(1,450m/s)의 속도로 전달된다.
② 소리의 전달 속도가 빠르기 때문에 설령 수중에서 소리가 들리더라도 어디서 소리가 나는지 그 진원지를 알 수 없다.
③ 소리는 진공 상태 또는 서로 매질이 다른 경우인 육상에서 수중, 수중에서 육상으로는 소리가 전달되지 않는다.
④ 수온약층에서는 음향탐지기의 파장을 굴절시킨다.
⑤ 염도, 해류, 파도, 미생물, 어류, 해저 지형의 반사 등에 의하여 산란, 분산되고 무엇보다 중요한 것은 수온의 변화에 따라 음파의 속도가 민감하게 달라진다. 고온에서는 음파의 전달 속도가 빨라지며 저온에서는 느려진다.
⑥ 사람이 소리가 나는 방향을 알아내는 것은 양쪽 귀의 소리가 도달하는 시간차에 의해서인데 수중에서는 소리의 전달속도가 빠르므로 그 방향을 알기 어렵다.

10년간 자주 출제된 문제

음파의 수중 전달 속도는 공기보다 약 몇 배 빠른가?
① 2배
② 3배
③ 4배
④ 10배

【해설】
수중에서의 음파 전달속도는 1,500m/s, 공기 중 음파속도는 340m/s로 음파 수중 전달 속도가 4배나 빠르다.

정답 ③

핵심이론 17 열

① 열의 개념
  ㉠ 열은 물질의 분자 운동과 관계가 있으며 분자에 비례하는 형태의 에너지이다.
  ㉡ 열과 온도는 서로 밀접한 관계를 가지고 있지만 성질은 각각 다르다. 즉, 어떤 물질에 있어서 물질의 온도는 서로 같다고 할지라도 그 물질의 열에너지까지 같다고 할 수 없기 때문에 열과 온도는 각각 구별된다.
  ㉢ 기체의 열전도 성질은 기체의 밀도에 비례한다.
  ㉣ 열은 연료의 연소, 물질의 화학 작용, 마찰이나 전기 등에 의해서 발생하며 칼로리(cal) 또는 킬로칼로리(kcal)로 측정한다.

② 열의 단위
  ㉠ 비열 : 물질 1g의 온도를 1℃ 증가시키는 데 필요한 열량과 물 1g의 온도를 1℃ 증가시키는 데 필요한 열량과의 비이다.
  ㉡ 1cal : 1g의 물을 1℃ 증가시키는 데 필요한 열량
  ㉢ 1kcal : 1kg의 물을 1℃ 증가시키는 데 필요한 열량
  ㉣ 1Btu : 1lbs의 물을 1°F 증가시키는 데 필요한 열량

③ 열의 전달
  ㉠ 전도 : 접촉되는 물질에 따라 열이 직접 전달되는 것으로, 물은 공기보다 열전도율이 25배 높으므로 잠수사가 보온의 잠수복을 착용하지 않으면 상당량의 체열을 상실하게 된다.
  ㉡ 대류 : 가열된 액체의 운동에 의해 열이 이동하는 것으로, 겨울철 방 안의 난로에 의해 더운 공기는 위로 올라가고 찬 공기는 아래로 내려와 방안이 모두 따뜻해지는 현상과 같다.
  ㉢ 복사 : 에너지의 전자파에 의하여 열이 전달되는 것으로 태양열, 전기 가열기의 열 등을 들 수 있다. 여름철에 공기통을 햇볕에 장시간 노출시키면 태양의 복사열에 의해 공기통의 내부 압력이 증가한다.

10년간 자주 출제된 문제

다음 중 열의 전도율이 가장 낮은 것은?
① 철
② 헬 륨
③ 물
④ 공 기

|해설|
보통 나무, 공기, 스티로폼 등은 열의 전도율이 낮기 때문에 열의 전도가 잘 되지 않는다.

정답 ④

핵심이론 18 잠수 시 사용 기체

① 산소(O_2)
  ㉠ 무색, 무미, 무취하며 다른 원소와 쉽게 결합하는 2원자의 활성 기체이다.
  ㉡ 생명을 유지하기 위하여 최소한 16%의 산소가 필요하며, 고압하에서의 100% 산소 호흡은 산소 중독을 일으킨다.
  ㉢ 연소를 돕지만 타지는 않으며 모든 원소와 화합 시 산화물을 만든다.
  ㉣ 1등급은 비행사용(99.99%), 2등급은 의료용(99.8%), 3등급은 공업용(99.7%)으로서 산소의 순도에 대한 규정은 MIL-O-27210(미 해군, 1988)에 자세히 기술되어 있다.

② 질소(N_2)
  ㉠ 공기의 성분 중 79%를 차지하는 무색, 무미, 무취한 기체로서 공기 중에 가장 많이 함유되어 있다.
  ㉡ 특히 지방질에는 액체보다 5.3배 더 잘 용해되고 수심(30m 이상)이 깊어질수록 마취 현상이 더욱 심해지는 특성이 있어 잠수사의 판단력을 둔화시키거나 방향 감각의 감소, 황홀감, 기억 상실 등을 유발한다.
  ※ 불활성기체 : 질소(N_2), 네온(Ne), 아르곤(Ar), 크립톤(Kr), 제논(Xe), 수소(H) 등

③ 헬륨(He)
  ㉠ 공기 중 5.24ppm이라는 미량의 천연 기체로서 미국 서남부, 캐나다, 러시아에서만 분출되며 전 세계에 공급되고 있다.
  ㉡ 무색, 무미, 무취한 비활성 기체로서 물에 녹지 않고 공기보다 7배나 가볍다.
  ㉢ 심해 잠수 시 잠수사의 질소 마취를 배제하기 위하여 사용하지만 잠수사의 목소리가 변하는 '도날드덕' 현상의 오리소리가 나므로 음성 변환 장치가 없으면 통화가 불가능하다. 또 열전도율이 높아 추위를 많이 타는 결점이 있다.
  ㉣ 헬륨은 질소에 비해 인체에 용해하는 양이 적으면서 배출은 빠르므로 심해 잠수에 적합한 기체이다.

④ 수소(H_2)
  ㉠ 무색, 무미, 무취하며 공기 중 0.5ppm의 미량이 존재하지만 우주 전체를 통해서는 가장 풍부하고 가장 가벼운 기체다.
  ㉡ 헬륨보다 밀도가 낮아 마취 작용의 저항력 효과가 커 잠수의 호흡 매체로 사용되지만 공기 중 산소의 성분이 5.3% 이상 수소와 혼합하게 되면 폭발을 일으켜 사용이 제한되고 있다(산소의 성분이 4% 이하가 되면 폭발하지 않는다).

⑤ 이산화탄소(CO_2)
  ㉠ 공기 중 0.03%인 이산화탄소는 저농도일 때 무색, 무미, 무취하지만 고농도일 때는 카보닉 산(Carbon Acid)을 형성하여 신맛과 신 냄새가 난다.
  ㉡ 0.1%(1,000ppm) 이상의 고농도에서는 강한 독성을 가진다. 따라서 폐쇄식, 반폐쇄식 스쿠버 장비를 사용할 때 이산화탄소의 제거가 원활하지 못하면 심각한 문제를 일으킬 수 있다.
  ㉢ 사람이 호흡 충동을 느끼는 것은 산소가 부족해서가 아니라 이산화탄소의 증가 때문이며, 이산화탄소는 뇌에 호흡 작용을 충동질하는 중요한 역할을 한다.

⑥ 네온(Ne)
  ㉠ 네온은 무색, 무미, 무취한 비활성기체다.
  ㉡ 네온은 전기의 양도체로서 잠수에 사용하게 되면 마취 작용이 일어나지 않을 뿐만 아니라 네온 자체가 헬륨보다 무겁기 때문에 열전도율이 낮고 언어장애도 일어나지 않아 심해 잠수의 연구에 실험 대상이 되고 있다.
⑦ 일산화탄소(CO)
  ㉠ 인간이 만들어 낸 기체로 무색, 무미, 무취하며 강한 독성을 가지고 있다.
  ㉡ 주로 자동차의 내연 기관에서 오염되거나 공기 압축기의 과열과 불완전 연소 과정에서 발생하기 쉽다(물질의 연소 시 산소공급이 부족 또는 이산화탄소가 고온에서 탄소에 의해 환원될 때 발생).
  ㉢ 0.002%(20ppm)의 농도만 호흡하여도 치명적일 수 있으므로 공기 압축기를 작동시킬 때는 바람의 방향을 잘 파악하여 배출 가스가 공기 압축기의 흡입구로 유입되지 않도록 주의해야 한다.

10년간 자주 출제된 문제

호흡공기 속에 활성기체로서 가장 많이 있으며 고압하에서 중독증세를 나타내는 성분은?

① 헬륨(He)
② 탄산가스(CO_2)
③ 질소(N_2)
④ 산소(O_2)

[해설]
산소는 인간이 살아가는 데 있어 없어서는 안 될 중요한 기체이다. 색깔, 맛, 냄새가 없고 활성기체이며, 질소(불활성기체)와 마찬가지로 고압하에서 인체에 중독효과를 나타낸다.

정답 ④

핵심이론 19 보일의 법칙(Boyle's Law)

① 개 념

㉠ 압력이 증가하거나 감소하면, 기체의 부피는 그에 반비례하여 감소, 증가한다는 법칙이다. 즉, 압력이 높아지면 그에 반비례하여 부피는 줄어들고, 압력이 낮아지면 기체의 부피는 커지는 것이다. 이때의 압력은 절대압을 적용시킨다. 이를 공식으로 살펴보면 다음과 같다.

$$P_1 \times V_1 = P_2 \times V_2$$

- P_1 : 처음 압력
- P_2 : 나중 압력
- V_1 : 처음 부피
- V_2 : 나중 부피

㉡ 예를 들어 절대압이 1인 수면에서 부피가 4L인 풍선을 가지고 절대압이 2대기압이 되는 수심 10m로 하강하면 풍선의 부피는 2L, 절대압이 4대기압이 되는 수심 30m로 내려가면 풍선은 1L로 줄어드는 것이다. 이 원리는 공기색전증과 압착 등을 설명할 수 있는 근거가 된다.

㉢ 일정한 온도에서 압력이 2배, 3배이면 기체의 부피는 1/2배, 1/3배로 줄어든다.

㉣ 일정한 온도에서 압력이 1/2배, 1/3배이면 기체의 부피는 2배, 3배로 늘어난다.

10년간 자주 출제된 문제

온도가 일정할 때 기체의 부피는 절대압력에 반비례하고, 밀도는 압력에 비례한다는 기체의 법칙은?

① 샤를의 법칙
② 돌턴의 법칙
③ 헨리의 법칙
④ 보일의 법칙

해설

① 샤를의 법칙 : 부피가 일정할 때는 온도 증가와 더불어 기체의 압력도 증가한다.
② 돌턴의 법칙 : 일정한 용기 안에 들어 있는 혼합기체의 전체 압력은 각 구성 기체의 부분압의 합과 같다.
③ 헨리의 법칙 : 일정한 온도에서 일정 부피의 액체 용매에 녹는 기체의 질량, 즉 용해도는 용매와 평형을 이루고 있는 그 기체의 부분압력에 비례한다.

정답 ④

② 공기의 밀도
  ㉠ 공기의 밀도는 수심이 증가할수록, 즉 압력이 증가하면 밀도도 비례하여 증가하므로 호흡 저항이 일어나게 된다.
  ㉡ 수심이 깊어지면 폐의 부피도 축소하는데, 폐의 부피가 원래의 상태로 유지하려면 더 많은 공기를 소모하게 된다. 그래서 수심이 깊어질수록 공기통의 공기는 얕은 수심보다 소모량이 크다.
③ 공기통 사용 가능 시간 공식
  ㉠ $80ft^3$의 내부 부피는 $11L(0.392ft^3)$

  $$공기통\ 사용\ 가능\ 시간 = \frac{공기통의\ 고유용량(L) \times 내부\ 압력(kg/cm^2)}{수심의\ 절대압(kg/cm^2) \times 분당\ 공기\ 소모량(L/분)}$$

  ㉡ 공기통의 고유용량(L) = 공기통의 내부 부피
  ㉢ 내부 압력(kg/cm^2) = 압력계로 측정한 공기통의 실제 압력
  ㉣ 수심의 절대압(kg/cm^2) = 잠수사의 실제 수심을 절대압으로 환산
  ㉤ 매 분당 공기 소모량(L/분) = 잠수사가 매 분당 공기 몇 L를 소모하느냐 하는 것으로 수중에서는 평균 24~30L(1회 호흡량 2L×1분당 호흡 빈도 12~16L)를 소모한다. 단, 경험이 많은 잠수사일 때는 24L로 하되 안전을 감안하여 30L로 계산하는 것이 원칙이다.

핵심이론 20 샤를의 법칙(Charle's Law)

① 개 념

'압력이 일정할 때 기체의 부피는 절대온도에 비례한다.', '부피가 일정할 때는 온도 증가와 더불어 기체의 압력도 증가한다.'는 법칙으로 온도와 부피의 관계를 설명한 것이다.

② 압력이 일정할 때

$$\frac{V_1}{T_1} = \frac{V_2}{T_2}$$

- V_1 : 처음 부피
- V_2 : 나중 부피
- T_1 : 처음 절대온도
- T_2 : 나중 절대온도

③ 부피가 일정할 때(게이뤼삭의 법칙 – Gay Lussac's Law)

$$\frac{P_1}{T_1} = \frac{P_2}{T_2}$$

- P_1 : 처음 압력(절대압)
- T_1 : 처음 절대온도
- P_2 : 나중 압력(절대압)
- T_2 : 나중 절대온도

예 기온이 20℃일 때 공기통 속의 압력은 210kg/cm²였다. 이 공기통으로 수온이 15℃인 물속에 잠수한다면 잔압계의 압력은?

부피가 일정하므로 공식은

T_1(처음 절대온도) = 기온 = 20℃ + 273

T_2(나중 절대온도) = 수온 = 15℃ + 273

P_1(처음 압력) = 공기통의 내부 압력 = 210kg/cm²

P_2(나중 압력) = 나중 내부 압력 = ?

$P_2 = P_1 \times T_2 / T_1$ = 210 × (15 + 273) / (20 + 273) ≒ 206.4kg/cm²가 된다. 즉, 온도의 차이로 공기통 속의 압력은 206.4kg/cm²로 줄어들었다. 이것을 볼 때 온도가 증가하면 압력도 증가하고 온도가 감소하면 압력도 감소한다.

④ 영향을 주는 요소
  ㉠ 공기통에 공기 충전 시
  ㉡ 재압감압실 작동 시
  ㉢ 호흡 매체의 혼합 분석 시

⑤ 일반 기체의 법칙

일반 기체의 법칙이란 보일과 샤를의 법칙을 혼합한 것으로 '일정량의 기체의 부피는 압력에 반비례하고 절대온도에 비례한다.'는 3가지 요소의 상호 작용을 말한다. 이것을 수식으로 나타내면 다음과 같다.

$$\frac{P_1 V_1}{T_1} = \frac{P_2 V_2}{T_2}$$

- P_1 : 처음 압력(절대압)
- P_2 : 나중 압력(절대압)
- V_1 : 처음 부피
- V_2 : 나중 부피
- T_1 : 처음 절대온도
- T_2 : 나중 절대온도

10년간 자주 출제된 문제

온도와 부피의 관계를 설명한 기체의 법칙은?

① 샤를의 법칙
② 헨리의 법칙
③ 보일의 법칙
④ 돌턴의 법칙

[해설]

샤를의 법칙은 온도와 부피의 관계를 설명한 것으로, 압력이 일정할 때 기체의 부피는 절대온도에 비례한다고 하였다.

정답 ①

핵심이론 21 헨리, 돌턴의 법칙

① 돌턴의 법칙(Dalton's Law)
　㉠ 돌턴의 법칙은 기체의 부분압을 설명한 것으로, '일정한 용기 안에 들어 있는 혼합기체의 전체 압력은 각 구성 기체의 부분압의 합과 같다.'고 하였다. 이것을 수식으로 나타내면 다음과 같다.

> 전체 압력(P) = PP(A) + PP(B) + PP(C) + …
> - PP(A) = %부피(A)/100% × 전체압력(P)
> - %부피(A) = PP(A)/전체압력(P) × 100%

　㉡ 이것은 공기를 구성하는 기체들이 혼합된 기체이므로 대기압 상태에서 백분율로 나타냈을 때 질소가 79%, 산소가 21%로 존재하는 것이며, 사실은 대기압 상태라고 해도 질소는 0.79대기압, 산소는 0.21대기압이라는 부분압을 가지고 있다. 즉, 0.79 + 0.21 = 1대기압이다. 따라서 압력이 증가하면 각 기체들의 부분압도 증가하게 되는데, 만약 수심 70m까지 공기로 잠수하였을 때는 산소의 부분압이 1.68기압(0.21×8)이 되어 산소의 높은 부분압 때문에 산소 중독증에 걸리게 된다.
　㉢ 질소는 6.32기압(0.79×8)이 되므로 질소의 높은 부분압 때문에 극심한 질소마취에 시달리게 된다.

② 헨리의 법칙(Henry's Law)
　㉠ 헨리의 법칙은 흡수의 법칙 또는 감압표의 법칙이라고도 하며, '일정한 온도하에서 액체에 녹아 들어가는 기체의 양은 그 기체의 부분압에 비례한다.'고 하였다.
　㉡ 기체 중 특히 질소는 잠수수심, 해저 체류 시간, 폐에 질소가 공급 또는 회전되는 신체적인 조건 등 3가지 요소에 의해 큰 영향을 받는다.
　㉢ 혈액 속에 기체가 포화 또는 용해되는 것은 공기의 흡입과 배출 사이의 부분압이 다르기 때문이며, 기체의 용해도는 온도에 의한 영향을 많이 받아 온도가 낮을수록 용해도는 커진다.
　㉣ 감압병은 잠수사가 표면을 향해 상승할 때 액체 속에 용해되어 있던 질소가 기화되는 과정에서 발생한다. 따라서 상승할 때 감압표의 감압정지 지시를 지키지 않으면 질소는 기포를 형성하게 된다.

10년간 자주 출제된 문제

기체가 액체에 용해되는 것을 정의한 법칙은?
① 헨리의 법칙
② 돌턴의 법칙
③ 보일의 법칙
④ 샤를의 법칙

|해설|
헨리의 법칙은 흡수의 법칙 또는 감압표의 법칙이라고도 하며, '일정한 온도하에서 액체에 녹아 들어가는 기체의 양은 그 기체의 부분압에 비례한다.'고 하였다.

정답 ①

CHAPTER 02 잠수위생

핵심키워드 다이버의 안전수칙과 잠수사고 시 구조와 응급처치, 호흡계와 순환계, 인체의 공기공간 및 압착, 산소 및 일산화탄소 독성, 질소마취, 호흡과 잠수, 수온과 인체 등을 숙지한다.

핵심이론 01 다이버의 안전수칙

① 충분한 잠수 교육을 받는다. 잠수를 배우는 데 지름길은 없으며 잠수 교육은 반드시 공인된 강사로부터 충분히 받도록 한다.
② 절대 혼자 잠수하지 않는다. 항상 짝 잠수를 하고 익숙해질 때까지는 능숙한 다이버와 함께 짝을 한다.
③ 스쿠버 다이빙을 하는 동안 절대로 숨을 참지 않는다. 규칙적인 호흡을 하고 비상 상승 중에도 숨을 조금씩 내쉬다가 가끔 들이쉰다.
④ 능력 한도 내에서 잠수하고 수심 30m를 초과해서 잠수하지 않는다.
⑤ 감압이 필요한 잠수는 안전을 위해 하지 않는다.
⑥ 잠수를 마치고 수면으로 상승할 때에는 수심 5m에서 3~5분간 안전 감압 정지를 실시하고, 상승 속도는 9m/min이 넘지 않도록 한다.
⑦ 잠수는 사전에 계획하고 계획대로 잠수를 진행하며, 적절한 장비를 사용한다.
⑧ 반드시 부력 조절기를 착용하고, 웨이트 벨트는 맨 겉에 착용하며, 잠수 표시 깃발을 띄운다.
⑨ 공기통에는 항상 깨끗하고 건조한 공기만 채우고 정기적으로 검사를 받는다.
⑩ 잠수하기 전에 잠수할 지역에 대해 필요한 정보를 얻고, 항로에서는 잠수하지 않는다.
⑪ 귀마개나 눈만 가리는 물안경은 사용하지 않으며, 응급 처치와 구조법을 익혀둔다.
⑫ 파도가 높고 날씨가 나쁠 때, 감기에 걸려 압력 균형이 안 되거나 부상을 입었을 때, 기분이 언짢을 때에는 잠수하지 않는다.
⑬ 수중 생물들을 함부로 만지지 않으며, 잔압이 50bar 이하로 떨어지기 전에 수면으로 상승하기 시작한다.
⑭ 정기적인 건강 진단을 받고, 꾸준히 훈련을 계속하여 수준 높은 다이버가 되도록 노력한다.
⑮ 잠수 일지를 기록하여 두고 꾸준히 잠수 활동을 하도록 하며, 잠수할줄 모르는 사람에게는 잠수 장비를 빌려 주지 말고, 강사가 아니면 가르치지 않는다.

10년간 자주 출제된 문제

다음 중 수중에서의 정상적인 상승 속도는?
① 1분당 20m
② 1분당 36m
③ 1분당 9m
④ 1분당 5m

해설
자연스럽게 꾸준히 호흡하며 매분 9m(30ft) 속도를 유지하며 상승한다.

정답 ③

핵심이론 02 잠수사고(상해 등) 시 구조

① 수면에서의 잠수사 구조
　㉠ 구조 잠수사는 가능한 한 빨리 도움이 필요한 잠수사에게 다가간다. 그러나 구조 잠수사가 지칠 정도로 빨리 이동하는 것은 오히려 위험에 빠질 수 있기 때문에 위험하다.
　㉡ 도움이 필요한 잠수사가 의식이 있다면, 구조 잠수사는 약 2m 정도 떨어진 위치에서 웨이트 벨트를 버리고, 부력 조절기에 공기를 넣도록 전달한다. 만일 도움이 필요한 잠수사가 지시에 따르지 않는다면, 구조 잠수사가 직접 웨이트 벨트를 버리고, 부력 조절기에 공기를 넣어 주어야 하는데 이때 도움이 필요한 잠수사의 뒤쪽에서 실시한다.
　㉢ 의식이 없는 잠수사의 경우에는 구조 잠수사가 직접 부력 조절기에 공기를 넣고, 웨이트 벨트를 버린 후 수면에 바르게 눕힌다.
　㉣ 부력 조절기에 많은 공기를 넣게 되면, 오히려 호흡에 곤란을 느낄 수 있기 때문에 적당히 떠 있을 정도만 넣어 주면 된다.
　㉤ 잠수사를 끌고 가는 방법으로는 공기통 밸브를 잡고 끌고 가는 방법, 옆에서 겨드랑이를 끼고 끌고 가는 방법, 어깨로 밀고 가는 방법이 있다. 이때 가장 가깝고 안전한 곳으로 끌고 가야 하며, 주위에 도움을 요청해야 한다. 또한 양성 부력을 유지한 채 도움이 필요한 잠수사를 안정시켜야 한다는 원칙을 지켜야 한다.

② 수중에서의 잠수사 구조
　㉠ 수중에서 당황한 잠수사나 의식이 없는 잠수사는 일단 육상이나 배 위로 이동시켜야 하며, 이때에도 가능한 한 상승 속도는 지켜야 한다.
　㉡ 의식이 없다면 웨이트 벨트를 버리고, 부력 조절기에 공기를 넣은 후 양성 부력을 갖도록 한다.
　㉢ 일단 수면에 띄운 다음에는 수면에서의 구조 방법을 따른다.

③ 수면에 떠서 의식이 없는 다이버의 구조
　㉠ 빨리 다가간 후 구조자의 부력 조절기에 바람을 넣을 것
　㉡ 부상자는 대개 엎드려 있으므로 누운 자세로 해주고 웨이트 벨트를 풀어줄 것
　㉢ 필요하면 부상자의 부력 조절기에 바람을 넣어주되, 너무 잔뜩 바람을 넣게 되면 가슴이 눌려 호흡이 곤란해지고 부상자의 위치가 높아져 인공호흡하기 힘들게 됨
　㉣ 호흡을 하고 있지 않으면 즉시 물에 떠서 Mouth-to-Mouth 인공호흡 시작
　㉤ 최대한 빨리 해안이나 배로 끌고 가 심폐소생법을 실시

10년간 자주 출제된 문제

다음 중 심장은 뛰고 있으나 의식이 없고 호흡이 멈춘 조난자에게 가장 먼저 해야 하는 사항은?
① 인공호흡
② 마사지
③ 주사약물 투여
④ 음식물 먹이는 행위

|해설|
인공호흡은 호흡 정지 후 빨리 실시할수록 소생률이 높으므로 사고가 일어나면 즉시 실시해야 한다.

정답 ①

핵심이론 03 잠수사고(상해 등) 시 응급처치

① 심폐소생술
　㉠ 가슴 압박과 인공호흡을 함께 실시하여 환자의 혈액에 산소를 공급하고 혈액순환을 회복시켜 신체 각 조직에 산소를 공급하는 방법이다.
　㉡ 심장 정지가 일어나면 즉시 심폐소생술을 실시해야 하고 10분 이내에 전문적인 응급 의료를 받게 해야 한다.
　㉢ 심폐소생술에는 두 가지의 목적이 있는데 환자의 폐에 공기를 불어넣고 가슴을 압박해 줌으로써 산소를 공급하는 폐의 기능을 유지시키는 것과 혈액순환을 유지하여 뇌, 심장, 기타 신체부위에 산소를 운반하는 것이다.
　㉣ 스스로 호흡을 할 수 없는 잠수병 환자를 소생시키기 위하여 구강 대 구강 인공호흡법을 실시하는데 1분에 10~12번 호흡시키는 것이 가장 좋다.
　㉤ 호흡이 4분 이상 정지되어 혈액순환이 장애를 받아 인체에 산소공급이 중단되었을 때는 가장 먼저 뇌에 손상이 초래된다.

② 잠수 중 다리 종아리에 쥐가 났을 경우 우선 조치
　㉠ 발을 몸 앞쪽으로 쭉 뻗은 상태에서 발가락을 몸쪽으로 당겨준다.
　㉡ 쥐가 나면 한 손으로 근육을 신장시키고 다른 손으로는 압박과 이완을 반복한다.

10년간 자주 출제된 문제

호흡이나 심장기능이 정지되어 몇 분 이상 경과하면 뇌에 돌이킬 수 없는 손상이 초래되는가?
① 1분　　　　　　　② 2분
③ 3분　　　　　　　④ 4분

해설

심장정지와 뇌 손상
- 0~1분 : 심장자극이 심하다.
- 0~4분 : 뇌 손상이 아직은 오지 않는다.
- 4~6분 : 뇌 손상이 올 수 있다.
- 10분 이상 : 뇌 손상에서 회복될 수 없다.

정답 ④

핵심이론 04 상승과 하잠 시 압력과 관계있는 증상

① **하잠할 때 영향을 주는 요소**

하잠할 때는 압력이 증가하고 부피가 감소하여 수경 압착, 중이 압착, 잠수복 압착 등이 발생하므로 내부 부피가 축소되지 않도록 조절해 주어야 한다.
  ㉠ 수경 압착은 눈의 충혈과 돌출을 일으키므로 수심이 증가할 때마다 반드시 코로 적절히 압력을 불어 넣어 줘야 한다. 특히 눈만 가리는 수영장의 고글은 코 부분이 없어 고글이 압착되었을 때 압력을 불어 넣어 줄 수 없기 때문에 잠수용으로 사용해서는 안 된다.
  ㉡ 중이 압착은 고막 통증이 수반되므로 수심이 증가할 때마다 압력 균형을 해줘야만 고막 통증을 해소할 수 있다.
  ㉢ 잠수복 압착은 건식 잠수복을 착용했을 때 발생하므로 수심이 증가할 때마다 건식 잠수복 속에 적절히 공기를 넣어줘야만 살이 꼬집히는 현상을 예방할 수 있다.

② **상승할 때 영향을 주는 요소**

상승할 때는 압력이 감소하고 부피가 증가하므로 상승 속도를 지키지 않으면 잠수사가 심각한 위험에 빠질 수 있다.
  ㉠ 부주의 또는 공기의 고갈로 급상승을 하게 되면 폐가 파열되는 기체색전증(Gas Embolism)이 발생된다. 이는 수심이 점차 얕아질수록, 즉 수심 10m에서 표면까지의 수심권은 부피의 변화가 상당히 크므로 급상승할 경우 폐 속에 팽창된 공기를 내뿜지 않으면 위험에 처하게 된다.
  ㉡ 폐의 팽창과 관련하여 가장 위험한 수심은 3m에서 표면까지의 수심권이다. 이 수심권이 부피의 팽창이 가장 크기 때문이다. 수심이 깊을수록 3m의 수심 차이는 압력과 부피의 변화가 적어 폐를 과팽창시키지는 못한다. 기체색전증을 예방하려면 정상적으로 호흡하면서 반드시 상승 속도를 지켜야 한다.

③ **과팽창 장애의 개념**

과팽창 장애는 부상 시에 공기가 평소의 호흡에 의해 폐에서 배출되지 못한 경우 그 공기가 팽창하여 폐포가 파열하여 다른 체내조직으로 유출함으로써 발생하는 장해이며 구체적으로 에어엠볼리즘, 종격동기종, 피하기종, 기흉이 있다. 원인은 여러 종류가 있는데 가장 큰 원인은 급상승이다.

10년간 자주 출제된 문제

다음 중 상승 시 압력과 관계있는 증상이 아닌 것은?

① 공기색전증(Air Embolism)
② 피하기종(Emphysema)
③ 기흉(Pneumothorax)
④ 마스크압착(Mask Squeeze)

[해설]
마스크압착은 하강 시 발생한다.

정답 ④

핵심이론 05 피하의 기종, 기흉, 폐기종

① **피하의 기종(Subcutaneous Emphysema)**

수면으로 상승하는 동안 혈관으로부터 공기가 빠져나와 가슴 위쪽 또는 목의 피부 아래에 축적되면 종격기종(Mediastinal)과 피하기종이 발생할 수 있으며 통증을 가져온다.

- ㉠ 원인 : 공기색전증과 같이 압축된 공기를 가지고 상승할 때에 숨을 멈추어 발생한다. 공기가 목의 피부 아래 부드러운 조직을 통해서 위로 향해 움직이기 때문에 보통 폐기종을 동반한다.
- ㉡ 증상 : 호흡곤란을 유발하는 목구멍의 답답함, 목소리의 변화, 피부를 건드리면 '딱딱' 하는 소리가 난다(다각다각 소리).
- ㉢ 조치 : 쇼크에 대한 치료, CPR, 다른 증상이 보이지 않으면 보통 재압체임버는 필요 없다.
- ㉣ 치료 : 피하에 모인 기포를 주사기로 뽑아내며, 기체색전증 증세가 보이지 않으면 병원에 수용한다.

② **기흉(Pneumothorax)**

- ㉠ 원인 : 공기색전증과 같고 폐와 가슴의 벽 사이에 공기가 모여 폐에 압력을 가한다.
- ㉡ 증상 : 혈액 순환의 손상으로 피부, 입술, 손톱의 청색증이 생기고 가슴 한쪽에 고통이 오는데, 깊은 호흡은 고통을 더하므로 가능한 짧고 얕은 호흡을 하게 한다.
- ㉢ 조치 : 고통이 있는 쪽을 아래로 하고 쇼크에 대한 조치와 의학적인 치료를 한다.
- ㉣ 예방 : 공기색전증과 같은 방법으로 정상호흡을 한다.

③ **폐 기종(Mediastinal Emphysema)**

- ㉠ 원인 : 공기색전증처럼 압축된 공기를 가지고 상승할 때에 숨을 멈추어 발생하는 폐포의 손상이 원인이다. 가슴(Mediastinum)을 둘러싼 동공에 공기포가 모여 가슴을 압박한다.
- ㉡ 증상 : 가슴 중앙에 고통, 혈액순환의 손상으로 치아노제(Cyanosis, 산소 결핍 때문에 혈액이 검푸르게 되는 상태), 졸도, 호흡곤란 등이 일어난다.
- ㉢ 조치 : 쇼크에 대한 치료, CPR, 의학적 치료를 하고 심할 경우에는 재압체임버로 옮긴다.
- ㉣ 예방 : 공기색전증과 같은 방법으로 정상호흡을 한다.

10년간 자주 출제된 문제

잠수작업 중 비상 상승을 시도했던 잠수사의 목 주변이 부풀어 오르고 손으로 만졌을 때 바스락거리는 소리가 들린다. 다음 중 옳은 것은?

① 매우 위급한 감압병이다.
② 허파가 파열되어 피부 아래에 공기가 들어갔다.
③ 목 주위를 지나가는 정맥 속에 커다란 공기 방울이 생겼다.
④ 매우 위급한 기체색전증이므로 급히 수중재가압 치료를 해야 한다.

[해설]

피하기종은 수면으로 올라올 때 만약 공기가 혈관으로부터 새어나오고 목 피부 아래 또는 흉곽 위에서 누적될 경우 발생하게 되고 통증을 일으킨다.

정답 ②

핵심이론 06 물안경 압착

① 잠수를 하기 위해 잠수사가 쓰는 물안경 안에는 공기가 있다. 이 공기 공간에 잠수해 내려가는 동안 코로 공기를 보내 주어 외부와 같은 압력으로 압력 균형을 시켜주어야 한다. 그렇지 않으면 물안경이 수압에 의해 얼굴로 바싹 달라붙으려 하게 되고 심하면 눈이 충혈된다.
② 물안경 속의 압력이 주위 수압보다 낮을 때 물안경 속의 압력이 높아지기 위하여 눈 주위가 붓고 코피가 나기도 하며 심하면 눈알에 출혈이 생기기도 한다.
③ 눈만 가리는 수영용 물안경을 쓰고 잠수하면 코로 물안경의 압력 균형을 할 수 없기 때문에 물안경 압착을 피할 수 없게 된다. 따라서 수영용 물안경을 착용하고 잠수해서는 안 된다.
④ 이를 방지하려면 코를 통하여 물안경 속에 공기를 불어넣어 물안경 속 압력을 높여야 하며 따라서 잠수 때는 두 눈과 코를 함께 덮는 물안경을 착용하여야 한다.

10년간 자주 출제된 문제

잠수 후 잠수사의 눈 주위가 부어 있거나 눈알에 출혈한 흔적이 나타났다. 어떤 이유 때문인가?

① 부비동 압착증
② 물안경 압착증
③ 허파파열로 인한 기체색전증
④ 감압병

【해설】

물안경 압착증
물안경 속의 압력이 주위 수압보다 낮을 때 물안경 속의 압력이 높아지기 위하여 눈 주위가 붓고 코피가 나기도 하며 심하면 눈알에 출혈이 생기기도 한다.

정답 ②

핵심이론 07 사이너스(Sinus) 압착

① 사람의 머릿속에는 사이너스(부비동)라고 불리는 작은 공간들이 있으며, 이 공간들은 코와 가는 관으로 연결되어 있다.
② 평상시 이 관들은 열려 있어 잠수할 때도 저절로 압력 균형이 된다. 그러나 감기, 알레르기, 염증 등이 생기면 이 가는 관이 막히게 되어 압력 균형이 되지 않는다.
③ 사이너스의 압력 균형이 되지 않아 압착이 일어나면 사이너스가 있는 이마 부근, 잇몸의 윗부분이 바늘로 찌르는 듯 따끔거린다.
④ 눈 주위, 눈 뒤쪽에서 날카로운 통증을 느끼며 수면으로 복귀한 후 피가 섞인 콧물이 나오기도 한다.
⑤ 사이너스 압착은 잠수를 중단하고, 하루 정도 쉬면 대개 저절로 낫게 되지만 감기나 코막힘이 있을 경우 당일 잠수를 미리 포기하는 것이 바람직하다.

10년간 자주 출제된 문제

잠수를 마친 후 수면에 복귀하였더니 몸속으로부터 피가 섞인 붉은 액체가 흘러나왔다. 이러한 증상은 주로 어디에 이상이 있을 때 나타나는가?

① 유스타키오관
② 부비동(사이너스)
③ 목구멍
④ 허 파

해설

부비동(Sinus) 압착증
- 인간의 머릿속에는 사이너스, 즉 부비동이라는 작은 공간이 있으며, 이 공간은 코와 연결되는 가는 관으로 되어 있다.
- 부비동은 점막으로 덮혀 있고, 두개골의 오목한 공간 내에 있다.
- 감기, 알레르기, 염증이 생기면 유스타키오관이 막혀 압력 균형이 이루어지지 않아 찌르는 듯한 통증이 온다.
- 심하면 코피가 나오며 이럴 때는 잠수를 중단한다.
- 감기에 걸렸을 때는 절대 잠수를 하지 말아야 한다.

정답 ②

핵심이론 08 귀의 압착

① 귀의 압착 개념
  ㉠ 수압에 의해 제일 먼저 반응이 오는 곳이 귀의 고막이다. 외부의 압력이 증가하게 되면 귀의 고막이 안쪽으로 휘게 되며, 이때 아픔을 느끼게 된다.
  ㉡ 귀는 유스타키오관이라 부르는 가는 관으로 코와 통해 있는데 코를 손으로 막고 공기를 불면 이관을 통해 귀로 공기를 보낼 수 있다. 이같이 하여 외부의 압력과 귓속 공간의 압력을 같이 해 주면 고막은 제자리로 돌아가고, 아픔은 없어진다. 이것을 귀의 압력 균형이라 부르며, 침을 삼키거나 턱을 움직여도 될 수 있다.
  ㉢ 귀의 압력 균형은 잠수해 내려가기 시작하자마자 곧 시작해야 하며, 내려가는 동안 계속, 여러 번 해야 한다.
  ㉣ 고막이 아프기 시작하면 이미 늦은 때이고, 이때는 제대로 이행되지 않는다. 이런 경우에는 1m 정도 상승한 뒤 다시 압력 균형을 실시해야 한다.
  ㉤ 귀의 압력 균형이 잘 안 된다고 코를 막고 계속 너무 세게 불면 내이에 손상이 오고, 심한 경우 영구적인 청력 손실을 가져올 수 있기 때문에 주의해야 한다.
  ㉥ 잠수할 때 귀마개를 사용하면 귀마개와 고막 사이에 공간이 생기게 되고, 이 공간은 압력 균형을 할 수 없기 때문에 고막이 밖으로 터지게 된다. 따라서 잠수할 때는 귀마개를 절대로 착용해서는 안 된다.

② 중이 압착증
  ㉠ 가장 흔한 압력손상으로, 외부 수압에 의하여 고막이 중이 쪽으로 밀려 들어가면서 통증이 유발된다.
  ㉡ 예방책은 코를 막고 코쪽으로 공기를 내뿜어 콧속 공기를 이관을 통하여 중이로 보내 중이 압력을 평형시켜 주는 것인데, 가압과정 중 귀에 불편감이 나타날 때마다 반복적으로 실시하여야 한다.
  ㉢ 염증 등으로 이관이 막히면 위와 같은 방법(발살바 조작)으로도 압력 평형을 이룰 수 없으므로 심한 통증과 함께 고막이 파열될 수 있다.
  ㉣ 중이염을 앓아 양쪽 고막이 뚫려 있는 사람에게는 중이 압착증이 나타나지 않는다. 그러나 귓속에 오염된 물이 들어갈 수 있어 염증이 쉽게 생기므로 잠수를 삼가는 것이 좋다.

③ 외이 압착증
  ㉠ 귓속에 물이 들어가는 것을 피하기 위하여 귀마개를 사용할 때 잘 생긴다.
  ㉡ 통증과 함께 귓속에 무엇이 가득 찬 것과 같은 충만감이 느껴진다. 귀마개를 사용하면 외이는 물론 중이에도 압착증이 잘 생기므로 잠수 시에는 사용하지 않아야 한다.

10년간 자주 출제된 문제

중이 압착증은 잠수과정 중 언제 제일 잘 발생하는가?
① 하잠 중
② 해저 체류 중
③ 상승 중
④ 잠수 중 어느 때나 똑같다.

[해설]
하잠할 때는 압력이 증가하고 부피가 감소하여 수경 압착, 중이 압착, 잠수복 압착 등이 발생한다.

정답 ①

핵심이론 09 (동맥)기체색전증(Arterial Gas Embolism)

① 기체색전증의 개념
  ㉠ 다이버가 고압의 공기를 호흡하다 상승하게 되면 외부의 압력 감소로 인하여 부피가 팽창하게 된다.
  ㉡ 다이버가 정상적으로 호흡을 할 때는 부피가 팽창된 공기는 기도와 입을 통하여 밖으로 배출되지만 만약 다이버가 물리적인 방법으로 숨을 참게 되면 이 팽창된 공기는 배출되는 곳이 없기 때문에 폐를 과팽창시키게 된다. 이로 인하여 폐파열이 일어나게 되고 허파꽈리에서는 실핏줄로 공기가 유입되게 된다. 이 유입된 공기의 기포들은 혈관을 따라 심장으로 가게 되고 심장의 박동에 의하여 대동맥으로 이동하게 되며 이동된 공기는 다시 경동맥이 하지동맥으로 이동하게 된다.
  ㉢ 하지동맥으로 이동한 공기는 경련이나 마비를 일으키게 되고 경동맥으로 이동한 공기는 뇌동맥을 막아 색전증을 유발한다. 뇌로 들어간 공기는 뇌의 동맥을 막아 혈액의 흐름을 차단하고 결국 뇌세포의 손상을 초래한다.

② 발생
  ㉠ 동맥에 공기가 들어감으로써 발생된다.
  ㉡ 상승 중 압력하에서 숨을 멈춤으로써 팽창된 기체가 폐에 상처를 주어 동맥의 순환을 방해한다.

③ 진단
  ㉠ 수면으로 올라오는 상승 중 또는 수면 도착 후 10분 내에 갑자기 나타난다.
  ㉡ 넓은 부분에 걸친 피부에 이상한 느낌이 난다.
  ㉢ 경련, 사지의 무기력, 발작, 의식상실, 마비, 감각이상, 시력이상, 현기증, 두통 등의 증상이 나타난다.

10년간 자주 출제된 문제

기체색전증의 특징 중 틀린 것은?
① 상승 중 또는 수면 도착 10분 이내에 발생한다.
② 팔다리 마비, 어지러움증 등이 급속히 나타난다.
③ 어깨, 무릎 등에 극심한 통증이 나타난다.
④ 재가압 치료를 해야 한다.

|해설|
기체색전증의 증상은 가슴의 통증, 기침 또는 숨을 헐떡이거나 입가에 피거품, 두통, 부분적 또는 완전한 시각장애, 저리거나 얼얼함(감각 저하), 힘이 빠지거나 마비, 상반신의 감각 상실 또는 변화, 현기증, 혼란스러움, 갑작스러운 의식 상실, 호흡 정지, 사망 등으로 만일 잠수 도중 수면에서 의식을 잃고 있는 잠수사를 발견하였다면, 기체색전증 환자로 간주하여 응급 처치하는 것이 요구된다.

정답 ③

④ 치 료
  ㉠ 기체색전증이 발생한 경우에는 신속한 재압 치료가 요구된다.
  ㉡ 기체색전증 환자를 발견한 경우 환자를 편평한 바닥에 눕히고 기도를 개방하여 호흡과 맥박을 유지시킨 후, 의료용 산소로 호흡시킨다.
  ㉢ 가능한 한 빨리 의료용 감압실이 있는 곳으로 이송해야 하는데 항공 수송이 필요한 경우 실내 압력이 1기압 상태로 유지할 수 있는 항공기를 이용하며, 헬기를 이용할 경우 저고도로 비행하여야 한다.
  ㉣ 치료를 목적으로 환자를 수중으로 다시 내려보내서는 안 된다.
⑤ 예 방
  ㉠ 상승 시 숨을 참지 말고 정상호흡을 하며, 상승 속도를 지킨다.
  ㉡ 비상 상승 시 고개를 뒤로 젖혀 기도를 열어주고 폐 속에 팽창된 공기를 계속 내뿜으며 상승한다.

핵심이론 10 폐 압착증

① 깊은 수심까지 호흡정지 잠수를 할 때 발생한다.
② 스킨 다이빙을 할 때 물 위에서 숨을 들여 마신 후 숨을 참고 잠수해 내려가면 수압의 증가에 따라 신축성 있는 폐의 부피는 수압에 따라 점점 작아진다.
③ 너무 깊이 내려가 폐의 부피가 폐의 잔류량보다 작아지게 되면 폐 압착이 생긴다.
④ 사람이 수심 30m(4대기압) 이하로 내려가면 폐 압착의 가능성이 있다.
⑤ 폐는 어느 정도의 압착을 견딜 수는 있으나 한계를 넘어서면 출혈과 함께 조직손상을 동반할 수도 있다.
⑥ 혈액이 폐순환으로 이동하고 압력 불균형을 상쇄하기 때문에 폐 압착이 일어날 때의 폐 부피는 잔여 부피 이하가 될 수도 있다.
⑦ 체임버 속에서 농구공이 쭈그러드는 것처럼 너무 깊게 호흡을 멈추고 잠수하면 허파가 쪼그라들고 심하면 갈비뼈도 부러져 큰 손상을 입을 수 있다.
⑧ 일반적으로 수중의 잠수자는 폐 압착증(Lung Squeeze)을 예방하기 위해 수압과 같은 압력의 기체를 호흡하여야 한다.

10년간 자주 출제된 문제

폐 압착증이 가장 발생하기 쉬운 상황은 다음 중 어느 것인가?

① 스쿠버 잠수로 상승할 때
② 수표면 공기 공급 잠수로 호흡기체 공급압력이 주위 수압보다 높을 때
③ 호흡정지 잠수로 너무 깊게 잠수할 때
④ 수표면 혼합기체 공급 잠수 때

해설

폐 압력손상
• 상승 시 압력손상은 스쿠버 다이빙할 때
• 하강 시 압력손상은 숨을 참고 하는 스킨 다이빙을 할 때

정답 ③

핵심이론 11 비상 상승

① 공기가 떨어진 상태에서 수면으로 안전하게 상승하는 방법에는 크게 혼자서 올라오는 법과 짝을 의지해서 올라오는 방법이 있다.

② 혼자서 하는 비상 상승에는 비상 수영 상승, 긴급 부력 상승, 비상용 호흡 기구 호흡 상승법이 있으며 짝을 의지해서 비상 상승하는 방법에는 비상 호흡 조절기 사용 상승과 짝 호흡 상승이 있다.

  ㉠ 비상 수영 상승 : 공기가 떨어진 상황에서 혼자 있을 때 비상 상승하는 방법으로 비교적 얕은 수심에서 사용된다.

  ㉡ 긴급 부력 상승 : 비교적 깊은 수심에서 공기가 떨어졌고 혼자 있을 때 비상 상승하는 방법이다.

  ㉢ 비상용 호흡 기구 호흡 상승 : 비상 상승 방법 중 가장 안전한 상승법이나 이 기술은 자신이 비상용 호흡 기구를 갖춘 경우에만 가능하다. 즉, 잠수 중 공기가 고갈된 것을 인지하였으면 즉시 준비한 비상 호흡 기구의 밸브를 개방하여 그 호흡 조절기를 물고 수면으로 상승하면 된다.

  ㉣ 비상 호흡 조절기 사용 상승 : 자신은 공기가 떨어졌지만 비상호흡 조절기를 갖춘 짝의 공기가 남아 있는 경우에 사용되는 비상 상승 방법이다.

  ㉤ 짝 호흡 상승 : 잘 훈련된 짝과 함께 있거나 경험이 많은 다이버들만 사용할 수 있는 비상 상승법이다. 한 사람은 공기가 떨어졌고 공기가 남아 있는 짝은 비상 호흡 조절기가 없지만 충분한 공기가 남아 있을 때 사용하는 비상 상승 방법이다.

③ 비상 상승 중에도 절대로 숨을 참지 말아야 하며 무엇보다 중요한 것은 절대로 잠수 중 공기가 고갈되지 않도록 주기적으로 잔압을 점검하며 잔압이 50bar 이하로 떨어지기 전에 상승을 시작해야 한다는 것이다.

10년간 자주 출제된 문제

수중에서 긴급상승(자유상승)을 할 때 주의해야 할 것은?
① 폐의 팽창으로 인한 장애를 방지하기 위하여 가능한 폐가 비어 있도록 한다.
② 가능한 폐에 공기를 가득 채우고 팽창하는 공기가 빠져 나가도록 허용한다.
③ 바닥에서는 숨을 내쉬고 상승 중에는 호흡을 정지한다.
④ 폐의 공기는 반 정도로 하여 공기가 가득 차거나 비어 있지 않도록 한다.

해설
폐에서 팽창하는 공기를 자유롭게 밖으로 내보낼 수 있도록 상승하는 동안 계속 숨을 내쉬어야 한다.

정답 ④

핵심이론 12 산소 중독

① 산소 중독의 개념
  ㉠ 산소의 함량이 높으면 산소 중독을 일으킨다.
  ㉡ 산소 중독은 산소의 부분압과 노출 시간에 의해 좌우되며 0.2 내지 0.6기압의 산소 부분압 범위 내에서는 산소 중독이 일어나지 않으나 산소 부분압이 1.6기압 이상일 때는 위험을 초래할 수 있다.
  ㉢ 잠수사에게 발생되는 산소 중독은 폐 산소 중독과 중추 신경 산소 중독 등이 있다.
  ㉣ 공기로 심해 잠수를 할 경우 가장 큰 위험은 산소 중독이고 그다음이 질소 마취이다. 질소 마취는 산소 중독보다 얕은 수심에서도 일어나므로 질소 마취가 제1순위 위험 요소라고 생각될 수 있지만, 질소 마취는 사람에 따라 또는 경험에 따라 극복할 수 있는 범위가 주어지는 반면 산소 중독은 극복이 거의 불가능하다.

② 폐 산소 중독의 원인과 치료
  ㉠ 대기압에서 60% 이상의 산소를 24시간 이상 흡입하거나 수중에서 산소 부분압이 0.6ATA인 상태에서 24시간 체류하면 발생된다.
  ㉡ 감압실에서 치료표 4, 7, 8로 장시간 치료를 할 경우에 폐 산소 중독이 가속화된다.
  ㉢ 폐 산소 중독은 흡기 시 타는 듯한 느낌과 통증을 느끼고 의식이 있는 경우에는 격렬한 신경통도 동반된다.
  ㉣ 무의식 상태의 환자에게는 폐 손상 또는 폐렴을 고려해야 하므로 100% 산소 공급은 각별한 주의가 필요하다.

③ 중추신경계 산소 중독의 원인과 증상
  ㉠ 산소 중독으로 진전되는 원인 중에는 이산화탄소의 축적 요소와 밀접한 관계가 있으며, 더구나 산소 부분압이 1.6기압 이상일 때는 대부분 중추신경계 산소 중독이 발생한다.
  ㉡ 중추신경계 산소 중독의 증상
    생리학적인 변화는 산소의 부분압이 높을 때 주로 발생하지만, 이미 산소 중독 증상이 발생한 경우에는 즉시 산소 부분압을 낮춘다고 해서 산소 중독 증상이 사라지는 것은 아니다. 즉, 산소 공급을 차단하였다고 하더라도 1~2분 정도는 경련이 지속될 수 있고 또 그 이상 지속될 가능성도 있다. 그러나 산소 중독은 대개 익사 및 특별한 상황이 아니라면 24시간 이내에 완전히 회복될 수 있다.

10년간 자주 출제된 문제

다음에 열거한 산소 중독의 초기 증상 중 발작을 예고하는 가장 중요한 증상은?
① 시야가 좁아지는 시야협착 증세
② 메스꺼움이나 구역질
③ 얼굴 부위 근육의 떨림
④ 안절부절하는 증상과 현기증

해설
산소 중독은 극히 짧은 시간 안에 나타나며 뚜렷한 사전 예고증상이 없으므로, 입술이 실룩거리거나 안면근육이 일그러지면 산소 중독의 초기증상이 온 것으로 판단해야 한다.

정답 ③

④ 산소 중독 증상은 'CONVENTID'라는 약어를 사용하면 암기하기 쉽다.

[산소 중독 현상]

약 어	증 상
CONvulsion(경련)	산소 중독으로 인한 증상들 중 가장 치명적인 것이다. 잠수사가 발작 도중 익사하거나 표면으로 빨리 끌어올릴 경우 기체색전증에 걸릴 수 있다.
Vision(시각)	터널 속을 보는 듯이 시각 기능이 비정상적으로 된다.
Ears(청각)	청각 장애나 귀에 윙윙 울리는 소리가 들린다.
Nausea(구역질)	간헐적으로 경험한다.
Twitching(근육 경련)	보통 입술이나 다른 안면 근육에서 먼저 시작된다.
Irritability(초조함)	불안, 초조, 혼란, 이례적인 피로감 등의 변화가 온다.
Dizziness(현기증)	잠수 도중 어지러움을 느낀다.

㉠ 중추신경계 산소 독성의 초기 증상으로는 시야가 좁아지는 현상, 이명(귀에서 소리가 나는 것), 구역(메스꺼움), 입술이나 눈 주위의 근육 떨림증, 정신적 긴장도 증가 및 현기증 등이 있다. 심해지면 근육이 뒤틀리는 경련을 일으킨다.

㉡ 폐 산소 독성의 증상에는 기침, 호흡곤란, 비충혈(콧속이 붓는 것), 현기증 등이 있다.

핵심이론 13 일산화탄소 중독

① 원인
  ㉠ 주로 공기압축기의 내연 기관을 통해 또는 점도가 낮은 윤활유가 연소되면서 발생하는데 0.002%(20ppm)의 농도에도 치명적인 손상을 입게 된다.
  ㉡ 특히 일산화탄소가 낮은 농도라고 하더라도 장시간 호흡하게 되면 단시간에 높은 농도로 호흡하는 것과 같은 효과를 가지기 때문에 가능한 빨리 2기압의 재압체임버에서 100%의 산소를 공급해야 한다.

② 증상
  ㉠ 일산화탄소 중독 시 저산소증과 유사한 증상이 나타나며, 가장 큰 위험은 갑자기 무의식상태에 빠질 때이다.
  ㉡ 일산화탄소 중독 시 적혈구의 헤모글로빈과 일산화탄소가 산소보다 200배의 높은 결합력을 가지기 때문에 저산소증과 더불어 입술, 손톱 밑, 피부가 비정상적으로 붉어지고 이마의 두통, 호흡 곤란, 구토, 혼동 등의 증상을 나타낸다.
  ㉢ 일산화탄소에 중독된 잠수사에게는 절대 공업용 산소를 흡입시켜서는 안 되며, 적절한 산소 순도가 유지되어야 한다.

③ 흡연이 잠수에 미치는 영향
  ㉠ 담배 연기는 다량의 일산화탄소를 발생시킨다. 담배의 일산화탄소는 혈액 내 산소 운반 능력을 현저히 감소시킬 뿐만 아니라 혈액 순환을 방해하여 감압병의 발생 빈도를 높인다.
  ㉡ 담배 연기 속에 작용하는 니코틴과 타르는 폐에 가중한 부담을 주고 가래를 만든다. 이 가래는 호흡계의 좁은 공기 통로를 막을 가능성이 높아 기체색전증을 일으킬 수 있다. 따라서 잠수사는 금연을 하고 공기압축기의 흡입구를 엔진 배기관에서 멀리 설치하고 장비의 정비를 철저히 관리해야 한다.

10년간 자주 출제된 문제

흡연이 잠수에 미치는 영향이 제일 적은 것은?
① 감압병에 걸릴 확률이 높아진다.
② 공기전색증에 걸릴 확률이 높아진다.
③ 혈액의 산소공급 능력이 떨어진다.
④ 질소마취에 걸릴 확률이 높아진다.

해설

흡연이 잠수에 미치는 영향
- 담배 연기 속의 일산화탄소가 일단 몸 안에 흡수되면 오래 지속되어, 인체에 축적된 CO의 양을 50% 낮추는 데 약 6시간이 걸리며 그 여분은 24시간 이상 계속 남아 있기도 하는데, 그것이 혈액 속의 헤모글로빈과 결합하는 능력은 산소보다 210배나 더 커서 혈액의 산소 운반능력을 급격히 감소시킨다.
- 호흡 순환계 능률의 15~18%가 감소하게 되므로 잠수 후 몸 안에 질소를 배출하는 능력이 감소되어 감압병에 걸리기 쉬워진다.
- 담배 연기 속의 니코틴과 타르는 호흡기관의 예민한 조직들을 손상시키며 가래를 생기게 한다. 이런 가래는 호흡기의 가는 통로들을 곧잘 막히게 하여 잠수 후 상승할 때 공기전색증에 걸릴 위험을 높게 한다.

정답 ④

핵심이론 14 이산화탄소 축적(탄산가스 과잉) 1

① 이산화탄소 축적 개념

　이산화탄소의 축적(탄산가스의 과잉)은 호흡가스 공급에 있어 탄산가스 축적 또는 신체 내의 탄산가스 축적 때문이다. 수중 호흡 장비는 격렬한 작업을 하는 동안에도 이산화탄소를 1.5% 미만으로 유지하도록 설계되어 있다. 그러나 장비의 고장과 수중 호흡 기체를 아끼기 위해 호흡률을 안전 수치보다 낮게 하였을 때 이산화탄소 부분압이 증가하여 이산화탄소 중독 증상이 나타난다. 이산화탄소 중독은 호흡의 부산물인 이산화탄소가 폐를 통해 충분히 배출되지 않아 체내에 비정상적으로 축적된 것을 의미하므로 상황에 따라 잠수사가 자각할 수 있어 위험에서 벗어날 수 있지만 작업량과 수심, 혼합기체의 구성 상태 등이 호흡과 혈액 혼합물에 변수로 작용할 때는 전혀 감지할 수 없게 된다.

② 원 인
　㉠ 초과 호흡(긴장 상태에서의 비정상적인 호흡)
　㉡ 수중에서 의식적으로 호흡 기체를 아끼는 행위
　㉢ 수중 호흡 장비의 부적당한 환기와 호흡 저항
　㉣ 이산화탄소 제거 장비의 결함(정화기 고장)
　㉤ 호흡 기체의 이산화탄소 오염 등
　㉥ 스쿠버 장비로 수중에서 빨리 수영하거나 중노동을 할 때
　㉦ 스킨 다이빙 시 너무 오래 숨을 참을 때
　㉧ 스킨 다이빙 시 스노클을 너무 가늘고 긴 것을 사용하여 공기의 순환이 잘되지 않을 때

10년간 자주 출제된 문제

잠수 중 몸속에 탄산가스 축적의 원인이 아닌 것은?
① 수중에서 심한 노동을 할 때
② 호흡기 저항이 많을 때
③ 공기를 아끼면서 호흡할 때
④ 하잠을 너무 빨리 할 때

[해설]

탄산가스 축적의 원인
- 스킨 다이빙할 때 너무 오래 숨을 참는 경우
- 스킨 다이빙할 때 스노클을 너무 가늘고 긴 것을 사용하여 공기의 순환이 잘되지 않을 경우
- 스쿠버 잠수 시 공기를 아끼려고 숨을 참으면서 호흡할 때
- 호흡기가 저항이 많아 숨쉬기 힘들 때
- 스쿠버 장비로 수중에서 빨리 수영하거나 중노동을 할 때

정답 ④

핵심이론 15 이산화탄소 축적(탄산가스 과잉) 2

① 증 상
  ㉠ 이산화탄소 중독은 산소 중독과는 다르게 뇌에 영향을 미치며, 호흡 중추를 자극해 호흡 비율과 호흡량이 증가하게 되어 심장 박동수도 증가한다.
  ㉡ 집중력 저하, 착란, 나른함, 사고력 결여, 의식 상실 등과 산소 중독 증상과 유사한 경련도 유발될 수 있다.
  ㉢ 이산화탄소 축적은 농도가 증가될수록 더욱 심해지며 10%가 되면 의식 상실이 오고 15%로 증가되면 근육 경련과 경직 현상이 발생한다.
  ㉣ 이산화탄소 중독은 신선한 공기로 호흡하면 대부분 회복되지만 두통과 메스꺼움, 현기증 등의 후유증은 계속될 수 있다. 그러나 치명적인 뇌 손상이나 사망이 일어날 확률은 저산소증에 비해 낮은 편이다.
  ㉤ 이산화탄소가 축적되면 감압병이 발생할 확률이 높다고 알려져 있지만, 그 원인은 확실치 않다.

② 예 방
  ㉠ 이산화탄소의 부분압을 감소시켜야 한다. 따라서 수중에서 숨을 오래 참는 행위, 호흡 저항이 큰 장비의 사용, 수중에서의 격렬한 노동, 지나친 긴장감 등은 체내에 이산화탄소를 축적시키는 원인이 되므로 수중에서는 긴장을 풀고 정상적인 호흡을 해야 한다.
  ㉡ 헬멧에 신선한 기체로 자주 환기를 시켜준다.

10년간 자주 출제된 문제

잠수 시 탄산가스 축적의 예방방법과 가장 거리가 먼 것은?
① 긴장을 풀고 천천히 심호흡을 한다.
② 호흡기 성능이 좋은 것을 사용한다.
③ 잠수 중 숨을 참지 않는다.
④ 숨을 조금씩 빨리 쉰다.

|해설|
크고 깊은 호흡을 규칙적으로 해야 한다.

정답 ④

핵심이론 16 질소마취 1

① 질소마취의 개념
  ㉠ 잠수 중 증가한 질소 기체의 부분압이 신경 세포막을 덮고 있는 단백질 속으로 녹아들어 신경의 흥분성을 약화시키고, 신호 전달 체계를 방해하여 일어난 혼란 상태를 말한다.
  ㉡ 질소는 공기 중에 가장 많이 존재하는 무색, 무미, 무취의 불활성 기체로 인체에 무해하며 고압의 질소를 마시지 않는다면 아무런 증세도 일으키지 않는다.
  ㉢ 질소마취현상은 30m보다 깊게 잠수할 때 나타난다. 질소마취에 의한 현상을 심해의 황홀감이라고도 표현한다.

② 압축 공기 잠수 중 마취의 영향
  ㉠ 대부분의 압축 공기를 사용하는 잠수사는 30m보다 깊은 수심에서 질소마취를 겪게 되며 질소마취에 대한 감수성은 개인마다 큰 차이를 보일 수 있다.
  ㉡ 질소마취는 사고에 대처하는 능력이 떨어지는 반면 사고의 위험성이 높아지기 때문에 더욱 위험하며, 수심이 깊어질수록 증세가 악화된다.
  ㉢ 질소마취현상은 대기압 조건으로 복귀 시 아무런 후유증 없이 회복되며 목표 수심 도착 직후에 증상이 가장 심하고 이후 약간 약화되며 개인차가 심하다.
  ㉣ 30~60m 수심에서는 황홀감 등이, 60~90m에서는 판단력 감퇴・반사기능 감퇴・자만감 등이, 90~120m에서는 환청, 환시, 조울증, 기억력 감퇴 등이 나타나며, 120m 이상에서는 의식을 상실한다.

③ 예방법
  ㉠ 질소마취를 예방하기 위해 수심 30m를 초과하는 잠수를 피한다.
  ㉡ 30m 초과 잠수 시에는 마취현상이 작은 헬륨 가스 등을 산소와 혼합하여 흡기체로 사용한다.

10년간 자주 출제된 문제

압축 공기 잠수로 심해에서 작업할 때 술을 마신 듯한 마취현상이 발생한다. 원인이 되는 물질 또는 상황은?

① 지나친 체온 손실
② 감소된 수압
③ 고농도 산소
④ 과다하게 용해된 질소

[해설]
압력이 증가하면 각 기체들의 부분압도 증가하게 되는데, 만약 수심 70m까지 공기로 잠수하였을 때는 산소의 부분압이 1.68기압(0.21 × 8)이 되어 산소의 높은 부분압 때문에 산소 중독증에 걸리게 된다. 그리고 질소는 6.32기압(0.79 × 8)이 되므로 질소의 높은 부분압 때문에 극심한 질소마취에 시달리게 된다.

정답 ④

핵심이론 17 질소마취 2

① 질소마취현상의 특징
  ㉠ 급하게 하강하면 증상이 악화될 수 있다.
  ㉡ 목표 수심 도착 직후에 증상이 가장 심하고 이후 약간 약화되며 잠수사 사이에서도 개개인 차이가 심하다.
  ㉢ 수심 30m에서 서서히 발생되며 수심이 깊어질수록 심하다.
  ㉣ 발생된 질소마취는 해면으로 상승할수록 다시 정신이 맑아지고 정상으로 회복된다.
  ㉤ 많이 용해되는 기체일수록 주어진 압력하에서 더 강한 마취 효과를 나타낸다.
  ㉥ 진정제, 감기약, 설사약, 멀미약 등은 질소마취를 더 잘 일으키게 할 수 있다. 특히 음주 후 다이빙은 질소마취의 증상에 치명적이다.
  ㉦ 잠수를 하고 난 후 육상에서 휴식하고 있으면 몸 안에 있는 질소의 양이 점점 줄어든다.
  ㉧ 호흡 기체 중에 탄산가스 함유량이 많을 때 마취현상을 악화시킨다.

② 질소마취의 효과를 증가시키는 원인
  ㉠ 불안·무경험
  ㉡ 알코올 섭취, 특정 약물의 복용
  ㉢ 피로, 육체적으로 힘든 일
  ㉣ 나쁜 시야(감각입력의 감소)
  ㉤ 찬 물
  ㉥ 빠른 하강
  ㉦ 이산화탄소 과잉
  ㉧ 임무 부하(Task Loading)

10년간 자주 출제된 문제

잠수를 하고 난 후 육상에서 휴식하고 있으면 몸 안에 있는 질소는 어떻게 변하는가?

① 질소의 양이 점점 늘어난다.
② 질소의 양이 점점 줄어든다.
③ 질소가 산소와 합쳐 산화질소로 된다.
④ 전혀 변화가 없다.

[해설]
잔여 질소는 휴식 중 또는 감압 정지 중 호흡을 통해 배출된다.

정답 ②

핵심이론 18 호흡과 잠수

① 잠수 시 효과적인 호흡법은 천천히 지속적으로 깊게 호흡하는 것이다.
② 호흡기체 속의 가스는 우리 인체 성분 중 지방질에 가장 잘 용해된다. 지방질에는 혈액보다 5.3배 더 잘 용해된다.
③ 호흡정지 잠수를 할 때 의식 상실증이 발생하는 가장 주된 원인은 잠수 전의 빈번한 심호흡 때문이다.
④ 잠수를 하지 않는 것이 바람직한 사람
　㉠ 폐결핵을 앓았거나 앓고 있는 사람(잠수에 가장 나쁜 질병)
　㉡ 심장이 비정상적인 사람
　㉢ 고혈압 또는 저혈압인 사람
　㉣ 간질병을 지닌 사람
　㉤ 감기를 자주 앓는 사람
　㉥ 천식이 있는 사람
　㉦ 귀나 코에 이상이 있는 사람
　㉧ 무거운 장비들을 메거나 들고 다닐 수 없는 사람
　㉨ 심한 두통이 자주 있는 사람
　㉩ 밀실공포증이 있는 사람

10년간 자주 출제된 문제

잠수 시 알맞은 호흡법은?
① 느리고 깊게　　② 느리고 얕게
③ 빠르고 얕게　　④ 빠르고 깊게

[해설]
잠수 시 효과적인 호흡법은 천천히 지속적으로 깊게 호흡하는 것이다.

정답 ①

핵심이론 19 저산소증

① 원 인
  ㉠ 각 조직으로의 산소가 충분하게 공급되지 못할 때 각 조직들의 산소 허혈 상태를 말한다.
  ㉡ 잠수작업 후 상승 시 급성 저산소증을 초래할 위험성이 크다.
  ㉢ 기도의 폐쇄, 폐질환, 순환장애, 호흡 중추인 중추신경계 장애(인체는 0.16기압의 산소부분압을 유지해야 한다)

② 증 상
  ㉠ 0.14기압 : 졸음, 사고 능력 감퇴
  ㉡ 0.12기압 : 기분저하, 우울증, 심한 불쾌감
  ㉢ 0.10기압 : 의식상실
  ㉣ 0.06기압 : 사망

③ 치료 : 산소공급(산소농도에 따른 인체의 영향)

산소농도	인체의 영향
65~85%	격렬한 운동 후의 피로 회복 효과 큼(단시간), 산소중독 가능성 있음(장시간)
50~60%	운동능력이 최대가 되는 농도
35~50%	가벼운 운동 후의 피로 회복 효과 큼(단시간), 산소중독 가능성 있음(장시간)
21~30%	산소농도 증가에 따른 운동능력 증가, 산소 30% 농도로 운동능력 10% 상승
20.9%	대기의 표준 산소농도
20.5%	건축 기준법에 의한 환기량의 기준치
19~20%	불완전 연소에 의한 CO 급증, 답답함
18%	노동안전 위생기준 최저치
15~16%	현기증 증상, 호흡수 증가
13~15%	전열기구의 불이 꺼짐
12%	단시간 위험
7%	사 망

10년간 자주 출제된 문제

호흡정지 잠수 때 저산소증이 초래되기 쉬운 잠수 과정은?

① 하잠 중
② 해저 도착 직후
③ 해저 체류 기간 중
④ 상승 중

｜해설｜

잠수작업 시 가장 간단한 형태는 호흡정지 잠수이다. 호흡정지 잠수는 해저 체류 시간이 짧으나, 호흡정지 잠수 시 한계수심을 초과하여 잠수하면 폐 압착증(Lung Squeeze)이 초래된다. 또한 호흡정지 시간을 연장하기 위한 지나친 과호흡(Hyperventilation)은 폐 내 탄산가스 농도를 크게 낮추어 호흡정지 시간은 연장되나 작업 후 상승 시 급성 저산소증을 초래할 위험성이 크다.

정답 ④

핵심이론 20 현기증

① 원 인
  ㉠ 상승 도중 느끼는 현기증은 기압의 변화 때문이며 하잠할 때보다 상승할 때 3배 정도 현기증이 많이 발생한다.
  ㉡ 기압 변화에 의한 현기증은 공기가 유스타키오관을 통해 출입하면서 순간적으로 양쪽 귓속의 압력 차이 때문에 발생된다.

② 예 방
  ㉠ 현기증을 예방하려면 천천히 하잠하거나 천천히 상승해야 된다.
  ㉡ 고막파열 현기증 : 고막 파열로 인하여 찬물이 밀려 들어가 균형감각기관의 찬물 쇼크로 인한 현기증이다.
  ㉢ 원형창 파열 현기증 : 원형창 파열로 균형감각기관 쇼크로 인한 현기증이다.
  ㉣ 열 현기증(Caloric Vertigo) : 체온보다 차거나 더운 물이 고막에 닿았을 때 발생한다. 귀에 닿은 물이 체온에 의해 데워지면 증상이 소멸된다.
  ㉤ 압력차 현기증(Alternobaric Vertigo) : 양쪽 귓속의 압력이 서로 차이가 날 때 발생한다. 상승 또는 하강 시 일시적으로 날 수 있으며 천천히 상승하거나 하강하면 해소된다.
  ㉥ 내이 감압병 현기증 : 감압병이 내이와 연관되어 생긴다(극히 드물게 생긴다). 혼합기체를 사용하는 프로 다이버에게 희귀하게 생길 수 있으며 영구히 청각 상실이 일어난다(스포츠 다이빙은 잠수표대로 안전 잠수 시 걸릴 위험성이 없다).

10년간 자주 출제된 문제

다음 잠수과정 중 현기증 발생 가능성이 가장 높은 때는 언제인가?
① 하잠 중
② 해저 도착 직후
③ 해저 출발 직후
④ 상승 중

[해설]
다이빙 시 고막이 파열되거나 상승속도가 너무 빠르면 현기증이 일어날 수 있다.

정답 ④

핵심이론 21 수온과 인체

① 물에서는 공기 중보다 20~30배 정도 빠르게 체온손실이 진행되기 때문에 찬물에 노출되면 여러 가지 요인에 의해 체온이 떨어지게 되며 물의 온도, 다이버의 체형, 신체부위, 물의 움직임, 보온상태 등이 체온저하의 속도를 결정할 수 있고, 잠수복을 착용하지 않거나 자기 몸에 맞지 않는 잠수복을 착용하고 장시간 잠수하면 자신도 모르는 사이에 체온저하 상태에 도달한다.

② 사람이 찬물 속에 들어갔을 때 체내에 생기는 현상
 ㉠ 혈관이 수축된다.
 ㉡ 산소 소비량이 증가된다.
 ㉢ 감각이 둔화된다.
 ㉣ 소변이 자주 마렵다.

③ 잠수 시 수중에서 잠수사의 체온손실 요인
 ㉠ 장시간의 잠수
 ㉡ 호흡에 의한 열손실
 ㉢ 맨몸으로 잠수

④ 포화잠수 시 열손실 : 헬륨은 질소보다 열전도계수가 7배, 비열은 5배 크므로 잠수사의 체온손실이 빠르다.

⑤ 심해 잠수사들은 포화잠수를 위해 혼합기체(산소, 헬륨, 수소)를 마시기 때문에 대기 중에서보다 약 7배 빠른 체온손실로 인해 극심한 추위를 느끼게 된다.

10년간 자주 출제된 문제

잠수 시 수중에서 잠수사의 체온손실 요인과 가장 거리가 먼 것은?

① 공기탱크의 압력
② 장시간의 잠수
③ 호흡에 의한 열손실
④ 맨몸으로 잠수

해설

잠수 시 체온손실 원인 : 물과의 직접 접촉, 호흡

정답 ①

핵심이론 22 온도

① 온도의 개념
  ㉠ 어떤 물체와 물체 사이에 일어나는 열의 이동을 결정하는 것으로서 단지 물체가 뜨거운가 차가운가를 나타내는 것일 뿐이며, 열의 보유량과는 관계가 없다.
  ㉡ 우리는 미터법의 섭씨(℃) 눈금을 사용하지만 피트법을 사용하는 나라는 화씨(℉) 눈금을 쓴다(빙점과 비등점의 사이는 ℃에서 100°, ℉에서 180°이므로 ℃의 1°는 ℉의 1.8°에 상당한다).
② 물의 빙점과 비등점 : 1기압하에서 물은 0℃(32℉)에 얼음이 얼고(빙점), 100℃(212℉)에 물이 끓는다(비등점).
③ 온도의 환산
  ㉠ ℉에서 ℃로 환산하는 공식
    ℃ = (℉ − 32) × 5/9 또는 ℃ = (℉ − 32) ÷ 1.8
  ㉡ ℃에서 ℉로 환산하는 공식
    ℉ = (9/5 × ℃) + 32 또는 ℉ = (1.8 × ℃) + 32
④ 절대 온도
  ㉠ 기체 법칙에서의 온도는 절대 온도로 측정되며 절대 온도의 0K는 기체를 구성하고 있는 기본 단위로서 분자의 운동이 정지되어 있는 상태를 말한다.
  ㉡ 일반적으로 사용하는 ℃와 ℉의 온도는 물을 기준으로 한 까닭에 기체의 운동과는 별개이다. 따라서 기체의 분자 운동이 정지되는 절대 온도의 0K는 섭씨(℃)로는 영하 273℃, 화씨(℉)로는 영하 460℉이며 기체의 온도를 계산할 때는 물의 온도에 기체 법칙의 온도인 절대 온도를 더해줘야만 정확한 온도가 산출된다.
    • 섭씨(℃)의 절대 온도를 켈빈 온도라 하며, K = ℃ + 273
    • 화씨(℉)의 절대 온도를 랭킨 온도라 하며, R = ℉ + 460

10년간 자주 출제된 문제

섭씨온도를 화씨온도로 바꿀 때 사용되는 공식은?
① ℉ = ℃ + 32
② ℉ = ℃ − 32
③ ℉ = (9/5 × ℃) + 32
④ ℉ = (5/9 × ℃) − 32

해설

온도의 환산
• ℉에서 ℃로 환산하는 공식 :
  ℃ = (℉ − 32) × 5/9 또는
  ℃ = (℉ − 32) ÷ 1.8
• ℃에서 ℉로 환산하는 공식 :
  ℉ = (9/5 × ℃) + 32 또는
  ℉ = (1.8 × ℃) + 32

정답 ③

핵심이론 23 감압표

① 감압 정지
  ㉠ 비감압 한계 시간을 초과한 잠수를 마치고 상승 중 지정 수심에서 지정된 시간 동안 정지함으로써 과다하게 축적된 질소를 호흡을 통해 체외로 배출하는 절차를 말한다.
  ㉡ 만일 감압 정지가 요구되는 잠수임에도 불구하고 감압 정지 없이 수면으로 상승하면 감압병에 걸릴 위험성이 매우 높다.
  ㉢ 수중에서 감압을 해야 할 경우 감압해야 할 수심이 잠수사의 가슴 위치에 오는 것이 좋다.
② 안전 감압 정지
  비감압 한계 내에서 잠수를 마쳤어도 안전을 위해 수심 5m에서 3~5분간 감압 정지하는 것을 말한다.
③ 비상 감압 절차
  실수로 감압이 필요한 잠수를 한 경우 가슴이 수심 6m에 위치하도록 수심을 유지하면서 잠수표에 지정된 감압 시간 동안 또는 다이빙 컴퓨터에서 요구하는 시간 동안 감압한다.
④ 표준 감압표(잠수표)
  ㉠ 감압표 : 수심에 따른 잠수시간의 한계 등을 나타내는 표
  ㉡ 표준 감압표 : 수심이나 체류시간에 따라 녹아 들어간 질소의 양을 계산하여 질소에 의한 이상을 피할 수 있는 최대 시간을 작성해 놓은 표
  ㉢ 감압표의 선택요인 : 수심 및 해저 체류시간, 잠수의 노출시간, 고도, 재압체임버 내의 사용할 수 있는 산소호흡시스템, 기상상태(해상상태, 수온)
  ㉣ 감압표의 반복 그룹표 : 잠수 종료 후에 잠수사의 인체에 남아 있는 잔여 질소의 양을 나타내기 위해 사용되는 기호
  ㉤ 감압표 선정 시 사용되는 해저체류시간 : 해면 출발 직후부터 해저 출발 직전까지
⑤ 용어정리
  ㉠ 반복잠수(재잠수) : 전 잠수 후 10분 이상 12시간 이내에 잠수하는 것
  ㉡ 표면경과시간 : 잠수사가 해변에 도착한 후 다음 잠수의 해면 출발까지 해면에서 소비하는 시간
  ㉢ 잠수시간 : 하강의 시작부터 상승 시작 전까지

10년간 자주 출제된 문제

수중에서 감압을 해야 할 경우 감압해야 할 수심이 잠수사의 어느 위치에 오는 것이 좋은가?

① 머리 위치 ② 가슴 위치
③ 다리 위치 ④ 머리에서 30cm 위

해설
감압정지 시 정지하는 수심이 잠수자의 가슴 위치에 오도록 한다.

정답 ②

ⓒ 총 잠수시간(Total Time of Dive) : 해면 출발로부터 잠수를 다 끝내고 해면 도착까지 계산
ⓓ 표면 간격시간 : 시간, 분으로 잠수 사이에 잠수사가 해면에서 소비하는 시간
ⓔ 총 감압시간(Total Decompression Time) : 해저 출발로부터 해면 도착까지 계산
ⓕ 총 해저 체류시간(Total Bottom Time) : 해면 출발부터 해저 출발까지 계산
ⓖ 잔여질소시간을 산출하는 주된 이유 : 재잠수의 해저체류시간에 반드시 더해야 하는 시간을 계산하기 위하여

핵심이론 24 감압병의 발생원인

① 감압병의 개념
  ㉠ 감압병을 흔히 케이슨 병(Caisson Disease) 또는 벤즈(Bends)라고 부르며 영어의 약자는 DCS(Decompression Sickness)이다.
  ㉡ 잠수사가 호흡하는 공기의 성분 중 산소는 인체의 신진대사를 위해 적절히 소모되지만 질소는 질소의 부분압이 수압보다 배가 차이 날 때는 기화되지 못하고 혈액 속에 액화 상태로 남게 된다. 이렇게 액화되어 있던 질소는 수압이 감소할수록 기화되기 시작하고, 이때 천천히 상승하지 않으면 질소는 기포를 형성하여 혈관의 혈액 흐름을 막아 감압병을 일으킨다.
  ㉢ 대기압 상태에서는 인체에 질소가 약 1L 정도 용해되어 있지만 헨리의 법칙에 의해 2기압에서는 2L, 3기압에서는 3L가 용해되고, 특히 지방질에는 혈액보다 5.3배 더 잘 용해된다.
  ㉣ 잠수 시 인체의 질소 흡수는 수심과 해저체류시간, 수온, 육체적 활동, 연령, 비만, 과로, 수면부족, 음주, 불량한 혈액순환 등에 따라 다르고 수압이 증가되면 폐 속의 질소 부분압도 증가하여 질소는 조직 속에 녹으면서 서서히 포화되며, 이미 인체에 용해된 질소의 부분압과 일치할 때까지 계속 용해하게 된다. 그리고 질소가 인체에 포화되는 시간은 각 조직에 따라 다르다.
  ㉤ 수압이 감소하면 폐 속의 질소 부분압도 감소하여 혈액과 조직 속에 용해된 질소의 부분압이 증가되므로 질소는 폐를 통해 배출된다. 이처럼 감압병은 질소의 포화와 과포화 과정에서 수압이 갑자기 감소될 때 발생한다.

② 발생원인
  ㉠ 수중에서 오랫동안 체류한 후 빠른 속도로 상승했을 때 또는 일정 시간 감압을 하지 않았을 때 발생된다. 또 찬물에서 잠수하면 감압병 발생률이 증가한다.

10년간 자주 출제된 문제

감압병(벤즈)에 관한 설명 중 틀린 것은?
① 수심 20m로 잠수하면 다이버가 받는 절대압은 2기압이 되어 육상보다 2배가 많은 질소가 녹아 들어간다.
② 인체에 녹아 들어간 질소 부분압이 숨쉬는 공기 내의 질소 부분압과 같아질 때까지 질소가 계속 녹아 들어간다.
③ 물속에서 상승하면 압력이 낮아져 몸속의 질소분압이 외부보다 높게 되어 호흡을 통해 질소가 서서히 방출된다.
④ 다이버가 오랜 잠수 후 갑자기 상승하면 외부압력이 급격히 낮아져 몸속에 질소가 과포화 상태가 되어 몸속에 기포를 형성하게 된다.

|해설|
수심 20m의 절대압은 3기압이며 호흡기를 통해 폐로 들어오는 공기도 3기압이다.

정답 ①

ⓒ 빠른 속도로 상승하면 갑작스러운 수압 차이로 인해 이미 인체에 용해된 질소는 과포화 상태가 되어 혈액과 조직 속에 기포를 형성한다.
ⓒ 인체에 용해된 질소는 상승할 때 폐를 통해 배출되지만 질소의 부분압이 수압보다 배가 차이가 나면 기화되지 않고 혈액과 조직 속에 액화된 채 머문다.
② 기포는 인체의 구조상 혈액 순환이 느린 곳에서 잘 발생하며, 가장 흔하게 모이는 장소는 관절 부위이다.
ⓜ 일단 빠르게 형성되었거나 커진 기포는 정맥의 혈관에 남아서 혈액의 흐름을 쇠약하게 하여 폐의 모세혈관에 장애를 주고 감압병을 유발시킨다.

핵심이론 25 감압병의 종류

① 경증 감압병
　㉠ 피부 증상, 림프절의 부종, 관절 및 근육의 통증이 있으며, 생명에 위협을 초래한다.
　㉡ 근골격계에 국한된 통증 : 일반적인 감압병의 증상은 관절통이고, 기타 팔목, 손목, 손, 엉덩이, 무릎, 발목에도 발생한다. 그러나 환자를 편안히 하기 위한 방법으로 통증에 대한 약의 처치는 하지 않아야 한다.
　㉢ 피부 증상 : 잠수 시 가장 흔한 피부질환은 가려움으로 경한 피부발적이 가려움과 함께 나타날 수 있다.
　㉣ 임파선 증상 : 림프 폐쇄는 침범된 림프절에 국한된 통증을 나타내고 림프절로 유입되는 조직에 부종이 나타난다.

② 중증 감압병
　㉠ 중추신경계, 호흡계, 순환계 등에 나타나는 증상을 포함하며, 생명에 위협을 초래한다.
　㉡ 발생시간에 약간의 차이가 있을 뿐 공기색전증과 대동소이하다.
　㉢ 신경 계통 증상과 폐, 심장 계통의 증상 두 가지로 나눌 수 있고 이때 경증 증상이 나타날 수 있다.
　㉣ 신경계 증상
　　• 이상감각, 저림, 근육의 약화나 마비, 혼미한 정신 상태와 이상 운동작용이 일반적 증상이고, 어지러움, 귀울림과 청력장애 또한 나타날 수 있다.
　　• 뇌 기능의 장애 시 성격변화 기억력 감퇴, 이상한 행동, 가벼운 두통과 손과 팔의 떨림 등이 나타날 수 있다.
　　• 척추 아래 부위에 장애 시 배뇨기능에 지장을 초래한다.
　㉤ 심장 및 호흡계 증상
　　• 혈관 내에 공기방울이 많이 생기면 폐순환에 장애를 초래한다.
　　• 호흡수가 증가하고 심한 호흡곤란 시 신속한 재압치료가 이루어지지 않는다면 폐순환에 허혈상태를 초래하거나 의식이 소실되고 사망에까지 이를 수 있으며, 치명적인 후유증이 유발될 수 있다.

10년간 자주 출제된 문제

다음 중 중추신경계 감압병 증상으로 가장 거리가 먼 것은?
① 현기증　② 마비
③ 질식　④ 부종

해설
중추신경계 감압병 증상 : 현기증, 마비, 질식, 극심한 피로와 통증, 허탈과 의식 불명

정답 ④

핵심이론 26 감압병의 진단, 증세, 치료

① 감압병의 진단
   ㉠ 표면에 상승한 뒤 10분 이후에 발생된다.
   ㉡ 1시간 이내 발생 : 42%
   ㉢ 3시간 이내 발생 : 60%
   ㉣ 8시간 이내 발생 : 83%
   ㉤ 24시간 이내 발생 : 98%

② 각 부위별 증상
   ㉠ 국부와 관절 부분 89%
      • 팔 70%
      • 다리 30%
   ㉡ 중추신경계 11%
      • 현기증 5.3%
      • 마비 2.3%
      • 질식 1.6%
      • 극심한 피로와 통증 1.3%
      • 허탈과 의식 불명 0.5%

③ 치 료
   ㉠ 100%의 산소 호흡을 시키며 즉시 재압체임버로 후송한다.
   ㉡ 경한 증상일지라도 반드시 재압치료를 하는 것이 건강상 좋다.
   ㉢ 재압치료 시설이 멀다고 해서 수중에서 재압치료를 하면 안 된다.
   ㉣ 이송 시 환자의 머리를 낮게 하고 다리는 높게 한 상태에서 100% 산소를 호흡하면서 재압체임버까지 이동하여 즉시 재압치료를 한다.
   ㉤ 헬리콥터 등을 이용하는 경우는 가능한 한 낮게, 최대한 빠르게 후송한다.

10년간 자주 출제된 문제

상승 중 인체에 발생된 기포가 가장 흔히 자리하는 위치는 어느 곳인가?
① 복 부   ② 두 부
③ 피 부   ④ 관절부

해설
기포는 인체의 구조상 혈액 순환이 느린 곳에서 잘 발생하며, 가장 흔하게 모이는 장소는 관절 부위이다.

정답 ④

핵심이론 27 감압병의 예방

① 스쿠버 잠수는 반드시 비감압 한계 시간 내에서 끝내도록 해야 한다.
② 상승 속도는 1분에 9m 속도로 천천히 올라오도록 해야 한다.
③ 감압표의 지시를 철저히 준수하고 항상 감압표를 보는 습관을 들여야 한다. 그러나 절대 암기해서는 안 된다. 잘못 암기된 감압표는 감압병을 일으키기 때문이다.
④ 부적절한 혈액순환으로 야기된 신체적 장애가 있는 사람에게 잠수의무를 주지 말아야 한다. 특히 알코올 중독, 숙취, 과도한 피로 상태, 탈진 상태가 의심될 때는 잠수를 제한하여야 한다.
⑤ 잠수계획, 정확한 잠수 깊이의 측정과 감압을 포함한 잠수시간의 산출을 통해 준비를 철저히 하고, 계획되지 않은 잠수는 하지 말아야 한다.
⑥ 잠수 깊이와 시간에 문제가 없다면 선택된 감압표를 변경하지 말아야 한다. 만약 의심되면 가장 깊었던 수심과 더 연장된 잠수시간으로 감압표를 선택하여야 한다.
⑦ 잠수가 추위나 과도한 피로 상태에 있을 때 감압계획에 있어 감압표를 다음 단계의 연장된 해저 체류시간으로 선택하여야 한다.
⑧ 만약 잠수 도중 잠수병이 높은 빈도로 발생되고 원인이 발견되지 않으면 문제가 해결될 때까지 그 잠수에 요구되는 것보다 더 깊은 수심과 연장된 체류 시간으로 감압계획을 세워야 한다.
⑨ 잠수과정의 세심한 관찰과 안전수칙을 지켜야 하며, 응급상황 시에 적절히 대치할 수 있는 교육과 응급 대처 훈련을 숙지하여야 한다.
⑩ 잠수 후 증상에 대해 즉각적으로 보고해야 한다.

10년간 자주 출제된 문제

감압병의 예방 방법으로 가장 적절한 것은?

① 잠수를 마친 후 가능한 한 빨리 올라온다.
② 잠수표에 따라 잠수한다.
③ 되도록 천천히 올라온다.
④ 감기에 걸렸을 때 잠수하지 않는다.

[해설]

감압표의 지시를 철저히 준수하고 항상 감압표를 보는 습관을 들여야 한다. 그러나 절대 암기해서는 안 된다. 잘못 암기된 감압표는 감압병을 일으키기 때문이다.

정답 ②

핵심이론 28 상어에 대한 예방책

① 예방책
  ㉠ 상어 위험지역으로 알려진 곳에서 잠수를 하지 않는다.
  ㉡ 상어는 피냄새와 진동에 예민하기 때문에 작살로 고기를 잡는 행위와 첨벙첨벙거리는 발차기, 반짝이는 물건, 수중 폭발 등의 흥분에 난폭해지므로 조심한다.
  ㉢ 핀킥을 할 때는 천천히 규칙적으로 하여 물 표면에서 첨벙거리지 않고, 상어는 밤에 더 활동적으로 먹이를 잡아먹으므로 야간 잠수에 주의한다.
  ㉣ 상어에 물리게 되면 상처를 여러 개의 큰 거즈로 꽉 틀어막아 지혈을 한다.
  ㉤ 상처가 너무 커서 이 방법으로 지혈이 안 될 때에는 붕대나 삼각건, 끈(되도록 폭이 넓은 것이 좋다) 등으로 상처 위를 꼭 동여매어 지혈을 한 후 즉시 병원으로 옮긴다.

② 물속에서 상어를 만났을 때
  ㉠ 상어는 물 표면에 있는 것을 공격하기 좋아하므로 공기가 있는 한 물 위로 도망가지 않는다.
  ㉡ 바닥의 바위 등에 기대어 상어를 계속 관찰하며 될 수 있는 대로 움직이지 않고 상어가 멀리 가기를 기다린다.
  ㉢ 상어가 멀리 간 것으로 확인되면 물 밖으로 나온다. 이때 나가는 동안 계속 주위를 살핀다.
  ㉣ 상어가 주위를 뱅뱅 돌고 속도가 빨라지며 변덕스럽게 수영하는 것은 공격하려는 신호이므로 특히 주의해야 한다.
  ㉤ 공격할 때는 막대기, 작살, 칼, 카메라 등 딱딱한 물체로 상어의 코, 눈, 아가미 등을 때리면 효과적이다. 상어를 죽이거나 상처를 내면 더 많은 상어를 부르게 된다.

10년간 자주 출제된 문제

잠수 중 상어를 만났을 때의 조치사항으로 가장 옳은 것은?
① 상어 출현 시 재빨리 물 위로 부상한다.
② 상어가 근접할 때는 막대기, 작살, 칼 등으로 상어의 눈, 아가미 등을 찔러 방어한다.
③ 상어가 멀리 간 것이 확인되면 물 밖으로 나온다.
④ 상어는 진동에 예민하기 때문에 물소리를 크게 내서 도망가게 한다.

[해설]

상어를 만났을 때 대처요령
- 잡으려고 하거나 작살로 찌르는 행위는 피해야 한다.
- 가능한 한 상어를 자극하는 행동을 하지 말고 침착하게 조용히 물 밖으로 나와야 한다.
- 긴 끈을 묶어 자신이 큰 동물임을 상어에게 보여주는 것도 한 방법이다.
- 만일 상어가 공격해 올 경우 눈이나 코 등을 힘껏 내리치는 것도 공격을 피할 수 있는 한 방법이 된다.
- 저녁 시간이나 야간에는 가급적 수영이나 잠수를 피하는 것이 좋다.

정답 ③

CHAPTER 03 잠수장비

핵심키워드 스쿠버장비, 표면공급식장비 그리고 잠수지원장비 및 공구 등의 잠수장비에 대한 전반적인 이해가 필요하다.

핵심이론 01 잠수기기의 환경압과 대기압 방식

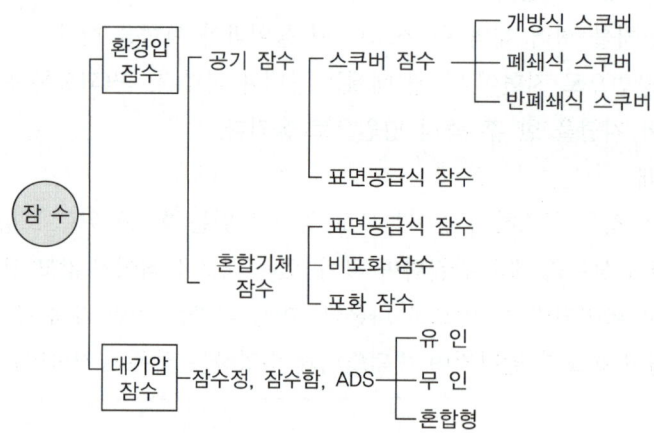

10년간 자주 출제된 문제

잠수기기를 크게 환경압과 대기압 방식으로 구분할 때, 다음 중 환경압 방식이 아닌 것은?

① 잠수정
② 스쿠버
③ 표면공급식
④ 포화 잠수

[해설]
잠수정, 잠수함 등은 대기압 방식이다.

정답 ①

핵심이론 02 스쿠버 잠수

① 스쿠버의 개념

스쿠버(SCUBA)는 Self-Contained Underwater Breathing Apparatus의 합성어로서 Underwater Breathing Apparatus는 수중에서 호흡하는 기구를 말하고, Self-Contained는 독립되었다는 의미를 나타낸다. 즉, 스쿠버란 독립된 휴대용 잠수기구를 착용하여 잠수사가 직접 물속에서 호흡할 수 있는 수중 자가 호흡기구이다. 이러한 스쿠버장비로 물에 들어가는 것을 스쿠버 잠수라고 하며, 이는 표면에서 기체를 공급해 주는 표면공급식 잠수와 구분하고자 하는 의미에서 나온 용어이다. 스쿠버장비는 개방식, 폐쇄식과, 반폐쇄식으로 나눌 수 있다.

② 개방식 스쿠버

㉠ 충전기체로 압축공기만을 사용한다.

㉡ 한 번 사용한 공기를 모두 배출시켜 버리는 방식으로, 비효율적이나 장비가 간단하고 가격이 저렴하여 사용 및 관리가 편하기 때문에 레크리에이션 또는 상업용은 물론 군사용, 연구용으로도 광범위하게 사용되고 있다.

㉢ 개방식 스쿠버장비는 제2차 세계대전 당시인 1943년 프랑스의 자크 쿠스토(Jacques-Yves Cousteau)와 에밀 가냥(Emile Gagnan)에 의해 개발되어 상업적으로 성공을 거두면서 본격적인 개방식 스쿠버 다이빙 시대가 열리게 되었다.

㉣ 바닷속에서의 활동이 자유스러워짐에 따라 심해에 대한 인간의 도전은 폭발적으로 증대되었다.

10년간 자주 출제된 문제

개방식 스쿠버(Open Circuit Scuba)의 내부충전기체는?

① 압축공기
② 순수한 산소
③ 헬륨과 산소의 혼합기체
④ 질소와 산소의 혼합기체

해설

스쿠버 충전기체
- 개방식 스쿠버 : 압축공기
- 폐쇄식 스쿠버 : 순수한 산소
- 반폐쇄식 스쿠버 : 혼합기체

정답 ①

③ 폐쇄식 스쿠버
    ㉠ 충전기체로 순수한 산소만을 사용한다.
    ㉡ 잠수사가 호흡하고 내뱉은 이산화탄소를 정화하여 재순환시키기 때문에 압축공기를 사용하는 개방식 스쿠버처럼 고압의 공기통은 필요하지 않다.
    ㉢ 정화된 이산화탄소는 물 표면에 나타나지 않기 때문에 제2차 세계대전 때 공작, 침투용으로 우수한 성능을 발휘했다.
    ㉣ 사용이 얕은 수심에 국한되어 있고 수심 7m 이상에서는 산소 중독의 위험성이 노출되어 고도의 반폐쇄식 스쿠버를 고안하게 하는 중요한 역할을 하였다.
④ 반폐쇄식 스쿠버
    ㉠ 충전기체로 혼합기체를 사용한다.
    ㉡ 다이버가 내쉬는 공기의 일부만을 정화시켜 다시 사용하는 방식이다.
    ㉢ 모든 면에서 폐쇄식 스쿠버와 동일하며 100%의 산소호흡도 가능하지만 무엇보다 산소-질소, 산소-헬륨 혼합기체를 사용할 수 있고 기체의 일부는 물 표면으로 배출되기도 하고 또는 전혀 배출되지 않도록 하여 해저 체류시간을 상당히 연장할 수 있다.

핵심이론 03 스쿠버 잠수와 표면공급식 잠수의 비교

구 분	스쿠버 잠수	표면공급식 잠수
한계수심	• 비감압 한계 시간을 엄격히 적용 • 안전 작업 수심 18m에 60분 허용 • 40m에서 10분 허용. 단, 30m 이상 잠수 시 반드시 비상 기체통 또는 트윈(Twin) 기체통 착용	• 공기 잠수 시 최대 작업 수심 58m • 18m 이상, 침몰선 내부, 폐쇄된 공간 등에서는 반드시 비상 기체통 착용
장 점	• 장비의 운반, 착용, 해체가 간편해 신속한 기동성을 발휘 • 잠수 작업 시 적은 인원 소요 • 수평, 수직 이동이 원활함 • 자유로운 수중 활동	• 공기 공급의 무제한으로 장시간 해저 체류 가능 • 양호한 수평 이동과 최대 조류 2.5knot까지 작업 가능 • 줄신호 및 통화가 가능하므로 잠수사의 안전 및 작업 진척 확인이 원활함 • 현장 지휘 및 통제가 가능
단 점	• 수심과 해저 체류시간에 제한을 받음 • 호흡 저항에 영향을 받음 • 조류에 영향을 받음(최대 1knot) • 지상과 통화 불가능 • 오염된 물, 기계적인 손상 등 신체 보호에 제한을 받음 • 잠수사 이상 유무 확인 불가능	• 기체 호스의 꺾임 • 수직 이동의 제한 • 기동성 저하

10년간 자주 출제된 문제

다음 중 일반적인 스쿠버 잠수 장비의 장점으로 가장 적당한 것은?

① 기동성이 좋다.
② 신체보호 및 보온유지가 잘된다.
③ 호흡하기가 좋다.
④ 해저체류시간이 장시간이다.

|해설|

스쿠버 잠수 장비는 수평, 수직 이동이 원활하고 장비의 운반, 착용, 해체가 간편해 신속한 기동성을 발휘한다.

정답 ①

핵심이론 04 호흡 조절기

① 호흡 조절기(Regulator)의 개념
  ㉠ 수중에서 편하게 호흡하려면 폐로 이송되는 공기의 압력이 주변압과 유사한 압력으로 유지되어야 하는데 호흡 조절기가 이 역할을 한다.
  ㉡ 호흡 조절기는 1단계와 2단계로 구별되며 1단계에는 잔압계 호스, 부력 조절기 호스, 건식 잠수복 호스, 비상 호흡 조절기 호스 등이 연결된다.

② 호흡 조절기의 역할
  ㉠ 호흡 조절기는 공기통으로부터 나온 고압의 공기를 두 번에 걸쳐 주변압으로 압력을 낮춘다. 즉, 공기통 속의 고압(207bar)의 공기는 1단계에서 9~10kg/cm^2으로 낮추는 역할을 하고, 2단계는 잠수 수심의 수압과 같은 공기압을 제공한다.
  ㉡ 다이버가 숨을 들이쉴 때만 공기가 흐르도록 흐름을 조절하므로 스포츠 다이빙에 사용하는 호흡 조절기를 요구식 호흡 조절기(Demand Valve)라고 하며, 이 점 때문에 스포츠 다이빙에 사용하는 호흡 조절기는 공기가 계속적으로 흘러나오는 산업 잠수용 헬멧과 비교된다.

③ 호흡 조절기의 종류
  ㉠ 호흡 조절기는 작용 압력에 따라 1단계와 2단계로, 사용되는 밸브에 따라 피스톤식과 판막식으로, 공기통 잔압에 영향을 받고 받지 않음에 따라 균형식과 불균형식으로, 공기통 밸브와의 연결 방식에 따라 DIN형 1단계와 요크(Yoke)형 1단계로 구분하기도 한다.
  ㉡ 1단계의 압력 감지 장치는 판막과 피스톤의 두 가지로 구분된다. 호흡 조절기 1단계 중 호흡 조절기로 통하는 공기의 흐름을 차단하고 개방하는 역할을 피스톤(Piston)이 하면 피스톤식 1단계라고 부르며, 판막(Diaphragm)이 하면 판막식 1단계라고 부른다.
  ㉢ 호흡 조절기 2단계는 1단계와 마찬가지로 공기의 흐름을 조절하는 기능과 1단계의 중간 압실로부터 넘어온 공기의 압력을 낮추어주는 역할을 한다.

> **더 알아보기**
> 스쿠버 호흡 조절기 1단계의 중간압이 필요 이상으로 높으면 2단계에서 공기가 샌다. 또 스쿠버나 후카용 2단계 호흡기(Regulator)를 사용하는 잠수 중에 입안으로 계속 물이 조금씩 들어올 경우 그 원인은 호흡기 배기밸브에 이물질이 끼어 있거나 상처가 있기 때문이다.

④ 단관형 호흡 조절기의 장단점

장 점	• 2단계는 항상 잠수사의 폐 압력과 같게 유지된다. • 자유 유출 경향이 거의 없다. • Purge Valve로 즉시 물을 배출시킬 수 있다. • 짝호흡이 쉽게 이루어진다. • 물의 저항을 줄일 수 있으며, 호스가 보다 더 강하다. • 장비가 보다 더 튼튼하다.
단 점	• 배출된 공기방울이 시야를 방해한다. • 추운 날씨(수온)에는 결빙의 가능성이 높다.

※ 스쿠버용 호흡기 중 단관식(싱글 호스) 2단계 호흡기의 호스(Hose)는 최소 15kg/cm^2 정도의 압력에 견디어야 한다.

⑤ 호흡 조절기의 관리

㉠ 호흡 조절기는 사용 후 즉시 민물로 세척해야 한다.

㉡ 호흡 조절기 세척 중에는 호흡 조절기 필터나 2단계 공기 유입구로 물이 들어가지 않도록 해야 한다. 특히 호흡 조절기를 공기통에서 분리시킨 상태에서 세척할 때에는 물이 들어가지 않도록 1단계에는 먼지 마개를 끼우고, 2단계는 누름 단추가 눌리지 않도록 해야 한다.

㉢ 만약 1단계 안으로 민물이 들어가면 즉시 공기통에 연결하여 공기로 물을 불어내야 하고, 바닷물이나 수영장 물이 들어가면 분해해서 청소해야 한다.

㉣ 스쿠버 잠수용 호흡 조절기의 분해소제 시 녹을 제거하기 위하여 물(16) : 빙초산(1)을 혼합한다.

㉤ 호흡 조절기는 세척 후 잘 흔들어서 2단계 속에 있는 물을 털어내고 바람이 잘 통하는 그늘에서 말린다.

㉥ 잠수 후 모래나 먼지가 마우스피스를 통해 안으로 들어가지 않도록 조심하고 사용하지 않을 때는 항상 먼지 마개를 끼워 두어 먼지나 물이 들어가지 않도록 한다.

㉦ 호흡기 속에 기름칠을 해서는 안 된다. 고압의 산소가 기름과 접하면 폭발할 우려가 있다.

㉧ 호흡 조절기를 보관할 때에는 호스가 꺾이지 않도록 해야 한다. 호스 프로텍터가 이를 예방하는 데 도움이 된다.

㉨ 호흡 조절기는 1년에 한 번씩 정기적으로 점검을 받아야 새것처럼 성능이 유지된다.

10년간 자주 출제된 문제

스쿠버용 호흡 조절기(Regulator)의 1단계에서 조정되는 압력은?

① 수압과 같은 압력
② 수압보다 약 9kg/cm²(≒ 130psi) 정도 높은 압력
③ 수압보다 약 5kg/cm²(≒ 70psi) 정도 높은 압력
④ 수압보다 약 16kg/cm²(≒ 230psi) 정도 높은 압력

[해설]

호흡 조절기는 2단계로 압력을 감소시켜 공기를 흐르게 한다.
- 1차 감압단계 : 고압공기를 135±5psi의 저초과압력으로 낮춘다.
- 2차 감압단계 : 135±5psi의 압력을 작업수심의 압력으로 낮춘다. 잠수사의 호흡요구에 따라 공급된다.

정답 ②

핵심이론 05 혼합기체의 종류

① 산소 + 질소 = 나이트록스(Nitrox)
  ㉠ 장점 : 비감압한계시간의 연장, 감압병과 질소마취의 발병률 감소, 해저체류시간의 증가 및 감압시간 단축, 재잠수 시 표면경과시간 단축
  ㉡ 단점 : 산소중독의 위험성 증가, 고압산소로 화재 및 폭발의 위험성 증가, 부주의 시 사고 위험률 증가
② 산소 + 헬륨 = 헬리옥스(Heliox)
  ㉠ 수심 50m 이상의 심해잠수에 사용되는 이상적인 기체로서 여러 해 동안 군사잠수와 산업잠수에서 애용되어 왔다.
  ㉡ 120m 이상의 수심에서는 가압속도에 비례하여 고압신경증후군(HRNS)이 나타나는데, 증상은 현기증, 구역질, 떨림, 피로, 졸림, 지능저하 등이다. 그리고 수심 60m 이상만 넘어가면 음성이 변성되어 언스크램블러(Unscrambler)가 없으면 통화가 불가능하며, 헬륨은 열전도율이 높아 체열 손실이 크고 가격이 비싸다는 단점을 갖고 있다.
③ 산소 + 헬륨 + 질소 = 트라이믹스(Trimix)
  ㉠ 헬리옥스에 질소마취가 일어나지 않는 범위 내에서 질소를 섞어 주는 것이므로 질소마취를 사전에 막을 수 있고, 고압신경증후군을 약화시킬 수 있으며, 무엇보다 원가가 싸다는 장점이 있다.
  ㉡ 단점은 기체의 혼합 시 신중해야 하며 잠수절차가 까다롭다.
④ 산소 + 수소 = 하이드록스(Hydrox)
  수소는 헬륨보다 마취력이 강하며 호흡저항도 강한 면을 가지고 있지만 음성 변성과 열전도율 면에서는 헬륨보다 못하다.
⑤ 산소 + 수소 + 헬륨 = 하이드렐리옥스(Hydreliox)
  하이드록스도 수심이 증가되면 수소마취와 고압신경증후군이 나타난다. 이때 일부 수소를 헬륨으로 대체시키면 수소마취가 약화되며 고압신경증후군도 감소된다.
⑥ 순산소 = 옥시겐(Oxygen)

10년간 자주 출제된 문제

다음 기체 중 잠수를 위하여 사용되지 않는 것은?
① 산 소   ② 질 소
③ 헬 륨   ④ 아르곤

|해설|
혼합기체에는 산소+질소, 산소+헬륨, 산소+헬륨+질소, 산소+수소, 산소+수소+헬륨, 순산소 등이 사용된다.

정답 ④

핵심이론 06 공기통의 표식과 검사

① 공기통의 종류

공기통의 재질은 합금 강철과 합금 알루미늄 두 가지이다. 알루미늄 공기통은 사용 압력이 대개 207bar(3,000psi)이며, 만충전 시 공기량이 1,416L(50ft³), 2,265L(80ft³)인 것이 주로 사용된다. 알루미늄 공기통은 열과 충격에는 약하지만 녹이 슬지 않는 장점이 있으며, 강철 공기통은 녹은 슬지만 열과 충격에 강하다. 우리나라에서 사용되고 있는 대부분의 공기통은 알루미늄 공기통이다.

② 통의 표식

공기통에는 재질, 충전 압력, 수압 검사일, 내부 용적, 제조 회사, 일련번호 등에 관한 특성을 나타내는 표식들이 목 부분에 새겨져 있다.

  ㉠ 한국식 표기법
  - AIR : 사용하는 기체가 공기임을 표시
  - V 11.1 : 통 속의 부피가 11.1L임을 표시
  - W 14.4 : 무게가 14.4kg임을 표시
  - 12345 : 제조 일련번호
  - 4-2011 : 2011년 4월에 수압 검사를 했다는 표시
  - TP-33.5 : 시험 압력이 33.5MPa(=335bar)임을 표시
  - FP-20.7 : 충전(상용) 압력이 20.7MPa(=207bar)임을 표시

  ㉡ 미국식 표기법
  - DOT : Department of Transportation, 미 운송국, 고압 용기 형식 승인 부서
  - 재질 표시 : 3AL - 알루미늄 합금 표시 / 3AA - 강철 합금 표시
  - 3000 : 만충전 시 압력이 3,000psi
  - P12345 : P는 만충전 시 공기량이 80ft³임을 나타내며 12345는 제조 일련번호
  - ABC : 제조 회사
  - 4◇2010 : 2010년 4월에 수압검사를 실시함

10년간 자주 출제된 문제

3,000psi인 알루미늄 공기통을 수압검사하려면 약 몇 psi까지 올려 검사하는가?

① 2,000psi
② 3,750psi
③ 3,950psi
④ 5,000psi

[해설]

DOT(미 운송국) 규정에 따라 매 5년마다 충전압력의 5/3배로 수압검사를 한다.
3,000 × (5/3) = 5,000psi

정답 ④

③ 공기통의 검사

공기통은 안전성을 확보하기 위해 수압검사와 육안검사를 행한다. 수압검사(Hydrostatic Test)는 재질의 강도를 확인하기 위해 실시되며 이는 법에 의해 강제되는 사항이다. 우리나라의 경우 최초 2회의 수압검사는 5년마다, 그 이후에는 3년마다 실시하도록 법으로 규정하고 있다. 수압검사는 충전 압력의 5/3배의 압력을 가해 재질의 강도를 검사한다. 수압검사를 받은 다음 몇 년 동안 공기통의 안전에 대한 검사가 이뤄지지 않으면 다이버들은 공기통 안전사고로 인한 위험에 노출될 수 있다. 따라서 적어도 1년에 한 번씩은 공기통 육안검사(VCI ; Visual Cylinder Inspection) 과정을 통해 공기통 내외부의 흠집과 구멍, 변형 유무를 조사하고 목 부분 나사산의 상태를 조사해야 한다.

더 알아보기

공기통의 미국 DOT 기준에 의한 검사
- 상용압력의 1과 2/3배로 수압검사
- 매년 시각검사
- 5년마다 수압검사

핵심이론 07 공기통의 관리 및 소제

① 공기통 벽의 두께는 얇기 때문에 넘어지거나 부딪쳐서 표면에 깊이 흠이 생기면 아주 위험하므로 항상 안전한 장소에 세워서 보관한다.
② 공기통에는 항상 15bar 정도의 공기를 남겨 두어야 먼지나 물이 통 속으로 들어가는 것을 막을 수 있다.
③ 오래된 공기는 완전히 배출시키고 다시 충전해야 한다. 이때 공기를 천천히 배출시켜야 탱크 속에 물방울이 생기는 것을 막을 수 있다.
④ 공기통을 차로 운반할 때는 통의 밑바닥이 앞쪽을 향하도록 눕혀 구르거나 튀지 않게 하고, 공기를 가득 충전한 채 운반하는 것은 피하도록 한다.
⑤ 비행기로 공기통을 운반할 때에는 공기를 완전히 배출시켜야 한다.
⑥ 알루미늄 공기통의 재질은 열에 몹시 약해서 176℃ 이상의 고온으로 가열되면 그 강도가 현저히 떨어져 고압 용기 역할을 할 수 없게 된다. 그러므로 고열에 노출되었던 탱크는 폐기시켜야 하고 82℃ 이상의 고온에 노출된 알루미늄 공기통은 수압 검사로 안전도 검사를 한 후 사용해야 한다.
⑦ 공기통 소제(청소)
　㉠ 강철 실린더 - 자갈 4L와 물 2L로 소제한다.
　㉡ 알루미늄 실린더 - 자갈 5L와 물 2.5L로 소제한다.
　㉢ 실린더를 굴림대 위에 올려놓고 축방향으로 돌린다.
　㉣ 소제 후 청수로 깨끗이 씻은 다음 압축공기로 내부를 건조시킨다.

10년간 자주 출제된 문제

스쿠버용 공기통의 보관방법으로 가장 적합한 것은?
① 공기통의 공기를 완전히 제거하여 건조한 상태로 둔다.
② 보관 시에는 공기통을 눕혀둔다.
③ 그늘진 곳에 보관한다.
④ 보관 시에는 탱크 신발을 벗겨둔다.

[해설]
공기통 내부에 이물질이나 습기가 들어가지 않도록 약간의 공기(100psi 이상)를 넣어 건조한 곳에 세워서 보관한다.

정답 ③

핵심이론 08 다이빙칼

① 다이빙칼은 수중에서 그물, 로프 등에 감겼을 때 이를 절단하기 위해 사용되며, 때로는 망치, 지렛대, 자, 톱, 드라이버 등의 역할도 한다.
② 다이빙칼을 다리에 차는 경우에는 반드시 안쪽에 차야 한다.
③ 다이빙칼의 한쪽은 반드시 톱날이 서야 로프를 잘 끊는다.
④ 칼날은 녹이 슬지 않는 재료로 만들어져야 하며 튼튼해야 한다.
⑤ 다이빙칼은 위급 시에 쉽게 뽑을 수 있어야 한다.
⑥ 손잡이는 손을 보호할 수 있는 턱이 있어야 하고 깨지지 않는 재료이어야 하며, 칼집은 튼튼하고 칼이 저절로 빠지지 않도록 되어 있어야 한다.
⑦ 칼끈은 신축성이 있는 것이라야 수압에 의해 잠수복이 얇아져도 헐거워지지 않는다.
⑧ 다이빙칼을 사용한 후에는 녹이 스는 것을 방지하기 위해 민물로 세척하여 잘 닦고 말려서 보관하며, 기름칠을 해 두는 것도 좋다.

10년간 자주 출제된 문제

스쿠버 잠수 시 수중칼(Knife)에 관한 설명 중 틀린 것은?

① 중량벨트에 맨다.
② 허벅지에 맨다.
③ 한쪽은 칼, 한쪽은 톱이다.
④ 녹슬지 않는 금속이다.

|해설|
수중칼은 구명의, 엉덩이, 종아리 등에 착용하며, 납 벨트에 매어서는 안 된다.

정답 ①

핵심이론 09 물안경(Mask)

① 물안경의 선택법
- ㉠ 스쿠버 다이빙에 사용하는 물안경은 코까지 완전히 덮는 것이라야 물안경 압착을 예방할 수 있고 수중에서도 물안경 물빼기(Mask Clearing)가 가능하다. 따라서 눈만 가리는 수영용 물안경은 잠수에 적합하지 않다.
- ㉡ 물안경의 유리는 열처리되어 잘 깨지지 않아야 한다. 그밖에도 압력 균형을 위해 쉽게 코를 잡을 수 있어야 하며 재질은 부드러워야 오래 쓰고 있어도 얼굴이 아프지 않다.
- ㉢ 끈은 쉽게 길이를 조절할 수 있고 저절로 풀리지 않아야 하며 금속 부품이 있는 경우는 녹이 슬지 않는 재료로 만들어져야 한다.
- ㉣ 중요한 것은 물안경이 얼굴에 잘 맞는지, 그리고 시력에 맞는지 확인하는 것이다.

② 물안경 착용 방법
- ㉠ 물안경을 쓰는 방법에는 끈을 먼저 머리 뒤에 걸쳐 놓고 물안경을 앞으로 내려 얼굴 위에 붙이는 방법과 먼저 물안경을 제자리에 붙인 후 끈을 뒤로 넘겨 걸치는 방법이 있다.
- ㉡ 물안경의 가장자리 부분인 스커트(Skirt)가 완전히 펴져서 얼굴에 밀착되는지 확인해야 한다.
- ㉢ 물안경의 끈은 너무 내리거나 올리지 말고 뒤통수 약간 위에 걸치도록 하며 물안경을 완전히 착용하고 난 후 코로 숨을 살짝 들이마셔 공기가 새는 곳이 없는지 확인해야 한다.

③ 물안경의 서리 예방
- ㉠ 물안경을 쓰고 잠수하면 코에서 나온 습하고 더운 공기가 외부의 찬 수온과 물안경을 사이에 두고 만나서 유리 안쪽에 서리가 끼게 된다. 이것을 방지하기 위해 물안경을 쓰기 전에 물안경 유리의 안쪽에 침, 비누 또는 서리 제거용 액체 등을 바르고 잠시 후 물로 살짝 헹군다.
- ㉡ 새 물안경에는 제작 과정에 사용된 윤활유가 얇은 막으로 덮여 있기 때문에 물안경 유리 안팎을 치약으로 닦아내야 한다. 만일 치약으로 닦아내지 않고 사용하면 서리 예방용 액체를 발라도 잠수 중 물안경 내부에 서리가 끼게 된다.

④ 보관 방법
- ㉠ 물안경은 사용 후 민물 세척한 다음 그늘지고 건조한 곳에 보관해야 한다.
- ㉡ 물안경은 케이스에 넣어 이동 중에 깨지는 것을 예방해야 하며 여행 중에는 반드시 예비 부품으로 수경 끈을 준비하여야 한다.

10년간 자주 출제된 문제

물안경을 선택할 때의 결정적 요인이 아닌 것은?

① 얼굴에 잘 맞아야 한다.
② 배수밸브가 있어야 한다.
③ 유리가 열처리된 것이어야 한다.
④ 물이 새지 않아야 한다.

해설

물안경(Mask)
- 유리는 고온처리 및 충격 시 잘게 바스러지지 않게 처리되어 있다.
- 얼굴에 잘 맞아야 하며, 머리끈을 알맞게 조절한다.

정답 ②

핵심이론 10 스노클(Snorkel)

① 스노클의 개념
  ㉠ 스노클을 통해 숨을 쉬면 머리를 들지 않고 얼굴을 물속에 담근 채 숨을 쉴 수 있으므로 물에 떠서 다니는 데 한결 힘이 덜 든다.
  ㉡ 스노클은 상부, 하부, 마우스피스로 구성된다.
  ㉢ 스노클의 상부는 주로 플라스틱 관으로 만들고 하부와 마우스피스는 주로 부드럽고 투명한 실리콘으로 만든다.

② 스노클의 선택 요건
  ㉠ 마우스피스가 입에 잘 맞아야 하며, 부드러운 실리콘으로 된 것이 좋다.
  ㉡ 길이는 30~35cm 정도가 가장 적당하며, 이보다 짧으면 물이 잘 들어오고 길면 호흡 저항이 많아 숨쉬기가 힘들다.
  ㉢ 관의 내경은 19~21mm가 가장 적당하다. 다만, 너무 가늘면 충분한 양의 공기가 오지 않으며, 너무 굵으면 물을 빼기 어렵다.
  ㉣ 물안경과 연결되는 고리 끈이 튼튼하고 쉽게 미끄러져 빠지지 않는 것이 좋다.
  ㉤ 스노클 하단에 배수밸브가 달린 스노클은 물빼기가 쉽다.
  ㉥ 스노클 상부에 위치한 배수밸브는 파도가 많이 칠 때도 스노클 안으로 물이 튀어 들어오는 것을 예방한다.
  ㉦ 스노클 부착 장치는 스노클을 물안경 끈에 단단히 고정할 수 있어야 하며 내구성과 안정성이 있는 것이어야 한다.

③ 스노클 부착 및 호흡법
  ㉠ 스노클은 부착 장치를 이용해서 왼쪽 물안경 끈에 부착시킨다. 이렇게 하면 호흡 조절기와 스노클이 부딪히는 것과 혼동하는 것을 예방할 수 있다.
  ㉡ 스노클을 물고 얕은 호흡을 하면 스노클로 인해 생긴 사강(Dead Space) 때문에 폐에서 충분한 기체 교환이 일어나지 않아서 스노클 없이 호흡할 때보다 힘이 든다. 그러므로 스노클 호흡은 평상시보다 길고 깊게 해야 한다.

④ 보관 방법
  ㉠ 잠수 후 깨끗한 민물로 잘 씻는다. 이때 적어도 3분 이상 물에 담가두는 것이 좋다.
  ㉡ 물에 씻은 후에는 바람이 잘 통하는 그늘에서 말린다.

10년간 자주 출제된 문제

스쿠버 잠수에서 스노클(Snorkel) 사용의 장점이 아닌 것은?
① 수면에서 탱크의 공기를 아낄 수 있다.
② 표면수영 시 잠수사의 피로를 덜어준다.
③ 얼굴을 물속에 둔 채 수영할 수 있다.
④ 잠수사의 안면압착을 예방한다.

|해설|
스노클은 호흡용 튜브로서 잠수사가 수면에서 수중에 얼굴을 넣고 수영하며 호흡할 수 있어 피로를 덜어준다.

정답 ④

핵심이론 11 부력 조절기(BC ; Buoyancy Controller)

① 부력 조절기의 개념

다이버가 자유로이 공기를 넣고 뺄 수 있는 공기주머니로, 수중 또는 수면에서 다이버가 양성, 중성, 음성 부력 상태로 부력을 자유로이 조절하기 위하여 사용한다.

② 부력 조절기의 종류

부력 조절기는 모양에 따라 조끼식, 어깨끈 조절식, 백 마운트식(Back Mounted BC) 등으로 구별할 수 있다.

㉠ 조끼형 부력 조절기
- 가슴 앞쪽과 등 쪽 부분 모두가 팽창하는 형식으로 착용감이 좋고 부력을 충분히 줄 수 있다.
- 전체가 하나의 공기주머니로 이루어져 다이버가 수중에서 자세를 쉽게 유지할 수 있다. 수중 사진 모델이나 수중 사진가에게 유용한 모델이다.
- 어깨 부분에 버클이 없어 입고 벗기 불편하고, 어깨끈이 없어 크기 조절이 불가능하여 정확한 크기를 선택해야만 한다.
- 공기를 넣은 건식 잠수복을 입은 채로 이 부력 조절기를 입고 벗기는 상당히 힘이 든다.

㉡ 어깨끈 조절식 부력 조절기
- 어깨끈을 조절하여 부력 조절기가 몸에 잘 맞게 조일 수 있고 건식 잠수복을 입은 상태에서도 쉽게 입고 벗을 수 있도록 버클이 달려 있다.
- 공기를 넣으면 주로 등 부분에 집중되기 때문에 수중에서 자세 유지가 조끼식보다 다소 불편하다.

㉢ 백 마운트형 부력 조절기(Back Mounted BC)
- 등 쪽에만 공기주머니가 달려 있으며, 전면은 하네스(Harness)로만 이루어져 많은 종류의 액세서리를 달 수 있기 때문에 테크니컬 다이빙에 많이 사용되고 있다.
- 공기주머니가 등 쪽에만 달려 있어서 선 자세를 유지하고자 해도 자꾸만 엎드린 자세로 바뀌게 되는 불편함이 있다.
- 특히 수면에서 떠 있을 때 앞으로 엎어지는 힘이 작용하여 똑바로 서 있기 힘들다.

③ 부력 조절기 선택 요건

㉠ 가장 중요한 사항은 자신의 몸에 맞아야 한다는 것이다.

㉡ 충분한 부력을 줄 수 있어야 한다. 많은 양의 웨이트를 차고, 부력이 적은 부력 조절기를 사용하면 깊은 수심에서 중성 부력을 얻기 힘들다.

㉢ 잠수 목적에 따라 적절한 부력 조절기를 선택하는 것이 중요하다. 예를 들어, 수중 모델을 하는 경우에는 어깨끈 조절식보다 조끼형이 유리하고 건식 잠수복을 입는 경우에는 조끼형보다 어깨끈 조절식이 유리하며, 테크니컬 다이빙을 위해서는 백 마운트형이 유리하다.

④ 보관 방법

㉠ 사용 후에는 반드시 민물로 세척하여 소금기나 이물질을 제거해야 한다.

㉡ 잠수 중 부력 조절기의 공기가 모두 배출되었는데도 계속해서 배기 밸브를 누르고 있으면 부력 조절기 안으로 물이 들어가게 되며, 이것을 오랫동안 방치해 두면 민물인 경우에는 곰팡이가 피게 되고, 바닷물인 경우에는 부력 조절기 안쪽 면에 소금 결정체가 생긴다. 이러한 결정체들이 마찰되면서 부력 조절기 안쪽 면을 손상시켜 공기가 샐 수 있으므로 가끔씩 중성 세제를 수돗물에 풀어 내외부를 세척해야 한다.

㉢ 젖은 부력 조절기는 냄새가 나지 않도록 완전 건조시킨 다음, 안에 약간의 공기를 넣어 건조한 곳에 보관해야 한다.

㉣ 수영장의 소독된 물은 부력 조절기 안의 곰팡이 성장을 억제시키는 효과가 있다.

㉤ 염소처리된 수영장 물은 고무 제품과 플라스틱 제품을 손상시키므로 수영장에서 사용한 다음에는 민물로 세척하여 부력 조절기에 묻은 염소 성분을 완전히 제거해야 한다.

㉥ 운반할 때에는 공기를 모두 뺀 상태로 유지하며 무겁거나 뾰족한 물체에 눌리지 않도록 해야 한다.

㉦ 공기 주입기는 주기적으로 분해·청소하여 공기가 저절로 계속 부력 조절기 안으로 들어가는 고장을 예방해야 한다.

10년간 자주 출제된 문제

다음 부력 조절기의 용도 중 틀린 것은?

① 표면에서의 부력 확보
② 하잠할 때의 부력 조절
③ 수중에서의 중성부력유지
④ 수중물체 인양 시의 부력 활용

[해설]
부력 조절기는 수중 또는 수면에서 다이버가 양성, 중성, 음성 부력 상태로 부력을 자유로이 조절하기 위하여 사용한다.

정답 ④

핵심이론 12 수중 나침반

① **나침반의 개념**
  ㉠ 물이 흐린 경우나 야간에 잠수하는 경우에는 지형지물만 보고 방향을 찾기가 어렵다. 이럴 때 수중에서 방향을 유지하는 데 도움을 주는 장비가 바로 수중 나침반이다.
  ㉡ 다이빙에는 주로 자석의 원리를 이용한 자기 나침반이 사용되고, 최근에는 전기의 힘을 이용한 전자 나침반이 소개되었다.

② **선택 요령**
  나침반을 선택할 때에는 정확도, 내압성, 원반의 회전성, 야광, 회전 베젤 유무, 방위기선 유무, 측면창 유무 등을 고려해야 한다.

③ **사용 방법**
  ㉠ 나침반의 컴퍼스 카드(Compass Card)가 수평이 유지되도록 잡는다. 그다음 몸의 중심과 방위기선이 나란히 놓이도록 하며 방위기선상에 목표물이 오도록 몸을 회전시킨다.
  ㉡ 일단 목표물이 방위기선상에 위치했으면 측면창을 통해 목표물의 방위각을 읽는다. 이 방위각이 목표물의 방위각이 된다.
  ㉢ 진행 중 컴퍼스 카드의 눈금이 방위기선상을 벗어나면 팔은 몸에 고정시킨 채로 몸을 회전시켜 방위기선상에 다시 목표물의 방위각 눈금이 오도록 해야 한다.
  ㉣ 진행 중 방향을 바꾸려면, 우측으로 회전할 때에는 현 방위각에 원하는 만큼의 회전 각도를 더하고, 왼쪽으로 회전할 때에는 회전 각도만큼 빼면 된다.

④ **보관 방법**
  ㉠ 나침반은 사용 후 모래나 먼지, 소금 등을 깨끗한 물로 씻어 내고 건조시킨 다음, 움직이는 부분에는 실리콘 기름 등을 발라두어야 한다.
  ㉡ 나침반은 충격에 약하므로 떨어뜨리거나 충격을 주지 않도록 유의하며 운반 중에는 무거운 것에 눌리지 않도록 해야 한다.
  ㉢ 오랫동안 햇볕과 열 등에 노출되지 않도록 해야 한다.

10년간 자주 출제된 문제

나침반(Compass)의 사용방법으로 옳은 것은?
① 잔압계와 연결하여 사용
② 공기통에 가깝게 붙여 사용
③ 석유제 윤활유 사용
④ 회전 숫자판을 제거한 후 사용

[해설]
나침반은 잔압계(공기통 속의 남은 공기량을 측정 시 사용)와 연결하여 사용한다.

정답 ①

핵심이론 13 잠수 헬멧과 밴드마스크

① 잠수 헬멧과 밴드마스크의 개요
  ㉠ 우리나라 국가 기술 자격 실기 검정에 사용되는 잠수 헬멧과 밴드마스크는 키르바이 모건 잠수 장비 회사(KMDSI)에서 생산하는 슈퍼라이트-17 헬멧과 KMB-18/28 밴드마스크 기종을 채택하고 있다.
  ㉡ 슈퍼라이트-17 헬멧은 세계의 수중공사 회사들을 비롯하여 해군의 잠수 관련부대(미 해군과 한국 해군에서는 슈퍼라이트-17에서 약간 변형된 MK-21 기종을 사용) 등으로부터 선호도 면에서 대단한 호평을 받고 있다.
  ㉢ 재래식 헬멧은 잠수복과 분리되지 않아 사망사고로 직결되었다. 슈퍼라이트-17 헬멧은 잠수복과 분리가 가능하여 안전사고를 크게 해소시켰을 뿐만 아니라 습식 잠수복과 온수 잠수복, 물갈퀴 등과도 사용할 수 있어 수중에서도 자유롭게 유영할 수 있다.
  ㉣ 슈퍼라이트-17 헬멧과 KMB 밴드마스크는 많은 부품들이 호환성을 가지고 있고, 호흡 유출 방식도 지속적으로 기체가 흐르는(Steady Flow) 것과 호흡할 때마다 기체가 흐르는 요구형(Demand Regulator)의 방식 등 2가지 기능 모두를 채택하고 있다.

② 잠수 헬멧과 밴드마스크의 특징
  ㉠ 최대 작업 수심은 공기 잠수 시 58m(190ft)까지 가능하고, 표면 공급 혼합 기체 잠수 시에는 90m까지 가능하다.
  ㉡ 기체 요구량은 대체적으로 분당 40~127L(1.4~4.5acfm)이며, 표면 공급 요구 압력은 8~16kg/cm^2(115~225psi)가 유지되어야 한다.
  ㉢ 18m 이상 잠수할 시에는 비상 기체통(5~11L)을 사용해야 한다.
  ㉣ 수심이 18m 이내일지라도 침몰선 내부, 폐쇄된 공간 등에 잠수할 경우에는 반드시 비상기체통을 착용해야 한다.
  ㉤ 40m 이상 잠수할 시에는 잠수종(Diving Bell)을 사용하면 작업 효율성이 높다.

③ 잠수 헬멧과 밴드마스크의 주요 기능
  ㉠ 일반적으로 주 기체 공급관을 통해 기체가 공급되며, 기체 순환 방향은 역지밸브 → 측면 부품대(호흡 조절기와 환기 밸브로 분산) → 굴곡관 → 호흡 조절기 → 잠수사의 입과 코로 공급된다.
  ㉡ 주 기체 공급관에서 문제가 발생했을 때는 즉시 비상 기체 공급 밸브를 열어야 하며, 기체 순환 방향은 위와 같이 동일하게 작동된다.
  ㉢ 역지밸브(Non-return Valve)는 헬멧 내부 또는 밴드마스크 내부에 공급되는 기체를 일정하게 흐르도록 유지해 주며, 주 기체 공급이 차단되었을 때 잠수사의 안면 압착과 물의 유입을 방지해 준다(압착병 방지). 따라서 역지밸브는 매일 첫 잠수 전에 반드시 검사한 후 잠수에 임해야 한다.
  ㉣ 환기 밸브는 측면 부품대에서 안면창 전방으로 돌출된 것으로서 헬멧의 환기, 안면창 김서림 제거, 헬멧 내 침수된 물을 제거, 호흡 조절기 고장 시 비상 기체 공급원으로 사용 등 4가지 기능이 있다.

④ 잠수 헬멧과 밴드마스크의 비교

KMB 밴드마스크는 헬멧에 비해 가격이 저렴하다는 것이 가장 큰 장점이지만 잠수사의 선호도, 수심, 작업 현장의 적합성, 활동성, 오염된 환경 등을 고려하여야 한다.

밴드마스크의 장점	헬멧의 장점
• 헬멧에 비해 가격이 저렴하다. • 착용이 간편하다. • 가볍고 물의 저항이 적어 활동성이 자유롭다. • 제품에 따라 혼자 착용할 수도 있다.	• 낙석 또는 외부의 충격으로부터 머리를 보호한다. • 오염된 물에서 머리 전체를 보호한다. • 장시간 사용해도 피로하지 않다. • 양질의 통화를 제공한다. • CCTV 카메라 및 수중 전등 부착이 가능하다.

10년간 자주 출제된 문제

잠수장비의 역지밸브(Non-return Valve) 검사는 언제 하는가?

① 매 잠수 시 검사한다.
② 매 잠수일 첫 잠수 전에 검사한다.
③ 매일 검사한다.
④ 매주 검사한다.

|해설|

역지밸브는 매우 중요한 밸브로서 역지밸브가 막혔거나 고장이 발생했을 경우에는 잠수사에게 위험을 초래할 수 있다. 따라서 매 첫 잠수 전에 검사한다.

정답 ②

핵심이론 14 생명줄(Umbilical)

① 생명줄의 개요
- ㉠ 생명줄(엄빌리컬)은 잠수사에게 공기를 공급하는 기체 호스, 수심 측정 호스, 통화용 전선, 장력 로프(조합형) 등 각기 용도가 다른 4가지 요소가 하나로 형성되어 있다.
- ㉡ 최근에는 4가지 요소 외에 온수 잠수복용 호스와 폐쇄 회로용(CCTV) 전선까지 생명줄에 추가시키고 있다.
- ㉢ 생명줄은 3가지 목적으로 사용되는데, 첫째 지상과 수중 간의 교신 제공, 둘째 잠수사의 상승과 하잠을 유도, 셋째 기체 호스의 장력을 감소시키는 역할을 한다.
- ㉣ 생명줄은 구성 요소의 형태에 따라 일체형과 조합형이 있다.
  - 일체형은 PVC 합성의 재질로 기체 호스, 수심 측정 호스, 통화용 전선, 여분의 전선 등 3~4개의 구성품이 조화롭게 로프처럼 잘 꼬여 있어 별도의 장력선이 없다.
  - 조합형은 여러 구성품의 장력 보호를 위해 별도의 장력선이 추가되어 있어 수공으로 각 요소의 장력 균형과 외부 마찰로부터 피복 보호를 위해 일정한 간격으로 테이프를 감아주거나 튼튼한 끈으로 잘 묶어줘야 한다.

② 기체 호스
- ㉠ 잠수 조정 장치에서부터 잠수사 헬멧까지 연결되는 기체 호스는 산업 잠수 기체 호흡용으로 특수 제작된 저압용의 정품을 사용해야 하며, 중간 이음새 부분이 없어야 한다.
- ㉡ 기체 호스의 규격은 공기 잠수 시 내경 9.5mm(3/8″), 심해 잠수 시 13mm(1/2″)를 사용하고, 최고 사용 압력은 $56kg/cm^2$(800psi)이다.
- ㉢ 모든 기체 호스는 정기적으로 시각검사·파단시험을 하고 그 기록을 작성하여 5년간 보관해야 한다.

③ 수심 측정 호스(Pneumo Fathometers Hose)
- ㉠ 수심 측정 호스는 잠수 조정 장치의 수심 계기판에서 잠수사의 가슴까지 연결되는 호스로서 잠수사가 체류하고 있는 수심을 지상에서 측정할 수 있도록 해 준다.
- ㉡ 잠수사가 체류하고 있는 수심을 지상에서 알 수 있다는 것은 매우 유익한 정보이며, 이러한 정보는 잠수사의 행동 진행과 수중에서 표면까지 안전하게 상승시킬 수 있는 자료들, 즉 상승 속도, 감압 시간 등을 제시해 줄 수 있다.
- ㉢ 수심 측정 호스는 기체 호스가 파열되어 공기 공급이 차단되었을 때 비상 공기 공급 역할을 하므로 기체 호스처럼 견고하고 유연한 재질이어야 한다.
- ㉣ 수심 측정 호스는 잠수사의 안전고리에서 약 1m 정도 길어야 하며, 호스의 끝단이 잠수사의 가슴에 위치하도록 해야 한다.

④ 통화용 전선

㉠ 통화용 전선은 두껍고 유연한 재질의 피복 속에 통화 기능을 제공하기 위해 4가닥의 전선이 보호되어 있다.

㉡ 통화용 전선 중 한쪽은 지상의 잠수 조정 장치에 연결되고 다른 한쪽은 암 방수 단자로 형성되어 헬멧이나 밴드 마스크의 수 방수 단자에 끼워진다.

㉢ 4가닥의 암·수 방수 단자는 지상의 전화수가 통화 장치를 특별히 조종하지 않아도 수중의 잠수사 간에 대화가 가능하다는 장점이 있다.

㉣ 잠수 후에는 전선의 피복과 방수 단자에 마모, 절단, 찢어짐 등이 없는지 반드시 확인해야 한다.

10년간 자주 출제된 문제

표면공급식 잠수에 사용되는 생명줄(Umbilical)의 구성품이 아닌 것은?

① 통화용 전선
② 공기공급 호스
③ 수심 측정 호스
④ 안전벨트

[해설]

표면공급식 잠수에 사용되는 생명줄(Umbilical)의 구성품 : 기체 호스, 수심 측정 호스, 통화용 전선, 장력 로프(조합형)

※ 안전벨트의 기능 중 가장 중요한 역할은 보조사가 잠수사의 상승과 하잠을 유도할 때 생명줄의 장력이 헬멧 또는 밴드 마스크에 직접적으로 미치지 않도록 하기 위해 잠수사가 착용하는 것이며, 안전벨트의 D링에 반드시 생명줄의 안전 고리를 고정시켜야 한다.

정답 ④

핵심이론 15 수중 통화기(Underwater Communications)

① 수중 통화기의 특성

수중 통화기는 수중의 잠수사와 지상의 잠수 감독관 또는 전화수가 상호 전달 사항을 주고받는 것으로서 통화용 전선, 지상의 마이크와 스피커, 음량 조절 장치, 보조사용 스피커 단자, 잠수사용 이어폰과 마이크로폰 등으로 형성되어 있다. 잠수에 사용되는 통화기의 특징 중 가장 중요한 것은 수중의 잠수사 수신음은 지속적으로 지상에 들려야 하고, 지상의 전화수에 의해서만 송신·통제된다는 점이다. 전화수 임무를 맡은 사람은 정확한 발음으로 간결하게 통화를 해야 하며, 청명한 음향이 되도록 음량을 조절해야 하고 중요한 통화 내용은 기록해 두어야 한다. 통화기에는 이외에도 통화 내용을 녹음할 수 있는 녹음 단자가 있으며, 산소-헬륨 혼합 기체 잠수 시 헬륨의 변성을 정화시켜 주는 장치도 있다. 또 잠수 작업 현장 주변에 소음이 발생할 때는 전화수가 헤드폰을 끼고 통화할 수 있는 단자가 있으며, 잠수 조정 장치에서 멀리 떨어진 보조사도 잠수사의 수신음을 들을 수 있도록 연결하는 보조사용 스피커 단자 등도 있다.

② 줄신호(Line Signals)

줄신호는 과거 통화기가 개발되지 않았을 때 지상과 수중이 의사를 주고받았던 유일한 통신수단이었으나 최근에는 통화기가 고장이 났을 때 또는 통화가 두절되었을 때 사용되고 있다.

신호 종류	신호 방법	신호 내용
표준 신호 (보조사 → 잠수사)	1번 당김	이상 없는가? 하잠 시는 정지
	2번 당김	하잠하라. 너무 많이 올라왔으니 지시까지 하잠하라
	3번 당김	상승 준비
	4번 당김	상승하라
	2-1번 당김	알았다. 또는 전화(신호)에 응답하라
표준 신호 (잠수사 → 보조사)	1번 당김	나는 이상 없다. 해저 도착
	2번 당김	하잠시켜라
	3번 당김	늦추어진 줄을 당겨라
	4번 당김	상승시켜라
	2-1번 당김	알았다. 또는 전화(신호)에 응답하라

10년간 자주 출제된 문제

표면공급식 잠수에 사용되는 수중 통화기의 설명이 틀린 것은?

① 통화 내용을 녹음할 수 있는 장치가 있다.
② 혼합기체 잠수를 할 때는 변성장치를 단다.
③ 육상의 수신음은 잠수사에게 지속적으로 들려야 한다.
④ 잠수 작업 현장 주변에 소음이 발생할 경우 헤드폰 사용이 가능하다.

|해설|

수중의 잠수사 수신음은 지속적으로 지상에 들려야 하고, 지상의 전화수에 의해서만 송신·통제된다. 전화수 임무를 맡은 사람은 정확한 발음으로 간결하게 통화를 해야 하며, 청명한 음향이 되도록 음량을 조절해야 하고 중요한 통화 내용은 기록해 두어야 한다.

정답 ③

핵심이론 16 잠수복(Dive Suits)

① 습식 잠수복(Wet Suits)

습식 잠수복은 내부로 소량의 물이 들어오지만 이내 체온에 의해 데워져 체온이 유지되며, 기포가 들어 있는 합성고무로 만들어지는데 그 기포들로 인해 상당한 부력이 생긴다. 이 기포들은 수압을 받으면 작아져 깊이 내려갈수록 잠수복은 얇아지고 부력이 줄어들며, 보온력은 물론 부력도 사라진다.

㉠ 선택 요건
- 습식 잠수복은 잠수할 지역의 수온에 따라 그 두께와 모양을 선택할 수 있다. 원단의 두께가 두꺼우면 단열 효과는 증가하나 부력이 증가하므로 더 많은 양의 웨이트를 착용해야 하며 다이버의 활동도 제한된다.
- 잠수복 선택 시 가장 유의해야 할 점은 몸에 잘 맞는 것을 선택해야 한다는 것이다. 잠수복이 너무 크면 물의 유통이 심하여 보온이 잘되지 않으며, 너무 작으면 호흡이나 혈액 순환이 잘 안 되어 위험하다.
- 습식 잠수복은 잠수할 장소의 수온, 수심, 잠수 목적, 해저체류시간, 육상의 날씨 등을 고려하여 선택해야 한다.

㉡ 보관 방법

잠수 후 깨끗한 민물로 잘 씻고 그늘에서 충분히 말린다. 오랫동안 접어두거나 무거운 것에 눌리면 그 자국이 없어지지 않으므로 보관할 때는 폭이 넓은 옷걸이에 걸어두거나 그대로 펼쳐두어야 한다.

② 건식 잠수복(Dry Suits)

건식 잠수복은 안으로 물이 들어오지 않는 잠수복으로, 일체형 부츠가 부착되어 있고 손목과 목에는 방수 씰이 달려 있으며, 등이나 앞쪽에는 드라이지퍼가 달려 있다. 또한 건식 잠수복에는 급기 밸브가 달려 있어 하잠 중 압착 해소를 위해 공기를 주입할 수 있고, 배출 밸브가 달려 있어서 수중에서 주입된 공기를 상승 중 외부로 배출할 수 있다. 건식 잠수복은 주로 적절한 내피와 함께 착용하여 찬물에서도 체온을 빼앗기지 않고 잠수하기 위해서 사용한다. 찬물에서 보온 상태가 유지되면 저체온증이 예방되고 감압병의 위험성이 감소된다.

㉠ 선택 요건

잠수할 지역의 수온을 고려하여 건식 잠수복을 선택해야 한다. 대개 수온이 13℃ 이하인 곳에서는 반드시 건식 잠수복을 착용하도록 권장하고 있다. 건식 잠수복은 입었을 때 움직임이 편해야 하고, 수선의 용이성, 보증 기간, 신뢰도 등을 고려하여 선택해야 한다. 만일 어떠한 이유에서건 몸을 움직이는 데 방해를 받으면 그 잠수복은 너무 작은 것이다.

ⓛ 사용 방법
- 웨이트 장치의 준비 : 대개 습식 잠수복을 입고 잠수할 때보다 많은 양의 웨이트를 필요로 한다. 그러나 웨이트는 적당량을 차야 하며 BC 주머니, 등판, 발목, BC의 'D'링, 공기통 등에 분산해서 차야 허리에 무리를 주지 않는다.
- 물갈퀴와 부력 조절기의 준비 : 건식 잠수복의 부츠는 습식 부츠보다 크기 때문에 물갈퀴는 볼이 넓고 발주머니의 높이가 높은 것으로 준비해야 한다. 조끼식 부력 조절기를 건식 잠수복과 함께 사용하면 부력 조절기를 입고 벗기가 매우 불편하므로 가능하면 어깨끈이 조절되는 부력 조절기를 준비해야 한다.
- 수면과 수중에서의 부력 조절 : 건식 잠수복을 입고 잠수하는 경우 수면에서의 양성 부력은 부력 조절기의 공기량으로 조절하고 수중에서의 중성 부력은 건식 잠수복 안의 공기량으로 조절하는 것이 바람직하다.

ⓒ 관리 방법
- 사용 후에는 민물로 외부를 세척해야 하며 필요한 경우에는 내부도 세척해야 한다.
- 외부만 세척할 때는 손목과 목씰을 고무줄로 묶고 지퍼를 잠근 후 민물을 뿌려서 세척하며 배기 밸브 및 급기 밸브는 특히 주의 깊게 세척한다.
- 씰 부분은 인체의 기름기를 닦아 내기 위해 비눗물을 사용하여 세척하며 제대로 세척하지 않으면 고무가 빨리 삭는다.
- 방수 지퍼는 부드러운 칫솔에 전용 세제 또는 비눗물을 묻혀 안팎을 닦아 내야 하며 지퍼에는 파라핀 왁스 이외에 다른 윤활제를 발라서는 안 된다.
- 지퍼는 열린 상태로 보관하고, 심하게 접으면 지퍼가 상하게 되며, 자주 열고 닫을수록 지퍼의 수명은 단축된다.
- 건식 잠수복은 운반 중에 무거운 물체에 눌리지 않도록 가장 윗부분에 놓아서 지퍼가 손상되는 일이 없도록 해야 한다.

10년간 자주 출제된 문제

잠수복을 사용한 후 보관 방법으로 가장 적합한 것은?

① 비누로 깨끗하게 씻은 다음 보관한다.
② 양지바른 곳에서 건조한 후 보관한다.
③ 그늘에서 건조한 후 옷걸이에 걸어서 보관한다.
④ 구겨진 곳을 펴기 위해 무거운 것으로 눌러둔다.

|해설|

잠수복 보관 방법
다른 장비와 마찬가지로 잠수 후 깨끗한 민물로 잘 씻고 그늘에서 충분히 말린다. 오랫동안 접어두거나 무거운 것에 눌리면 그 자국이 없어지지 않으므로 보관할 때는 폭이 넓은 옷걸이에 걸어두거나 그대로 펼쳐두어야 한다.

정답 ③

핵심이론 17 기체 압축기(Air Compressor)

① 기체 압축기의 개념
  ㉠ 기체 압축기는 사용 용도에 따라 호흡용과 공업용으로 나누어지는데, 표면공급식 잠수에 사용되는 기체 압축기는 반드시 호흡용을 사용해야 한다.
  ㉡ 기체 압축기는 일반적으로 63kg/cm²(900psi) 미만이냐 이상이냐에 따라 크게 고압용과 저압용으로 구분한다. 고압과 저압의 중간에 위치하는 중·저압 기체 압축기는 대체로 공업용으로서 잠수 작업 시 공구 운용 등을 위해 사용된다.
  ㉢ 표면공급식 잠수에 사용되는 기체 압축기는 저압용으로서 압력은 약 20kg/cm² 미만이므로 압력이 특별히 높아야 할 필요성은 없다.

② 기체 압축기의 선택
  ㉠ 고압용이든 저압용이든 선택에 있어서 가장 중요한 것은 상용 압력과 토출량이다.
  ㉡ 상용 압력이란 내압시험 압력 및 기밀시험 압력의 기준이 되는 압력으로서 사용 상태에서 기체 압축기의 최고 사용 압력을 말하며, kg/cm² 또는 psi로 표시된다.
  ㉢ 토출량이란 용량을 말하며 분당 몇 리터(L/분) 또는 몇 ft³(CFM ; Cubic Feet per Minute)의 공기를 공급할 수 있는가를 나타낸 것으로, 토출량이 클수록 공기량이 많으나 무게가 무겁고 값이 비싸다.

> 충전시간(분) = 충전해야 할 양(ft³) ÷ 기체 압축기의 토출량(CFM)

10년간 자주 출제된 문제

다음 중 공기 압축기를 선택할 때 우선적으로 고려해야 할 중요사항은?

① 상용 압력과 토출량
② 엔진종류와 무게
③ 회전속도와 냉각방법
④ 구조와 연결방법

|해설|
공기 압축기는 상용 압력과 토출량으로 저압용과 고압용으로 나눌 수 있다.

정답 ①

③ 저압 기체 압축기
　㉠ 저압 기체 압축기는 고압 기체 압축기와 비교하여 원리는 비슷하나 대체로 구조가 단순하여 압력이 낮은 것이 특징이다.
　㉡ 저압 기체 압축기는 공기를 저장할 수 있는 저압 기체 저장통이 반드시 있어야 한다.
　㉢ 잠수 작업의 안전을 위해 주 기체 공급원(1차)과 보조 기체 공급원(2차) 체계로 되어 있다.
　㉣ 주 기체 공급원 또는 1차 기체 공급원은 각 장비가 요구하는 압력과 공기량을 능가하여야 한다.
　㉤ 그 성능은 최대 수심, 잠수사의 수(해저 체류 시간, 감압 시간, 상승 시간 포함), 사용되는 잠수 장비의 압력과 공기량, 표면 감압 시간, 감압병의 치료시간 등을 충분히 압도할 수 있어야 한다.
　㉥ 압력은 수심보다 약 $9kg/m^3$(135psi) 정도 높아야 하고, 공기 공급량도 분당 40~127L(1.4~4.5acfm)가 되어야 한다.

④ 고압 기체 압축기
　㉠ 고압 기체 압축기는 저압 기체 압축기와는 달리 압력을 저압-중압-고압 등 각 단계로 점차 높게 하여 $210kg/cm^2$(3,000psi) 이상을 압축시킨다.
　㉡ 고압 기체 압축기는 스쿠버 공기통과 고압 기체 저장통을 충전할 때만 사용해야 하며, 잠수사의 기체 호스나 헬멧에 직접 연결되어서는 안 된다.

핵심이론 18 기체 압축기의 중요사항

① 기체 압축기의 동력장치
- ㉠ 전기식 : 모터를 사용하므로 기관식에 비해 소음이 적으나, 전원이 없는 장소에서는 사용할 수 없으므로 휴대하기 어렵다.
- ㉡ 기관식 : 전기식에 비해 소음이 크고 매연이 발생하며, 전원이 없어도 사용할 수 있으므로 휴대하기 적합하다. 또 2행정 기관을 많이 사용하며, 행정 순서는 흡입-압축, 폭발-배기이다(대형 기체 압축기는 4행정 기관이며, 행정 순서는 흡입-압축-폭발-배기이다).

② 기체 압축기의 중요사항
- ㉠ 깨끗한 공기를 마시기 위해서는 여과기의 성능이 우수해야 한다.
- ㉡ 기체 압축기의 오일은 유화 작용이 일어나지 않는 광물성의 비합성 오일을 써야 하며 점도가 높을수록 좋다. 오일의 점도는 오일 선택에 있어서 가장 중요하다.
- ㉢ 압축기 흡입구는 오염되지 않은 외부에 설치하거나 바람이 불어오는 방향으로 2m 이상 높게 설치하면 오염물질로부터 방지할 수 있다.

10년간 자주 출제된 문제

스쿠버용 공기통에 공기를 주입하는 이동용 공기 압축기의 흡입구 설치 방법 중 옳은 것은?

① 바람이 불어오는 방향으로 2m 이상 높게
② 바람이 불어오는 방향으로 2m 이하 낮게
③ 바람이 불어오는 반대방향으로 2m 이상 높게
④ 바람이 불어오는 반대방향으로 2m 이하 낮게

[해설]
원동기에서 내뿜는 배기가스나 엔진오일이 연소되어 컴프레서의 공기 흡입구로 유입되는 현상을 방지하기 위해서는 필히 바람이 불어오는 방향으로 공기 주입구가 위치하도록 하며 가능한 한 공기 흡입구의 높이가 높은 것이 좋다.

정답 ①

핵심이론 19 기체공급압력과 기체량

① 공급되는 호흡기체의 압력이 잠수사의 폐 압력보다 낮으면 호흡할 때 흡입하기는 어렵고 배출하기는 쉽다.
② 심해잠수 시 잠수사에게 적합한 압력의 호흡기체를 공급하려면 잠수사가 위치한 수심을 가장 정확히 알아야 한다.
③ 일반적인 잠수작업의 경우 슈퍼라이트-17 헬멧의 기체 요구량은 분당 40L(1.4acfm) 정도이고, 한시적인 경우의 최대 기체 요구량은 분당 127L(4.5acfm)이다. 충분한 환기를 위한 기체 요구량은 작업의 난이도와 상관없이 최대 기체 요구량을 기준으로 한다.
④ 표면공급식 잠수에 사용되는 공기 호스
    ㉠ 공기 호스의 사용기간 : 10년 사용 후 폐기하며, 제작일로부터 5년 경과 후 파단시험한다.
    ㉡ 공기 호스는 호스의 양쪽 끝부분을 막은 다음 신선한 곳에 걸어서 보관한다.

> **더 알아보기**
> - 후카(Hookah)장비를 사용 수심 20m에서 2명이 동시에 잠수하고자 할 때 필요한 공기량은 1분당 240L이다.
> - 수심 45m에서 KMB 밴드마스크로 2명의 잠수사가 잠수작업을 한다면 표면에서 보내주어야 할 최소 공기압력은 약 $16kg/cm^2$이다.
> - 슈퍼라이트-17 헬멧 장비로 수심 20m에서 잠수하려면 최소한 약 $11.5kg/cm^2$의 압력이 필요하다.

10년간 자주 출제된 문제

슈퍼라이트-17 헬멧 속의 충분한 환기를 위해서는 분당 몇 L의 공기가 필요한가?

① 42L(1.5CFM)
② 85L(3CFM)
③ 127L(4.5CFM)
④ 170L(6CFM)

|해설|
일반적인 잠수작업의 경우 슈퍼라이트-17 헬멧의 기체 요구량은 분당 40L(1.4acfm) 정도이고, 한시적인 경우의 최대 기체 요구량은 분당 127L(4.5acfm)이다. 충분한 환기를 위한 기체 요구량은 작업의 난이도와 상관없이 최대 기체 요구량을 기준으로 한다.

정답 ③

핵심이론 20 기체 압축기 사용

① 잠수 중 컴프레서의 필터(정화기)가 좋지 않을 때 숨쉬는 공기 중 기름 냄새가 날 수 있다.
② 공기 압축기를 운전하여 잠수사에게 공급할 때의 계통도 : 여과기 - 압축기 - 저장탱크 - 필터 - 잠수사
③ 공기 압축기나 펌프를 운전하기 전에 가장 먼저 검사하여야 할 곳은 윤활유 계통이다.
④ 공기 압축기 오일 교환
　㉠ 최초 오일 교환 후 그다음 오일 교환 주기는 250시간 가동 후이다.
　㉡ 새 공기 압축기는 15시간 가동하면 오일을 교환한다.
　㉢ 서로 다른 제조회사의 오일은 섞어 쓰지 않는다.
　㉣ 압축기 오일은 점도가 높은 광물성 오일을 사용하여 교환한다.
⑤ 공기 압축기에 여과 필터를 설치해야 하는 이유는 수분과 먼지를 제거하고, 공기를 깨끗하게 하기 위해서이다.
⑥ 공기 압축기 정지 후 기기 내부 잔압을 제거하는 주 이유는 다음 운전 시 엔진의 부하를 작게 주어 시동을 용이하게 하기 위해서이다(조정밸브를 잠그는 이유).
⑦ 잠수용 공기 압축기 엔진에서 실린더와 피스톤 간극이 작으면 피스톤링이 마모되어 실린더와 붙게 된다.

10년간 자주 출제된 문제

잠수공급용 공기 압축기의 운전 시 가장 중요한 사전 점검사항은?
① 연료유계통
② 시동을 위한 전기계통
③ 윤활계통
④ 압력계통

[해설]
공기 압축기를 가동하기 전 제일 먼저 5° 이상 경사지지 않도록 하고 오일계통을 점검한다.

정답 ③

핵심이론 21 재압실(Chamber)

① 재압실의 개념
  ㉠ 재압실은 체임버 또는 기압 조절실이라는 용어로 사용되며, 현재 잠수뿐만 아니라 비행 학교, 연구소, 일반 병원 등 여러 곳에서 의학적인 치료를 위해 사용되고 있다.
  ㉡ 잠수에 사용되는 일반적인 재압실은 반드시 6기압(50m 또는 165ft)에 해당하는 수심까지 압력을 올릴 수 있도록 설계되어야 한다.
  ㉢ 우리나라는 재압실에 대해 의료용과 현장용의 구분이 명확하지 않으며, 재압실을 제작하는 외국에서는 의료 격실이 있을 경우에는 의료용으로, 의료 격실이 없을 경우에는 현장용으로 규정하고 있다. 일반적으로 사용되는 재압실과 포화 잠수용의 재압실은 가압 면에서 큰 차이가 있다.

② 재압실의 용도
  ㉠ 재압실은 잠수사 선발을 위한 압력 내성 검사와 표면감압(Decompression) 및 잠수병 치료(Recompression)에 사용된다.
  ㉡ 표면감압 : 잠수사의 전부 혹은 일부의 감압을 수중에서보다 재압체임버(Chamber)에서 편안히 수행하기 위한 방법이다.
  ㉢ 표면감압 시 수중 마지막 정지점으로부터 체임버의 목적 수심까지는 5분을 초과하면 안 된다.
  ㉣ 체임버 작동 시 내부의 탄산가스 허용도는 1.5% 미만이다.

③ 재압실의 종류
  ㉠ 1격실용
    1인용과 다인용이 있으나 치료 중에 환자에게 위급한 상황이 발생하더라도 압력을 내리지 않고는 의료진이 들어갈 수 없고 일단 들어간 내부 보조원도 교체할 수 없는 기본 단점을 가지고 있다.
    • 1인용 : 주로 구급용으로 사용되며 내부 공간이 좁아 의료진이 들어갈 수 없어 순수 산소로 가압한다. 비교적 압력이 낮아 비상시 대기압으로 급히 압력을 낮추더라도 환자가 감압병에 걸릴 위험이 없다.
    • 다인용 : 공간이 넓어 여러 명의 환자가 동시에 들어갈 수 있고 위급한 환자일 경우 내부 보조원과 의료진이 들어갈 수 있다는 장점은 있지만 1격실인 관계로 치료 중에는 내부 보조원과 의료진을 교체할 수 없다.
  ㉡ 2격실용
    다인용이며 주실은 크고 부실은 작게 제작되어 있다. 주·부실의 출입이 자유로우며, 내부 보조원을 교체할 수 있고 치료 도중 환자가 위급할 때 즉시 의료진이 들어갈 수 있어 잠수 현장과 병원은 2격실용 재압실이 유용하다.

④ 재압실의 재질

1격실의 다인용 재압실 이상은 주로 강철과 알루미늄 재질로 만들어지며 1인용 재압실은 고강도 플라스틱 또는 방탄조끼에 사용되는 케블라 섬유로 만들어진다.

⑤ 재압체임버의 압력시험

재압체임버는 최초 설치 시, 그 후에는 매 2년 간격, 오버홀 또는 중요 장치의 수리와 체임버를 이동시킬 때마다 압력검사를 받아야 한다.

10년간 자주 출제된 문제

재압체임버의 압력시험에 대한 설명 중 틀린 것은?

① 시설에 처음 설치된 후 실시한다.
② 이동되어 재설치 시 실시한다.
③ 매 작동 시 시작 전마다 실시한다.
④ 매 2년마다 실시한다.

[해설]

재압체임버는 최초 설치 시, 그 후에는 매 2년 간격, 오버홀 또는 중요 장치의 수리와 체임버를 이동시킬 때마다 압력검사를 받아야 한다.

정답 ③

핵심이론 22 체임버의 기체표시와 도색

기체배관	기체표시	도 색
헬 륨	He	담황색(Buff)
산 소	O_2	녹색(Green)
헬륨-산소 혼합	$He-O_2$	오렌지색(Orange)
질 소	N	밝은 회색(Light Grey)
배 기	E	은색(Silver)
고압공기	AHP	검은색(Black)
저압공기	ALP	

10년간 자주 출제된 문제

체임버의 기본 밸브 색깔 중 틀린 것은?

① 산소공급밸브 : 녹색
② 공기공급밸브 : 회색
③ 공기배출밸브 : 은색
④ 헬륨 - 산소밸브 : 오렌지색

|해설|
질소공급밸브는 회색이고, 공기공급밸브는 검은색이다.

정답 ②

핵심이론 23 재압실의 안전 수칙

재압실의 작동 중 가장 큰 위험은 화재이다. 재압실 내부에 산소 부분압이 높아지면 대기압에 있을 때보다 화재 발생률이 2~6배 높다. 따라서 화재의 위험을 감소시키기 위해서는 산소비율을 21%로 유지하고 산소 비율이 25%를 초과하지 않도록 하여야 하며, 다음과 같은 주의사항을 고려하여야 한다.

① "경고판"을 눈에 잘 띄도록 게시해야 한다.
② 정격에 맞지 않는 전기 장치는 사용하지 말고 인화성이 있는 부품은 사전에 제거해야 한다.
③ 정전기로 인한 화재의 가능성을 고려하여 면이나 합성 섬유로 된 담요, 나일론 의복, 나무로 된 선반과 의자 등을 재압실 내부에 반입하지 말아야 한다. 매트리스는 내화성 덮개로 덮고 시트와 베개의 덮개는 100% 순면을 사용한다. 또한 사용한 담요와 매트리스는 청결을 위해 자주 일광욕을 해 주어야 한다.
④ 재압실 내부에는 가연성 윤활유나 알코올, 탄화수소 등의 휘발성 물질을 반입하지 말아야 한다. 재압실에는 식물성 오일 또는 식물성 그리스만 사용된다.
⑤ 담배, 성냥, 라이터 등은 사용하지 않는다고 하더라도 재압실 내부에 가지고 들어가서는 안 된다.
⑥ 재압실의 재질이 강철일 때만 도색을 하되 반드시 비가연성 도료만 사용해야 한다.
⑦ 재압실에는 물통, 모래통 등의 소방 시설을 갖추어야 하며 사염화탄소, 탄산가스 등의 소화제들은 재압실 내부에서 사용하게 되면 유독하다.

10년간 자주 출제된 문제

재압체임버 안에 가연성 윤활유나 알코올, 탄화수소 등의 휘발성 물질이 있으면 안 되는 이유는?
① 체임버 안에 냄새가 나기 때문에
② 미끄러지는 사고 발생 때문에
③ 폭발의 우려가 있기 때문에
④ 공기의 오염이 심해지기 때문에

|해설|
체임버를 사용함에 있어서 가장 큰 위험은 폭발성 화재이다. 화재는 체임버 대기 내의 높은 산소분압 때문에 대기 상태에서보다도 압력하의 체임버 내에서 2~6배 빠른 속도로 퍼진다.

정답 ③

핵심이론 24 잠수 조정 장치(Dive Control Panel)

① 현재 수행되고 있는 모든 잠수 상황을 한 눈에 파악할 수 있는 곳으로서 잠수사의 수심이 측정되는 계기판, 기체 공급과 비상 기체 공급 연결구, 기체 압력 조절기와 압력계기, 통화 장치 등을 통제·관리한다.
② 잠수 조정 장치는 잠수 감독관이 직접 운용하거나 또는 잠수 감독관의 지시에 의해 전화수가 운용한다.
③ 잠수 조정 장치의 수심 계기판에는 수심 측정 호스(Pneumo Hose)가 잠수사와 연결되어 있어 지상에서도 잠수사의 수심을 측정할 수 있다.
　㉠ 수심 측정 호스는 호스의 끝단이 잠수사의 가슴 정도에 위치한다.
　㉡ 수심계기가 3개면, 1개는 대기 잠수사용이다.
④ 잠수 조정 장치는 잠수 사령탑으로서 잠수 수행에 필요한 여러 기능들이 집합되어 있기 때문에 잠수 현장에서는 필수적으로 비치하여야 한다.
⑤ 잠수 조정 장치는 용도에 따라 고정용과 이동용으로 구분된다.

10년간 자주 출제된 문제

수심 측정 호스에 대한 내용 중 맞는 것은?
① 일반적으로 내경은 3/8inch이다.
② 견고한 고압 호스를 사용한다.
③ 호스의 끝단이 잠수사의 가슴 정도에 위치한다.
④ 제작일자로부터 3년 경과 후 매년 압력검사를 한다.

[해설]
수심 측정 호스는 잠수 조정 장치의 수심 계기판에서 잠수사의 가슴까지 연결되는 호스로서, 잠수사가 체류하고 있는 수심을 지상에서 측정할 수 있도록 해 준다.

정답 ③

핵심이론 25 잠수종(Open Diving Bell)

① 잠수종은 종 모양의 잠수 기구로서 사용 용도와 목적에 따라 구조와 기능이 다양하다.
② 공기 잠수와 표면 공급식 혼합 기체잠수 용도로 사용할 경우에는 개방식 잠수종(Open Diving 또는 Roving Bell, Pick-up Bell)을 의미한다. 이는 반구형 지붕 아래부터 발판까지 내부가 노출되기 때문이다.
③ 잠수종은 원래 잠수 작업의 효율성을 위해 고안되었으며, 특히 개방식 잠수종은 주로 잠수사의 수직 이송과 휴식처로 활용되고 있다.
④ 잠수종은 비상시 기체 공급과 통화 수단을 제공하고 작업 공구와 기구를 보관하기도 한다.
⑤ 잠수종 사용 시 공기 잠수는 58m까지, 표면 공급식 혼합기체 잠수 시에는 90m까지 사용할 수 있다.
⑥ 잠수종은 일반적으로 본체, 반구형 지붕, 기체 공급 장치, 통화 장치, 발판, 중량추 등 6가지 기능으로 구성되어 있으며, 사용 목적에 따라 기능이 추가된다.

10년간 자주 출제된 문제

잠수사 이송용 잠수종의 설명 중 틀린 것은?

① 잠수사의 휴식처 제공
② 보조사들이 수동으로 이송한다.
③ 2명이 이용할 수 있다.
④ 공기공급 장치와 통화 장치가 있다.

|해설|

잠수종은 아랫부분이 수중에 노출되고 상부가 반구 등의 형태로서 기체가 이 부분에 갇혀 있으므로 잠수사의 상체와 머리 부위가 수중에 노출되지 않은 상태로 쉴 수 있고 잠수사의 물리적인 운동이 아닌 표면에서의 기계적 힘(원치 등의 인양장치)으로 하잠·상승할 수 있기 때문에 잠수사의 피로를 덜어주고, 위해 환경에 노출되는 상태와 시간을 줄여준다.

정답 ②

CHAPTER 04 잠수작업

> **핵심키워드** 잠수작업은 수중공사의 종류 및 작업과 로프의 재료, 종류, 사용법과 결색법에서부터 발전기와 용접홀더 및 절단토치 등의 수중용접 및 절단작업에 대한 전반적인 이해가 필요하다.

핵심이론 01 수중공사

① 시방서
  ㉠ 전문시방서 : 시설물별 표준시방서를 기본으로 모든 공종을 대상으로 하여 특정한 공사의 시공 또는 공사시방서의 작성에 활용하기 위한 종합적인 시공기준을 말한다.
  ㉡ 공사시방서 : 공사별로 건설공사 수행을 위한 기준으로서 계약문서의 일부가 되며, 설계도면에 표시하기 곤란하거나 불편한 내용과 해당 공사의 수행을 위한 재료, 공법, 품질시험 및 검사 등 품질관리, 안전관리계획 등에 관한 사항을 기술하고 해당 공사의 특수성, 지역여건, 공사방법 등을 고려하여 공사별, 공종별로 정하여 시행하는 시공기준을 말한다.

② 수중콘크리트
  ㉠ 표준양생 : 콘크리트를 수중에서 양생할 때 수온을 20℃ 전후로 유지하는 것
  ㉡ 수중 콘크리트치기를 할 수 있는 최저 수온 : 23℃ 이상

③ 주요 수중공사 및 기기
  ㉠ 공기사용 흡입기 : 수중에서 펄이나 자갈, 모래에 웅덩이를 파거나 제거할 때 주로 사용되는 장비
  ㉡ 워터 제트 : 수중에서 단단한 펄의 고랑을 파거나 쌓여 있는 퇴적물을 해체시킬 때 쓰이는 장비
  ㉢ 플랜지접합 : 관의 끝에 관과 직각으로 납작한 날개를 달고 날개에 구멍을 뚫은 관을 플랜지관이라 하며, 이러한 관끼리 볼트와 너트를 이용해 접합하는 방법을 플랜지접합이라 한다. 특히 해저공사 시 관(파이프)의 가장 이상적인 접합 방법이다.

10년간 자주 출제된 문제

공사의 세부적인 시공기준이 제시되어 있는 것은?
① 전문시방서
② 시공계획서
③ 단위공정표
④ 설계도면

|해설|
전문시방서 : 시설물별 표준시방서를 기본으로 모든 공종을 대상으로 하여 특정한 공사의 시공 또는 공사시방서의 작성에 활용하기 위한 종합적인 시공기준

정답 ①

핵심이론 02 섬유색

① 섬유색의 개념

해양에서 사용되는 섬유색의 종류는 크게 식물성 원료로 만든 천연 섬유색과 고분자 물질을 화학적으로 합성하여 만든 합성 섬유색으로 나눌 수 있으며, 섬유가 아닌 강선으로 만든 와이어색도 있다. 이러한 여러 가지 섬유와 강선으로 만들어진 것을 로프라고 한다.

② 섬유색의 종류

㉠ 천연 섬유색
- 마닐라 로프 : 마닐라삼(Abaca)의 섬유로 만든 것으로 일반 천연 섬유색보다 영속성과 항장력이 강하여 가장 많이 사용된다.
- 사이잘 로프
  - 용설란(Agave)의 잎으로 만든 것으로 강도는 마닐라 로프의 80~90% 정도이며, 색깔은 마닐라 로프보다 연하다.
  - 사이잘 로프는 백색 또는 담황색을 띤다.
  - 강도는 마닐라 로프의 80~90% 정도다.
  - 사이잘 로프는 마닐라 로프보다 내수성과 질이 떨어져 선용색으로 부적당하다.
  - 수중 탐색줄로 많이 사용된다.
  - 마닐라 로프와 사이잘 로프를 혼합하여 사용하기도 한다.
- 대마 로프 : 표백한 대마의 섬유로 만든 것으로 백색이며, 강도는 마닐라 로프의 50% 정도이고 건조 상태에서는 강하지만 내수성이 약하고 무거우며 가격이 비싼 편이다.
- 면사 로프 : 목면의 섬유로 만든 것으로 가볍고 유연하기 때문에 강도가 중요하지 않은 용도로 많이 사용된다.

㉡ 합성 섬유색
- 고분자 물질을 화학적으로 합성하여 섬유로 만든 로프로 나일론 로프, 폴리프로필렌 로프, 폴리에스터 로프 등이 있으나 나일론 로프가 가장 많이 사용되며 대표적인 로프이다.
- 나일론 로프는 합성 섬유색 중에서 가장 강도가 높으며, 줄의 손상이 없이 30% 정도 늘어난다. 그러나 40% 이상 늘어나면 줄이 원형대로 되지 않고, 50% 이상 늘어나면 끊어진다.

[마닐라 로프와 나일론 로프의 장단점]

특 성	마닐라 로프	나일론 로프
비 중	1.38	1.14
강 도	1.00	2.84
내마찰성	보 통	양 호
내충격성	1.00	8.60
물 흡수(%)	25.00	4.50
장 점	• 내열성, 내마모성이 우수하다. • 함수량이 많으면 강도가 증가한다.	• 가벼워 취급이 용이하며, 내구성이 강하다. • 유류에 접촉되어도 강도 저하가 없다. • 흡수성이 적고 내식성·내수성·내후성이 크므로 장기간 사용할 수 있어 경제적이다.
단 점	• 10% 이상의 기름이 침투하면 강도가 저하된다. • 물에 젖으면 수축, 굳어지고 함수량이 많아 취급이 불편하다.	• 신장률이 크고 내열성·마모성이 약하다.

③ 섬유색의 취급 및 보관

㉠ 최고 장력이 가해지면 내부 섬유색이 손상되어 파단력이 감소되고 강도도 약해진다.

㉡ 모든 섬유색은 직사광선에 약하므로 그늘진 곳과 통풍이 잘되는 곳에 보관해야 한다.

㉢ 섬유색을 사릴 때는 꼬인 것과 틀어진 것은 전부 풀어 주고 둥글게 또는 8자로 사려야 한다.

㉣ 산성 물질, 페인트, 그리스, 유류 등과 접촉하지 말아야 한다.

㉤ 식물성 섬유색은 젖은 채로 보관하면 부식과 변질로 인해 강도가 감소하므로 말려서 보관해야 한다.

㉥ 젖은 나일론 로프는 파단력이 15% 정도 감소하므로 장력을 가하지 말아야 한다.

㉦ 섬유색 뭉치(Coil)에서 로프를 풀 때 바깥쪽부터 풀어내면 풀어낼 때마다 계속 엉키기 때문에 안쪽부터 풀어낸다.

10년간 자주 출제된 문제

연섬유색인 사이잘(Sisal)의 특징은?

① 강도는 섬유색 중 가장 높다.
② 수중에서 아주 유연하다.
③ 세색(Small Stuff)으로 사용하지 않는다.
④ 수중용으로 많이 사용된다.

|해설|

Sisal Rope
• 사이잘 로프는 백색 또는 담황색을 띤다.
• 강도는 마닐라 로프의 80~90% 정도다.
• 사이잘 로프는 마닐라 로프보다 내수성과 질이 떨어져 선용색으로 부적당하다.
• 수중 탐색줄로 많이 사용된다.
• 마닐라 로프와 사이잘 로프를 혼합하여 사용하기도 한다.

정답 ④

핵심이론 03 와이어로프의 구조 및 종류

① 와이어로프의 구조

일반적으로 와이어로프의 구조는 여러 개의 강선을 꼬아 가닥(Strand)을 만들고, 여러 개의 가닥(6가닥)과 중앙에 기름을 침투시킨 대마의 심으로 구성되어 있다.

② 와이어로프의 특징
 ㉠ 같은 크기(둘레)의 마닐라 로프보다 강도가 9배 강하다.
 ㉡ 같은 굵기의 로프라도 강선의 수가 많을수록 강선이 가늘고 로프가 유연하다.
 ㉢ 전체 가닥의 중앙에 섬유심이 없고 강선이 굵을수록 강도가 크다.
 ㉣ 각 가닥의 중앙에 섬유심이 없고 강선이 굵을수록 강도가 크다.
 ㉤ 도금하지 않은 와이어로프는 강하고 유연하지만 아연 도금을 한 와이어로프는 도금할 때 가해지는 열로 인해 10% 정도 강도가 약해진다.

③ 와이어로프의 고리 종류
 ㉠ 쇼트 스플라이스(Short Splice) : 라인(Line)의 끝을 영구적으로 합치거나 두 라인을 연결하는 데 사용
 ㉡ 롱 스플라이스(Long Splice) : 2개의 라인 또는 와이어를 직경의 증가 없이 영구적으로 연결하기 위한 것
 ㉢ 아이 스플라이스(Eye Splice) : 영구적인 아이(Eye)를 만들 때 사용
 ㉣ 와이어로프 클립 스플라이스(Wire Rope Clip Splice) : 와이어에 일시적인 아이(Eye)를 만들거나 2개의 와이어를 연결하는 데 사용

10년간 자주 출제된 문제

긴급작업 중에 와이어(Wire)로 일시적인 아이(Eye)를 만들 때 사용되는 방법은?

① 쇼트 스플라이스(Short Splice)
② 롱 스플라이스(Long Splice)
③ 아이 스플라이스(Eye Splice)
④ 와이어로프 클립 스플라이스(Wire Rope Clip Splice)

[해설]

와이어로프 클립 스플라이스(Wire Rope Clip Splice) : 와이어(Wire)에 일시적인 아이(Eye)를 만들거나 2개의 와이어(Wire)를 연결하는 데 사용

정답 ④

핵심이론 04 와이어로프의 결색 및 관리

① 로프의 결색
  ㉠ 올가미 매듭(Bow Line) : 임시 고리, 인명구조용으로 많이 사용하는 결색이다.
  ㉡ 막 매듭(옥 매듭) : 끝줄이 Block에서 빠지지 않게 하는 데 사용하거나 세색의 끝단 고정 시 사용한다.
  ㉢ 바른 매듭 : (굵기가 같은)동색 연결 시 사용한다.
  ㉣ 사다리 매듭 : 사다리 대용품으로 사용한다.
  ㉤ 흘막 매듭(Sheet Bend) : (직경이 다른)두 줄 연결 시 사용한다.
  ㉥ 압박 매듭(Constrictor Knot) : 풀리지 않도록 끝줄을 원줄의 밑으로 넣어 뽑는 결색, 당길수록 조여지는 매듭은 주로 작업현장에서 유용하게 사용된다.
  ㉦ 어부 매듭(Anchor Bend) : 닻고리나 부표 고리에 줄을 맬 시 사용한다.
  ㉧ 겹 감아 매듭(Rolling Hitch) : 목재나 로프에 끝줄을 완전히 졸라맬 때 사용하며, 매끄러운 기둥과 같은 원형 물체의 이동 시 가장 적합하다.
  ㉨ Two Half Hitch : 닻이 바람에 펄럭이지 않게 하는 데 사용하거나 둥근 나무나 말뚝(Bollard) 고리에 줄을 맬 때 사용한다.
  ㉩ Clove Hitch : 줄 끝을 목재나 로프에 맬 때 사용하며, 미끄러져 풀리는 결점이 있어 임시적으로 말뚝이나 기둥에 로프를 묶을 때 사용한다.

② 와이어로프의 취급과 보관
  ㉠ 새 와이어로프를 풀어낼 때는 직선으로 풀어내야 한다.
  ㉡ 와이어로프가 꺾이게 되면 파단력이 60%가 감소되어 국부적인 마모를 유발하여 강도가 약해지므로 꺾임(Kink) 또는 굴곡이 일어나지 않도록 해야 한다.
  ㉢ 통풍이 잘되는 장소에서 정기적으로 그리스를 발라주고 대마의 심에 기름을 충분히 침투시켜야 하며, 대마의 심이 있는 와이어로프는 고온의 장소에서 보관하면 안 된다.
  ㉣ 날카로운 면에 마찰시키지 말고 과중한 부하를 걸지 말아야 한다.
  ㉤ 직경의 1/3이 마모 및 변형되었으면 교체해야 한다.
  ㉥ 전체 와이어로프 중에서 6개 이상의 와이어가 절단되었거나 한 가닥 중에서 3개 이상의 강선이 절단되었을 때는 교체해야 한다.

10년간 자주 출제된 문제

굵기가 다른 로프 연결 시 사용되는 결색은?

① Sheet Bend
② Constrictor Knot
③ Anchor Bend
④ Rolling Hitch

[해설]

① Sheet Bend : 흘막 매듭. 두 줄 연결 시 사용
② Constrictor Knot : 압박 매듭. 풀리지 않도록 끝줄을 원줄의 밑으로 넣어 뽑는 결색
③ Anchor Bend(Fishermen's Bend) : 어부 매듭. 닻고리나 부표 고리에 줄을 맬 때 사용
④ Rolling Hitch : 겹 감아 매듭. 목재나 로프에 끝줄을 완전히 졸라맬 때 사용

정답 ①

핵심이론 05 수중용접

① **수중용접의 종류** : 용접방법은 크게 건식(乾式)과 습식(濕式)으로 나뉜다.
  ㉠ 건 식
    - 보통 수중에서 용접한 부분의 주위에 특수 체임버(비활성기체를 채운 상자)로 공간을 만들고, 그 속의 물을 없앤 뒤 용접하는 방법이다.
    - 가변압식과 기압식(대기압실·대기해방방식)이 있고, 그 밖에 용접부만을 체임버로 가려서 용접하는 미니건식법이 있으며, 건식이동방식·고정상방식·국부건식방식·스터드용접 등이 이에 속한다.
  ㉡ 습 식
    - 수중에서 직접 실시하는 간편한 용접으로, 용접 장소의 현장이 복잡한 경우, 용접선이 짧으면서도 부분적으로 현상이 급변하는 경우, 응급조치가 필요한 경우 등에 쓰인다.
    - 보통 용접부에 기체 공동(空洞)을 만들어 열원의 안정성을 확보하고, 용접 장소로 물이 들어오는 것을 막는데 중점을 둔다.
    ※ 수중아크용접 : 가장 널리 이용되는 습식용접으로, 용접에 필요한 국부적인 기체 공동의 형성과 용접 작업을 동시에 해야 하기 때문에 균열이나 기공 등 용접에 결함이 발생하기 쉽다는 단점이 있지만, 고체 용기를 사용하지 않아 용접 치수에 제약이 없고, 설비비가 저렴하며, 가장 간편하다는 점 때문에 널리 이용된다. 수중용접봉으로는 일미나이트계(系)가 가장 널리 이용된다.

② **수중용접의 기술 및 용어**
  ㉠ 용접할 표면을 완전히 깨끗이 하고, 안전 스위치가 열려 있는가를 확인한다.
  ㉡ 사용할 용접봉에 적합한 전류를 공급하도록 용접 발전기를 조정한다.
  ㉢ 수평용접 시 각도는 15~45°를 유지한다.
  ㉣ 야간 작업 시의 보호렌즈는 No.4를 사용한다.
  ㉤ 자체 소모법으로 진행한다.
  ㉥ 새로운 용접봉을 용착시키기 전에 용착시킨 면을 깨끗이 하고, 앞서 용착시킨 것과 약간 겹치도록 한다.
  ㉦ 두상용접 시 각도는 35~55°를 유지한다.
  ㉧ 수직용접은 용접봉(갱)을 위에서 아래로 향하여 하는 용접이다.
  ㉨ 잠수사가 수직 용접을 하려고 할 때 용접봉을 하향식으로 하여야 물거품이 잠수사의 시야를 방해하지 않는다.

10년간 자주 출제된 문제

수중용접 기술 중 맞지 않는 것은?
① 수평용접 시 각도는 15~45°를 유지한다.
② 야간 작업 시의 보호렌즈는 No.4를 사용한다.
③ 두상용접 시 각도는 25~35°를 유지한다.
④ 자체 소모법으로 진행한다.

[해설]
두상용접 시 각도는 35~55°를 유지한다.

정답 ③

핵심이론 06 비파괴 검사(NDT ; Non-destructive Testing)

① 비파괴 검사의 개념

검사 대상물을 파괴시켜 검사하는 파괴 검사와는 달리 외부에 아무런 손상도 주지 않고 검사하므로 품질관리, 품질평가, 보수검사에 이용된다. 제품의 성질, 상태, 내부구조 등을 조사할 수 있으므로 재료의 선택이나 가공법의 결정 그리고 제품의 근일화와 신뢰성 등을 확인할 수가 있다. 국내에서 많이 적용되고 있는 비파괴 검사법으로는 다음의 7가지가 있다.

㉠ 외관 검사(육안 검사)
- 가장 간편하여 널리 쓰이는 방법으로 외관에 나타나는 비드의 형상에 의해 용접부의 신뢰도를 육안으로 판단하는 것이다.
- 비드의 파형과 균등성의 양부, 덧붙임의 형태, 용입 상태, 스패터의 발생, 크레이터, 언더컷, 오버랩, 표면 균열, 형상 불량 등을 검사한다.

㉡ 초음파 검사

초음파 검사법에는 투과법과 펄스(Pulse) 반사법, 공진법이 있으며 펄스 반사법이 가장 많이 쓰인다.

㉢ 방사선 투과 검사

엑스선, 감마선 등의 방사선을 시험체에 투과시켜 X-선 필름에 상을 형상화함으로써 시험체 내부의 결함을 검출하는 검사 방법이다.

㉣ 자기 검사

검사 재료를 자화시킨 상태에서 결함부에 생기는 누설 자속 상태를 철분 또는 검사 코일을 사용하여 검출하는 방법이다.

㉤ 자기분말 탐상법

용접 부위 표면이나 표면 주변 결함, 표면 직하의 결함 등을 검출하는 방법으로 결함부의 자장에 의해 자분이 자하되어 흡착되면서 결함을 발견하는 방법이다.

㉥ 침투 탐상법

용접 부위에 침투액을 도포하여 결함 부위에 침투를 유도하고, 표면을 닦아낸 후 판단하기 쉬운 검사액을 도포하여 검출하는 방법이다.

㉦ 누설 검사

탱크 또는 용기 등의 기밀(Airtight), 수밀(Watertight), 유밀(Oiltight)을 검사하기 위해 실시되는 비파괴 검사법 중 하나이다.

10년간 자주 출제된 문제

다음 중 수중용접부의 비파괴 검사가 아닌 것은?

① 누설 검사　　② 자기 검사
③ 부식 검사　　④ 초음파 검사

[해설]
비파괴 검사에는 외관 검사, 누수 검사, 침투 검사, 자기 검사, 초음파 검사, 방사선 투과 검사 등이 있다.

정답 ③

핵심이론 07 수중 절단 1(산소 아크 절단법)

① 수중 절단의 개념
　㉠ 수중 절단은 산소 아크 절단법, 피복 아크 절단법, MAPP 가스 절단법 등 3가지 방법이 많이 사용된다.
　㉡ 산소·수소 절단법이 가장 먼저 개발되었으나 산소와 수소가 결합하여 폭발을 유발시키는 등 안전성 문제 때문에 폭발 위험이 적은 MAPP 가스를 이용한 MAPP 가스 절단법으로 개발되었다.
　㉢ 산소 아크 절단법은 아크열로 가열된 모재에 산소를 분사하여 절단하지만 산소에 산화되지 않는 비철금속이나 합금은 절단이 어렵다는 단점이 있다. 그래서 비철금속과 합금도 절단되는 피복 아크 절단법이 개발되었으며 이 절단법은 피복 아크 용접과 같이 아크열로 금속을 녹인 후 전극봉으로 절단 부위를 밀어내면서 잘라낸다.

② 산소 아크 절단법(Oxy Arc Cutting)
　㉠ 산소 아크 절단법의 원리
　　• 산소 아크 절단법은 산소와 아크열의 용융작용에 의해 금속이 절단되는 방법이다.
　　• 산소 아크 절단은 수중 용접보다 높은 전류가 필요하다.
　　• 사용되는 전류는 절단봉의 재질과 절단되는 모재의 두께에 따라 달라질 수 있다.
　㉡ 산소 아크 절단법의 장비
　　• 산소 아크 절단 토치
　　　- 조임기와 산소 조절 레버, 전기 장치 등 크게 3부분으로 되어 있다.
　　　- 조임기는 절단봉을 고정시켜 전기 접촉이 잘되도록 하고, 산소가 다른 곳으로 새는 것을 막아 주는 역할을 한다.
　　　- 역화 방지기(Flash Back Arrestor)가 있어 산소 불꽃이 산소 호스를 따라 역화되는 것을 막아 준다.
　　　- 절단봉에 다른 이상 없이 산소 유출량이 적다면 조임 장치에 있는 역화 방지기에 낀 이물질을 제거해야 한다.
　　　- 산소 조절 레버는 아크가 일어날 때 산소를 적절히 공급하여 금속이 절단되게 하는 역할을 한다.
　　　- 전기 장치는 아크 발생을 위해 전류를 공급해 주는 장치로 몸체에 1/0 사이즈의 전선이 약 3m 정도 있고, 끝단에는 전선과 전선을 연결할 수 있도록 연결부가 있다.
　　• 산소 아크 절단봉
　　　- 다른 전극봉과는 달리 봉심에 구멍이 뚫린 관형(Tubular)으로, 그 관을 통해 산소가 투입된다.
　　　- 산소 아크 절단봉의 종류에는 강철관 절단봉(Steel Tubular)과 탄소 가우징 절단봉(Carbon Gouging), 초고온 절단봉(Ultrathermic)이 있다.
　　• 산소 조절기
　　　- 산소병 내의 산소는 고압이므로 작업에 쓸 수 있도록 적정의 압력으로 낮추어 줘야 하는데, 고압의 산소를 작업에 필요한 압력으로 감압해 주는 기기를 산소 조절기라 한다.
　　　- 산소 조절기는 1단계 고압측과 2단계 저압측으로 구성된다.

ⓒ 산소 아크 절단법의 특징
- 절단 작업에서 예열 시간과 불꽃 조절이 필요없다.
- 산소를 사용하므로 폭발 위험이 작다.
- 초고온 절단봉을 사용할 경우에는 콘크리트와 벽돌 등의 비금속도 절단할 수 있다.
- 토치가 가벼워 취급하기 쉽고 초보자도 쉽게 절단할 수 있어 기술 습득이 빠른 장점이 있다.
- 주철 및 비철금속을 절단할 때 절단 속도가 떨어지고 절단 효율도 저하되는데, 초고온 절단봉을 사용하고 산소 대신 압축 공기를 사용하면 보완이 된다.

10년간 자주 출제된 문제

수중 절단법으로 맨 처음 개발되었으나 현재는 거의 사용하지 않는 방법은?

① 산소 아크 절단법
② 피복 금속 아크 절단법
③ 산소·수소 절단법
④ MAPP 가스 절단법

해설
산소·수소 절단법은 가장 먼저 개발되었으나 산소와 수소가 결합하여 폭발을 유발하는 등 안전성 문제가 있었다. 그래서 산소·수소 절단법은 폭발 위험이 적은 MAPP 가스를 이용한 MAPP 가스 절단법으로 개발되었다.

정답 ③

핵심이론 08 수중 절단 2(피복 아크 절단법, MAPP 가스 절단법)

① 피복 아크 절단법
  ㉠ 원리
    • 피복 아크 절단법은 피복 아크 용접을 응용한 것으로 절단하고자 하는 모재와 전극봉을 통한 아크열을 이용하여 용융시킨 후 전극봉을 이용하여 밀어내어 절단한다.
    • 피복 아크 용접 장비를 사용하고 피복 아크 용접을 할 때보다 높은 전류를 필요로 한다.
  ㉡ 특징
    • 구리와 같은 비철금속 및 합금의 절단에서 산소 아크 절단법보다 뛰어나고 6mm 이하의 철금속은 특히 효과적으로 절단된다.
    • 산소 아크 절단법과 같이 예열시간과 불꽃조절이 필요없는 비슷한 장점들을 가지고 있다.
    • 산소를 사용하지 않기 때문에 장비가 간편하지만 높은 전류를 사용하기 때문에 감전의 위험이 높은 단점이 있다.

② MAPP 가스 절단법
  ㉠ 원리
    • MAPP 가스란 메틸 아세틸렌 프로필렌(Methyl Acetylene Propylene)의 약자로 MAPP 가스 절단법은 MAPP 가스와 산소를 이용한 가스 절단법이다.
    • MAPP 가스와 혼합된 산소의 예열 불꽃이 절단하려는 모재를 가열시켜서 절단 온도에 도달했을 때 다른 고압의 산소를 분사시켜서 절단을 하는 방법이다.
  ㉡ 특징
    • 전원이 필요하지 않아 감전의 위험이 없고 비철금속 및 비금속도 절단할 수 있다.
    • 절단면이 고르고 장비 취급이 간편하여 작은 배에서도 사용이 가능한 장점이 있다.
    • 다른 절단법보다 예열 시간이 길고 MAPP 가스가 고압에서 동(구리)과 쉽게 반응하여 폭발의 위험이 있다.

10년간 자주 출제된 문제

MAPP 가스 절단방법의 설명 중 틀린 것은?

① 전기가 필요 없으며 비금속류도 절단할 수 있다.
② 슬래그의 영향이 적다.
③ 간단한 경량 잠수기구로도 절단 가능하다.
④ 사용기체는 수소와 산소이다.

[해설]
MAPP 가스란 메틸 아세틸렌 프로필렌(Methyl Acetylene Propylene)의 약자로 MAPP 가스 절단법은 기존 산소·수소 절단법의 가스 성분을 MAPP 가스와 산소로 교체, 개량한 절단법이다.

정답 ④

핵심이론 09 각종 가스용기의 도색 구분 등

① 가스용기의 도색 구분

가스의 종류	도색 구분	가스의 종류	도색 구분
산 소	녹 색	아세틸렌	황 색
수 소	주황색	아르곤	회 색
액화 탄산가스	청 색	액화 암모니아	백 색
LPG	회 색	기타 가스	회 색

② 수중절단에서 사용되는 산소통

  ㉠ 용량은 200세제곱피트이다.

  ㉡ 색깔은 녹색이다.

  ㉢ 우선나사를 사용한다.

  ㉣ 밸브를 열 때는 천천히 열고, 완전히 연 후에는 반드시 반 바퀴 잠가야 한다.

③ 일반적인 수중절단 작업 시 철의 산화작용에 의해 가장 많이 생성되는 가스는 수소이다.

10년간 자주 출제된 문제

일반적인 수중절단 작업 시 철의 산화작용에 의해 가장 많이 생성되는 가스(Gas)는?

① 산 소
② 질 소
③ 수 소
④ 헬 륨

[해설]

Acetylene Gas는 수중 7.5m 깊이까지 사용할 수 있고, 보다 깊은 곳에서는 압력에 의한 안전상 수소가스를 사용한다.

정답 ③

핵심이론 10 수중 절단 및 용접 안전수칙

수중 절단 및 용접장비를 설계, 설치, 작동 및 유지하는 데 있어서 인명의 손상을 막기 위하여서는 안전수칙들을 준수하도록 각별히 주의하여야 한다.

① 작업자는 작업물, 토치 및 물과 완전히 절연되도록 복장을 갖추어야 한다.
② 모든 전선의 연결점 및 전극봉 홀더의 전류가 통과하며 노출된 부분은 고무테이프나 기타 방법으로 완전히 절연시켜야 한다.
③ 잠수 감독자가 항상 조정할 수 있고 잠수부의 요청에 따라 즉시 용접회로를 열거나 닫을 수 있는 위치에 작동이 양호한 안전 스위치를 용접회로 가운데에 연결하여야 한다.
④ 잠수부는 단절 스위치를 사용하여 자기에게 허용된 보호조치를 최대한 활용해야 한다. 잠수부가 실제로 용접을 하고 있거나 용접위치로 전극을 향하고 있을 때에만 전류를 통하게 함으로써 잠수부에게는 최대한의 보호가 된다.
⑤ 용접회로에 전류가 흐르지 않을 때 잠수 감독자에게 신호하여 전류를 단절시키고 확인하여 용접봉 교환이나 용접봉을 고정한다.
⑥ 용접회로의 노출된 단자가 씌워져 있지 않은 용접봉 하단부가 잠수부의 몸으로 향해 있어서는 안 된다.
⑦ 잠수부와 전극봉 홀더가 전기적 접촉을 고려하여 금속헬멧 혹은 잠수복의 금속부분이 작업물과 닿지 않도록 주의하여야 한다.
⑧ 수중에서 아크 작업을 할 때에는 배기가 되지 않은 가스의 폭발위험이 있으므로 특별히 주의하여야 한다. 폭발성 가스의 발생은 광범위하며 용접작업 자체에서도 생긴다.
⑨ 분석에 의하면 수중용접 시 발생된 가스에는 폭발성이 높은 수소가 약 70% 포함되어 있다.

10년간 자주 출제된 문제

수중용접 및 절단 시에 위험이 가장 크게 수반되는 것은?

① 수소 가스
② 휘발유 가스
③ 연료류
④ 페인트

[해설]
수중에서 아크작업을 할 때에는 배기가 되지 않은 가스의 폭발위험이 있으므로 특별히 주의하여야 한다. 수중용접 시 발생된 가스에는 폭발성이 높은 수소가 약 70% 포함되어 있다.

정답 ①

핵심이론 11 아크 용접기

① 아크 용접기의 종류
  ㉠ 직류 아크 용접기의 종류 : 전동발전형, 정류기형, 엔진구동형
  ㉡ 교류 아크 용접기의 종류 : 탭 전환형, 가동철심형, 가동코일형, 가포화 리액터형
② 직류 발전형 아크 용접기의 특징
  ㉠ 아크가 안정되나 아크 쏠림이 있다.
  ㉡ 무부하전압이 교류에 비해 낮으므로 감전의 위험이 적다.
  ㉢ 발전기형 직류 아크 용접기는 소음이 발생하고 회전부분 등에 고장이 많다.
  ㉣ 발전기형이나 정류기형은 교류 아크 용접기에 비해 비싸다.
  ㉤ 완전한 직류 전원을 얻는다.
  ㉥ 교류 아크 용접기보다 보수나 점검에 더 많은 노력이 필요하다.
  ㉦ 정류기형에서는 정류기의 소손 및 먼지, 수분 등에 의한 고장에 주의해야 한다.
    • 정류기형의 특징
    – 교류를 정류하여 직류로 전환한다.
    – 소음이 발생하지 않는다.
    – 취급이 간단하고 가격이 저렴하다.
    – 보수·점검이 간단하다.
    – 교류를 정류하므로 완전한 직류를 얻지 못한다.
③ 교류 아크 용접기의 종류별 특성
  ㉠ 탭 전환형 : 넓은 범위의 전류 조정이 어려워 주로 소형에 많이 쓰인다.
  ㉡ 가동철심형 : 현재 가장 많이 사용하며 미세 전류 조정이 가능하다. 즉, 1차 코일을 이동시켜 누설리액턴스 값을 변화시킴으로써 전류를 조정한다.
  ㉢ 가동코일형 : 가격이 비싸고 현재는 거의 사용하지 않는다.
  ㉣ 가포화 리액터형 : 가변저항의 변화로 용접전류를 조정하며, 전기적 전류 조정기로 원격제어가 가능하다.
④ 직류 아크 용접에서 직류 정극성과 역극성의 특징

직류 정극성(DCSP) 모재 : (+) 용접봉 : (−)	직류 역극성(DCRP) 모재 : (−) 용접봉 : (+)
• 모재의 용입이 깊다. • 비드 폭이 좁다. • 용접봉의 용융이 늦다. • 일반적으로 널리 쓰인다.	• 모재의 용입이 얕다. • 비드 폭이 넓다. • 용접봉의 용융이 빠르다. • 주로 박판의 용접에 쓰인다.

⑤ 기타 주요사항

㉠ (+) 극은 접지선에 연결하고, (-) 극은 전극봉에 연결한다.

㉡ 수중용접에서는 주로 직류 아크 발전기를 사용하는데 수중 용접 및 절단에 사용되는 직류 아크 발전기는 최대 용량이 300A지만 어떤 종류의 작업에는 400A 이상이 요구되는 발전기를 사용한다.

㉢ 수중용접을 위한 전원은 항상 DC 300~400A가 유지되어야 한다.

10년간 자주 출제된 문제

다음 중 직류 아크 발전기의 종류가 아닌 것은?

① 전동발전식
② 엔진구동식
③ 정류식
④ 가동철심형

[해설]

아크 용접기의 종류
- 직류 아크 용접기의 종류 : 전동발전형, 정류기형, 엔진구동형
- 교류 아크 용접기의 종류 : 탭 전환형, 가동철심형, 가동코일형, 가포화 리액터형

정답 ④

핵심이론 12 피복제(Flux)의 기능

① 보호통을 형성하여 아크 안정과 지향성의 향상을 도모하고, 또한 아크 분위기로 대기의 침입 저지, 스패터(Spatter)의 억제 작용을 한다.
② 용적 이행을 용이하게 하고, 각종 용접 자세로의 적용성을 높인다.
③ 양호한 점성과 표면 장력을 가진 슬래그를 형성하여 용융부를 덮어 대기에 의한 산화, 질화를 방지한다.
④ 용접 금속의 탈산 정련작용과 필요한 합금 원소를 첨가한다.
⑤ 용접 금속의 응고와 냉각 속도를 완화시켜 조직을 좋게 한다.
⑥ 수중에서 아크가 일어나면 기포를 발생시켜 물의 접촉을 막는 기포막을 형성한다.

10년간 자주 출제된 문제

용접봉의 피복제(Flux) 역할은?
① 아크를 안정시킨다.
② 기포막을 없앤다.
③ 용착 금속을 급랭시킨다.
④ 전기전도성을 좋게 한다.

|해설|

피복제의 역할
- 아크를 안정시킨다.
- 중성 또는 환원성 분위기로 공기에 의한 산화, 질화 등의 해를 방지하여 용착 금속을 보호한다.
- 용적을 미세화하여 용착 효율을 높인다.
- 용착 금속의 탈산 정련 작용을 한다.
- 용착 금속에 필요 원소를 첨가시킨다.
- 용융점이 낮은 적당한 점성을 가진 가벼운 슬래그가 되어 용착 금속의 급랭을 막아 조직을 좋게 한다.
- 전기 절연 작용을 한다.

정답 ①

핵심이론 13 수중용접의 토치 등

① 수중용접의 토치의 조건
  ㉠ 구조가 간단해야 한다.
  ㉡ 전극봉 조임 장치가 있어야 한다.
  ㉢ 척(Chuck)이 있어야 한다.
  ㉣ 무게가 가벼워야 한다.
  ㉤ 절단 토치는 산소 누설이 없어야 한다.
  ㉥ 비철금속으로 만들어져야 한다.
  ㉦ 전극봉을 쉽게 갈아 끼울 수 있어야 한다.
  ㉧ 전기가 흐르는 부품은 외부와 완전히 절연되어야 한다.
  ㉨ 염분에 의한 전해작용이 일어나지 않아야 한다.

② 기타 수중용접 시 주요사항
  ㉠ 수중용접 전선의 연결점은 완전히 절연해야 한다.
  ㉡ 수중절단의 전극 홀더는 절연체로 되어 있어야 한다.
  ㉢ 전류가 흐르는 모든 부품은 외부와 완전히 절연되어야 하고, 내부부품은 접촉이 좋아야 한다.
  ㉣ 부품들은 내구성이 있고, 전극봉 교환이 용이해야 한다.
  ㉤ 비철금속으로 제조되어야 한다.
  ㉥ 전극봉 조임이 좋아야 한다.
  ㉦ 염분에 의한 전해작용이 일어나지 않아야 한다.
  ㉧ 일반적으로 두꺼운 금속철판 절단에 사용되는 전극봉은 강철관 절단봉(Steel Tubular)이다.
  ㉨ 수중 절단용 덮개가 있는 철관 전극봉의 사용시간은 평균 1분이다.

10년간 자주 출제된 문제

다음 수중용접의 토치에 관한 설명 중 틀린 것은?
① 무게가 무거워야 한다.
② 구조가 간단해야 한다.
③ 전극봉 조임 장치가 있어야 한다.
④ 척(Chuck)이 있어야 한다.

|해설|
① 무게가 가벼워야 한다.

정답 ①

핵심이론 14 전기안전 등의 안전수칙

① 전기 감전의 예방
  ㉠ MAPP 가스 절단을 제외한 대부분의 수중 용접 및 절단 작업에는 전기를 이용하므로 감전의 위험이 있다. 특히 수중에서의 전선노출은 언제나 위험성이 있음을 명심해야 한다.
  ㉡ 노후한 전선은 사용하지 말아야 하며 피복이 벗겨진 전선은 작업 전에 반드시 확인해야 한다.
  ㉢ 잠수 복장은 전기 감전을 예방하는 중요한 요소이므로 건식 잠수복과 슈퍼라이트-17 같은 절연 효과가 뛰어난 헬멧 잠수 기구를 사용해야 한다.
  ㉣ 수중 용접 및 절단 작업에서 발생하는 아크(Arc)에 의해 눈의 손상이 올 수 있으므로 차광 렌즈를 반드시 착용하고 작업에 임해야 한다.

② 전선의 보관방법
  ㉠ 전선의 접지선과 홀더 및 토치 선은 따로 구분하여 보관한다.
  ㉡ 전선을 보관할 때는 가능한 건조한 곳에 보관하고 그리스와 기름이 없어야 한다.
  ㉢ 가능하다면 벽에 걸어 놓고, 걸어 놓는 것이 여의치 않다면 절연 손상을 방지하기 위해 적절한 보호 조치를 해야 한다.
  ㉣ 모든 전선의 수명은 사용하지 않을 때 적절히 감아 놓거나 기름에 대한 노출을 최소화함으로써 연장된다.

③ 폭발성 가스
  ㉠ 폭발성 가스는 어떤 하나의 가스와 혹은 그 이상의 가스가 결합되어 발생한다.
  ㉡ 침몰선에 적재된 채소나 동물성 물질의 부패와 부식, 밀폐된 격실이나 모서리 진 곳에서 수중 용접 및 절단 작업을 할 때는 우선 폭발의 가능성을 없애기 위해서 발생된 가스의 배출구를 마련해야 한다.

④ 일반적인 안전 수칙
  ㉠ 보조사는 잠수사와의 신호를 통하여 수중 용접 및 절단 작업에서 전기 차단 신호를 잘 지켜 감전 사고를 예방해야 한다.
  ㉡ 잠수사는 용접봉 및 토치의 방향이 자신이나 공기 호스 방향으로 향하지 않도록 해야 한다.
  ㉢ 절단 부위가 떨어지는 곳이나 불똥이 떨어지는 곳에 자신이나 호스, 전선이 위치하지 않도록 조치를 취하여 작업 중 안전사고를 막아야 한다.

10년간 자주 출제된 문제

수중에서 전기를 사용할 시 잠수사가 지켜야 할 사항 중 틀린 것은?
① 잠수사는 자기의 몸이 작업물, 토치 및 물과 완전히 절연된 복장을 갖춘다.
② 고무장갑을 반드시 사용한다.
③ 잠수사가 실제로 전기를 사용하지 않아도 항상 전류를 통하게 한다.
④ 전극봉을 사용하면 잠수사는 전류 단전신호를 보낸다.

|해설|
잠수복 내부가 손상되어 있지 않고 찢어진 곳, 구멍, 기타 잠수복의 전기절연 특징을 저하시키는 결함이 없는지 확인하고, 표준적인 잠수복에 후카(Hookah), 스쿠버(Scuba) 잠수기구를 착용하고 수중 용접 및 절단 작업을 해야 한다.

정답 ③

핵심이론 15 폭발과 폭약 등

① 폭발의 개념
  ㉠ 폭약은 화학적 물질의 혼합물로서 적절히 기폭시키면 급속히 격렬한 화학적 반응을 일으킨다.
  ㉡ 폭발 시 격렬한 화학 반응으로 인해 발생된 기체는 팽창하며 압력과 열의 상승을 동반한다.
  ㉢ 폭발은 폭약이 고체에서 순간적으로 기체 상태로 변하는 것이다.
  ㉣ 폭발물이 폭파되었을 때는 유독한 가스가 발생할 수 있다.
  ㉤ 폭파속도가 빠를수록 파괴력이 강하다.
  ㉥ 폭약은 반응에 따라 저성능, 고성능 폭약으로 구분한다.

② 저성능 폭약
  ㉠ 흑색가루와 연기가 없는 가루가 가스 상태로 변화한다(이 형태를 폭연이라 함).
  ㉡ 1,300fps 이하이다.
  ㉢ 폭약이 없어질 때까지 분자와 분자가 탄다.
  ㉣ 폭발시켰을 때 열의 발생도가 느리다.
  ㉤ 저성능 폭발은 파괴력보다 밀어내는 힘이 강하다.

③ 고성능 폭약
  ㉠ 고체에서 순간적으로 기체의 상태로 변한다.
  ㉡ 이 형태를 폭발이라 한다.
  ㉢ 3,200fps 이상이다.

④ 폭약사용의 장단점

장 점	• 작업 진행 시간이 절약된다. • 경제적이고 노동력이 감소된다. • 장비가 간단하다.
단 점	• 고도로 훈련된 기술자가 필요하다. • 까다로운 안전수칙 준수가 요구된다. • 언제나 위험성이 따른다.

10년간 자주 출제된 문제

폭발에 대해 잘못 기술한 것은?
① 폭발 시 화학반응으로 압력과 열의 상승이 동반된다.
② 폭발은 폭약이 고체에서 순간적으로 기체 상태로 변하는 것이다.
③ 폭파속도가 느릴수록 파괴력이 강하다.
④ 폭발물이 폭파되었을 때는 유독한 가스가 발생할 수 있다.

[해설]
폭파속도가 빠를수록 파괴력이 강하다.

정답 ③

핵심이론 16 발파용 폭약 기폭제(뇌관)

발파용 폭약을 기폭시키는 데 사용되는 것은 뇌관, 도화선, 도폭선 등이 있으며, 이러한 기폭제는 기폭되기 위한 예민성, 즉 기폭 감도에 따라 적용되어야 한다.

① 뇌관(Blasting Cap)

철, 구리, 알루미늄의 관체에 기폭약, 첨장약을 장전하여 화약 또는 폭약을 폭발시키는 것을 뇌관이라고 한다. 뇌관은 크게 전교 장치가 있는 전기식 뇌관, 전교 장치와 연시 장치가 있는 전기지연식 뇌관, 전교 장치가 없는 비전기식 뇌관으로 나눌 수 있다.

㉠ 전기식 뇌관 : 뇌관 자체에 두 가닥의 가닥(Leg Wire)이 달려 있으며 각 선에 전류를 통하는 순간 점폭약이 폭발하는 백색의 뇌관을 전기식 뇌관, 즉 순발 전기 뇌관이라고 한다.

㉡ 전기 지연식 뇌관 : 관체 내의 점폭약 위에 연시약을 장전하여 점화약이 발화할 때의 화염으로 연시약이 연소하고 일정시간 경과 후 점폭약이 폭발하도록 된 뇌관으로 지발 전기 뇌관이라고도 한다. 다량의 폭발물을 한 번의 점화로 순차적인 폭발을 원할 때 사용한다.

㉢ 공업 뇌관 : 공업 뇌관 또는 비전기식 뇌관은 말 그대로 전기를 사용하지 않는 뇌관을 말한다. 도화선을 이용한 방법과 플라스틱 튜브를 이용한 방법 등이 있다.

② 도화선

㉠ 분말 흑색 화약을 심약으로 하여 마사, 면사, 테이프 등으로 피복한 것에 방수제(아스팔트류)가 도장된 직경 5mm의 화공품을 도화선이라 하며, 일정한 시간이 필요하거나 거리가 떨어져 있는 뇌관을 점화할 때 사용한다.

㉡ 도화선의 특징
- 폭연한다.
- 사용 전 끝에서 15cm(6inch 정도) 자른다(침수 및 부식의 우려방지).
- 1ft당 연소시간은 약 40초이다.
- 심은 흑색 화약으로서 서서히 연소한다.
- 균일한 속도로 연소하여 비전기식 뇌관 또는 다른 폭발물에 불꽃을 전달한다.

③ 도폭선

㉠ 도화선과 형상이 비슷하나 성능은 다르다.

㉡ 백색의 펜트라이트(PETN)를 심약으로 하여 섬유, 플라스틱, 금속관 등으로 피복 및 방수가 된 5~5.5mm의 화공품이다.

10년간 자주 출제된 문제

도화선에 대해 잘못 기술한 것은?
① 전기식 뇌관 폭파에 사용된다.
② 1ft당 연소시간은 약 40초이다.
③ 심은 흑색 화약으로서 서서히 연소한다.
④ 사용 시 6inch 정도 끊어낸다.

[해설]
도화선은 일정한 시간이 필요하거나 거리가 떨어져 있는 뇌관을 점화할 때 사용한다.

정답 ①

핵심이론 17 폭파와 폭약의 주요사항

① 주요 폭파 이론

　㉠ 도폭선이나 도화선을 사용한 폭파 시 안전대피거리의 산출 공식

$$300\text{ft} \times \sqrt[3]{\text{사용폭약(파운드)}}$$

　㉡ 수중발파를 할 때 수압을 보정하기 위해 매 수심(m)당 0.01kg/m³의 장약량을 증가시켜야 한다.

　㉢ 직경 6inch(15cm) 이상의 철봉이나 각봉을 폭약으로 절단하려 할 때 지환식(가락지)으로 장진하여야 효과가 좋다.

　㉣ 도화선 1ft가 타는 데 소요되는 시간은 약 35~45초이다.

　㉤ 직렬회로를 구성하여 수중폭파를 하려 할 때 뇌관 1개당 필요한 전류
- 직렬회로 : 1.5amp
- 병렬회로 : 0.6amp

　㉥ 폭파과정(Explosive Train)의 순서 : 기폭약 – 보조폭약 – 주폭약

　㉦ 수중에서 I-빔, H-빔 절단 시 폭약량 산출은 일반적으로 육상 폭파 시보다 2배 더 가산해야 한다.

　㉧ 수중 철판 절단에서 가장 효과적인 폭파 방법은 로프 차지(Rope Charge)이다.

② 주요 폭약

　㉠ 뇌관의 첨장약과 도폭선의 심약으로 사용되는 백색 폭약 : PETN

　㉡ 수중 철판 절단에 가장 효과적인 폭약 : 성형폭약

　㉢ 폭약 중 감도가 가장 둔한 폭약 : TNT

　㉣ 수중에서 앵커체인(Anchor Chain) 절단 시 가장 효과적인 폭약 : 블라스팅 젤라틴(Blasting Gelatin)

　㉤ 폭파속도가 가장 빠르며 온도변화에 우수한 폭약 : C-4

10년간 자주 출제된 문제

수중에서 앵커체인(Anchor Chain) 절단 시 가장 효과적인 폭약은?

① 도폭선(Detonating Cord)
② 도화선(Time Fuse)
③ 블라스팅 젤라틴(Blasting Gelatin)
④ TNT

[해설]

교질 다이너마이트(블라스팅 젤라틴)
1878년 노벨은 나이트로글리세린과 약면약을 혼합하여 가온할 때 서로 녹아서 교질이 됨을 알았다. 이것이 블라스팅 젤라틴이다. 이것은 미세하게 분쇄할 수 있으나 너무 비싸고 널리 발파가 되지 않으므로 현재 사용하는 교질 다이너마이트는 나이트로글리세린에 소량의 약면약을 가하여 묽은 젤리처럼 만든 뒤, 초석·질산암모늄·목재가루를 혼합하여 가격을 저하시키고 그 힘을 완화한 것이다. Blasting Gelatin은 93% 이상의 나이트로글리세린으로 되어 있다.

정답 ③

핵심이론 18 폭약취급과 발파 후 처리

① 폭약 취급 시 안전수칙
　㉠ 습하지 않은 곳에 폭약을 저장한다.
　㉡ 직사광선이나 화염이 있는 곳에 폭약을 두지 않는다.
　㉢ 뇌관을 주머니에 넣고 다니지 않는다.
　㉣ 뇌관과 폭약은 같은 상자에 보관하지 않는다.
　㉤ 폭약과 뇌관은 반드시 다른 창고에 보관해야 한다.
　㉥ 불발 발생 시 최소한 30분간 기다린다.
　㉦ 도폭선을 도화선으로 착각하면 안 되므로 같이 두지 않는다.

② 발파 후 처리
　㉠ 폭발음 수가 점화 수와 같은가를 확인하여야 한다.
　㉡ 발파 후 대기시간(30분 이상)을 경과한 후에 화약류의 장전개소에 접근하여야 한다.
　㉢ 터널 내에서는 발파 후의 가스에 의한 위험을 배제하고, 부석의 유무에 대한 점검을 한 후 발파개소에 접근하여야 한다.
　㉣ 발파 후 점검은 대기시간 경과 후 지휘자의 지시에 따라서 도화선의 잔재, 구멍 끝의 확인, 잔유물의 유무 등을 점검하여야 한다.
　㉤ 유수 또는 용수가 있는 장소는 불발과 잔류약이 많으므로 특히 주의하여 점검하여야 한다.
　㉥ 잔류약을 확인하고 수거한 후에는 화약류 보관장소에 반납하여야 한다.
　㉦ 삽입봉, 삽입물은 일정장소에 정돈해 두어야 한다.
　㉧ 최후 발파상황을 공사책임자에게 보고하여야 한다.
　㉨ 수중 폭파 작업 시 잠수작업의 최소 안전거리는 1,800m(2,000yd) 이상이어야 한다.

10년간 자주 출제된 문제

폭약 취급 시 안전수칙에 어긋나는 것은?
① 습기 차지 않는 곳에 폭약을 저장한다.
② 직사광선이나 화염이 있는 곳에 폭약을 두지 않는다.
③ 뇌관과 폭약은 혼동되지 않도록 같은 상자에 둔다.
④ 뇌관을 주머니에 넣고 다니지 않는다.

|해설|
뇌관과 폭약은 같은 상자에 보관하지 않는다.

정답 ③

핵심이론 19 보조사(Tender)의 역할

① 보조사의 자격
  ㉠ 보조사는 수중의 잠수사와 가장 밀접한 관계를 가지는 협력자로서 잠수에 관한 지식뿐만 아니라 작업을 능동적으로 보조할 수 있는 순발력, 융통성이 있어야 한다.
  ㉡ 잠수 작업의 시작과 동시에 보조사 외의 일에 개입할 수 없을 뿐만 아니라 잠수사의 모든 행동을 주시하면서 수중의 잠수사에게 비상사태가 발생했을 때는 민첩하게 안전 조치를 취해야 한다.
  ㉢ 자격 기준은 최소 20세 이상이어야 하며, 직업 교육 훈련 촉진법, 유해·위험작업의 취업 제한에 관한 규칙에 의한 표면 공급식 잠수의 기본과정을 수료하고, 국가기술자격 잠수기능사보 이상의 자격증을 취득한 자로서 최소한 3개월 이상의 현장 경험과 30회 이상의 잠수 경험이 있어야 한다.

② 보조사(줄잡이 : Tender)가 하는 역할
  ㉠ 줄이 느슨하지 않아야 한다.
  ㉡ 줄신호는 주어진 절차에 따라 이루어져야 한다.
  ㉢ 보조사는 잠수사의 상태를 알아보기 위해 2~3분에 한 번씩 줄을 한 번 당겨 잠수사에게 신호해야 하며, 잠수사가 줄을 한 번 당겨 신호를 보내오면 잠수사의 상태가 좋다는 뜻이다.
  ㉣ 잠수사는 줄이 장애물에 걸리거나 늘어질 가능성이 있다는 사실을 항상 유의하여야 한다.
  ㉤ 보조사는 생명줄에 1~1.5m의 여유를 주어 잠수사의 활동에 지장을 주지 않아야 한다.
  ㉥ 공기 호스가 얼마 정도 풀려나갔는지 알고 있어야 한다.
  ㉦ 호스를 통해 오는 감각으로 잠수사의 움직임을 알 수 있어야 한다.
  ㉧ 잠수사가 항상 어디에 있는가를 알고 있어야 한다.
  ㉨ 생명줄을 8자로 사린다.

10년간 자주 출제된 문제

줄잡이(보조사 : Tender)가 하는 역할 중 틀린 것은?
① 잠수자가 활동하기 편하도록 호스를 되도록 많이 여유를 준다.
② 잠수자가 항상 어디에 있는가를 알고 있어야 한다.
③ 공기 호스가 얼마 정도 풀려나갔는지 알고 있어야 한다.
④ 호스를 통해 오는 감각으로 잠수자의 움직임을 알 수 있어야 한다.

|해설|
잠수 작업 중에 생명줄이 장력을 유지해야 할 상황이 아니라면 보조사는 생명줄에 1~1.5m의 여유를 주어 잠수사의 활동에 지장을 주지 않아야 한다.

정답 ①

핵심이론 20 잠수신호법(잠수작업 안전기술지침)

신호방법		신호종류	신호내용
1. 보조사-잠수사에게		1번 당김	이상 없는가. / 하잠 시는 정지
		2번 당김	하잠하라. / 상승 시는 너무 많이 올라왔으니 지시까지 하잠하라.
		3번 당김	상승준비
		4번 당김	상승하라.
		2-1번 당김	전화(신호)에 응하라.
2. 잠수사-보조사에게		1번 당김	정지 / 하잠 시는 해저도착
		2번 당김	하잠시켜라.
		3번 당김	늦추어진 줄을 당겨라(상승준비).
		4번 당김	상승시켜라.
		2-1번 당김	전화(신호)에 응답하라.
3. 특수신호		1-2-3번 당김	짧은 줄을 보내라.
		5번 당김	긴 줄을 보내라.
		2-1-2번 당김	슬레이트를 보내라.
4. 비상신호		2-2-2번 당김	나는 엉켰다. 다른 잠수사의 도움이 필요하다.
		3-3-3번 당김	나는 엉켰다. 그러나 혼자 풀 수 있다.
		4-4-4번 당김	나를 즉시 상승시켜라.
5. 공기신호		3-2번 당김	공기를 더 많이 보내라.
		4-3번 당김	공기를 줄여라.
6. 탐색신호	가. 탐색줄 없이	1번 당김	정지하여 너의 주위를 살펴라.
		2번 당김	줄을 늦추면 보조사로부터 멀리가고, 줄을 당기면 보조사 쪽으로 오라.
		3번 당김	보조사를 향해 오른편으로 가라.
		4번 당김	보조사를 향해 왼편으로 가라.
		7번 당김	탐색시작, 탐색 끝
	나. 탐색줄 사용 시	1번 당김	정지하여 너의 주위를 탐색하라.
		2번 당김	추로부터 물러나라.
		3번 당김	추를 향해 오른편으로 가라.
		4번 당김	추를 향해 왼편으로 가라.
		7번 당김	탐색 시작, 탐색 끝

주 : (1) 모든 신호는 주어진 대로 답하라.
　　(2) 신호는 부드럽고, 절도 있게 하라.
　　(3) 신호는 위에 정해진 것 외에 필요에 따라 잠수사와 보조사 간에 특수신호를 제정하여 사용할 수 있다.

10년간 자주 출제된 문제

표준잠수 신호법 중 잠수자가 잠수 보조사에게 줄을 4번 당기면 어떠한 신호인가?

① 나를 상승시켜라.
② 나를 하강시켜라.
③ 나는 이상이 없다.
④ 늦추어진 줄을 당겨라.

해설
잠수자가 보조사에게 줄을 4번 당겼다면 이는 상승시키라는 신호이다.

정답 ①

핵심이론 21 수중 탐색조사

① 서클링(원) 탐색 : 소수 인원으로 수중시정이 불량한 심해에서 탐색면적이 적고 수심이 깊을 때 사용
  ㉠ 원형 탐색의 시작점은 탐색줄의 표시, 조류의 방향, 빛이 보이는 범위, 손목 나침반에 의해 결정한다.
  ㉡ 360° 전 방향을 탐색한 후에는 시작점에서 탐색 범위를 2배 정도 이동하여 반대 방향으로 탐색해야만 생명줄이 엉키지 않는다.
  ㉢ 강한 조류 및 장애물로 인하여 원형 탐색이 불가능하다면 직사각형(잭 스테이) 탐색으로 전환한다.
  ㉣ 잠수사가 부이 라인(Buoy Line)을 타고 내려간다.

> **더 알아보기**
> **원형 탐색의 필수 장비** : 부표(Buoy), 줄(Circle Line), 추(Weight)

② 사자스(수영자 예인) 탐색 : 수중 시정이 불량한 심해와 탐색면적이 넓은 지역에서 고도의 기술이 필요하며 많은 잠수사들이 수영자의 인도를 받아 탐색하는 것
③ 텐더드 탐색(Tended Search) : 조류가 세고 탐색면적이 넓은 곳에 적합한 탐색
  ㉠ 다이빙 플랫폼(Diving Platform)에서 보조한다.
  ㉡ 표준탐색 신호를 사용한다.
  ㉢ 텐딩 라인(Tending Line)에 장력을 유지한다.
  ㉣ 텐딩 라인 탐색지역에 맞게 한다.
  ㉤ 모든 신호에 응답을 하여야 한다.
  ㉥ 수상(Top Side)의 지시에 따른다.
  ㉦ 탐색줄이 보조사와 연결되어야 한다.
  ㉧ 탐색줄의 길이가 충분히 길어야 한다.
④ 잭 스테이 : 수중 시정이 좋고 탐색 면적이 적합한 탐색

> **더 알아보기**
> - 조류나 해류가 있는 장소에서 스쿠버 잠수로 수중조사를 할 때는 해저바닥으로 다닌다.
> - 얼음 밑 다이빙(Ice Diving)을 할 때 가장 중요한 안전장비는 안전밧줄이다.

10년간 자주 출제된 문제

텐더드 탐색의 설명에 해당하지 않은 것은?
① 다이빙 플랫폼(Diving Platform)에서 보조한다.
② 표준탐색 신호를 사용한다.
③ 텐딩 라인(Tending Line)에 장력을 유지한다.
④ 잠수사가 부이 라인(Buoy Line)을 타고 내려간다.

|해설|
④ 원형 탐색에 대한 설명이다.
보조탐색(Tended Search)
- Diving Platform에서 보조한다.
- 표준탐색 신호를 사용한다.
- Tending Line 탐색지역에 맞게 한다.
- Tending Line에 장력을 유지한다.
- 모든 신호에 응답을 하여야 한다.

정답 ④

핵심이론 22 수중 촬영

① 수중 촬영 시 주의사항
  ㉠ 카메라가 흔들리지 않도록 하고, 빠른 셔터 스피드로 촬영한다.
  ㉡ 정확하게 피사체의 앵글을 잡고, 가능한 피사체를 크게 찍는다.
  ㉢ 태양의 각도를 고려해서 촬영한다.
  ㉣ 피사체에 대하여 카메라를 수평으로 향하여 찍는다.
  ㉤ 피사체의 실거리를 측정 후 카메라 눈금에 거리를 맞추어 놓고 촬영한다.
  ㉥ 수중 촬영 시 고려되어야 할 가장 중요한 사항은 물의 탁도(투명도)이다.

② 피사계 심도
  ㉠ 피사체 전후의 초점이 잘 맞는 것을 피사계 심도가 깊다고 하고, 피사체 전후의 초점이 흐려져 있는 것을 피사계 심도가 얕다고 한다.
  ㉡ 동일한 조리개 값에서 초점 길이가 짧은 광각 렌즈는 피사계 심도가 깊고, 초점 길이가 긴 망원 렌즈의 피사계 심도는 얕다. 즉 피사체의 주변이 피사체의 초점보다 흐리게 나오는 것을 피사계 심도가 얕다고 하고, 피사체와 주변의 초점이 비슷할수록 피사계 심도가 깊다고 표현한다.
  ㉢ 조리개를 이용하여 조리개를 좁힐수록 피사계 심도가 깊어지고, 열수록 심도는 얕아진다. 즉, 촬영거리가 가깝고 조리개 구멍을 크게 할수록 피사계 심도는 얕아진다. 조리개 구멍을 작게 할수록 피사계 심도는 깊어진다.
  ㉣ 수중 촬영의 피사계 심도에 영향을 미치는 것
    f/stop 값, 피사체와의 촬영거리, 렌즈의 초점거리, 셔터 속도, 조리개 등
  ㉤ 수중 촬영의 피사계 심도에 영향을 미치지 않는 것
    촬영 각도, UV필터 등

③ 기타 수중 촬영의 주요사항
　㉠ 수중 촬영 시 카메라에 사용되는 렌즈
　　• 표준 렌즈
　　• 광각 렌즈
　　• 망원 렌즈
　　• 매크로(접사) 렌즈
　　• 줌 렌즈 등
　㉡ 수중 전용카메라(Nikonos 등)의 경우 보통 초점거리가 35mm인 렌즈를 표준 렌즈라고 한다(육상의 표준 렌즈는 50mm이고 수중의 표준 렌즈는 35mm).
　㉢ 수중 촬영 시에 물체를 정확하게 조명하기 위하여 스트로보(플래시)를 주제가 나타나는 곳의 약간 뒤 방향에서 겨누어야 가장 좋다.
　㉣ 수중시계가 흐린 수중에서는 강도가 낮은 플래시가 효과적이다.
　㉤ 수중용 플래시 사용 후 건전지는 분리하여 보관한다.

10년간 자주 출제된 문제

다음 중 수중 촬영 시 고려되어야 할 가장 중요한 사항은?
① 수 온
② 수 심
③ 조 석
④ 물의 혼탁성

해설
부유물이 많으면 반사, 굴절, 산란 등에 의해 빛의 진행이 방해받게 되어 결국 투명도가 떨어지게 된다. 투명도가 높아야 깨끗한 장면을 얻을 수 있다.

정답 ④

핵심이론 23 해난 구조

해난 구조는 실시하는 구역에 따라 재난 구조, 항만 구조, 전투 구조, 연안 구조로 나뉜다.

① 재난 구조
  ㉠ 특징 : 해상에서 자력 운항이 불가능한 선박과 항공기 등을 구조하는 것으로 소화, 방수, 배수 작업을 하여 부력을 회복시켜 안전한 항구나 수리 조선소로 예인한다.
  ㉡ 적용 : 화물선은 선박의 복원력을 고려하여 적화물을 버려야 할 경우가 있으며, 또 침수되는 화물선에 곡물이 적재되었을 때는 반드시 곡물을 먼저 버려야 한다. 곡물이 수분을 흡수하게 되면 팽창하고, 팽창된 곡물이 화물칸의 격벽을 파손시켜 인양 작업에서 선박의 강도를 저하시키기 때문이다.

② 항만 구조
  ㉠ 특징 : 수로와 묘박지 등의 항만 내에서 실시되는 일반적 구조를 말하며 태풍, 적의 공격 등으로 좌초 및 침몰한 선박을 구조하여 항만 사용이 원활하도록 수로를 개통시킨다.
  ㉡ 적용 : 비교적 수심이 낮아 효율적으로 잠수 작업을 할 수 있고 연안 구조에 비해 다양한 인양 작업과 공법을 활용할 수 있다.

③ 전투 구조
  ㉠ 특징 : 전투 지역 내에서 소규모 전투를 병행하면서 실시되는 구조로서 상륙 해안의 장애물 제거, 수로 개통, 좌초된 함정의 이초 및 예인, 항만 복구 등을 실시한다.
  ㉡ 적용 : 전쟁 중 적과 대치 상태에서 신속한 구조 활동이 전개되어야 하기 때문에 다른 구조와는 달리 구조대원의 특별한 훈련과 경험, 숙달이 필요하고 지휘 통제가 요구된다.

④ 연안 구조
  ㉠ 특징 : 연안 해역에서 침몰 또는 좌초된 선박을 구조하는 것으로서 해양 기상과 기후, 해안과의 거리, 자재의 신속한 지원 등을 고려해야 되므로 가장 까다롭고 어려운 분야의 구조이다.
  ㉡ 적용 : 연안관리법상 연안 해역이라 함은 해안선으로부터 지적공부(地籍公簿)에 등록된 지역까지의 사이의 바닷가와 해안선으로부터 영해(領海)의 외측한계(外側限界)까지의 사이의 바다로 정의되지만 연안 구조는 상업주의를 기반으로 그 영역이 대양 및 심해저 구조, 해양 오염 방제까지 모두 포함하고 있다.

10년간 자주 출제된 문제

소화, 방수, 배수 후 안전한 항구로의 예인이 주 임무인 구조는?
① 항만 구조
② 재난 구조
③ 전투 구조
④ 복합 구조

해설

재난 구조 : 해상에서 자력 운항이 불가능한 선박과 항공기 등을 구조하는 것으로 소화, 방수, 배수 작업을 하여 부력을 회복시켜 안전한 항구나 수리 조선소로 예인한다.

정답 ②

핵심이론 24 예인 시 지켜야 할 안전수칙

① 즉시 분해할 수 없는 기구는 사용하지 않는다.
② 정지하여 예색을 전달·연결한 후 기관 회전을 3~5회전씩 증가시켜 전진하며 예색을 준다.
③ 충돌 좌초의 위험이 없는 한 천해에서 예색을 길게 한 채 급회전하지 않는다.
④ 회전 시 피예선이 예선의 정횡 방향에 있지 않도록 한다.
⑤ 가능하면 투묘 후 예색을 연결한다.
⑥ 심하게 꼬인 와이어는 예색으로 사용하지 않는다.
⑦ 침몰이 확실하다고 느껴질 때는 예색을 사용하지 않는다.
⑧ 풍파가 심한 해상에서는 짧은 예색을 사용하지 않는다.
⑨ 항소상에 피예선을 방치해두지 않는다.
⑩ 윤활장치가 원활하지 않으면 프로펠러를 고정시켜야 한다.
⑪ 피예선은 언제라도 투묘할 수 있도록 준비해 둔다.
⑫ 예선은 반드시 예색 감시원을 배치한다.
⑬ 대양 예인 시 가장 좋은 방법은 프로펠러를 제거하는 것이다.

더 알아보기

기타 주요사항
- 선박이나 해양구조물의 부식방지를 위한 애노드(Anode, 알루미늄과 아연으로 만들어진 녹 흡착제)의 재질은 아연이다.
- 코퍼댐(Cofferdam)
  - 강이나 해양공사 등에 사용되는 물막이 방수벽으로 해난 구조기술의 한 방법으로도 유용하게 사용된다.
  - 침몰선에 물막이(Cofferdam) 설치는 만조 시에 설치하여 저조 시에 배수한다.
  - 침몰선에 설치하는 코퍼댐(Cofferdam, 방축)의 사용이 가능한 최고 수심은 50feet이고, 선체가 15° 이상 경사지면 사용할 수 없다.

10년간 자주 출제된 문제

예인 시 지켜야 할 안전수칙에 어긋나는 것은?
① 윤활장치가 원만하지 않으면 프로펠러를 고정시킨다.
② 예선에는 예색 감시원을 배치한다.
③ 피예선에는 언제든지 투묘할 수 있도록 준비해 둔다.
④ 피예선의 침몰이 확실해도 예색을 자르면 안 된다.

[해설]
침몰이 확실하다고 느껴질 때는 예색을 사용하지 않는다.

정답 ④

핵심이론 25 기 관

① 4행정 기관이 동력을 얻는 과정
　㉠ 흡입행정 : 실린더 내에 연료와 공기의 혼합공기를 흡입하는 행정
　㉡ 압축행정 : 실린더 내에 흡입(吸入)된 새 공기를 피스톤의 상승 작용에 의해 압축하는 행정
　㉢ 폭발행정 : 혼합가스가 연소하여 피스톤을 밀어 내리는 행정
　㉣ 배기행정 : 배기밸브가 열리면서 동력 행정에서 일을 한 연소가스를 실린더 밖으로 배출하는 행정
　　※ 피스톤이 4개면 4기통, 실린더가 6개면 6기통이다.

② 기관에 사용되는 윤활유의 주요사항
　㉠ 시동이 잘 안 걸리거나 출력이 급격히 떨어질 때, 매연이 지나치게 많이 나올 때는 기관을 즉시 정지시키고 엔진 오일량을 체크한다.
　㉡ 엔진오일이 부족하면 윤활기능이 떨어지고 기관 내부가 마모되며 엔진이 과열될 수 있다. 반대로 너무 많으면 마찰증가로 연비가 나빠지고 출력이 떨어진다.
　㉢ 기관에서 엔진을 시동하기 전에 가장 먼저 검사하여야 할 곳은 윤활유 계통이다.
　㉣ 윤활유가 연소실에 올라오는 원인
　　• 피스톤과 실린더 사이의 간극이 클 때(마모에 의함)
　　• 윤활유 주입량이 과다할 때
　　• 유압이 높아 실린더 벽에 과다한 오일을 분출시킬 때
　㉤ 엔진오일에 먼지가 많이 들어가면 윤활장치 순환부에 막힘이 생긴다.
　㉥ 기관에 사용되는 윤활유
　　• 인화점과 발화점이 높은 것이 좋다.
　　• 점도가 클수록 온도에 대한 점도변화가 적다.
　　• SAE 번호는 점도만을 나타낸다.
　　• 응고점이 낮은 것이 바람직하다.

ⓢ 시동 후 엔진이 몇 분간 돌아가다 정지되는 경우의 원인
- 연료의 혼합이 부적합하다.
- 엔진이 너무 차갑다.
- 연료의 공급이 원활하지 못하다.

ⓞ 일반적인 소형 선외기모터(Out Side Motor)의 운전용연료와 윤활유의 혼합비율은 50 : 1이다.

※ 기관 중 일산화탄소(CO)가 가장 많이 발생되는 것은 가솔린 기관이다.

10년간 자주 출제된 문제

다음 나열된 기관 중 일산화탄소(CO)가 가장 많이 발생되는 것은?

① 가솔린 기관
② 디젤 기관
③ LPG 기관
④ Jet 기관

[해설]

가솔린 기관 배기가스 속에 포함된 일산화탄소(CO), 탄화수소(HC), 질소산화물은 대기오염의 원인으로 엄격히 규제되고 있다.

정답 ①

핵심이론 26 기관의 배수 펌프 등

① 배수 펌프(디젤 펌프)의 종류
  ㉠ 배수 펌프(Diesel Pump) : 해난 구조 작업에서 침몰 선박의 부력 회복을 위해 사용되는 가장 중요한 장비이다.
  ㉡ 수중 펌프(Submersible Pump) : 펌프에 수중 모터가 달려 있어 물속에 잠긴 상태에서 배수한다.
  ㉢ 공기식 펌프 : 일반적으로 가볍고 소형이기 때문에 취급이 용이하다.
  ㉣ 유압 수중 펌프 : 유해 기체가 차 있거나 폭발 가능성이 있는 사고 선박의 배수작업에서 어떠한 장비와도 상관없이 자체적으로 작업을 할 수 있다.

② 배수 펌프(디젤 펌프)의 특징
  ㉠ 기계의 구조가 단순하다.
  ㉡ 원리는 대개 원심력 펌프이다.
  ㉢ 흡입에 비해 배출은 중요하지 않다.
  ㉣ 수면과 가까울수록 효율이 좋아진다.

③ 펌프 작동 시 배수되지 않는 이유
  ㉠ 회전 속도가 너무 낮을 때
  ㉡ 흡입 호스에서 공기가 샐 때
  ㉢ 여과기에 이물질이 끼었을 때
  ㉣ 흡입 호스가 펌프 헤드보다 높을 때
  ㉤ 시동 시 흡입 호스에 물이 완전히 차 있지 않았을 때
  ㉥ 임펠러가 막혔거나 부러졌을 때

④ 기타 주요사항
  ㉠ 임펠러는 러너(Runner)라고도 하는데 증기 터빈이나 반동 수차(反動水車)에 있어서 증기 또는 물의 에너지를 받아 회전하면서 물을 빨아 올리는 구조이다.
  ㉡ 구조 선박의 배수작업을 위해 배수 펌프(Pump)를 설치할 때 가장 중요하게 다루어야 할 펌프의 부분은 석션(Suction) 계통의 확인이다.
  ㉢ 원심력 구조펌프의 흡입(양수)고는 25ft(7.6m)를 기준으로 제작된다.
  ㉣ 원동력이 디젤기관인 구조 펌프의 열효율은 약 32~38% 정도이다.
  ㉤ 구조 펌프 설치 시 유지각은 15° 이상 초과해서는 안 된다.

10년간 자주 출제된 문제

배수 펌프 작동 시 배수가 되지 않는 이유 중 틀린 것은?
① 회전 속도가 너무 낮을 때
② 흡입 호스에서 공기가 샐 때
③ 여과기에 이물질이 끼었을 때
④ 흡입 호스가 펌프 헤드보다 낮을 때

|해설|
흡입 호스가 펌프 헤드보다 높을 때이다. 또 시동 시 흡입 호스에 물이 완전히 차 있지 않았을 때, 임펠러가 막혔거나 부러졌을 때 배수가 되지 않는다.

정답 ④

핵심이론 27 수중오염 방지 및 제거

① 해양에너지의 장단점

장 점	단 점
• 공급되는 에너지량이 매우 막대하여 고갈될 염려가 없으며 재생에너지이다. • 에너지의 분산이 가능하다. • 청정에너지이므로 해양이나 대기오염의 염려가 없다. • 초고저온, 초고압이 되는 일이 없어 특수재료를 사용할 필요가 없다. • 에너지 가격의 변동이 없다.	• 입력에너지의 밀도가 낮다. • 입력에너지의 변동폭이 크고, 사람의 힘으로 입력을 조정하는 것이 힘들다. • 환경조건이 가혹하다. • 송전문제가 있다.

② 해양오염의 영향 : 해양생태계 파괴, 연근해 적조 발생, 지구 온난화 현상, 해수의 질 저하, 해양환경의 쾌적성 저하, 물의 자정작용 저하 등

③ 선체의 바닥에 부착된 해양생물들이 미치는 영향
  ㉠ 선박의 속도를 감소시킨다.
  ㉡ 연료유 소비를 증가시킨다.
  ㉢ 다른 지역의 생태계를 교란한다.
  ㉣ 선체 방식장치의 효율을 저하시킨다.
  ㉤ 생물종의 다양성을 감소시킨다.

④ 해양환경보존 대책
  ㉠ 유해방오도료 등의 사용을 금지한다.
  ㉡ 오탁방지시설을 한다.
  ㉢ 가능한 현장에서는 구조물의 제작을 피하고 가설 조립을 한다.
  ㉣ 레일 사용 시 밑에 완충제를 삽입하여 소음 및 진동을 최소화한다.
  ㉤ 유리, 금속, 석유화학제품, 플라스틱은 자연 상태에서 잘 분해되지 않으므로 재활용이나 재사용 등을 고려한다.
  ㉥ 해안과 수중의 쓰레기, 산업폐기물을 정기적으로 치운다.

10년간 자주 출제된 문제

해양오염과 가장 관계가 적은 것은?

① 연근해 적조 발생
② 해양생태계 파괴
③ 지구 온난화 현상
④ 해저면 확장

[해설]
인간활동의 결과로 생긴 물질 또는 에너지는 직간접적으로 해양에 유입된다. 이것이 생물자원에 해를 입히고, 인류건강을 위협하며, 어업을 포함한 해양활동에 장애가 되고, 해수의 질을 손상시키며, 해양환경의 쾌적성을 떨어뜨리는데 이를 해양오염이라고 한다.

정답 ④

핵심이론 28 잠수 관련법

① 잠수작업에 필요한 자격·면허 등에 의한 취업 제한(산업안전보건법 제140조, 제169조)
  ㉠ 사업주는 유해하거나 위험한 작업으로서 상당한 지식이나 숙련도가 요구되는 고용노동부령으로 정하는 작업의 경우 그 작업에 필요한 자격·면허·경험 또는 기능을 가진 근로자가 아닌 사람에게 그 작업을 하게 해서는 아니 된다. 이를 위반한 자는 3년 이하의 징역 또는 3천만 원 이하의 벌금에 처한다.
  ㉡ 고용노동부장관은 ㉠에 따른 자격·면허의 취득 또는 근로자의 기능 습득을 위하여 교육기관을 지정할 수 있다.
  ㉢ ㉠에 따른 자격·면허·경험·기능, ㉡에 따른 교육기관의 지정 요건 및 지정 절차, 그 밖에 필요한 사항은 고용노동부령으로 정한다.
  ㉣ 고용노동부장관은 ㉡에 따른 교육기관이 다음의 어느 하나에 해당할 때에는 그 지정을 취소하거나 6개월 이내의 기간을 정하여 그 업무의 정지를 명할 수 있다. 다만, 1. 또는 2.에 해당할 때에는 그 지정을 취소하여야 한다.
    1. 거짓이나 그 밖의 부정한 방법으로 지정을 받은 경우
    2. 업무정지 기간 중에 업무를 수행한 경우
    3. 지정 요건을 충족하지 못한 경우
    4. 지정받은 사항을 위반하여 업무를 수행한 경우
    5. 그 밖에 대통령령으로 정하는 사유에 해당하는 경우
  ㉤ ㉣에 따라 지정이 취소된 자는 지정이 취소된 날부터 2년 이내에는 각각 해당 교육기관으로 지정받을 수 없다.

② 잠수사의 건강진단 주기
  ㉠ 일반건강진단의 주기(산업안전보건법 시행규칙 제197조 제1항) : 사업주는 상시 사용하는 근로자 중 사무직에 종사하는 근로자(공장 또는 공사현장과 같은 구역에 있지 않은 사무실에서 서무·인사·경리·판매·설계 등의 사무업무에 종사하는 근로자를 말하며, 판매업무 등에 직접 종사하는 근로자는 제외한다)에 대해서는 2년에 1회 이상, 그 밖의 근로자에 대해서는 1년에 1회 이상 일반건강진단을 실시해야 한다.
  ㉡ 특수건강진단의 주기(산업안전보건법 시행규칙 별표 23) : 12개월
  ㉢ 과태료(산업안전보건법 제175조 제4항 제7호) : 일반건강진단 및 특수건강진단 등의 규정에 따른 근로자 건강진단을 하지 아니한 자에게는 1천만 원 이하의 과태료를 부과한다.

③ 잠수사의 근로시간 기준
  ㉠ 유해·위험작업에 대한 근로시간 제한 등(산업안전보건법 제139조) : 사업주는 유해하거나 위험한 작업으로서 높은 기압에서 하는 작업 등 대통령령으로 정하는 작업에 종사하는 근로자에게는 1일 6시간, 1주 34시간을 초과하여 근로하게 해서는 아니 된다.
  ㉡ 유해·위험작업에 대한 근로시간 제한 등을 위반한 자는 3년 이하의 징역 또는 3천만 원 이하의 벌금에 처한다(산업안전보건법 제169조).

PART 02
적중 예상문제

제1회　　적중예상문제

제2회　　적중예상문제

제1회 적중예상문제

01 다음 중 기압의 단위가 아닌 것은?

① kg/cm²
② psi
③ bar
④ Hg

해설
물리학의 단위 : 1기압(atm) = 10.13N/cm² = 101.3kPa = 14.7psi
대기의 무게
대기의 무게는 성층권에서 가로·세로 1cm(또는 1inch)인 직육면체 관을 해수면까지 세워 놓았다고 가정했을 때, 그 관속에 들어가 있는 공기의 무게는 1.033kg(14.7lbs)이다. 이것이 바로 대기의 무게이며, 대기압은 1.033kg/cm², 14.7psi, 1.02bar, 1,013hPa, 760mmHg이다.

02 강물에서는 수심 몇 m마다 1대기압씩 증가하는가?

① 1m
② 1.3m
③ 10m
④ 10.3m

해설
민물에서는 10.3m(34ft)마다, 바닷물은 10m(33ft)마다 1대기압씩 증가한다.

03 다음 중 절대압력이란?

① 압력계기가 가리키는 압력을 말한다.
② 지구 표면에 둘러싸여 있는 대기 중의 압력을 말한다.
③ 계기압과 대기압의 합을 말한다.
④ 해면상의 압력을 말한다.

해설
절대압력은 압력계의 지시에 대기압을 더한 것이다.

04 수심 25m 바다에서 잠수사가 받는 절대압력은?

① 약 2기압
② 약 2.5기압
③ 약 3기압
④ 약 3.5기압

해설
절대압은 계기압에 대기압을 더한 것으로 계기압보다 항상 1기압이 더 크다.

05 수심 10m(33ft)에서 받는 절대압력은 대략 몇 kg/cm²(psia)인가?

① 1.03kg/cm²(14.7psia)
② 2.05kg/cm²(29.4psia)
③ 3.10kg/cm²(44.1psia)
④ 4.13kg/cm²(58.8psia)

해설
절대압은 기압과 수압을 합한 것과 같으므로 수심 10m에서의 절대압은 2기압이 된다.
1기압(미터법과 피트법)

미터법	1기압 = 10m = 1.025kg/cm²
피트법	1기압 = 33ft = 14.7psi

06 잠수할 때 수심이 깊어질수록 잠수사가 숨쉬는 공기의 밀도는?

① 높아진다.   ② 변함없다.
③ 낮아진다.   ④ 순해진다.

해설
다이빙 수심에 따라 공기 소모는 비례한다. 수심이 깊어질수록 공기의 밀도가 높아져 탱크의 공기가 더 빨리 소모된다.

07 물의 밀도란 무엇인가?

① 물체와의 밀접도
② 단위 부피당 물의 무게
③ 기체와 같은 부피와의 무게 비교
④ 물의 성분에 따른 점도

해설
밀도(密度)는 주어진 물의 단위(單位) 부피당 일정 온도에서의 질량(단위는 g/cm³)으로 정의된다.

08 다음 중 수중에서의 인간 활동을 가장 크게 제한하는 인자는?

① 25배나 큰 체온손실
② 증가되는 수압
③ 4배나 빠른 소리의 전달
④ 잠수장비에 따라 변화하는 부력

해설
공기와 물은 무게가 다르기 때문에 다이버가 수중으로 깊이 내려갈수록 수압이 증가하게 되며 다이버는 수면 위의 대기압에 더하여 수심의 깊이에 따른 수압을 추가로 받게 된다.

정답 5 ② 6 ① 7 ② 8 ②

09 다음 중 물의 흐름에 가장 적은 영향을 끼치는 것은?

① 조 석
② 중 력
③ 바 람
④ 염분도

해설
물의 흐름에는 조석, 바람, 중력, 지구 자전 등이 영향을 준다.
염분도
- 염분도는 모든 탄수화물의 유기물이 산화되고 취하물과 요오드가 염소로 대치된 1kg의 해수에 녹아 있는 염류의 양(g)을 말하며 염류의 무게를 그램(g)으로 나타낸 것이다.
- 염분도의 단위는 퍼밀(per mille, ‰)로 표시하며, 만약 해수 1kg 속에 35.00g의 염류가 녹아 있다면 염분도는 35.00‰이 된다. 지구상에는 원자 번호 1번인 수소에서부터 원자 번호 92번인 우라늄까지 92개의 천연 원소가 있는데 약 90여 종이 해수에 녹아 있다.

10 조류가 2노트(knot)일 때 초당 약 몇 m인가?

① 약 1m
② 약 2m
③ 약 3m
④ 약 4m

해설
1knot = 0.514m/s → 2knot × 0.514 = 1.028m/s

11 수중에서 빛은 선택적으로 투과된다. 다음 중 가장 먼 곳까지 투과되는 것은?

① 주 황
② 빨 강
③ 노 랑
④ 파 랑

해설
수심이 깊어짐에 따라 적색 – 주황색 – 노란색 – 초록색 – 파란색의 순서로 색이 흡수된다. 가시광선 중 적색광이 가장 흡수되기 쉽고 청색광은 다른 색광보다 산란이 잘되고 흡수가 적어 상당히 깊은 수중에 이른다. 일반적으로 맑은 물에서는 70m 정도에서 청색광이 흡수되며 150~200m 정도면 거의 암흑에 가까워진다.

12 수중에서 잠수사가 소리의 방향을 대기 중에서보다 판단하기 어려운 이유는?

① 수압 때문이다.
② 수온 때문이다.
③ 소리의 전달 속도 때문이다.
④ 소리의 매질이 같으나 온도가 다르기 때문이다.

해설
지상에서는 양쪽 귀에 전달되는 소리의 차이로 방향을 알 수 있지만 수중에서는 전달되는 속도가 빠르기 때문에 거의 동시에 양쪽 귀에 소리가 전달되어 방향을 알 수 없다.

13 다음 중 열전도율이 가장 높은 기체는?

① 질 소
② 산 소
③ 이산화탄소
④ 헬 륨

> **해설**
> 헬륨이나 수소 등 가벼운 분자들은 열전도율이 높다.

14 잠수사가 공기 사용 잠수 시 수심 40m 이하 깊은 수심에서 방향감각과 판단능력 등을 잃게 되는 원인은 어떤 기체의 영향 때문인가?

① 산 소
② 헬 륨
③ 네 온
④ 질 소

> **해설**
> 대부분의 압축 공기를 사용하는 잠수사는 30m보다 깊은 수심에서 질소마취를 겪게 된다.

15 잠수 시 발생하는 각종 압착증의 발생 원인은 다음 기체 법칙 중 어느 것에 기인하는가?

① 헨리의 법칙
② 보일의 법칙
③ 돌턴의 법칙
④ 샤를의 법칙

> **해설**
> 보일의 법칙은 압력과 부피의 관계를 설명한 것으로, 온도가 일정할 때 기체의 부피는 절대압력에 반비례하고 그 밀도는 압력에 비례한다고 하였다.

16 다음 중 감압이 필요한 잠수를 되도록 피해야 할 경우는?

① 재압체임버 시설을 이용할 수 없을 때
② 최신식 잠수장비를 사용하지 않을 때
③ 잠수 작업 수심이 너무 깊을 때
④ 감압병 치료에 필요한 질소기체를 구하기 힘들 때

> **해설**
> 체내에 질소 등의 가스가 기포로 변해 질병이 발생하는 경우가 있고, 그 치료를 위해 재압체임버라고 하는 고압의 공간에서 산소를 흡입한다.

정답 13 ④ 14 ④ 15 ② 16 ①

17 스스로 호흡을 할 수 없는 잠수병 환자를 소생시키기 위하여 구강 대 구강 인공호흡법을 실시하는데 1분에 몇 번 호흡시키는 것이 가장 좋은가?(단, 환자는 성인임)

① 10~12번 ② 17~20번
③ 20~25번 ④ 25~30번

해설
인공호흡의 리듬
- 성인(8세 이상) : 5초에 1회 실시(1분에 10~12번)
- 소아(1세 이상~8세 미만) : 4초에 1회 실시(1분에 15번)
- 유아(1세 미만) : 3초에 1회 실시(1분에 20번)

18 압력균형(Equalization)을 시작할 시기는?

① 10m부터
② 귀가 아프기 시작할 때
③ 20m부터
④ 잠수하는 즉시

해설
귀의 압력균형은 잠수해 내려가기 시작하자마자 곧 시작해야 하며, 내려가는 동안 계속, 여러 번 해야 한다. 고막이 아프기 시작하면 이미 늦었기 때문에 제대로 이행되지 않는다.

19 잠수 시 귀의 압력균형이 되지 않아 고막이 파열되었을 때의 증상이 아닌 것은?

① 폐의 압착으로 고통을 느낀다.
② 부족한 압력을 메워주기 위하여 출혈이 된다.
③ 메스꺼움과 구역질이 생긴다.
④ 현기증을 일으키며 방향 감각을 잃어버린다.

해설
고막이 파열되면 통증을 동반한 구토 증세, 귀의 충만감, 난청, 어지럼증, 메스꺼움 등의 증상이 나타난다.

20 개방식 스쿠버 잠수자가 수면 도착 즉시 의식을 상실하였을 경우 가장 빈번하게 일어나는 잠수병은?

① 탄산가스 과다증
② 중추신경계 산소 독성
③ 중증 감압병
④ 기체색전증

해설
기체색전증은 상승 중 또는 수면 도착 10분 이내에 발생한다.

21 기체색전증의 치료 방법으로 가장 올바른 것은?

① 수중으로 다시 잠수한 후 천천히 올라온다.
② 온천 목욕을 한다.
③ 재압체임버에 들어간다.
④ 모르핀 주사를 한다.

해설
기체색전증은 일단 발병되면 초 응급상황으로 진행된다. 응급조치로 환자의 머리를 다리보다 낮게 눕히고 산소를 공급하며 신속히 재압시설이 있는 병원으로 옮겨 전문 의료진에게 치료를 받게 해야 한다.

22 일산화탄소 중독 시 응급처리 방법으로 옳은 것은?

① 즉시 재압탱크로 옮긴다.
② 더운물로 목욕을 시킨다.
③ 즉시 산소탱크 호흡을 시킨다.
④ 온몸을 마사지한다.

해설
일산화탄소에 중독된 잠수사에게는 절대 공업용 산소를 흡입시켜서는 안 되며, 적절한 산소 순도가 유지되어야 한다.

23 호흡 기체 중에 탄산가스 함유량이 많을 때 질소마취현상에 미치는 영향 중 옳은 것은?

① 마취 현상을 약화(감소)시킨다.
② 마취 현상을 악화시킨다.
③ 마취 현상과는 무관하다.
④ 아직 확인된 바 없다.

해설
질소마취의 효과를 증가시키는 원인
• 불안·무경험
• 알코올 섭취·특정 약물 복용
• 피로, 육체적으로 힘든 일
• 찬 물
• 빠른 하강
• 나쁜 시야(감각입력의 감소)
• 이산화탄소 과잉
• 임무부하(Task Loading)

24 호흡의 충동을 느끼는 것은 혈액 내의 어떤 물질의 양에 주로 좌우되는가?

① 산소
② 이산화탄소
③ 일산화탄소
④ 백혈구

해설
사람이 호흡 충동을 느끼는 것은 산소가 부족해서가 아니라 이산화탄소의 증가 때문이다. 이산화탄소 중독은 산소 중독과는 다르게 뇌에 영향을 미치며, 호흡 중추를 자극해 호흡 비율과 호흡량이 증가하게 되어 심장 박동수도 증가한다.

25 사람이 물속에 들어 있을 때 체온을 가장 많이 빼앗기는 부분은?

① 팔
② 다 리
③ 머 리
④ 가 슴

해설
머리는 우리 몸에서 열을 가장 많이 빼앗기는 부분이다(75%).

26 잔류질소시간(Residual Nitrogen Time)이란?

① 재잠수 시 실제 잠수시간에 더해줘야 하는 시간
② 재잠수 시 실제 잠수시간에 빼줘야 하는 시간
③ 표면경과시간과 같은 시간
④ 표면경과시간과 감압시간을 더해준 시간

해설
잔류질소시간
재잠수 시 실제 해저체류시간에 더해야 하는 시간을 말한다. 잔여 질소로 인해 재잠수 중에는 비감압 한계 시간이 짧아진다.
※ 표면경과시간 : 잠수사가 해변에 도착한 후 다음 잠수의 해면출발까지 해면에서 소비하는 시간

27 감압병을 예방하려면 작업 후 수면으로 복귀할 때 단계적 감압을 시행하여야 한다. 적용해야 하는 감압표는 무엇에 의하여 선택하는가?

① 수 심
② 해저에 체류한 시간
③ 수심 및 해저 체류시간
④ 전체 잠수시간 - 해저 체류시간

해설
감압표의 선택요인
• 수심 및 해저 체류시간
• 잠수의 노출시간
• 고 도
• 재압체임버 내의 사용할 수 있는 산소호흡시스템
• 기상상태(해상상태, 수온)

28 해면 출발로부터 잠수를 다 끝내고 해면 도착까지 계산된 시간을 무엇이라 하는가?

① 총 잠수시간
② 표면 간격시간
③ 총 감압시간
④ 총 해저 체류시간

해설
① 총 잠수시간(Total Time of Dive) : 해면 출발로부터 잠수를 다 끝내고 해면 도착까지 계산된다.
② 표면 간격시간 : 시간, 분으로 잠수 사이에 잠수사가 해면에서 소비하는 시간이다.
③ 총 감압시간(Total Decompression Time) : 해저 출발로부터 해면 도착까지 계산된다.
④ 총 해저 체류시간(Total Bottom Time) : 해면 출발부터 해저 출발까지 계산된다.
※ 잠수시간(Bottom Time)의 계산 : 하강의 시작부터 상승 시작 전까지

29 감압병 환자발생은 수면 도착 후 1시간 이내에 몇 %가 발생하는가?

① 50% ② 85%
③ 95% ④ 100%

해설
감압병 발생 빈도
- 30분 이내 : 50%
- 1시간 이내 : 85%
- 3시간 이내 : 95%
- 6시간보다 더 걸리는 경우 : 1%

30 질소기포가 생긴 부위에 따라 감압병의 증세가 나타난다. 다음의 상관되는 부위와 증상이 잘못 연결된 것은?

① 뇌 – 의식불명
② 폐 – 질식
③ 척수 – 부종
④ 피부(림프절) – 부풀어 오름

해설
기포가 척수에 형성되면 마비가 일어나 통각을 상실한다.

31 표면 공급식 장비와 비교한 일반 스쿠버 장비의 설명으로 틀린 것은?

① 신속한 기동성을 발휘한다.
② 수심과 해저 체류시간의 제한을 받는다.
③ 현장 지휘 및 통화가 가능하다.
④ 호흡 저항에 영향을 받는다.

해설
스쿠버 잠수장비의 장단점

장 점	• 장비의 운반, 착용, 해체가 간편해 신속한 기동성을 발휘한다. • 잠수 작업 시 적은 인원이 소요된다. • 수평, 수직 이동이 원활하다. • 수중 활동이 자유롭다.
단 점	• 수심과 해저 체류시간의 제한을 받는다. • 호흡 저항에 영향을 받는다. • 조류에 영향을 받는다(최대 1knot). • 지상과 통화를 할 수 없다. • 오염된 물, 기계적인 손상 등 신체 보호에 제한을 받는다. • 잠수사 이상 유무 확인이 불가능하다.

32 순수한 압축공기만을 충전(Charging)하여 사용하는 스쿠버의 종류는?

① 개방식 스쿠버
② 개폐식 스쿠버
③ 반폐쇄식 스쿠버
④ 폐쇄식 스쿠버

해설
스쿠버 충전기체
- 개방식 스쿠버 : 압축공기만
- 폐쇄식 스쿠버 : 순수한 산소만
- 반폐쇄식 스쿠버 : 혼합기체

정답 29 ② 30 ③ 31 ③ 32 ①

33 알루미늄 스쿠버 실린더의 내부 소제용 물질의 비율로 맞는 것은?

① 자갈 4L : 물 4L
② 모래 3L : 물 3L
③ 자갈 5L : 물 2.5L
④ 모래 5L : 물 2.5L

[해설]
소 제
- 강철 실린더 – 자갈 4L : 물 2L
- 알루미늄 실린더 – 자갈 5L : 물 2.5L

34 스쿠버 공기통의 목 주변에 'FP-150'이라는 각인이 찍혀 있다. 이것은 무엇을 의미하는가?

① 시험압력
② 상용압력
③ 일련번호
④ 수압검사일자

[해설]
공기통 한국식 표식
- AIR : 사용하는 기체가 공기임을 표시
- V 13.5 : 통속의 부피가 13.5L임을 표시
- W 13.5 : 무게가 13.5kg임을 표시
- P-12345 : 제조 일련번호
- 6-2005 : 2005년 6월에 수압검사했다는 표시
- TP-250 : 시험압력이 250kg/cm^{2}임을 표시(Test Pressure)
- FP-150 : 상용압력이 150kg/cm^{2}임을 표시(Fill Pressure)

35 슈퍼라이트-17 헬멧(Helmet)의 오른편에 있는 환기밸브에 관한 내용 중 맞는 것은?

① 잠긴 상태에서 2회전으로 연다.
② 헬멧의 누수 시 연다.
③ 내부에는 친(Chin) 버튼이 있다.
④ 외부 수압보다 1/2 파운드 높게 작동된다.

[해설]
환기밸브는 측면 부품대에서 안면창 전방으로 돌출된 것으로서 헬멧의 환기, 안면창 김 서림 제거, 헬멧 내 침수된 물 제거, 호흡 조절기 고장 시 비상 기체 공급원으로 사용 등 4가지 기능이 있다.

36 역지밸브(Non-return Valve)의 고장과 관계되는 것은?

① 압착병   ② 감압병
③ 기체 전색증   ④ 산소결핍증

[해설]
역지밸브(Non-return Valve)는 헬멧 내부 또는 밴드 마스크 내부에 공급되는 기체를 일정하게 흐르도록 유지해주며, 주 기체 공급이 차단되었을 때 잠수사의 안면 압착과 물의 유입을 방지해 준다.

33 ③ 34 ② 35 ② 36 ①

37 KMB 밴드마스크 또는 슈퍼라이트-17 헬멧에서 주 공기공급 또는 비상공기공급이 막히지 않도록 매 첫 잠수 전에 검사해야 할 곳은?

① 공기 확산기
② 역지 밸브
③ 압력 균형 장치
④ 요구형 호흡조절기

해설
역지 밸브는 매 첫 잠수 전에 반드시 검사한 후 잠수에 임해야 한다.

38 KMB 장비 중 생명줄(Umbilical)의 가장 중요한 기능은?

① 잠수사의 안전이동
② 잠수사의 수직이동
③ 잠수사의 안전수심책정
④ 잠수사의 호흡매체 공급

해설
생명줄의 구성 요소는 잠수사에게 공기를 공급하는 기체 호스, 수심 측정 호스, 통화용 전선, 장력 로프(조합형) 등 각기 용도가 다른 4가지 요소가 하나로 형성되어 있다. 최근에는 4가지 요소 외에 온수잠수복용 호스와 폐쇄회로용(CCTV) 전선까지 생명줄에 추가시키고 있다.

39 표면 공기공급 잠수장비로 수중 작업 시 갑작스러운 낙하위험이 있을 시 조치방법으로 가장 적합한 것은?

① 공기공급 밸브를 열고 부력을 증가시킨다.
② 공기공급 밸브를 완전히 닫아 부력을 감소시킨다.
③ 친(Chin) 버튼을 누른다.
④ 잠수신발을 벗거나 중량 벨트를 분리시킨다.

해설
낙하할 경우 가장 큰 위험은 수압의 증가로써 공기공급장치와 오버버튼프레셔(Over Button Pressure)의 균형을 잃게 되므로 주의하여야 한다.

40 해양생물이 사람을 공격하는 가장 큰 이유로 옳은 것은?

① 공격적 성질　② 방어적 성질
③ 침략적 성질　④ 집단적 성질

[정답] 37 ② 38 ④ 39 ① 40 ②

41 잠수에 사용되는 고무제품은 잠수 후 어떻게 보관하는가?

① 직사광선에 말린다.
② 청수로 씻어 더운 곳에서 말린다.
③ 청수로 씻고 파우더(Powder)를 칠해 서늘한 곳에 보관한다.
④ 종류별로 분류하여 쌓아 보관한다.

> **해설**
> 고무제품은 직사광선을 피하도록 하고 오랫동안 사용하지 않고 보관할 때는 완전히 건조 시킨 후 실리콘 기름을 약간 뿌리고 비닐봉지에 넣어두면 고무가 삭는 속도를 늦출 수 있다. 또한 잘 건조한 후 씰 부위에는 파우더를 발라 두어야 한다.

42 다음 중 잠수종의 하잠속도 및 상승속도로 가장 적합한 것은?

① 하잠속도 120fpm, 상승속도 30fpm
② 하잠속도 125fpm, 상승속도 20fpm
③ 하잠속도 75fpm, 상승속도 30fpm
④ 하잠속도 125fpm, 상승속도 35fpm

> **해설**
> 잠수종의 하잠률과 상승률은 표준공기감압표와 동일하다(하잠률 : 75fpm, 상승률 : 30fpm).

43 표면공급식 잠수의 공기 호스를 구입했을 때 5년이 지난 후 4년까지 매년 압력시험을 해야 하는데 최초 기준이 되는 것은?

① 출고일자
② 제작일자
③ 구입일자
④ 검사일자

44 표면감압 시 수중 마지막 정지점으로부터 체임버의 목적 수심까지는 얼마나 시간을 초과하면 안 되는가?

① 1분 30초　　② 2분
③ 3분 30초　　④ 5분

> **해설**
> 표면감압은 잠수사의 감압 전체 또는 일부를 수중 대신에 재압체임버 내에서 수행하는 기술로서 잠수사가 수중에서 머물러야 하는 시간을 획기적으로 줄이는 계기가 되었다. 소요되는 총시간은 5분을 초과해서는 안 된다.

41 ③　42 ③　43 ②　44 ④　**정답**

45 재압체임버의 안전 수칙 중 틀린 것은?

① 소화장비를 준비한다.
② 내부 보조원은 자격이 있는 요원(잠수사)만 조작한다.
③ 장비나 부속들에 휘발성 기름을 칠하지 않는다.
④ 작동 시에는 체임버 내에 합성섬유로 된 담요만 비치하여야 한다.

> **해설**
> 반드시 고압 체임버를 위해 만들어진 매트리스를 사용한다. 울 또는 합성섬유는 정전기로 인한 스파크의 가능성 때문에 절대로 사용해서는 안 된다.

46 수중에서 단단한 펄의 고랑을 파거나 쌓여 있는 퇴적물을 해체시킬 때 쓰이는 장비로 가장 적합한 것은?

① 굴착기
② 워터제트
③ 공기식 펌프
④ 공기흡입기

> **해설**
> **주요장비**
> • 워터제트(Water Jet) : 압축공기 또는 배수펌프를 이용해 노즐에서 뿜어내는 물줄기의 힘으로 펄, 모래 등의 퇴적물을 해체시키는 장비
> • 폰툰(Pontoon) : 부력을 제공하기 위해 조난 선박에 부착하는 물체로 인양물의 크기에 따라 폰툰의 크기와 부피가 달라짐
> • 공기흡입기(Air Lift) : 수중에서 펄이나 자갈, 모래에 웅덩이를 파거나 제거할 때 사용
> • 비치 기어(Beach Gear) : 좌초선을 이초시킬 때 힘의 배가를 얻기 위해 설치하는 것

47 해저공사 시 관(파이프)의 가장 이상적인 접합 방법은?

① 나사 접합
② 용접 접합
③ 슬레이브 접합
④ 플랜지 접합

> **해설**
> **플랜지 접합** : 관의 끝에 관과 직각으로 납작한 날개를 달고 날개에 구멍을 뚫은 관을 플랜지관이라 하며, 이러한 관끼리 볼트·너트를 이용해 접합하는 방법을 말한다.

48 잠수사가 수직 용접을 하려고 할 때 용접봉을 하향식으로 하면 좋은 이유는?

① 물거품이 잠수사의 시야를 방해하지 않기 때문에
② 용접각도의 유지가 용이하기 때문에
③ 강도와 연성을 높이기 위하여
④ 전류의 조절이 유리하기 때문에

> **해설**
> 용접봉을 위에서 아래로 진행해야만 피복제의 기포가 시야를 가리지 않는다.

정답 45 ④ 46 ② 47 ④ 48 ①

49 산소-아크 절단법에 대해 기술한 내용 중 틀린 것은?

① 전기 아크로 절단부위를 가열한다.
② 산소로 급속한 산화작용을 유발시킨다.
③ 초고온 절단봉은 전류가 흐르지 않아도 산소가 공급되면 절단이 가능하다.
④ 절단봉은 주로 용접봉을 많이 쓴다.

해설
④ 절단봉은 주로 전극봉을 많이 쓴다.

50 수중 용접기의 전선을 사용하지 않을 때는 어떻게 보관·관리하여야 하는가?

① 감아서 기름을 조금 뿌려둔다.
② 감아서 통풍이 잘되는 곳에 보관한다.
③ 아무렇게나 해도 관계없다.
④ 물속에 담가 둔다.

해설
전선의 보관방법
- 전선의 접지선과 홀더 및 토치 선은 따로 구분하여 보관한다.
- 전선을 보관할 때는 가능한 건조한 곳에서 보관하고 그리스와 기름이 없어야 한다.
- 가능하다면 벽에 걸어 놓고, 걸어 놓는 것이 여의치 않다면 절연 손상을 방지하기 위해 적절한 보호조치를 해야 한다.
- 모든 전선의 수명은 사용하지 않을 때 적절히 감아 놓거나 기름에 대한 노출을 최소화함으로써 연장된다.

51 직렬회로를 구성하여 수중폭파를 시키려 한다. 뇌관 1개당 필요한 전류는?

① 0.1amp   ② 0.6amp
③ 1.2amp   ④ 1.5amp

해설
뇌관 1개당 필요한 전류
- 직렬회로 : 1.5amp
- 병렬회로 : 0.6amp

52 수중폭파 작업 중 폭약이 불발이 되면 불발이 된 점검확인은 처음 폭발을 시도한지 최소한 얼마나 경과한 후에 하여야 하는가?

① 10분 후
② 2분 후
③ 30분 후
④ 1시간 후

해설
폭약이 불발일 경우에는 최소한 30분 후에 폭발물에 접근 조치를 취해야 한다.

53 비전기 뇌관폭파에서 준수해야 할 안전수칙 중 틀린 것은?

① 도화선은 사용하기 전에 반드시 연소시험을 해야 한다.
② 도화선의 끝단은 6인치 이상 절단하고 사용해야 한다.
③ 수중에서 사용하는 도화선은 뇌관과 도화선 연결부분에 충분한 방수를 해야 한다.
④ 도화선 도통시험을 한다.

해설
전기뇌관은 도통 또는 저항측정을 해야 한다.

54 해난구조 방법 결정 시 고려사항이 아닌 것은?

① 구조를 위한 경비
② 선박의 파손상태
③ 동원 가능한 인원
④ 장비 구매계획

해설
해난구조 방법 결정 시 고려사항
• 경제성 : 구조를 위한 경비, 인양 후 선박 수리 및 보수의 적합성
• 선박의 형태와 적재물 : 설계도 및 적재물의 종류와 상태
• 인원과 장비 : 사용 가능한 장비와 인원
• 좌초선의 파손상태
• 수심 : 작업 현장의 환경여건

55 수중 촬영 시 적합하지 않은 방법은?

① 가능하면 피사체에 대하여 카메라를 수직으로 향하여 촬영한다.
② 태양의 각도를 고려해서 촬영한다.
③ 좋은 사진을 촬영하기 위해서는 피사체에 대하여 카메라를 수평으로 향하여 찍는다.
④ 피사체의 실거리를 측정 후 카메라 눈금에 거리를 맞추어 놓고 촬영한다.

해설
피사체에 보다 가깝게 접근하여 빛의 손실을 막고 피사체와 카메라 사이의 부유 물질을 줄여 양질의 사진을 얻도록 한다.

56 다음 중 코퍼댐(Cofferdam)의 사용목적에 대한 설명으로 올바른 것은?

① 적화물을 옮겨 싣기 위한 것이다.
② 오염방지를 위한 것이다.
③ 물막이를 위해 설치하는 것이다.
④ 앵커 설치를 위한 것이다.

해설
강이나 해양공사 등에 사용되는 물막이 방수벽(Cofferdam)은 해난 구조기술의 한 방법으로도 유용하게 사용된다.
※ 사용 가능한 최고 수심은 50ft이다. 선체가 15° 이상 경사지면 사용할 수 없다.

정답 53 ④ 54 ④ 55 ① 56 ③

57 가솔린 기관인 잠수용 소형 고압 컴프레서의 회전수가 4,000rpm이고, 연소지연시간이 1/600초라면 연소지연시간 동안에 크랭크 축은 몇 도 회전하는가?(단, 진각은 $R/60 \times 360 \times T$, R : 기관회전수, T : 점화지연시간)

① 30도　　② 40도
③ 50도　　④ 60도

> **해설**
> 진각 $= \dfrac{R}{60} \times 360 \times T$
> $= \dfrac{4,000}{60} \times 360 \times \dfrac{1}{600} = 40$

58 다음 중 컴프레서 등에서 엔진오일의 양이 부족하면 어떤 현상이 나타나는가?

① 출력이 증대된다.
② 연소 작용이 안 된다.
③ 기관 내부가 마모된다.
④ 윤활기능이 증대된다.

> **해설**
> 엔진오일이 부족하면 윤활기능이 떨어지고 기관 내부가 마모되며 엔진이 과열될 수 있다. 반대로 너무 오일량이 많으면 마찰증가로 연비가 나빠지고 출력이 떨어진다.

59 기관에 사용되는 윤활유의 설명 중 틀린 것은?

① 인화점과 발화점이 높은 것이 좋다.
② 점도가 클수록 온도에 대한 점도 변화가 크다.
③ SAE 번호는 점도만을 나타낸다.
④ 응고점이 낮은 것이 바람직하다.

> **해설**
> 윤활유는 점도지수가 클수록 온도에 의한 점도 변화가 작다.

60 수중절단에서 사용되는 산소통의 설명 중 틀린 것은?

① 용량은 200세제곱피트이다.
② 색깔은 녹색이다.
③ 사용 시 밸브는 1/2 회전만 한다.
④ 우선나사를 사용한다.

> **해설**
> 밸브를 열 때는 천천히 열고, 완전히 연 후에는 반드시 반 바퀴 잠가야 한다.

정답　57 ②　58 ③　59 ②　60 ③

제 2 회 적중예상문제

01 유리관과 수은을 이용하여 대기의 압력(무게)을 측정한 사람은?

① 갈릴레오
② 토리첼리
③ 파스칼
④ 돌 턴

해설
대기의 압력을 최초로 측정한 사람은 갈릴레오의 제자였던 토리첼리이다.

02 바닷물과 민물의 100m 수심에서의 수압은 어떠한 차이가 있는가?

① 수압은 같다.
② 바닷물의 수압이 크다.
③ 민물의 수압이 크다.
④ 수온에 따라 다르다.

해설
바닷물과 민물의 차이
- 바닷물은 민물에 비해 비중이 1.025배 더 높다.
- 민물은 수심의 깊이 10.3m마다 수압이 1대기압씩 증가한다.
- 바닷물은 수심의 깊이 33ft마다 수압이 1대기압씩 증가한다.
- 민물 : 10.3m(1,030cm) / 30.4801 = 33.792 = 약 34ft마다 1대기압씩 증가한다.
- 바닷물 : 33ft × 30.4801 = 10.058 = 약 10m마다 1대기압씩 증가한다.
  ※ 1피트 = 30.4801cm = 0.304801m

03 해면상에 작용하는 절대압력은 얼마인가?

① 0.44psi
② 4.45psi
③ 14.7psi
④ 29.4psi

해설
해면에서의 표준대기압을 절대압력으로 나타내면 14.7psi이다.

04 해수 수심 33ft에 해당하는 계기압은?

① 1기압
② 2기압
③ 3기압
④ 4기압

해설
1기압(미터법과 피트법)

미터법	1기압 = 10m = 1.025kg/cm²
피트법	1기압 = 33ft = 14.7psi

정답 1 ② 2 ② 3 ③ 4 ①

05 수심 20m에 있는 잠수함의 내부는 몇 기압을 유지하는가?

① 잠수 수심의 기압
② 2기압
③ 3기압
④ 1기압

해설
잠수함은 해저 얼마의 수심에 있든지 내부 압력은 1기압으로 유지된다.

06 바닷물의 밀도는 일반적으로 수심에 따라 어떻게 변화하는가?

① 깊어질수록 밀도가 높다.
② 깊어질수록 밀도가 낮다.
③ 거의 변함이 없다.
④ 중간 수심이 밀도가 제일 높다.

07 잠수사가 수중에서 수영할 때 천천히 하는 것이 유리한 이유는?

① 물의 저항 때문
② 낮은 수온 때문
③ 수압의 영향 때문
④ 장비의 무게 때문

해설
수중에서 속도를 2배로 늘리면 저항은 4배로 커지고 에너지가 4배로 소모되므로 수중활동은 천천히 한다.

08 수영장에 있는 자연적인 부력을 일시적으로 증가시킬 수 있는 방법은?

① 공기를 깊이 들이 마셔 가슴을 부풀게 한다.
② 공기를 충분히 내뱉어 가슴을 축소시킨다.
③ 정상호흡 상태에서 고개를 내려뜨린다.
④ 어떤 방법으로도 일시적인 부력 증가는 안 된다.

해설
숨을 들이키면 허파가 팽창하여 인체의 부피를 증가시키므로 부력이 증가하여 양성부력(물에 뜨는 부력)을 갖게 되며 숨을 내쉬면 그 반대의 현상이 일어나 음성부력(가라앉는 부력)이 된다.

09 다음 중 해류를 만드는 주된 요인이 아닌 것은?

① 수온차
② 달의 인력
③ 바 람
④ 바닥의 경사도

해설
해류는 바람이나 해면의 경사, 또는 해수의 밀도 등에 의해 생성되며 대륙 및 지구 자전의 영향을 받아서 거의 일정한 방향으로 오른다.

정답 5 ④ 6 ③ 7 ① 8 ① 9 ④

10 수중에서는 모든 물체가 실제 크기보다 크게 보이는 현상이 일어난다. 그 원인으로 올바른 것은?

① 빛의 선택적 투과에 의한 착시
② 미세한 부유물에 의한 산란
③ 수경과 물 사이의 빛의 굴절
④ 압력에 의한 눈의 압박

> 해설
> 물안경의 유리와 물에서 2번 굴절을 하는데 이로 인해 수중에서는 물체가 약 25% 정도 크고 가깝게 보인다.

11 다음 중 햇빛이 바닷속으로 침투하는 데 방해가 되는 것 중 그 영향이 가장 적은 것은?

① 파 도
② 플랑크톤
③ 수 온
④ 수중 부유물

> 해설
> 물속의 부유물, 플랑크톤에 의해 빛이 확산됨으로써 더욱 어두워지는 원인이 되고, 수중 사진 촬영 시 대비감이 상실된다.

12 수중에서 잠수사가 소리의 방향을 대기 중에서보다 판단하기 어려운 이유는?

① 수압 때문이다.
② 수온 때문이다.
③ 소리의 전달 속도 때문이다.
④ 소리의 매질이 같으나 온도가 다르기 때문이다.

> 해설
> 지상에서 양쪽 귀에 전달되는 소리의 차이로 방향을 알 수 있지만 수중에서는 전달되는 속도가 빠르기 때문에 거의 동시에 양쪽 귀에 소리가 전달되어 방향을 알 수 없다.

13 다음 중 불활성기체에 속하는 것은?

① 산 소
② 이산화탄소
③ 일산화탄소
④ 질 소

> 해설
> 불활성기체 : 질소(N_2), 네온(Ne), 아르곤(Ar), 크립톤(Kr), 제논(Xe) 등
> • 활성기체 : 산소처럼 다른 기체와 화합을 잘하며 혼합물질을 만들어내는 것
> • 불활성기체 : 성질이 다른 것들과 좀처럼 화합을 하지 않는 것

정답 10 ③ 11 ② 12 ③ 13 ④

14 연료의 불완전연소에 의해 발생하여 무색·무미·무취하나 화학적 활성이 높기 때문에 인체에 치명적일 수 있는 기체는?

① 질 소
② 일산화탄소
③ 이산화탄소
④ 헬 륨

> [해설]
> **일산화탄소 중독**
> 주로 공기압축기의 내연 기관을 통해 또는 점도가 낮은 윤활유가 연소되면서 발생하는데 0.002%(20ppm)의 농도에도 치명적인 손상을 입게 된다. 특히 일산화탄소 중독은 낮은 농도라고 하더라도 장시간 호흡하게 되면 단시간에 높은 농도로 호흡하는 것과 같은 효과를 가지기 때문에 가능한 빨리 2기압의 재압체임버에서 100%의 산소를 공급해야 한다.

15 10L의 공기를 넣은 고무풍선을 수심 40m로 가지고 내려가면 그 고무풍선의 부피는?

① 2L
② 2.5L
③ 4L
④ 5L

> [해설]
> 보일의 법칙 : 압력 × 부피 = 일정
> 압력이 감소하면 기체의 부피는 증가하고, 압력이 증가할수록 기체의 부피는 감소한다. 수심 40m에서 절대압력은 5기압이고 물속 부피는 10 ÷ 5 = 2L이다.

16 잠수 후 몸을 따뜻하게 하기 위한 방법 중 가장 거리가 먼 것은?

① 약간의 알코올 음료수를 마신다.
② 건조 후 옷으로 갈아입는다.
③ 온수로 간단한 샤워를 한다.
④ 따뜻한 물을 마신다.

> [해설]
> 잠수 후에도 음주는 금물이며, 물을 수시로 마시면서 충분히 쉬어야 한다.

17 잠수 중 종아리에 쥐가 났을 경우 우선적으로 어떻게 조치하는 것이 가장 효과적인가?

① 수면으로 급히 올라간다.
② 발끝을 잡아당겨 근육을 당겨준다.
③ 쥐가 난 근육을 세게 두들긴다.
④ 칼로 찌른다.

> [해설]
> 갑작스럽게 쥐가 났을 경우엔 침착하게 숨을 고르고 발을 몸 앞쪽으로 쭉 뻗은 상태에서 발가락을 몸 쪽으로 당겨준다.

정답 14 ② 15 ① 16 ① 17 ②

18 잠수하여 내려가는 도중 귀가 아프면 어떻게 하는 것이 적절한가?

① 그날 잠수를 포기한다.
② 약간 위로 올라가 압력균형을 한다.
③ 참고 조금 내려간다.
④ 해면으로 올라와서 압력균형을 한다.

해설
고막이 아프기 시작하면 이미 늦은 때이고, 이때는 제대로 이행되지 않는다. 이런 경우에는 1m 정도 상승한 뒤 다시 압력 균형을 실시해야 한다.

19 잠수 중에 파열된 고막을 통하여 찬물이 갑자기 중이 속으로 들어왔을 때 가장 심하게 발생되는 증상은?

① 통 증
② 두 통
③ 현기증
④ 귓속에 이물감

해설
귀의 압력균형을 하지 않고 깊이 잠수하면 고막이 파열된다. 고막이 파열됐을 때 잠수사는 짧은 순간이지만 심한 현기증을 겪는데 이 현기증으로 메스꺼움이나 구토가 발생할 수 있다.

20 잠수사가 상승 시 상승속도를 유지해야 하는 주된 이유는?

① 신체 공간의 압력을 제거하기 위하여
② 공기공급 호스의 꼬임을 방지하기 위하여
③ 색전증을 방지하기 위하여
④ 질소마취를 방지하기 위하여

해설
색전증 예방
• 잠수 중 상승 시 절대로 숨을 참지 말고 정상적인 호흡을 한다.
• 상승속도(30fpm)를 초과하지 않는다(1분에 9m).
• 비상상승 시 고개를 뒤로 젖혀 기도를 열어 주고 위를 쳐다보면서 "아" 소리를 내며 폐 속의 팽창된 공기를 조금씩 나가도록 하게 하여 상승한다.

21 잠수 중 산소중독은 언제 일어날 수 있는가?

① 순수 산소를 호흡기체로 잠수할 때
② 숨쉬는 공기가 오염됐을 때
③ 물속에서 숨을 참으면서 잠수할 때
④ 숨을 너무 많이 쉴 때

해설
산소중독
• 압력을 초과하는 산소부분압은 인체에 유독하다. 즉, 산소는 함량이 높으면 산소중독을 일으킨다.
• 산소중독은 산소의 부분압과 노출시간에 의해 좌우된다.
• 0.2 내지 0.6기압의 산소분압 범위 내에서는 노출시간에 관계없이 유독하다.
• 산소분압이 1.6기압 또는 그 이상일 때 중추신경계의 산소중독은 폐중독증이 발생하기 전에 먼저 발생한다(근육 연축, 현기증, 시각장애, 청각장애, 호흡곤란, 불안 및 착란, 피로감).
• 호흡기체의 산소분압이 1.6기압 내지 그 이상일 경우 심한 작업을 하는 잠수사는 중추신경계 산소중독증에 걸릴 위험이 있다.

정답 18 ② 19 ③ 20 ③ 21 ①

22 압축공기 잠수의 평균 안전 작업 수심을 약 30m 정도로 제한하는 1차적인 원인은?

① 산소 독성
② 질소마취 현상
③ 기체 밀도 증가
④ 탄산가스 독성

해설
대부분의 압축공기를 사용하는 잠수사는 30m보다 깊은 수심에서 질소마취를 겪게 되며 질소마취에 대한 감수성은 개인마다 큰 차이를 보일 수 있다.

24 잠수 시 하강할 때 날숨을 계속하는 이유로 옳은 것은?

① 폐의 부피를 적게 하기 위해서
② 부력을 줄이기 위해서
③ 공기의 소모를 줄이기 위해서
④ 쉽게 하강하기 위해서

해설
잠수할 때 공기를 적게 들이마시고 날숨을 고르게 내쉬어야 공기를 적게 소모한다.

23 다음 중 잠수에 제일 나쁜 질병은?

① 폐결핵
② 황 달
③ 당 뇨
④ 감 기

해설
다음과 같은 사람들은 잠수를 하지 않는 것이 바람직하다.
• 폐결핵을 앓았거나 앓고 있는 사람
• 심장이 비정상적인 사람
• 고혈압 또는 저혈압인 사람
• 간질병을 지닌 사람
• 감기를 자주 앓는 사람
• 천식이 있는 사람
• 귀나 코에 이상이 있는 사람
• 무거운 장비들을 메거나 들고 다닐 수 없는 사람
• 심한 두통이 자주 있는 사람
• 밀실 공포증이 있는 사람

25 감압정지의 설명 중 맞는 것은?

① 몸속에 축적된 일산화탄소를 배출하기 위해 얕은 곳에서 머무는 것
② 잠수해 내려가면서 압력조절을 하기 위해 멈추는 것
③ 몸속에 축적된 질소를 배출하기 위해 최고 잠수 수심보다 얕은 곳에서 머무는 것
④ 질소마취를 예방하기 위해 정지하는 것

해설
감압정지 : 비감압 한계 시간을 초과한 잠수를 마치고 상승 중 지정 수심에서 지정된 시간 동안 정지함으로써 과다하게 축적된 질소를 호흡을 통해 체외로 배출하는 절차를 말한다.

26 단계적 수중 감압 시 잠수자가 체류해야 할 수심은 M 또는 ft로 표시되어 있다. 이때 인체의 어느 부분이 지정된 수심에 가장 가깝게 위치하여야 하는가?

① 머 리
② 가 슴
③ 하복부
④ 발

해설
감압정지 시 정지하는 수심이 잠수자의 가슴 위치에 오도록 한다.

27 잠수표(감압표)의 반복 그룹표란 무엇인가?

① 반복해서 잠수한 수심
② 몸속의 잔여 질소 상태
③ 휴식시간
④ 반복하는 감압표

해설
반복 그룹 지명기호 : 잠수 종료 후에 잠수사의 인체에 남아 있는 잔여 질소의 양을 나타내기 위해 사용되는 기호이다.

28 감압 불필요 한계(No-decompression Limits)에 관한 설명 중 가장 올바른 것은?

① 한계를 초월할 경우를 고려하여 10%의 여유를 두어 설정되었다.
② 수치가 매우 유동적이어서 허용치의 75%를 사용하는 것이 바람직하다.
③ 매우 정확한 것으로서 한계 시간에는 곧바로 상승해야 한다.
④ 수치가 근사치이므로 그 한계 내에서만 잠수를 하고 절대 허용치를 초과하지 않아야 한다.

해설
깊이가 27ft나 그 이상인 경우 감압 불필요 한계(No-decompression Limits)라는 시간제한이 정해져 있다. 주어진 깊이에서 보낸 시간의 길이는 이 한계점에 가까워져서도 또는 초과해도 안 되며 만약 그러했을 경우에는 잠수 후 올라갈 동안 또는 올라간 다음에 매우 심각한 다이빙 병인 감압병을 일으키게 된다.

29 수중작업을 마치고 잠수선에 복귀한 잠수자에게 수면 도착 30분 후에 호흡 곤란증이 발생하였다. 가장 가능성이 큰 건강장애는 무엇인가?

① 허파 파열증
② 허파 압착증
③ 중증 감압병
④ 천 식

해설
중증 감압병과 기체색전증은 그 증세가 비슷하지만 발병시간이 10분 이내면 기체색전증이고 그 이후면 중증 감압병이다.

정답 26 ② 27 ② 28 ④ 29 ③

30 중증 감압병 환자나 기체색전증 환자를 재압체임버가 있는 의료시설로 옮길 때의 주의사항 중 틀린 것은?

① 가능하면 100% 산소를 공급
② 비행기로 옮길 때는 가능한 낮게 비행
③ 머리를 다리보다 높게 하여 후송
④ 가급적 최대한 빠르게 후송

해설
환자의 머리를 낮게 하고 다리는 높게 한 상태에서 100% 산소를 호흡을 하면서 재압체임버까지 이동하여 즉시 재압치료를 한다.

31 오늘날 사용되는 스쿠버 장비의 발명가는?

① 죠반니 보렐리(Giovanni Borelli)
② 윌리엄 핍스(William Phipps)
③ 아우구스트 시베(Augutus Siebe)
④ 자크 이브 쿠스토(Jacques. Y. Cousteau)

해설
개방식 스쿠버는 루케이요가 호흡 조절기를 고안한 지 60년이 지난 1943년에 비로소 실용화되었으며, 프랑스 해군 대위인 자크 이브 쿠스토(Jacque Yves Cousteau)와 고압가스 전문가이자 공학자인 에밀 가냥(Emile Gagnan)이 호흡 조절기와 고압의 공기통을 공동으로 발명하였다.

32 다음 중 산소와 잠수와의 관계로 틀린 것은?

① 개방식 압축공기 스쿠버에서는 중추신경계 산소 독성이 거의 안 생긴다.
② 수심 40m에서 압축공기를 호흡할 때 산소가 인체에 미치는 영향은 대기압 조건에서 100% 산소를 호흡하는 것과 비슷하다.
③ 산소내성검사는 60ft(약 18m) 수심에서 30분간 100% 산소를 호흡시키는 것이다.
④ 100% 산소를 사용하는 잠수장비는 수심 60ft(약 18m)까지 사용 가능하다.

해설
100% 산소를 사용할 수 있는 최대 수심을 19.8ft(약 6m) 이내로 제한한다.

33 잠수용 공기통에 순수산소를 넣으면 안 되는 이유는?

① 공기통에 녹이 빨리 슬기 때문에
② 공기보다 비경제적이므로
③ 산소 중독의 위험 때문에
④ 질소마취가 빠르므로

해설
공기통에는 순수한 압축공기만을 충전하며, 산소 충전 시 폭발위험 및 잠수사의 산소 중독 위험이 있다.

34 우리나라에서 10년 이상 된 스쿠버용 공기통은 몇 년마다 수압 검사를 받아야 하는가?

① 3년
② 7년
③ 10년
④ 15년

해설
우리나라는 10년 이내의 실린더는 5년, 10년이 경과된 실린더는 3년마다 검사를 받아야 한다.

35 다음 중 헬멧형 잠수 기구에서 역지밸브의 용도는?

① 초과팽창 상승 방지
② 감압병 방지
③ 압착병 방지
④ 기체색전증 방지

해설
기체공급 역지밸브는 호흡기체 공급이 두절된 상황에서 호흡기체가 역류하는 것을 방지한다.

36 다음 중 KMB 밴드마스크의 역지(One Way)밸브에 대한 설명 중 틀린 것은?

① 매 첫 잠수 전에 검사한다.
② 압착현상을 방지한다.
③ 마스크 내 기체의 압력을 일정하게 유지시킨다.
④ 침수되는 물을 제거시키는 중요한 밸브이다.

해설
원웨이밸브(역지밸브) 공기 통로가 한쪽 방향으로 흐르게 되어 있으며 호흡 조정기에 공기를 공급한다.

37 슈퍼라이트-17 헬멧 내부에 있는 입 마스크(Oral Nasal)의 용도 중 가장 적합한 것은?

① 헬멧 내 CO_2 확산을 막는다.
② 잠수사의 호흡량을 적절히 유통되게 한다.
③ 잠수사가 입과 코로 편안하게 호흡할 수 있도록 한다.
④ 헬멧 내 침수된 물이 호흡에 지장을 주지 않도록 한다.

해설
불필요한 공기 영역을 감소시킴으로써 CO_2의 누적을 줄인다.

38 하잠줄을 사용하여 잠수할 때의 장점이 아닌 것은?

① 빨리 하잠할 수 있다.
② 정확한 작업지점에 내려갈 수 있다.
③ 조류에 떠밀리지 않는다.
④ 하잠 및 상승 속도를 조절하기 쉽다.

> **해설**
> 하잠줄을 잡고 하잠하면 하잠 속도를 유지하기 쉽고 정확한 지점으로 하잠할 수 있으며 일행들과 헤어지는 것을 방지할 수 있다.

39 잠수사 온수공급장치(Hotwater Diving System)의 설명 중 틀린 것은?

① 모든 잠수 시 이용된다.
② KMB 밴드마스크 잠수 시 심해에서 장시간 체류할 때 사용된다.
③ 70°F일 때 유출량은 분당 약 15.1L(4갤런) 정도이다.
④ 겨울철 KMB 밴드마스크 장비 사용 시 효과적이다.

> **해설**
> 온수공급장치는 심해잠수 장비의 구성에 속한다.

40 잠수복의 사용 후 정비 방법으로 옳은 것은?

① 햇볕에 건조시킨다.
② 지퍼는 고체 윤활유로 가끔 닦아준다.
③ 부력을 유지시키기 위해 잘 접어 보관한다.
④ 바닷물에 깨끗이 세척한다.

> **해설**
> 방수 지퍼는 부드러운 칫솔에 전용 세제 또는 비눗물을 묻혀 안팎을 닦아내야 하며 지퍼에는 파라핀 왁스 이외에 다른 윤활제를 발라서는 안 된다.
> **잠수복 보관요령**
> - 직사광선을 피해서 충분히 말린 후 서늘하고 건조한 곳에 보관한다.
> - 장시간 눌리거나 접혀 있으면 복원되지 않으므로 슈트가 구겨지지 않도록 보관한다.
> - 바닷물로 잠수복을 세척할 경우 염분 등으로 인해 부식 가능성이 있으므로 청수로 깨끗하게 닦아낸다.

41 심해잠수 시 잠수사에게 적합한 압력의 호흡기체를 공급하려면 어떤 사항을 가장 정확히 알아야 하는가?

① 예정된 해저 체류시간
② 잠수사가 위치한 수심
③ 기체 공급 호스의 길이
④ 기체 저장 탱크의 압력

> **해설**
> 일정한 수심에서 얼마나 잠수할 수 있느냐 하는 것은 공기통의 용량과 내부 압력에 의해 좌우된다.

42 슈퍼라이트-17 헬멧 장비로 수심 20m에서 잠수하려면 최소한 약 몇 kg/cm²의 압력이 필요한가?

① 2.1kg/cm²
② 4.2kg/cm²
③ 6.4kg/cm²
④ 11.5kg/cm²

> **해설**
> 기체 요구량은 대체적으로 40~127L(1.4~4.5acfm)이며, 표면 공급 요구 압력은 8~16kg/cm²(115~225psi)가 유지되어야 한다.

43 저압 공기 압축기 운전 시 시동 전에 검사해야 할 것은?

① 윤활유 검사
② 드레인 밸브 검사
③ 공기압력 검사
④ 벨트의 장력 검사

> **해설**
> 공기 압축기를 가동하기 전 제일 먼저 5° 이상 경사지지 않도록 하고 오일 계통을 점검한다.

44 체임버 작동 시 내부의 탄산가스 허용도는?

① 0.8%   ② 1.5%
③ 2.5%   ④ 3.2%

45 잠수병 환자 치료 시 재압체임버 안에 반드시 갖추어져야 하는 것은?

① 시계
② 음식물
③ 표준감압표
④ 보조사(Tender)

> **해설**
> 치료표를 운영할 때는 반드시 체임버 내부에 보조사(Inside Tender)가 동행한다.

정답 42 ④ 43 ① 44 ② 45 ④

46 콘크리트를 수중에서 양생할 때 수온을 몇 ℃ 전후로 유지하는 것을 표준양생이라 하는가?

① 10℃
② 15℃
③ 20℃
④ 25℃

해설
수중양생(水中養生)
콘크리트를 수중에 만들어 양생하는 것으로 수온이 20℃ 전후로 유지되고 있는 경우를 특히 표준양생이라고 한다.

47 임시 고리, 인명구조용으로 많이 사용하는 결색은?

① 올가미 매듭
② 막 매듭
③ 바른 매듭
④ 사다리 매듭

해설
① 올가미 매듭 : 고리를 만들어 당기면 조여진다. 임시 고리, 인명구조용으로 많이 사용한다.
② 막 매듭(옥 매듭) : 끝줄이 Block에서 빠지지 않게 하는 데 사용하거나 세색의 끝단을 고정 시 사용한다.
③ 바른 매듭 : 동색 연결 시(굵기가 같은) 사용한다.
④ 사다리 매듭 : 사다리 대용품으로 사용한다.

48 Oxy-Arc 수중절단은 주로 어떤 작용에 의해 절단이 되는가?

① 용해작용
② 탄화작용
③ 동화작용
④ 용융작용

해설
산소 아크 절단법(Oxy Arc Cutting)은 산소와 아크열의 용융작용에 의해 금속이 절단되는 방법이다.

49 수중절단 작업 중 산소 공병을 교환하려고 한다. 고압가스 창고에 각종 색깔의 압력 용기가 있을 때 산소용기의 색깔은?

① 흑 색
② 녹 색
③ 적 색
④ 회 색

해설
각종 가스용기의 도색구분

가스의 종류	도색구분
산 소	녹 색
수 소	주황색
액화 탄산가스	청 색
LPG	회 색
아세틸렌	황 색
아르곤	회 색
액화 암모니아	백 색
기타 가스	회 색

50 저성능 폭약의 특징은?

① 밀어내는 힘보다 파괴력이 강하다.
② 3,200fps 이상이다.
③ 음속 이하의 폭파속도를 가진다.
④ 고체에서 순간적으로 기체의 상태로 변한다.

해설
저성능 폭약
• 흑색가루와 연기가 없는 가루가 가스 상태로 변화하는 것(폭연)이다.
• 1,300fps 이하이다.
• 폭약이 없어질 때까지 분자와 분자가 탄다.
• 폭발시켰을 때 열의 발생도가 느리다.
• 저성능 폭발은 파괴력보다 밀어내는 힘이 강하다.

46 ③ 47 ① 48 ④ 49 ② 50 ③ **정답**

51 수중폭파에서 사용되는 회로구성 중 그림과 같은 것은?

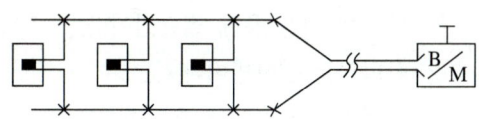

① 직렬회로
② 병렬회로
③ 지연식회로
④ 직·병렬회로

> [해설]
> 병렬회로는 두 개 이상의 소자를 나란히 연결하여 만든 회로이다.

52 잠수작업 위치에서 수중폭파를 할 수 없는 안전거리는?

① 1,500m 이내
② 1,800m 이내
③ 2,100m 이내
④ 2,400m 이상

> [해설]
> 잠수작업을 하고 있는 곳에서 2,000yd(1,800m) 내에서 수중폭파를 하지 말아야 한다.

53 얼음 밑 다이빙(Ice Diving)을 할 때 가장 중요한 안전장비는?

① 수중전등
② 보조 공기통
③ 안전밧줄
④ 온수 잠수기 장비

> [해설]
> 얼음 밑 잠수 중에 가장 중요한 사항은 안전줄 없이는 절대로 얼음 밑 잠수를 하지 말아야 한다는 것이다.

54 해상에서 인공위성을 사용하여 위치를 계측하는 계기는?

① 로란 C(LORAN C)
② 지피에스(GPS)
③ 데카(DECCA)
④ 로란 B(LORAN B)

> [해설]
> GPS : Global Positioning System, 전 세계 위치측정시스템
> ※ LORAN-C(Long Range Navigation, 장거리무선항법장치) : 해상, 육상, 항공기 등의 폭넓은 이용범위와 높은 정확도로 위치 측정을 할 수 있는 시스템으로 LORAN이 다른 시스템과 구별되는 주요원리는 펄스파를 발사하는 것이며 A, B, C, D와 같이 붙이는 것은 처음의 로란과 개발된 로란 사이의 다른 점을 나타낸 것이다.

55 수중카메라의 경우 보통 초점거리가 얼마인 렌즈를 표준렌즈라고 하는가?

① 15mm
② 35mm
③ 50mm
④ 80mm

> [해설]
> 육상의 표준렌즈는 50mm이고 수중의 표준렌즈는 35mm이다.

[정답] 51 ② 52 ② 53 ③ 54 ② 55 ②

56 4행정 기관에서 혼합가스가 연소하여 피스톤을 밀어내리는 행정은?

① 폭발행정 ② 배기행정
③ 흡입행정 ④ 압축행정

해설
4행정 기관에서 동력을 얻는 과정
- 흡입행정 : 실린더 내에 연료와 공기의 혼합공기를 흡입하는 행정
- 압축행정 : 실린더 내에 흡입(吸入)된 새 공기를 피스톤의 상승작용에 의해 압축하는 행정
- 폭발행정 : 혼합가스가 연소하여 피스톤을 밀어내리는 행정
- 배기행정 : 배기밸브가 열리면서 동력 행정에서 일을 한 연소가스를 실린더 밖으로 배출시키는 행정
※ 피스톤이 4개면 4기통, 실린더가 6개면 6기통이다.

57 엔진에 윤활유를 보충 시 적정량보다 과다하면 어떤 현상이 일어나는가?

① 기관의 냉각이 양호해진다.
② 기관의 회전속도가 빨라진다.
③ 기관의 회전속도가 늦어진다.
④ 연소실에 윤활유가 올라와 연소된다.

해설
윤활유가 연소실에 올라오는 원인
- 피스톤과 실린더 사이의 간극이 클 때(마모에 의함)
- 윤활유 주입량이 과다할 때
- 유압이 높아 실린더 벽에 과다한 오일을 분출시킬 때

58 배수 펌프(디젤 펌프)의 특징을 잘못 기술한 것은?

① 기계의 구조가 단순하다.
② 대개 원심력 펌프이다.
③ 해면과 가까울수록 효율이 감소된다.
④ 흡입에 비해 배출은 중요하지 않다.

해설
③ 수면과 가까울수록 효율은 좋아진다.
※ 배수 펌프의 임펠러 : 러너(Runner)라고도 하며, 증기터빈이나 반동수차(反動水車)에 있어서 증기 또는 물의 에너지를 받아 회전하는 바퀴이다.

59 메탈아크(Metal ARC) 절단법을 설명한 것 중 틀린 것은?

① 고열에 의한 용해 절단법이다.
② 산화되는 절단법이다.
③ 비철금속의 절단에 효과적이다.
④ 높은 암페어가 필요하다.

해설
피복 금속 아크 절단의 특징은 무엇보다 높은 전류를 사용하는 데 있다. 일단 전류를 높여 고열의 아크를 발생시키면 금속은 용융 작용에 의해 녹는다. 이때 녹은 금속은 저절로 떨어져 나가지 않으므로 전극봉으로 밀어내주어야 한다. 이 절단법은 산소 아크 절단법에서 쉽게 산화되지 않았던 금속들, 즉 비철금속을 절단할 때 사용된다.

60 해양환경보존 대책으로 부적절한 것은?

① 해양생물의 부착을 방지하기 위해 납 성분이 포함된 방오도료를 사용한다.
② 오탁방지시설을 한다.
③ 가능한 현장에서는 구조물의 제작을 피하고 가설조립을 한다.
④ 레일 사용 시 밑에 완충제를 삽입하여 소음 및 진동을 최소화한다.

해설
유해 방오도료 등의 사용을 금지하고, 일반 방오도료 등의 설치기준 및 방법에 대한 규제근거를 마련함으로써 무분별한 방오도료의 사용에 따른 해양환경오염을 예방해야 한다.

PART 03

과년도+최근 기출복원문제

2009~2016년   과년도 기출문제
2017~2024년   과년도 기출복원문제
2025년   최근 기출복원문제

2009년 과년도 기출문제

01 역류(이안류)에 대한 설명 중 가장 적합한 것은?

① 항상 일정한 속도로 흐른다.
② 남극에서 적도를 향해 흐르는 해류이다.
③ 해안에서 바다 쪽으로 흐른다.
④ 수심이 얕은 곳으로 흐른다.

해설
역류(Rip Current, 이안류)
해안에서 바다 방향으로 흐르는 해류이다. 대체적으로 완만한 경사, 넓은 면적을 가진 해변에서 주로 발생하며 폭이 좁고, 물살이 매우 빠르다.

02 탄산음료수의 병마개를 뽑으면 거품이 솟아오르는 이유는?

① CO_2가 분해하기 때문이다.
② 용액 위의 압력이 줄어들면, 용해도가 줄기 때문이다.
③ 수증기가 생기기 때문이다.
④ 온도가 올라가게 되어 포화용해도가 줄기 때문이다.

해설
탄산음료수에는 이산화탄소 기체가 녹아 있고, 탄산음료수의 병마개를 뽑으면, 순간적으로 탄산음료수 안의 압력이 감소한다. 따라서 용해되어 있던 이산화탄소 기체가 뿜어져 나오는 것이다. 즉, 용액 위의 압력이 줄어들면, 용해도가 줄기 때문이다.

03 수면에서 심호흡을 한 후 호흡을 멈춘 상태로 수심 10m까지 잠수하였다면 허파 내부 기체의 압력상태는?

① 변화가 없다.
② 압력이 증가한다.
③ 압력이 감소한다.
④ 사람에 따라 변화할 수도, 안 할 수도 있다.

해설
호흡정지 잠수를 할 때 수심에 따른 허파 내부의 기체 용적(부피)은 수심이 깊어질수록 압력은 증가하고 기체의 부피는 감소한다.

04 태평양의 강한 표층해류로, 북적도해류가 필리핀의 루손섬 부근에서 북동쪽으로 방향을 틀어 일본의 동부 해안까지 흐르면서 형성되었으며, 우리나라의 서해와 동해로 흐르는 난류와 가장 관계가 깊은 것은?

① 쓰시마 해류
② 리만 해류
③ 북적도 해류
④ 쿠로시오 해류

해설
④ 쿠로시오 해류 : 태평양 서부 타이완섬 동쪽에서 시작해서 북쪽으로 일본을 거쳐 흐른다. 일본 동쪽에서 오야시오 해류와 만나 동쪽으로 향하는 북태평양 해류가 된다. 해류의 일부는 동해로 흘러들어 쓰시마 해류가 된다.
① 쓰시마 해류 : 동중국해의 쿠로시오 해류에서 갈라져 나온 해류이다.
② 리만 해류 : 타타르 해협 부근으로부터 유라시아 대륙을 따라 동해로 남하하는 해류(한류)이다.
③ 북적도 해류 : 태평양, 대서양의 중요한 해류로 동쪽에서 서쪽으로 북위 10~20°에서 흐른다.

정답 1 ③ 2 ② 3 ② 4 ④

05 수중에서 방향을 판단할 때 참고할 수 있는 것으로 적합하지 않은 것은?

① 해저의 모래 무늬
② 동료의 신호음
③ 해류의 방향
④ 생물의 움직임

해설
자연단서
빛과 그림자, 물의 움직임, 파랑(Surge), 바닥 물질과 지형, 해저지형, 수중생물, 소음

06 섭씨온도를 절대온도로 바꾸는 공식은?(단, K는 절대온도, C는 섭씨온도)

① K = C + 273.15
② K = C - 273.15
③ K = C + 173.15
④ K = C - 173.15

해설
절대온도 : 기체 법칙에서의 온도는 절대온도로 측정되며 절대온도 0K는 기체를 구성하고 있는 기본단위로서 분자의 운동이 정지되어 있는 상태를 말한다. 일반적으로 사용하는 ℃와 °F의 온도는 물을 기준으로 한 까닭에 기체의 운동과는 별개이다. 따라서 기체의 분자 운동이 정지되는 절대온도의 0K는 섭씨로는 −273.15℃에 해당하며, 화씨로는 −459.67°F에 해당한다.
- 켈빈 온도 : 섭씨(℃)의 절대온도
  K = ℃ + 273.15°
- 랭킨 온도 : 화씨(°F)의 절대온도
  °R = °F + 459.67°

07 부피가 100L인 고무풍선을 바닷물 속에 가지고 들어갔을 때 수심 40m에서의 부피는?(단, 압력 이외의 다른 조건 변화는 무시한다)

① 20L ② 25L
③ 33L ④ 50L

해설
보일의 법칙(Boyle's Law)
- 보일의 법칙 : 압력 × 부피 = 일정
- 압력이 감소하면 기체의 부피는 증가하고, 압력이 증가할수록 기체의 부피는 감소한다.
- 일정한 온도에서 압력이 2배, 3배이면 기체의 부피는 1/2, 1/3로 줄어든다.
- 일정한 온도에서 압력이 1/2배, 1/3배이면 기체의 부피는 2배, 3배로 늘어난다.
- 수심 40m에서 절대압력은 5기압이고 부피는 100 ÷ 5 = 20L이다.

08 태양빛의 가시광선 중 물속으로 가장 깊게 들어갈 수 있는 색깔은?

① 빨 강
② 노 랑
③ 파 랑
④ 주 황

해설
가시광선 중 적색광이 가장 흡수되기 쉽고 청색광은 다른 색광보다 산란이 잘되고 흡수가 적어 상당히 깊은 수중에 이른다. 일반적으로 맑은 물에서는 70m 정도에서 청색광이 흡수되며 150~200m 정도면 거의 암흑에 가까워진다.

09 수중 20m에서의 계기(Gauge)압력은?

① 1기압
② 2기압
③ 3기압
④ 4기압

해설
압력은 수중에서 수심이 10m 깊어질 때마다 1기압씩 증가하게 된다.

10 음파의 수중 전달 속도는 공기보다 약 몇 배 빠른가?

① 2배   ② 3배
③ 4배   ④ 10배

해설
수중에서의 음파 전달 속도는 1,500m/s, 공기 중 음파속도는 340m로 음파의 수중 전달 속도는 4배나 빠르다.

11 질소마취 현상의 특징과 가장 거리가 먼 것은?

① 급하게 하강하면 증상이 악화될 수 있다.
② 목표수심에 도착한 후에도 체류시간이 길어질수록 악화된다.
③ 잠수사 사이에서도 개인 차이가 심하다.
④ 약간의 적응력이 생긴다.

해설
질소마취 현상은 대기압 조건으로 복귀 시 아무런 후유증 없이 회복되며 목표수심 도착 직후에 증상이 가장 심하고 이후 약간 악화되며, 개인차가 심하다.

12 잠수 중 고막이 파열되어 찬물이 귓속으로 들어간 경우 발생할 수 있는 증세는?

① 호흡곤란
② 심한 작열감
③ 심한 두통
④ 심한 현기증

해설
귀의 압력균형을 하지 않고 깊이 잠수하면 고막이 파열된다. 고막이 파열됐을 때 잠수사는 짧은 순간이지만 심한 현기증을 겪는데 이 현기증으로 메스꺼움이나 구토가 발생할 수 있다.

13 감압병 환자를 치료하는 방법 중 가장 적합한 것은?

① 즉시 재압실에 넣고 치료한다.
② 즉시 수중감압을 실시한다.
③ 온천수에 찜질한다.
④ 즉시 진정제를 투여한다.

> **해설**
> **감압병의 치료**
> - 100%의 산소 호흡을 시키며 즉시 재압실로 후송한다.
> - 가벼운 증상일지라도 반드시 재압치료를 하는 것이 좋다.
> - 재압치료 시설이 멀다고 해서 수중에서 재압치료를 하면 안 된다.

14 호흡정지 잠수(거식잠수)를 하는 해녀의 경우 감압병의 발생 여부에 대한 설명으로 가장 옳은 것은?

① 얕은 수심에서 잠수하므로 발생하지 않는다.
② 호흡정지 시간이 짧으므로 발생하지 않는다.
③ 반복해서 계속 잠수하면 발생할 수 있다.
④ 어떠한 경우에도 발생하지 않는다.

> **해설**
> **감압병(Decompression Sickness)**
> 잠수 중 인체에 과다하게 축적된 질소가 수면으로 급상승하거나 짧은 시간에 반복 잠수를 하는 잠수부의 몸속에서 질소 방울로 변하여 신경세포를 압박하거나 혈액순환을 방해함으로써 발생하는 질병을 말한다.

15 이산화탄소 중독과 관계되는 증상 또는 현상에 대한 내용 중 틀린 것은?

① 질소마취 등을 유도할 수 있다.
② 100% 산소를 사용하는 폐쇄식 스쿠버 때 잘 생긴다.
③ 똑같은 오염도일 때 수심이 깊어지면 증상이 더 악화된다.
④ 산소의 분압이 높으면 이산화탄소 중독은 발생하지 않는다.

> **해설**
> **이산화탄소 중독증(Hypercapnia, Carbon Dioxide Toxicity)**
> - 원인 : 잠수 작업과 관련하여 발생하는 이산화탄소 중독은 기체 공급과 관련하여 결과적으로 우리 인체에 이산화탄소가 증가하는 경우가 대부분이다.
>   - 표면 공급식 헬멧의 부적절한 환기
>   - 혼합기체 잠수에서 이산화탄소 흡수제의 결함으로 인하여 헬멧에 공급하는 기체에 너무 많은 이산화탄소 공급
>   - 폐쇄식 또는 반폐쇄식 잠수구인 UBA에 이산화탄소 흡수제의 결함
>   - 운동량의 증가에 비해 폐 환기가 부적절한 경우(주로 호흡량을 너무 조절한 경우, 잠수장구의 호흡 저항이 심한 경우, 산소분압이 증가되어 있었던 경우, 또는 호흡기체의 밀도가 증가하여 오는 경우 등)
>   - 스노클을 하고 있으면서 짧게 빨리 호흡하여 호흡 사강이 증가한 경우
> - 증상 : 통상적으로 수중 잠수 장구들은 심한 작업 중에라도 이산화탄소의 농도를 1.5% 이하로 유지할 수 있게 설계되어 있다. 대부분의 이산화탄소 증가는 헬멧 내의 환기가 잘못되어서 생기는데, 호흡하는 방법이 잘못되었거나 호흡저항이 너무 심해서 발생하며, 이렇게 되면 다이버는 자신의 폐 환기를 적절하게 하지 못한다. 흔히 스쿠버 잠수에서는 호흡하는 공기를 아끼기 위해 위험 수위 이하로 천천히 호흡하면 이런 현상이 일어날 수 있다.
>   - 혈중 이산화탄소 농도가 증가되어 있는 상황에서도 육상보다 폐 환기를 증가시키는 노력을 적게 하기 때문
>   - 잠수를 할 때 비교적 높은 산소분압으로 호흡하여 호흡을 짧게 하고 이로 인하여 적절한 폐 환기가 되지 않는 경우

16 감압표 선정 시 사용되는 해저체류시간이란?

① 물속에 들어가 있는 시간
② 바닥에 도착해서 바닥을 떠날 때까지
③ 해면출발 직후부터 해저출발 직전까지
④ 바닥에 도착한 때부터 물 위에 올라왔을 때까지

> **해설**
> **해저체류시간**
> 수면을 떠난 시각부터 잠수를 마치고 상승을 위해 해저를 떠난 시각까지 소요된 시간을 말한다. 상승 시간 및 감압 시간은 해저체류시간으로 간주하지 않는데 상승 또는 감압 중에는 체내의 잔여 질소들이 호흡을 통해 외부로 배출되기 때문이다.

17 감압병의 증상 중 가장 많이 발생하는 것은?

① 관절통
② 현기증
③ 신경마비
④ 의식상실

> **해설**
> **감압병의 각 부위별 증상**
> - 국부와 관절 부분 : 89%(팔 70%, 다리 30%)
> - 중추신경계 : 11%(현기증 5.3%, 마비 2.3%, 질식 1.6%, 극심한 피로와 통증 1.3%, 허탈과 의식 불명 0.5%)

18 잠수 시 탄산가스 축적의 예방방법과 가장 거리가 먼 것은?

① 긴장을 풀고 천천히 심호흡을 한다.
② 호흡기 성능이 좋은 것을 사용한다.
③ 잠수 중 숨을 참지 않는다.
④ 숨을 조금씩 빨리 쉰다.

> **해설**
> 예방법으로는 크고 깊은 호흡을 규칙적으로 하는 것이다.

19 감압병 발생과 수중 온도와의 관계 중 옳은 것은?

① 찬물에 잠수하면 찬 사이다에서 기포가 적게 생기는 것처럼 감압병 발생률이 낮다.
② 더운물에서 잠수하면 감압병 발생률이 높다.
③ 찬물에서 잠수하면 감압병 발생률이 증가한다.
④ 찬물에서의 잠수와 감압병은 관계가 없다.

> **해설**
> 찬물에서 잠수를 하면 체온 유지를 위해 정상 시보다 호흡수가 빨라지고 말단 조직의 혈액 흐름이 줄어들게 된다. 잠수 초기에 말단부에 과다하게 들어간 질소는 체외로 미처 빠져나가지 못하여 결국 기포를 형성할 가능성이 많아지게 된다.

20 잔여질소시간을 산출하는 주된 이유는?

① 신체에 남아 있는 잔여질소가 빠져나갈 때까지의 시간을 알기 위하여
② 재잠수의 해저체류시간에 반드시 더해야 하는 시간을 계산하기 위하여
③ 잠수를 하기 위해 수면에 있어야 하는 최소한의 시간을 산출하기 위하여
④ 잠수 후에 남아 있는 비감압 시간의 양을 알기 위하여

[해설]
잔여질소시간이란 재잠수 시 실제 해저체류시간에 더해야 하는 시간을 말하며, 잔여질소로 인해 재잠수 중에는 비감압 한계 시간이 짧아진다.

21 잠수 작업을 마치고 잠수선으로 복귀한 잠수자가 수면 도착 5분 이내에 어지러움증을 호소하였다면, 어떤 건강장애일 가능성이 가장 큰가?

① 공기색전증
② 경증 감압병
③ 중증 감압병
④ 중이의 기압 증가로 인한 현기증

[해설]
공기색전증은 상승 도중 또는 수면 도착 직후에 발생할 수 있으나 대개 수면 도착 후 5분 이내에 발생하며 손상 정도는 기포가 어느 곳에 모였는가에 의해 좌우된다. 공기색전증이 발생한 경우에는 신속한 재압 치료가 요구된다.

22 감압병을 일으키는 주 요인은?

① 과포화 상태의 질소
② 과포화 상태의 산소
③ 공기의 팽창
④ 탄산가스의 감소

[해설]
감압병은 질소의 포화와 과포화 과정에서 수압이 갑자기 감소될 때 발생한다.

23 잠수 중 일산화탄소 중독에 걸릴 우려가 있는 경우는?

① 잠수장비가 좋지 못한 것을 사용했을 경우
② 수중에서 중노동을 했을 경우
③ 심해 잠수를 했을 경우
④ 엔진 배기가스가 압축공기 중에 섞여 있을 경우

[해설]
주로 공기압축기의 내연 기관을 통해 또는 점도가 낮은 윤활유가 연소되면서 발생하는데 0.002%(20ppm)의 농도에도 치명적인 손상을 입게 된다. 특히 일산화탄소 중독은 낮은 농도라고 하더라도 장시간 호흡하게 되면 단시간에 높은 농도로 호흡하는 것과 같은 효과를 가지기 때문에 가능한 빨리 2기압의 재압체임버에서 100%의 산소를 공급해야 한다.

[정답] 20 ② 21 ① 22 ① 23 ④

24 호흡이 정지되어 혈액순환이 장애를 받아 인체에 산소공급이 중단되었을 때 가장 먼저 손상되는 조직은?

① 허 파
② 심 장
③ 신 경
④ 뇌

해설
사람은 산소에 의해 에너지원이 산화되어 힘을 얻는다. 특히 뇌세포에 4~5분간 산소공급이 중단되면 그 기능을 상실한다.

25 스쿠버 잠수자가 상승 중에 호흡을 정지하였을 때의 설명으로 가장 적합한 것은?

① 기포의 잡음이 적어지므로 주위의 소리가 잘 들린다.
② 공기가 팽창하여 폐 파열의 원인이 된다.
③ 공기가 압착되어 폐 압착의 원인이 된다.
④ 질소마취가 심해진다.

해설
상승 시 숨을 멈추면 폐포가 과도하게 팽창되어 파열을 일으키게 된다.

26 표면공급식 잠수에 사용되는 수중통화기 특징 중 틀린 것은?

① 통화 내용을 녹음할 수 있는 장치가 있다.
② 혼합기체 잠수를 할 때는 변성장치를 단다.
③ 육상의 수신음은 잠수사에게 지속적으로 들려야 한다.
④ 잠수작업현장 주변에 소음이 발생할 경우 헤드폰 사용이 가능하다.

해설
잠수에 사용되는 통화기의 특징 중 가장 중요한 것은 수중의 잠수사 수신음은 지속적으로 지상에 들려야 한다는 것이다. 또한 지상의 전화수에 의해서만 송신·통제되고 전화수 임무를 맡은 사람은 통화를 간결하게 하고 정확한 발음으로 해야 하며, 청명한 음향이 되도록 음량을 조절해야 하고 중요한 통화 내용은 기록해 두어야 한다.

27 KMB 밴드마스크를 사용하여 수심 20m보다 깊은 곳에서 잠수를 하고자 할 때 반드시 지녀야 하는 장비는?

① 비상용 공기통
② 부력 조절기
③ 온수잠수복
④ 수심계

해설
밴드마스크(KMB) 잠수 시 비상용 공기통을 착용하여야 하는 기준이 되는 수심은 18m이다.

28 잠수조정장치(Dive Control Panel)에 대한 설명으로 틀린 것은?

① 모든 잠수 상황을 통제 및 관리한다.
② 잠수조정장치와 공기공급원은 분리되어야 한다.
③ 잠수현장의 규모에 따라 고정용과 이동용이 있다.
④ 수심계기가 3개면 1개는 대기잠수사용이다.

해설
잠수조정장치(Dive Control Panel)
- 현재 수행되고 있는 모든 잠수 상황을 한 눈에 파악할 수 있는 곳으로서 잠수사의 수심이 측정되는 계기판, 기체 공급과 비상 기체 공급 연결구, 기체 압력 조절기와 압력계기, 통화 장치 등을 통제·관리한다.
- 잠수 감독관이 직접 운용하거나 또는 잠수 감독관의 지시에 의해 전화수가 운용하며, 특히 잠수 조정 장치의 수심 계기판에는 수심 측정 호스가 잠수사와 연결되어 있어 지상에서도 잠수사의 수심을 측정할 수 있다.
- 잠수 조정 장치에는 잠수 사령탑으로서 잠수 수행에 필요한 여러 기능들이 집합되어 있기 때문에 잠수 현장에서는 필수적으로 비치하여야 하고 용도에 따라 고정용과 이동용이 있다.

29 다음 중 스쿠버 실린더 밸브의 구성 부품이 아닌 것은?

① 다이어프램(Diaphragm)
② 오-링(O-ring)
③ 밸브 스노클(Valve Snorkel)
④ 안전판(Burst Disk)

해설
판막(Diaphragm)은 호흡조절기의 구성품이다.

30 스쿠버 잠수에 있어서 과거에 사용되던 복관형 호흡조절기와 비교하여 현재 일반적으로 사용되는 단관형 호흡조절기의 장점이 아닌 것은?

① 장비가 보다 단단하다.
② 물의 저항이 감소된다.
③ 차가운 수온에서 쉽게 얼지 않는다.
④ 짝호흡이 용이하다.

해설
단관형 호흡조절기의 장단점

장점	• 2단계는 항상 잠수사의 폐 압력과 같게 유지된다. • 자유 유출 경향이 거의 없으며, 짝호흡이 쉽게 이루어진다. • Purge Valve로 즉시 물을 배출시킬 수 있다. • 물의 저항을 줄일 수 있으며, 호스가 더 강하다. • 장비가 더 튼튼하다.
단점	• 배출된 공기 방울이 시야를 방해한다. • 추운 날씨(수온)에 결빙의 가능성이 높다.

31 잠수사에게 휴식공간을 제공하고 마스크를 벗을 수 있게 하며, 기체공급과 통화가 가능한 장비는?

① ROV
② DDC
③ ADS
④ Diving Bell

해설
잠수종(Diving Bell)은 원래 잠수 작업의 효율성을 위해 고안되었으며, 특히 개방식 잠수종은 주로 잠수사의 수직 이송과 휴식처로 활용되고 있으나, 비상시 기체 공급과 통화 수단을 제공하고 작업 공구와 기구를 보관하기도 한다.

32 스쿠버 잠수장비의 장점이 아닌 것은?

① 장구를 빨리 해체할 수 있다.
② 적은 인원으로 지원이 가능하다.
③ 기동성이 좋다.
④ 해저 체류시간을 무한정으로 할 수 있다.

해설
스쿠버 잠수장비의 장단점

장점	• 장비의 운반, 착용, 해체가 간편해 신속한 기동성을 발휘한다. • 잠수 작업 시 적은 인원이 소요된다. • 수평, 수직 이동이 원활하다. • 수중 활동이 자유롭다.
단점	• 수심과 해저 체류 시간에 제한을 받는다. • 호흡 저항에 영향을 받는다. • 조류에 영향을 받는다(최대 1knot). • 지상과 통화를 할 수 없다. • 오염된 물, 기계적인 손상 등에서의 신체 보호에 제한을 받는다. • 잠수사 이상 유무 확인이 불가능하다.

33 공기압축기에서 여과장치의 기능이 아닌 것은?

① 먼지를 제거한다.
② 수분을 제거한다.
③ CO를 제거한다.
④ 기름을 제거한다.

해설
여과기의 필터 속에 있는 여과물질들은 공기 속의 이물질(먼지, 수분, 기름 등)들을 흡수시키는 역할을 하며 흡수면적을 높이기 위해 알갱이 형태로 이루어졌다.

34 잠수에 사용되는 고무제품은 잠수 후 어떻게 보관하는가?

① 직사광선에 말린다.
② 청수로 씻어 더운 곳에서 말린다.
③ 청수로 씻고 파우더(Powder)를 칠해 서늘한 곳에 보관한다.
④ 종류별로 분류하여 쌓아 보관한다.

해설
고무제품은 직사광선을 피하도록 하고 오랫동안 사용하지 않고 보관할 때는 완전히 건조시킨 후 실리콘 기름을 약간 뿌리고 비닐봉지에 넣어두면 고무가 삭는 속도를 늦출 수 있다. 실(Seal) 부위에는 파우더를 발라두어야 한다.

35 부력조절기의 용도 중 틀린 것은?

① 표면에서의 부력 확보
② 하잠할 때의 부력 조절
③ 수중에서의 중성부력 유지
④ 수중물체 인양 시의 부력 활용

해설
부력조절기는 수면에서는 양성부력을 갖게 하고 수중에서 중성부력을 유지할 수 있게 한다.

36 저압 공기 압축기 운전 시 시동 전에 검사해야 할 것은?

① 윤활유 검사
② 드레인 밸브 검사
③ 공기압력 검사
④ 벨트의 장력 검사

해설
공기 압축기를 가동하기 전 제일 먼저 5° 이상 경사지지 않도록 하고 오일 계통을 점검한다.

37 공기 압축기 오일 교환에 관한 설명 중 옳은 것은?

① 새 공기 압축기는 25시간 가동하면 오일을 교환한다.
② 제조회사가 다르더라도 비등점이 같은 오일은 섞어도 된다.
③ 최초 오일 교환 후 그다음 오일 교환 주기는 250시간 가동 후이다.
④ 압축기 오일은 독성이 없는 식물성 오일을 사용하여 교환한다.

해설
① 새 공기 압축기는 15시간 가동하면 오일을 교환한다.
② 서로 다른 제조회사의 오일을 섞어 쓰지 않는다.
④ 압축기 오일은 점도가 높은 광물성 오일을 사용하여 교환한다.

38 스쿠버 공기통의 미국 DOT 기준에 의한 검사 실시에 관련된 사항 중 틀린 것은?

① 상용압력의 1과 2/3배로 수압검사
② 매년 시각검사
③ 5년마다 수압검사
④ 3년마다 수압검사

해설
DOT(미 운송국) 규정에 따라 매 5년마다 충전압력의 5/3배로 수압검사를 한다.

39 KMB 밴드마스크 내부에 물이 스며들 때 침수된 돌을 제거하기 위해 환기밸브를 여는 것 이외의 다른 방법은?

① 비상탈출을 시도한다.
② 비상기체 공급밸브를 연다.
③ 요구형 호흡조절기의 퍼지버튼을 누른다.
④ 주 배출밸브를 완전히 연 후 상승한다.

해설
환기밸브 또는 퍼지버튼을 눌러서 마스크 내부의 압력을 증가시켜 입 마스크 내부에 누적된 물을 제거한다.

정답 36 ① 37 ③ 38 ④ 39 ③

40 수심 45m에서 KMB 밴드마스크로 2명의 잠수사가 잠수작업을 한다면 표면에서 보내주어야 할 최소 공기압력은?

① 약 12kg/cm^2
② 약 14kg/cm^2
③ 약 15kg/cm^2
④ 약 16kg/cm^2

해설
45 × 0.1025 + 11.5 = 16.1125, 약 16kg/cm^{2}이다.

41 도화선이나 도폭선 사용 전 끝에서 15cm(6inch) 정도 절단해야 하는 이유는?

① 침수 및 부식의 우려 때문
② 폭발의 위험 때문
③ 끝단은 안전을 위해 이물질로 채워졌기 때문
④ 내수성 제재로 되어 있기 때문

해설
수중에서 폭약을 기폭시킬 시에는 도폭선의 끝단을 방수 처리제로 밀봉을 해야 하며, 6inch의 여유를 둔 끝단은 습기로부터 24시간 동안 보호해 준다.

42 수중 시정이 불량한 심해에서 가장 적합한 탐색방법은?

① 서클링 탐색
② 잭스테이 탐색
③ 사자스 탐색
④ 텐더드 탐색

해설
수중탐색
- 서클링(원) 탐색 : 수중 시정이 불량한 심해에서 탐색 면적이 적고 수심이 깊을 때 사용
- 사자스(수영자 예인) 탐색 : 수중 시정이 불량한 심해에서 탐색 면적이 넓은 지역에 사용
- 텐더드 탐색 : 조류가 세고 탐색 면적이 넓은 곳에 적합한 탐색
- 잭스테이 탐색 : 수중 시정이 좋고 탐색 면적이 적합한 탐색

43 수중 용접 및 절단에 대한 설명 중 틀린 것은?

① 절단 토치는 산소 누설이 없어야 한다.
② 수중용접 홀더는 전도체로 되어 있다.
③ 수중용접 전선의 연결점은 완전히 절연해야 한다.
④ 수중절단의 전극 홀더는 절연체로 되어 있다.

해설
홀더와 토치의 조건
- 전류가 흐르는 모든 부품은 외부와 완전히 절연되어야 하고, 내부 부품은 접촉이 좋아야 한다.
- 부품들은 내구성이 있고, 전극봉 교환이 용이해야 한다.
- 절단 토치는 산소 누설이 없어야 한다.
- 비철금속으로 제조되어야 한다.
- 전극봉 조임이 좋아야 한다.
- 염분에 의한 전해작용이 일어나지 않아야 한다.

40 ④　41 ①　42 ①　43 ②

44 수중용접 또는 절단 시 쓰이는 용접봉 또는 절단봉에 입혀진 피복제(Flux)의 역할과 거리가 먼 것은?

① 아크를 안정시킨다.
② 절연작용을 한다.
③ 슬래그가 되어 용착금속의 급랭을 막아 조직을 좋게 한다.
④ 용접봉 또는 절단봉의 빠른 소모를 방지한다.

> **해설**
> 피복제(Flux)의 기능
> • 보호통을 형성하여 아크 안정과 지향성의 향상을 도모하고, 또한 아크 분위기로 대기의 침입 저지, 스패터(Spatter)의 억제 작용을 한다.
> • 용적 이행을 용이하게 하고, 각종 용접 자세로의 적용성을 높인다.
> • 양호한 점성과 표면 장력을 가진 슬래그를 형성하여 용융부를 덮어 대기에 의한 산화, 질화를 방지한다.
> • 용접 금속의 탈산 정련작용과 필요한 합금 원소를 첨가한다.
> • 용접 금속의 응고와 냉각 속도를 완화시켜 조직을 좋게 한다.
> • 수중에서 아크가 일어나면 기포를 발생시켜 물의 접촉을 막는 기포막을 형성시킨다.

45 잠수 작업 및 작업 전후 보조사(Tender)가 하는 작업 및 기본 준비 사항에 대한 설명으로 틀린 것은?

① 생명줄을 잠수사의 활동력을 감안하여 최소 3m 이상의 여유를 준다.
② 생명줄을 8자로 사린다.
③ 공기 호스가 얼마 정도 풀려나갔는지 알고 있어야 한다.
④ 호스를 통해 오는 감각으로 잠수사의 움직임을 알 수 있어야 한다.

> **해설**
> 잠수 작업 중에 생명줄이 장력을 유지해야 할 상황이 아니라면 보조사는 생명줄에 1~1.5m 여유를 주어 잠수사의 활동에 지장을 주지 않아야 한다.

46 구조용 체인 한 절(Shot)의 길이는?

① 약 18m ② 약 27m
③ 약 35m ④ 약 45m

47 텐더드 탐색의 설명으로 틀린 것은?

① 다이빙 플랫폼(Diving Platform)에서 보조한다.
② 표준탐색신호를 사용한다.
③ 텐딩 라인(Tending Line)에 장력을 유지한다.
④ 잠수사가 부이 라인(Buoy Line)을 타고 내려간다.

> **해설**
> 보조탐색(Tended Search)
> • Diving Platform에서 보조한다.
> • 표준탐색신호를 사용한다.
> • Tending Line 탐색지역에 맞게 한다.
> • Tending Line에 장력을 유지한다.
> • 모든 신호에 응답을 하여야 한다.

정답 44 ④ 45 ① 46 ② 47 ④

48 다음 중 수중촬영의 피사계 심도에 영향을 미치지 않는 것은?

① UV필터
② f/stop 값
③ 피사체와의 촬영거리
④ 초점거리가 다른 렌즈의 사용

해설
피사계 심도
- 피사체 전후의 초점이 얼마나 잘 맞았는가 하는 것으로, 피사체 전후의 초점이 잘 맞는 것을 피사계 심도가 깊다고 하고, 피사체 전후의 초점이 흐려져 있는 것을 피사계 심도가 얕다고 한다.
- 동일한 조리개 값에서 초점 길이가 짧은 광각렌즈는 피사계 심도가 깊다. 반대로 초점 길이가 긴 망원렌즈의 피사계 심도는 얕다. 즉, 피사체의 주변이 피사체의 초점보다 흐리게 나오는 것을 피사계 심도가 얕다고 하고 반대로 피사체와 주변의 초점이 비슷할수록 피사계 심도가 깊다고 표현한다.
- 조리개를 이용하여 조리개를 좁힐수록 피사계 심도가 깊어지고, 열수록 심도는 얕아진다.

49 굵기가 다른 로프의 연결 시 사용되는 결색은?

① Sheet Bend
② Constrictor Knot
③ Anchor Bend
④ Rolling Hitch

해설
① Sheet Bend : 홑막 매듭. 두 줄 연결 시 사용
② Constrictor Knot : 압박 매듭. 풀리지 않도록 끝줄을 원줄의 밑으로 넣어 뽑는 결색
③ Anchor Bend(Fishermen's Bend) : 어부매듭. 닻고리나 부표 고리에 줄을 맬 때 사용
④ Rolling Hitch : 겹 감아 매듭. 목재나 로프에 끝줄을 완전히 졸라맬 때 사용

50 잠수사에게 가장 장애를 주는 해저 지질의 형태는?

① 모 래
② 진흙펄
③ 자 갈
④ 산호질

해설
바닥 구성 요소가 잠수에 미치는 영향
- 침전물이 많은 바닥은 쉽게 먼지처럼 일어나 시야를 흐리게 한다.
- 진흙이나 펄 바닥은 입·출수 시나 이동 시 빠지는 경우가 있다.
- 바닥의 침전물이나 먼지 속으로 물건을 떨어뜨렸을 경우 이를 찾기 어렵다.
- 바닥에 가라앉아 있는 장애물이나 인위적으로 만들어 놓은 구조물, 수중 식물에 걸리거나 감기는 경우가 있다.
- 산호나 날카로운 바위 등에 긁히거나 베이는 경우가 있다.

51 용접봉(갱)을 위에서 아래로 향하여 하는 용접은?

① 수평 용접
② 아래보기 용접
③ 위보기 용접
④ 수직 용접

52 수중 용접 및 절단용으로 사용되는 직류 아크발전기의 최소 용량은?

① 50A 이상
② 100A 이상
③ 200A 이상
④ 300A 이상

> **해설**
> 수중 용접 및 절단에 사용되는 직류 아크 발전기는 최대 용량이 300A이지만, 어떤 종류의 작업에는 400A 이상이 요구되는 발전기를 사용한다.

54 수중폭파 시 한 번 기폭시켜 순차적으로 여러 개를 폭파시키려면 어떤 뇌관을 사용하는 것이 가장 적합한가?

① 전기식 뇌관
② 비전기식 뇌관
③ 지연식 뇌관
④ 발전식 뇌관

> **해설**
> **전기 지연식 뇌관(Delay Electric Detonator)**
> 관체 내의 점폭약 위에 연시약을 장전하여 점화약이 발화할 때의 화염으로 연시약이 연소하고 일정시간 경과 후 점폭약이 폭발하도록 된 뇌관으로 지발 전기 뇌관이라고도 한다.

55 잠수사가 보조사에게 3회 당기는 줄신호를 하였다. 어떤 의미인가?

① 해저 도착
② 이상 없음
③ 늦춘 줄을 당기시오.
④ 상승시키시오.

> **해설**
> **잠수신호(잠수작업 안전기술지침)**
>
> | 신호방법 | 신호종류 | 신호내용 |
> |---|---|---|
> | 1. 보조사-잠수사에게 | 1번 당김 | • 이상 없는가.
• 하잠 시는 정지 |
> | | 2번 당김 | • 하잠하라.
• 상승 시는 너무 많이 올라왔으니 지시까지 하잠하라. |
> | | 3번 당김 | 상승준비 |
> | | 4번 당김 | 상승하라. |
> | | 2-1번 당김 | 전화(신호)에 응하라. |
> | 2. 잠수사-보조사에게 | 1번 당김 | • 정 지
• 하잠 시는 해저도착 |
> | | 2번 당김 | 하잠시켜라. |
> | | 3번 당김 | 늦추어진 줄을 당겨라(상승준비). |
> | | 4번 당김 | 상승시켜라. |
> | | 2-1번 당김 | 전화(신호)에 응답하라. |

53 침몰선의 부력복원 방법으로 적합하지 않은 것은?

① 방수 및 배수
② 공기 주입
③ 특수 거품 채우기
④ 퇴적물 준설

[정답] 52 ④ 53 ④ 54 ③ 55 ③

56 폭굉의 특징이 아닌 것은?

① 기체에서 고체로 변화
② 폭속이 최초에는 낮지만 나중에는 일정해짐
③ 폭속은 1,000m/s 이상
④ 폭약의 충격, 마찰, 가열 등에 의한 폭발

57 법령에서 규정한 잠수사의 건강진단 주기에 대한 설명으로 옳은 것은?

① 일반건강진단은 1년 1회 이상, 특수건강진단은 2년에 1회 이상
② 일반건강진단은 2년 1회 이상, 특수건강진단은 1년에 1회 이상
③ 일반건강진단 및 특수건강진단 각각 1년에 1회 이상
④ 일반건강진단은 1년 1회 이상, 특수건강진단은 6개월에 1회 이상

58 방파제 축조 시 위치선정에 가장 영향을 적게 주는 요소는?

① 방파제의 길이
② 공사용 석재 공급 거리
③ 수 심
④ 주변 어장의 위치

59 수중발파를 할 때 수압을 보정하기 위해 매 수심(m)당 얼마의 장약량을 증가시켜야 하는가?

① $0.01kg/m^3$
② $0.1kg/m^3$
③ $0.5kg/m^3$
④ $1kg/m^3$

60 다음의 쓰레기들 중 수중환경에 가장 나쁜 영향을 미치는 것은?

① 플라스틱류
② 유리병
③ 음식물
④ 종이류

해설
플라스틱, 금속, 석유화학제품은 자연 상태에서 잘 분해되지 않으므로 재활용이나 재사용 등을 고려하는 것이 바람직하다.

2010년 과년도 기출문제

01 수중에서 잠수사가 소리의 방향을 대기 중에서보다 판단하기 어려운 이유는?

① 수압 때문이다.
② 수온 때문이다.
③ 소리의 전달속도 때문이다.
④ 소리의 매질이 같으나 온도가 다르기 때문이다.

[해설]
지상에서는 양쪽 귀에 전달되는 소리의 차이로 방향을 알 수 있지만, 수중에서는 전달되는 속도가 빠르기 때문에 거의 동시에 양쪽 귀에 소리가 전달되어 방향을 알 수 없다.

02 압력과 부피의 관계를 설명한 법칙은?

① 찰스의 법칙
② 보일의 법칙
③ 돌턴의 법칙
④ 헨리의 법칙

[해설]
보일의 법칙
압력 × 부피 = 일정
압력이 감소하면 기체의 부피는 증가하고, 압력이 증가할수록 기체의 부피는 감소한다.

03 다음 중 예측하기가 가장 어려운 것은?

① 조 류
② 역 류
③ 바람에 의한 해류
④ 수온차에 의한 해류

[해설]
바람에 의한 해류는 바람에 따라 변화하므로 예측하기가 어렵다. 대개는 물 표면에서만 영향을 미치며 그 시간도 짧고 수심이 얕은 해안에서만 그 영향을 크게 미친다.

04 수심 20m에서 공기로 호흡하고 있는 잠수사는 육상보다 몇 배 높은 밀도의 공기를 호흡하고 있는가?

① 1배
② 2배
③ 3배
④ 4배

[해설]
수심 20m의 절대압은 3기압이므로 호흡기를 통해 폐로 들어오는 공기도 3기압이다.

[정답] 1③ 2② 3③ 4③

05 조류에 대한 설명으로서 적합하지 않은 것은?

① 조류는 달과 해의 인력에 의해 생긴다.
② 만월 때 조류의 흐름이 가장 약하다.
③ 조류의 속도가 1knot 이상일 때에는 스쿠버 잠수가 불가능하다.
④ 우리나라 서해안에서 잠수 시 각별히 조류에 유의해야 한다.

해설
조류는 달이 클 때와 작을 때 간만의 차이가 심하다. 즉, 만월 때 조류가 세고 반달일 때 가장 약하다.

06 다음 설명 중 옳은 것은?

① 수중에서는 물체가 실제보다 크고 멀리 보인다.
② 수중에서는 물체가 실제보다 가깝고 크게 보인다.
③ 수중에서는 육상보다 소리의 전달속도가 늦어 방향 측정이 어렵다.
④ 빛의 굴절로 수중에서는 빨간색이 가장 깊은 곳까지 도달한다.

해설
①·② 물안경의 유리와 물에서 2번 굴절을 하는데 이로 인해 수중에서는 물체가 약 25% 정도 더 크고 가깝게 보인다.
③ 수중에서는 전달되는 속도가 빠르기 때문에 거의 동시에 양쪽 귀에 소리가 전달되어 방향을 알 수 없다.
④ 적색광이 가장 흡수되기 쉽고 청색광은 다른 색광보다 산란이 잘되고 흡수가 적어 상당히 깊은 수중에 이른다.

07 심해 잠수 시 사용하는 혼합기체 배합과 가장 밀접한 관계가 있는 사항은?

① 돌턴(Dalton)의 법칙
② 아르키메데스 원리
③ 샤를(Chales)의 법칙
④ 수심에 따른 부피변화

해설
돌턴의 법칙에 의하면 혼합기체 내에서 어떤 기체의 부분압은 그 기체가 혼합기체 내에서 차지하고 있는 부피에 비례한다. 즉, 구성기체들의 부분압의 합계가 혼합기체의 압력이 된다.

08 일반적으로 해면에서의 절대압력은?

① 0기압   ② 1기압
③ 2기압   ④ 3기압

해설
절대 대기압(ATA)
해면에서 0℃일 때 1대기압을 나타낸 것으로 ATA는 Atmosphere Absolute의 약자이다.

09 절대압력 1기압은 계기압력으로 몇 기압인가?

① 0기압
② 1기압
③ 2기압
④ 10기압

> **해설**
> 절대압은 계기압에 대기압을 더한 것으로 계기압보다 항상 1기압이 더 크다. 즉, 계기압이 0기압이면 절대압력은 1기압이다.

10 밀도가 높은 공기를 호흡할수록 호흡저항은?

① 커진다.
② 작아진다.
③ 관계없다.
④ 온도에 따라 커지거나 작아진다.

> **해설**
> 공기는 압력을 받으면 부피가 줄어들고 밀도가 높아져서 깊은 수심에서의 밀도 높은 공기호흡은 호흡저항을 초래하여 다이버의 활동을 제한한다.

11 스쿠버 잠수사가 해면상에서 호흡을 멈추고 쓰러졌을 때의 올바른 구급법은?

① 정신을 잃지 않도록 얼굴을 때리며 소생하도록 노력한다.
② 제일 가까운 보트나 해변으로 끌어올려 구급한다.
③ 구명의를 띄우고 주위의 도움을 요청한다.
④ 즉시 해면상에서 인공호흡을 시작해야 한다.

> **해설**
> **인공호흡**
> 급작스러운 변화에 의하여 가사(假死) 상태에 빠져 일시적으로 호흡이 정지된 사람의 호흡을 인공적으로 회복시키는 방법을 말한다. 인공호흡은 호흡 정지 후 빨리할수록 소생률이 높으므로 사고가 일어나면 즉시 실시해야 한다.

12 잠수 중 발생하는 외이 압착증의 예방법으로 가장 좋은 것은?

① 중이 압착증의 예방법과 같다.
② 귀마개를 착용한다.
③ 머리와 양쪽 귀를 덮는 고무모자를 쓴다.
④ 외이 속에 공기나 물이 잘 드나들게 한다.

> **해설**
> 외이 압착증은 귓속에 물이 들어가는 것을 피하기 위해 귀마개를 사용할 때 잘 생기며, 통증과 함께 귓속에 무엇이 가득 찬 것과 같은 충만감이 느껴진다.

정답 9 ① 10 ① 11 ④ 12 ④

13 잠수 중 몸속에 이산화탄소가 축적되는 원인과 가장 거리가 먼 것은?

① 수중에서의 심한 노동
② 호흡조절기의 과다한 저항
③ 공기를 아끼면서 호흡
④ 빠른 하잠

> [해설]
> **이산화탄소 축적 원인**
> • 초과 호흡(긴장 상태에서의 비정상적인 호흡, 너무 오래 숨을 참는 경우)
> • 수중에서 의식적으로 호흡 기체를 아끼는 행위
> • 수중 호흡 장비의 부적당한 환기와 호흡저항
> • 이산화탄소 제거 장비의 결함(정화기 고장)
> • 호흡 기체의 이산화탄소 오염 등
> • 수중에서 빨리 수영하거나 중노동을 할 때

14 잠수사에게 발생할 수 있는 이압성 골괴사의 특징에 대한 설명으로 틀린 것은?

① 대개의 경우 통증이나 관절운동 제한 등의 증상이 발생하지 않는다.
② 제일 많이 발생하는 부위는 두개골이다.
③ 주기적으로 X-ray를 찍어 진단하는 것이 가장 좋다.
④ 효과적인 예방책과 치료법은 아직 개발되지 않았다.

> [해설]
> **이압성 골괴사**
> 가장 많이 발생하는 부위는 넓적다리, 정강이뼈 등의 괴사이다. 뚜렷한 원인과 증상 없이 진행되며 효과적인 치료법이 개발되어 있지 않아 영구 장애로 이어지는 경우도 있다.

15 기체색전증을 예방하는 방법과 가장 관계가 적은 것은?

① 작은 공기방울 속도보다 천천히 상승한다.
② 상승 중 위를 보며 소리를 잘 듣는다.
③ 항상 정상적인 호흡을 한다.
④ 상승 중 공기를 아끼지 않는다.

> [해설]
> 기체색전증이 발생하면 치명적인 결과를 낳을 수 있으나, 이는 잠수할 때 절대로 숨을 참지 않고, 정상적인 호흡을 하는 것으로 간단히 예방할 수 있다. 만일 공기가 고갈된 경우라 할지라도 숨을 참고 상승하지 않고, "아~", "흡"을 반복하면서 상승 중 팽창된 기체를 호흡을 통해 주기적으로 배출해 주는 것만으로도 예방이 가능하다.

16 잠수 중 상승속도는 2초에 몇 cm가 가장 적절한가?

① 15cm
② 25cm
③ 30cm
④ 35cm

> [해설]
> 상승속도 30fpm(1분에 9m)을 초과하지 않는다.
> $60 : 9 = 2 : x \rightarrow x = 0.3m = 30cm$

17 심장으로부터 산소가 풍부한 혈액을 조직에 전달하는 혈관으로 벽이 3겹으로 되어 있는 것은?

① 동 맥
② 정 맥
③ 모세혈관
④ 소정맥

해설
순환계는 심장, 동맥, 정맥, 모세혈관으로 구성되어 있다. 동맥은 심장에서 밀려나온 혈액을 신체 각 부위로 전달하는 역할을 하는 혈관으로 크게 대동맥과 폐동맥으로 구분된다. 동맥의 혈관 벽을 구성하는 조직은 내막, 중막, 외막의 3겹으로 되어 있으며, 각 층의 두께 및 구조는 혈관의 굵기에 따라 달라진다.

18 스쿠버 잠수사가 수면 도착 즉시 의식을 상실하였을 경우 가장 빈번하게 일어나는 잠수병은?

① 이산화탄소 과다증
② 중추신경계 산소 독성
③ 중증 감압병
④ 기체색전증

해설
기체색전증의 증상
가슴의 통증, 기침 또는 숨을 헐떡거림, 두통, 부분적 또는 완전한 시각 장애, 저리거나 얼얼함(감각 저하), 힘빠짐이나 마비, 상반신의 감각 상실 또는 변화, 현기증, 혼란스러움, 갑작스러운 의식 상실, 호흡 정지, 사망 등의 증상을 보인다. 만일 잠수 도중 수면에서 의식을 잃고 있는 잠수사를 발견하였다면 기체색전증 환자로 간주하여 응급 처치해야 한다.

19 감압병 치료 방법 중 가장 바람직한 것은?

① 재압체임버로 치료한다.
② 온천목욕을 한다.
③ 얕은 물로 올라온다.
④ 수중에서 다시 잠수한다.

해설
감압병이라고 의심이 되면 재압실로 이동하여 재압 치료를 받아야 한다.
감압병(DCI ; Decompression Illness, Caisson Disease)
기압이 높은 곳에 있을 때 혈액 속에 녹아 있던 질소가 갑작스러운 압력 저하로 인해 폐를 통해 나오지 못하고 혈관 내에서 기체 방울을 형성해 혈관을 막아 통증을 유발하는 질환이다. 흔히 잠수병이라고도 하며, 주로 심해에서 수면으로 너무 빨리 올라올 때 발생하여 대부분의 증상은 다이빙 직후로부터 24시간 이내에 나타난다.

20 압축공기 잠수의 허용수심이 제한받는 이유 중 가장 최초로 나타나는 것은?

① 밀도증가로 인한 산소, 이산화탄소 교환장애
② 중추계 산소 독성
③ 호흡계 산소 독성
④ 질소마취 현상

해설
질소마취를 예방하는 방법으로는 수심 30m를 초과하는 잠수를 피하고, 30m 초과 잠수 시에는 마취 효과가 적은 불활성 기체를 산소와 혼합하여 잠수하는 방법이 있다.

정답 17 ① 18 ④ 19 ① 20 ④

21 다음 중 가장 효과적인 인공호흡법은?

① 가슴을 손으로 압박하는 방법
② 복부를 손으로 압박하는 방법
③ 입과 입을 통한 인공호흡
④ 환자를 엎드리게 한 후 등을 손으로 압박하는 방법

해설
가장 실용적이고 효과적인 인공호흡법은 구강 대 구강 인공호흡법이다.

22 응급처치의 단계 중 우선 순위로 연결된 것은?

① 기도 유지 - 호흡 재개 - 심장 기능 유지
② 호흡 재개 - 심장 기능 유지 - 기도 유지
③ 심장 기능 유지 - 기도 유지 - 호흡 재개
④ 호흡 재개 - 기도 유지 - 심장 기능 유지

해설
가장 기본적인 응급처치 순서는 기도 확보 - 호흡 유지 - 순환계 유지이다.

23 공기감압표상 반복기호지정표의 의미는?

① 반복해서 잠수한 수심
② 잔여질소량의 알파벳 문자
③ 표면경과시간
④ 반복하는 감압표

해설
반복기호지정표
잠수 후 12시간 동안 잠수사의 신체 내 잔여질소의 양을 알파벳 문자로 나타낸 것

24 여러 가지 호흡기체 공급방법 중 탄산가스축적증의 발생률이 가장 낮은 것은?

① 표면공급식의 자유유통식 장치
② 스쿠버와 같은 요구형 공급 장치
③ 호흡기체가 100% 산소인 폐쇄식 장치
④ 혼합기체를 사용하는 반폐쇄식 장치

해설
요구형(Demand Regulator) 방식
잠수심도가 깊어짐에 따라 흡기 시 구강내압이 주위압보다 약간 낮은 정도가 될 때까지 요구형 호흡조절기가 압축공기 탱크에서 호흡기까지 기체를 방출시킨다.

정답 21 ③ 22 ① 23 ② 24 ②

25 다음 중 질소마취의 징후가 아닌 것은?

① 마치 알코올을 마신 것과 같다.
② 판단력이 상실된다.
③ 기분이 좋아진다.
④ 호흡이 갑갑해진다.

해설
압축 공기 잠수 중 마취의 영향(NOAA)

수심(m)	질소 분압 (ata)	영 향
10~30	0.8~3.2	경미한 흥분 상태
30	3.2	일시적인 추리력 감소, 시각(청각) 자극 반응 느려짐
30~50	3.2~4.8	웃음 및 수다(조절 가능), 자만심, 계산 실수
50	4.8	졸림, 환각, 판단력 손상
50~70	4.8~6.4	환락적인 그룹 분위기, 두려움에 대한 반응을 보임, 수다, 때때로 현기증이 보고됨, 걷잡을 수 없이 웃음(병적 흥분 상태)
70	6.4	지적 기능의 심각한 손상
70~90	6.4~8.0	자극 반응이 총체적으로 지연, 집중력 감소, 청각에 대한 민감도 증가
91	8.08	마취 상태, 행동 능력과 판단력의 심각한 손상, 과다한 흥분 상태, 지적 능력 및 인지 능력의 완전 상실, 환각 현상

26 다음 중 잠수종(Diving Bell)의 주요 구성요소로 적합하지 않은 것은?

① 기체 장치   ② 원격 장치
③ 아크릴 돔   ④ 통화 장치

해설
잠수종은 일반적으로 본체, 반구형 지붕, 기체 공급 장치, 통화 장치, 발판, 중량추 등 6가지 기능으로 구성되어 있으며, 사용 목적에 따라 기능이 추가된다.

27 KMB 밴드마스크 내의 입 마스크(Oral Nasal)에 대한 설명이 아닌 것은?

① 본체 안쪽에 위치한다.
② 통화를 위한 이어폰이 있다.
③ 이산화탄소를 배제시킨다.
④ 호흡조절기에 부착되어 있다.

해설
이어폰은 수중 통화기의 구성요소이다.

28 개방식 스쿠버 장비에 100% 산소를 충전시켜 20~30m 수심에 잠수하고자 할 때의 설명으로 가장 적합한 것은?

① 피로감이 적어진다.
② 100% 산소이므로 압축 공기보다 오래 사용할 수 있어 좋다.
③ 20~30m보다 더 깊은 수심에서 더 효과적이고 경제적이다.
④ 산소 독성 때문에 절대로 잠수해서는 안 된다.

해설
100% 산소를 사용할 수 있는 최대수심을 19.8ft(약 6m) 이내로 제한한다.

정답 25 ④ 26 ② 27 ② 28 ④

29 스쿠버용 공기통의 장기 보관 방법 중 옳은 것은?

① 공기통을 눕혀 둔다.
② 햇볕이 잘 비치는 곳에 둔다.
③ 공기통의 공기를 완전히 뽑아내고 건조한 상태로 둔다.
④ 공기통의 공기를 100psi 이상 남겨서 둔다.

해설
사용하지 않는 실린더는 100psi 이상의 압력을 유지해야 한다. 즉, 공기통에는 항상 15bar 정도의 공기를 남겨 두어야 먼지나 물이 통 속으로 들어가는 것을 막을 수 있다.

30 잠수용 공기 압축기를 운전 후 윤활유 검사를 하여 교환하려 한다. 다음 중 윤활유 교환조건에 해당하지 않는 것은?

① 점도가 떨어졌을 경우
② 고속 운전한 후
③ 제한된 운전시간 초과 시
④ 희석상태가 나쁠 때

해설
고속이나 저속을 불문하고 새 공기 압축기는 15시간 가동 후 오일을 교환하며, 그다음 오일 교환 주기는 250시간 가동 후이다.

31 잠수헬멧의 역지밸브(Non-return Valve)에 대한 설명 중 틀린 것은?

① 일방통행식 구조이다.
② 공급된 공기는 나올 수 없다.
③ 압착을 방지하는 기능을 한다.
④ 양판(Poppet)이 수압에 의해 조절된다.

해설
역지밸브는 압력차로 열리고 닫히는 양판(Poppet)이 스프링에 의해 조절되며, 기체가 흐르는 방향으로 화살표가 각인되어 있다.

32 스쿠버 탱크에 공기를 주입하는 이동용 기체 압축기의 흡입구 설치방법으로 가장 적합한 것은?

① 바람이 불어오는 방향으로 2m 이하로 낮게 설치
② 바람이 불어오는 방향으로 2m 이상으로 높게 설치
③ 바람이 불어오는 반대방향으로 2m 이하로 낮게 설치
④ 바람이 불어오는 반대방향으로 2m 이상으로 높게 설치

해설
압축기 흡입구는 오염되지 않은 외부에 설치하거나 바람이 불어오는 방향으로 2m 이상 높게 설치하면 오염 물질의 유입을 방지할 수 있다.

29 ④ 30 ② 31 ④ 32 ②

33 잠수복의 사용 후 정비 방법으로 옳은 것은?

① 햇볕에 건조시킨다.
② 지퍼는 고체 윤활유로 가끔 닦아 준다.
③ 부력을 유지시키기 위해 잘 접어서 보관한다.
④ 바닷물에 깨끗이 세척한다.

해설
잠수복 관리 방법
- 사용 후에는 민물로 외부를 세척해야 하며 필요한 경우에는 내부도 세척해야 한다.
- 외부만 세척할 때는 손목과 목씰을 고무줄로 묶고 지퍼를 잠근 후 민물을 뿌려서 세척하며 배기 밸브 및 급기 밸브는 특히 주의 깊게 세척한다.
- 씰(Seal) 부분은 인체의 기름기를 닦아 내기 위해 비눗물을 사용하여 세척하며 제대로 세척하지 않으면 고무가 빨리 삭는다.
- 방수 지퍼는 부드러운 칫솔에 전용 세제 또는 비눗물을 묻혀 안팎을 닦아 내야 하며 지퍼에는 파라핀 왁스 이외에 다른 윤활제를 발라서는 안 된다.
- 지퍼는 열린 상태로 보관해야 하며, 심하게 접으면 지퍼가 상하게 된다. 지퍼는 잠그기 전에 반드시 파라핀 왁스를 칠해서 부드럽게 잠길 수 있도록 해야 하며, 자주 열고 닫을수록 지퍼의 수명은 단축된다.
- 건식 잠수복은 운반 중에 무거운 물체에 눌리지 않도록 가장 윗부분에 놓아서 지퍼가 손상되는 일이 없도록 해야 한다.

34 배수펌프 작동 시 배수가 되지 않는 이유 중 틀린 것은?

① 회전 속도가 너무 낮을 때
② 흡입 호스에서 공기가 샐 때
③ 여과기에 이물질이 끼었을 때
④ 흡입 호스가 펌프 헤드보다 낮을 때

해설
펌프 작동 시 배수되지 않는 이유
- 회전 속도가 너무 낮을 때
- 흡입 호스에서 공기가 샐 때
- 여과기에 이물질이 끼었을 때
- 흡입 호스가 펌프 헤드보다 높을 때
- 시동 시 흡입 호스에 물이 완전히 차 있지 않았을 때
- 임펠러가 막혔거나 부러졌을 때

35 표면공급식 잠수의 생명줄(Umbilical)의 3가지 사용목적이 아닌 것은?

① 지상과 수중 간의 교신을 제공
② 하잠 및 상승을 유도
③ 공기 공급 호스의 장력 감소
④ 수심계기를 충격으로부터 보호

해설
생명줄은 3가지 목적으로 사용되는데, 지상과 수중 간의 교신을 제공하고 잠수사의 상승과 하잠을 유도하며, 기체 호스의 장력을 감소시키는 역할을 한다.

36 다음 스쿠버장비 중 빙초산세척을 해서는 안 되는 부품은?

① 피스톤
② 1단계 몸체
③ 호흡 조절기 필터
④ 공기통 목 부분

해설
호흡 조절기는 사용 후 즉시 민물로 세척해야 한다.

정답 33 ② 34 ④ 35 ④ 36 ③

37 스쿠버용 공기통을 보관할 때의 방법으로 가장 옳은 것은?

① 옆으로 눕혀 둔다.
② 똑바로 세워 둔다.
③ 자세는 관계없다.
④ 밸브를 뽑은 후 세워 둔다.

38 물갈퀴(Swim Fins)에 관한 내용 중 틀린 것은?

① 추진력을 증가시킨다.
② 상승 및 하잠 시 기동력이 증가된다.
③ 양손을 다른 목적으로 사용하는 데에는 도움을 주지 못한다.
④ 유연성과 기동성을 부여한다.

> [해설]
> 양손을 다른 목적으로 사용하는 데 도움을 준다.

39 재압체임버의 압력 검사 시기에 대한 설명 중 틀린 것은?

① 최초 설치 시
② 제작일자로부터 매 2년마다
③ 이동 또는 재설치 시
④ 설치된 장소에서 5년마다

> [해설]
> 재압체임버는 최초 설치 시, 그 후에는 매 2년 간격, 오버홀 또는 중요 장치의 수리와 체임버를 이동시킬 때마다 압력검사를 받아야 한다.

40 상용 압력이 3,000psi인 공기통을 수압검사할 때 약 몇 psi까지 압력을 올리는가?

① 3,000psi
② 5,000psi
③ 6,000psi
④ 9,000psi

> [해설]
> DOT(미 운송국) 규정에 따라 매 5년마다 충전 압력의 5/3배로 수압검사를 실시한다.
> $3,000 \times \dfrac{5}{3} = 5,000\text{psi}$

41 예인 시 지켜야 할 안전수칙에 어긋나는 것은?

① 윤활장치가 원만하지 않으면 프로펠러를 고정시킨다.
② 예선에는 예색 감시원을 배치한다.
③ 피예선에는 언제든지 투묘할 수 있도록 준비해 둔다.
④ 피예선의 침몰이 확실해도 예색을 자르면 안 된다.

> [해설]
> 예인 시 안전수칙
> - 즉시 분해할 수 없는 기구는 사용하지 않는다.
> - 정지하여 예색을 전달 연결한 후 기관 회전을 3~5회전씩 증가시켜 전진하며 예색을 준다.
> - 충돌 좌초의 위험이 없는 한 천해에서 예색을 길게 한 채 급회전하지 않는다.
> - 회전 시 피예선이 예선의 정횡 방향에 있지 않도록 한다.
> - 가능하면 투묘 후 예색을 연결한다.
> - 심하게 꼬인 와이어는 예색으로 사용하지 않는다.
> - 침몰이 확실하다고 느껴질 때는 예색을 사용하지 않는다.
> - 풍파가 심한 해상에서는 짧은 예색을 사용하지 않는다.
> - 항소상에 피예선을 방치해 두지 않는다.
> - 윤활장치가 원활치 않으면 스크루를 고정시킨다.
> - 피예선은 언제라도 투묘할 수 있도록 준비해 둔다.
> - 예선은 반드시 예색 감시원을 배치한다.

42 수중 용접봉의 피복제(Flux)에 대한 설명 중 가장 거리가 먼 것은?

① 아크를 안정시킨다.
② 절연 역할을 한다.
③ 녹슬지 않게 한다.
④ 물의 접촉을 막는 기포막을 형성한다.

해설
피복제(Flux)의 기능
- 보호통을 형성하여 아크 안정과 지향성의 향상을 도모하고, 또한 아크 분위기로 대기의 침입 저지, 스패터(Spatter)의 억제 작용을 한다.
- 용적 이행을 용이하게 하고, 각종 용접 자세로의 적용성을 높인다.
- 양호한 점성과 표면 장력을 가진 슬래그를 형성하여 용융부를 덮어 대기에 의한 산화, 질화를 방지한다.
- 용접 금속의 탈산 정련작용과 필요한 합금 원소를 첨가한다.
- 용접 금속의 응고와 냉각 속도를 완화시켜 조직을 좋게 한다.
- 수중에서 아크가 일어나면 기포를 발생시켜 물의 접촉을 막는 기포막을 형성시킨다.

43 비전기식 뇌관의 기폭제인 도화선(Safety Fuse)의 사용 전 연소시간을 재야 하는 이유 중 가장 적합한 것은?

① 예민도 측정 때문이다.
② 성능 및 강도검사 때문이다.
③ 대피시간 측정 때문이다.
④ 강력한 효과를 얻기 위함이다.

44 선체의 바닥에 부착된 해양생물들이 미치는 영향에 관한 내용이 틀린 것은?

① 선박의 속도를 감소시킨다.
② 연료유 소비를 증가시킨다.
③ 다른 지역의 생태계를 교란한다.
④ 선체 방식장치의 효율을 증대시킨다.

해설
선체 방식장치의 효율을 저하시키고, 또 생물종의 다양성을 감소시킨다.

45 해난구조작업 중에 와이어(Wire)의 일시적인 고리(Eye)를 만들 때 사용되는 방법은?

① 쇼트 스플라이스(Short Splice)
② 롱 스플라이스(Long Splice)
③ 아이 스플라이스(Eye Splice)
④ 와이어로프 클립(Wire Rope Clip)

해설
와이어로프 클립 스플라이스(Wire Rope Clip Splice) : Wire에 일시적인 Eye를 만들거나 2개의 Wire를 연결하는 데 사용
① 쇼트 스플라이스(Short Splice) : Line의 끝을 영구적으로 합치거나 두 Line을 연결하는 데 사용
② 롱 스플라이스(Long Splice) : 2개의 Line 또는 Wire를 직경의 증가 없이 영구적으로 연결하기 위한 것
③ 아이 스플라이스(Eye Splice) : 영구적인 Eye를 만들 때 사용

정답 42 ③ 43 ③ 44 ④ 45 ④

46 탐색신호 중(탐색 줄을 사용하지 않을 때) "정지하여 네가 있는 곳을 탐색하라"의 신호 방법은?

① 1번 당김
② 2번 당김
③ 3번 당김
④ 4번 당김

해설

탐색신호(잠수작업 안전기술지침)
- 탐색줄 없이
  - 1번 당김 : 정지하여 너의 주위를 살펴라.
  - 2번 당김 : 줄을 늦추면 보조사로부터 멀리 가고, 줄을 당기면 보조사 쪽으로 오라.
  - 3번 당김 : 보조사를 향해 오른편으로 가라.
  - 4번 당김 : 보조사를 향해 왼편으로 가라.
  - 7번 당김 : 탐색 시작, 탐색 끝
- 탐색줄 사용 시
  - 1번 당김 : 정지하여 너의 주위를 탐색하라.
  - 2번 당김 : 추로부터 물러나라.
  - 3번 당김 : 추를 향해 오른편으로 가라.
  - 4번 당김 : 추를 향해 왼편으로 가라.
  - 7번 당김 : 탐색 시작, 탐색 끝

47 하잠줄을 사용하여 잠수할 때의 장점이 아닌 것은?

① 빨리 하잠할 수 있다.
② 정확한 작업지점에 내려갈 수 있다.
③ 조류에 떠밀리지 않는다.
④ 하잠 및 상승속도를 조절하기 쉽다.

해설

하잠줄을 잡고 하잠하면 하잠속도를 조절 및 유지하기 쉽고 정확한 지점으로 하잠할 수 있으며 일행들과 헤어지는 것을 방지할 수 있다.

48 수중작업에 필요한 면허, 자격, 경험 등을 가진 근로자 외의 자에게 해당 수중작업을 시켰다면 사업주의 벌금은?

① 300만 원 이하의 벌금
② 500만 원 이하의 벌금
③ 1,000만 원 이하의 벌금
④ 3,000만 원 이하의 벌금

해설

벌칙(산업안전보건법 제140조, 제169조)
사업주는 유해하거나 위험한 작업으로서 상당한 지식이나 숙련도가 요구되는 고용노동부령으로 정하는 작업의 경우 그 작업에 필요한 자격·면허·경험 또는 기능을 가진 근로자가 아닌 사람에게 그 작업을 하게 하여서는 아니 되며 이를 위반한 자는 3년 이하의 징역 또는 3,000만 원 이하의 벌금에 처한다.
※ 고용노동부령으로 정하는 작업 중 표면공급식 잠수장비 또는 스쿠버 잠수장비에 의해 수중에서 행하는 작업의 자격·면허·기능 또는 경험(유해·위험작업의 취업 제한에 관한 규칙 별표 1)
- 국가기술자격법에 따른 잠수기능사보 이상의 자격
- 국민 평생 직업능력개발법에 따른 해당 분야 직업능력개발훈련 이수자
- 3개월 이상 해당 작업에 경험이 있는 사람
- 이 규칙에서 정하는 해당 교육기관에서 교육을 이수한 사람

49 수중용접 시 피복제(Flux)에 의해 가장 많이 생성되는 기체는?

① 산 소
② 질 소
③ 수 소
④ 헬 륨

해설

수중용접 시 전류는 주변의 물을 수소와 산소 기포로 바꾸는데, 이것은 작은 양이라도 크게 폭발할 수 있다.

50 개방식 스쿠버에 충전되는 공기 중 이산화탄소(CO_2)의 함유량은?

① 1,000ppm 이하
② 1,200ppm 이하
③ 1,500ppm 이하
④ 1,700ppm 이하

51 밀폐된 격실에서 수중 절단할 때 취해야 할 가장 중요한 조치는?

① 잠수사가 모서리에 다치지 않게 안전조치를 한다.
② 모서리에 전극봉을 잘 접촉시킨다.
③ 가스 누출구를 만들어야 한다.
④ 가능한 한 전류를 낮춘다.

52 수중작업에서의 폭약 사용 시 장점이 아닌 것은?

① 시간이 절약된다.
② 노동력이 감소한다.
③ 장비가 비교적 간단하다.
④ 작업이 안전하다.

해설
폭약 사용의 장단점

장점	• 작업 진행 시간이 절약된다. • 경제적이고 노동력이 감소된다. • 장비가 간단하다.
단점	• 고도로 훈련된 기술자가 필요하다. • 까다로운 안전수칙 준수가 요구된다. • 언제나 위험성이 따른다.

53 수중카메라 중 하우징을 사용하지 않는 수중 카메라의 사용 후 관리방법으로 틀린 것은?

① 맑은 물(담수)로 씻는다.
② 맑은 물(담수)에 5~10분간 담근다.
③ 바로 직사광선에 말린다.
④ O-링을 검사한다.

해설
수중카메라를 바다에서 사용한 후에는 민물에 담근 상태에서 염분을 완전히 제거해야 한다. 염분을 완전히 제거하지 않으면 각종 노브(Knob)와 버튼 스위치에 소금이 축적되어 작동 불량이나 누수의 원인이 되기도 한다. 염분을 제거한 후에는 천 등을 이용하여 외부와 내부를 청소하고, 특히 오링이 들어가는 홈과 접촉면을 면봉이나 깨끗한 천으로 닦는다.

54 선박의 수면하 파공개소 침수상태의 방수 시 지주목 설치방법 중 틀린 것은?

① 지주의 길이는 그 두께의 30배를 초과하지 않게 한다.
② 쐐기는 지주목과 폭이 같아야 하고 쐐기의 길이는 폭의 6배가 적당하다.
③ 지주목 설치는 반드시 그 각이 90°를 넘게 하여야 한다.
④ 뒤 판(Strong Back)목은 지주목의 크기와 동일해야 한다.

55 수중용접 발전기는 잠수사의 안정성을 위해서 어떤 종류의 전류를 사용하는가?

① 직류
② 교류
③ 직류나 교류나 관계없다.
④ 작업상황에 따라 달라진다.

해설
수중용접 및 절단에는 주로 직류 아크 발전기를 사용하는 데 최대 용량이 300A이지만 어떤 종류의 작업에는 400A 이상이 요구되는 발전기를 사용한다.

정답 51 ③ 52 ④ 53 ③ 54 ③ 55 ①

56 카메라의 조리개와 관련된 내용 중 맞는 것은?

① 셔터속도와 조리개는 비례한다.
② 조리개 구멍의 크기와 피사계 심도는 관계가 없다.
③ 조리개 구멍이 적을수록 빛이 적게 들어온다.
④ 조리개 구멍에 관계 없이 빛은 일정량으로 들어온다.

해설
촬영거리가 가깝고 조리개 구멍을 크게 할수록 피사계 심도는 얕아진다.

피사계 심도
- 피사체 전후의 초점이 잘 맞는 것을 피사계 심도가 깊다고 하고, 피사체 전후의 초점이 흐려져 있는 것을 피사계 심도가 얕다고 한다.
- 피사체의 주변이 피사체의 초점보다 흐리게 나오는 것을 피사계 심도가 얕다고 하고 반대로 피사체와 주변의 초점이 비슷할수록 피사계 심도가 깊다고 표현한다. 또 조리개를 좁힐수록 피사계 심도가 깊어지고, 열수록 심도는 얕아진다.

57 다음의 폭약 중 수중 폭파에 적합하지 않은 것은?

① 티엔티(TNT)
② 젤라틴 다이너마이트
③ 분말 다이너마이트
④ 교질 다이너마이트

해설
겔 함유량 20 이상의 것을 교질 다이너마이트라고 하고, 그 이하의 것은 분말상이며 분말 다이너마이트는 수중 폭파에 적합하지 않다.

58 다음 중 가장 깊이 잠수할 수 있는 방식은?

① 스쿠버 잠수   ② 포화잠수
③ 잠수정   ④ 대기압 잠수복

해설
- 스쿠버 잠수 : 최대 40m 10분 허용
- 포화잠수 : 하이드렐리옥스 이용 시 최대 600~700m
- 잠수정 : 중작업급 원격조종무인잠수정은 3,500m에서 작업 가능
- 대기압 잠수복 : 300~600m 수심의 작업에 이용

59 다음 중 비철금속 절단에 가장 효과적인 수중 절단 방법은?

① 산소 아크(Oxy-arc) 절단법
② 강철관 절단봉의 산소 아크 절단법
③ 피복 아크(Metal-arc) 절단법
④ 산소-수소 절단법

해설
산소에 산화되지 않는 비철금속이나 합금에는 절단이 잘되지 않는 단점이 있으나, 비철금속과 합금에도 절단이 되는 피복 아크 절단법이 개발되었다.

60 부력을 제공하기 위해 침몰 선박에 부착하는 물체는?

① 폰툰(Pontoon)
② 에어리프트(Airlift)
③ 워터 제트(Water Jet)
④ 활차(Beach Gear)

해설
폰툰(Pontoon)
가라앉은 물체를 인양하는 데 부력을 제공하며, 인양물의 크기에 따라 폰툰의 크기와 부피가 달라진다.
② 공기흡입기(Airlift) : 수중에서 펄이나 자갈, 모래에 웅덩이를 파거나 제거할 때 사용
③ 워터 제트(Water Jet) : 수중에서 단단한 펄의 고랑을 파거나 쌓여 있는 퇴적물을 해체시킬 때 쓰이는 장비
④ 활차(Beach Gear) : 좌초선을 이초시킬 때 힘의 배가를 얻기 위해 설치

정답 56 ③ 57 ③ 58 ② 59 ③ 60 ①

2011년 과년도 기출문제

01 저온하에서 잠수복을 착용하지 않은 채 잠수를 하는 경우 체온이 급격히 떨어지는 이유와 가장 관계가 있는 것은?

① 열의 복사
② 열의 대류
③ 열의 전도
④ 열의 방사

해설
물은 좋은 전도체이지만 공기는 열전도를 저항하는 좋은 절연체이다. 잠수복의 두께가 두꺼울수록 열전도를 막을 수 있다. 대류는 움직이는 액체나 기체를 통해 열전도가 일어나는 것을 말한다.

02 다음 중 수중에서 가장 먼 곳까지 투과되는 것은?

① 주 황
② 빨 강
③ 노 랑
④ 파 랑

해설
붉은색의 빛은 수면 아래로 깊게 투과되지 못하고 파란색의 빛만이 깊은 수심까지 투과되기 때문에 바다색이 파랗게 보이는 것이다. 수심이 깊어짐에 따라 빨강 → 주황 → 노랑 → 초록 → 파랑 순서로 색은 흡수된다.

03 수면에서 심호흡을 한 후 호흡을 멈춘 상태로 물속 10m 수심까지 잠수하였을 경우 허파 내부의 공기 체적(부피)의 변화는?

① 변화가 없다.
② 체적이 감소한다.
③ 체적이 증가한다.
④ 체적이 증가하다 감소한다.

해설
수심이 깊어지면 폐의 부피도 감소한다.

04 해파가 해안으로 접근해 오면 파도의 속도는 어떠한 변화를 보이는가?

① 조석작용에 의해 감소된다.
② 염분도 증가에 따라 가속된다.
③ 해저의 마찰에 의해 가속된다.
④ 해저의 마찰에 의해 감속된다.

해설
해파가 해안에 접근하면 수심이 얕아짐에 따라 해저의 마찰이 증가하므로, 파의 전파속도가 느려지고 파장이 짧아지며, 해파의 에너지가 집중되므로 파고는 높아져서 파봉이 앞으로 기울어져 마침내 부서진다.

정답 1 ③ 2 ④ 3 ② 4 ④

05 태평양에서 무역풍과 가장 관계가 있는 해류는?

① 북적도 해류
② 적도 반류
③ 수중 피류
④ 쿠릴 해류

해설
대기 대순환과 해류
• 무역풍에 의해 흐르는 해류 : 북적도 해류, 남적도 해류
• 편서풍에 의해 흐르는 해류 : 북태평양 해류, 남극 순환류
• 남북적도 해류의 사이에서 서에서 동으로 흐르는 해류 : 적도 반류

06 잠수 호흡 기체인 헬륨에 관한 설명 중 틀린 것은?

① 색, 맛, 냄새가 없는 매우 가벼운 기체로 다른 원소와 잘 결합하는 불안정한 기체다.
② 불활성기체로 질소마취와 같은 작용이 없다.
③ 가벼우므로 흡기 저항이 적어 심해잠수에 이용된다.
④ 음성이 똑바르게 나오지 않는 결점이 있다.

해설
헬륨(He)은 무색, 무미, 무취한 비활성기체로서 물에 녹지 않고 공기보다 7배나 가볍다.

07 수면에 떠 있는 물체가 받는 부력의 양은?

① 그 물체의 무게와 같다.
② 그 물체의 부피만 한 물의 무게와 같다.
③ 물에 떠 있는 부피의 무게와 같다.
④ 물속에 잠긴 부피의 물의 무게와 같다.

해설
모든 물체는 물에 잠긴 그 물체의 부피에 해당하는 물의 무게만큼, 중력에 반대 방향으로 작용하는 부력을 받는다.

08 수중에서의 소리속도를 공기에서의 소리속도와 비교하면?

① 4배 정도 빠르게 전달된다.
② 6배 정도 빠르게 전달된다.
③ 8배 정도 빠르게 전달된다.
④ 같다.

해설
육상보다 수중에서 소리의 전달속도가 약 4배 정도 빠르다.

정답 5 ① 6 ① 7 ④ 8 ①

09 너울이 해안에 가까워지면 어떻게 변하는가?

① 파장이 짧아지고 파고는 낮아진다.
② 파장이 길어지고 파고는 높아진다.
③ 파장이 길어지고 파고는 낮아진다.
④ 파장이 짧아지고 파고는 높아진다.

해설
너울은 해안에 가까워지면 높이가 높아지고 끝이 부서지는 '쇄파'가 된다.

10 다음 중 비활성기체가 아닌 것은?

① N_2 ② O_2
③ He ④ Ne

해설
활성기체와 비활성기체
• 활성기체 : 산소처럼 다른 기체와 화합을 잘하며 혼합물질을 만들어내는 것
• 비활성기체 : 성질이 다른 것들과 좀처럼 화합을 하지 않는 것

11 잠수사에게 공급되는 호흡기체의 압력이 잠수사의 허파압력보다 낮으면 호흡할 때 어떤 현상이 나타나는가?

① 흡입과 배출이 모두 쉽다.
② 흡입은 어렵고 배출은 쉽다.
③ 흡입은 쉽고 배출은 어렵다.
④ 흡입과 배출이 모두 어렵다.

해설
흡입하기는 어렵고 배출하기는 쉽다.

12 물안경 압착을 방지하려면 어떻게 해야 하는가?

① 코로 공기를 물안경 속으로 불어 넣는다.
② 물안경을 꽉 조여 맨다.
③ 물안경을 느슨하게 맨다.
④ 좋은 물안경을 쓴다.

해설
물안경에 의한 얼굴의 압착은 코를 통해 공기를 불어 넣는 것으로 방지할 수 있다. 물안경의 압착을 느낄 경우 언제든지 실시한다.

13 다음 괄호 안에 알맞은 말은?

> 감압표는 허용된 한계 내에서 체내의 ( )를 억제하기 위해 적용되는 것이다.

① 산 소
② 질 소
③ 압 력
④ 수 소

해설
잠수표(감압표)는 체내에서 어느 정도 질소가 용해되어 있는지를 숫자로 표시하고 감압증에 걸리지 않기 위한 안전 범위를 간단히 볼 수 있는 표이다. 감압병은 잠수사가 표면을 향해 상승할 때 액체 속에 용해되어 있던 질소가 기화되는 과정에서 발생한다. 따라서 상승할 때 감압표의 감압정지 지시를 지키지 않으면 질소는 기포를 형성하게 된다.

14 상어를 만났을 때의 조치법이나 상어출현의 예방법과 가장 거리가 먼 것은?

① 어둡고 반사되지 않는 잠수복을 착용한다.
② 상어가 공격행동을 보일 때는 막대기, 작살, 칼 등으로 상어의 코 부분을 내리치거나 찔러 방어한다.
③ 오리발(핀)로 물소리를 크게 내어 도망가게 한다.
④ 고기를 사냥하지 않는다.

해설
상어를 만났을 때 대처요령
- 잡으려고 하거나 작살로 찌르는 행위는 피해야 한다.
- 가능한 상어를 자극하는 행동을 하지 말고 침착하게 조용히 물 밖으로 나와야 한다.
- 긴 끈을 묶어 자신이 큰 동물임을 상어에게 보여 주는 것도 한 방법이다.
- 만일 상어가 공격해 올 경우 눈이나 코 등을 힘껏 내리치는 것도 공격을 피할 수 있는 한 방법이 된다.
- 저녁 시간이나 야간에는 가급적 수영이나 잠수를 피하는 것이 좋다.

15 100% 산소를 사용하는 폐쇄식 스쿠버 잠수의 안전수칙 중 가장 중요한 것은?

① 주기적인 탄산가스 농도 확인 절차 준수
② 주기적인 산소 농도 확인절차 준수
③ 잠수시간 준수
④ 허용 잠수수심 준수

해설
폐쇄식은 다이버가 호흡하고 내쉬는 공기를 정화시켜 다시 호흡하도록 순환시키는 방법이며, 수심 10m 이상의 곳에서는 사용할 수 없으나 가볍고, 비교적 장시간 헤엄칠 수 있다(10L의 봄베로 약 30분).

16 체구 또는 체질, 연령에 따라 감압병 발생률의 차이가 있다고 볼 때, 다음 중 감압병 발생률이 높은 것끼리 연결된 것은?

① 비만한 사람 - 젊은 사람
② 비만한 사람 - 늙은 사람
③ 비만하지 않은 사람 - 젊은 사람
④ 비만하지 않은 사람 - 늙은 사람

해설
일반적으로 감압병에 잘 걸리는 요인으로서 40세 이상의 고령, 비만, 탈수 상태, 수중에서의 과도한 운동, 미숙련, 국소적인 신체 손상 등이 있다.

정답 13 ② 14 ③ 15 ④ 16 ②

17 기포(氣泡)가 혈류를 차단하여 생기는 증세는?

① 공기색전증
② 종격통기증
③ 피하기종
④ 기 흉

해설
공기색전증 : 폐 파열로 인해 기포가 경동맥의 흐름을 막는 것

18 감압정지 시 정치 위치는 잠수사 몸의 어느 부분을 기준으로 하여야 하는가?

① 머 리
② 목
③ 가 슴
④ 허 리

해설
수중에서 감압을 해야 할 경우 감압해야 할 수심이 잠수사의 가슴 위치에 오는 것이 좋다.

19 인공호흡을 할 때 권장되는 1분당 호흡 횟수는? (단, 응급자의 맥박이 있으며, 정상적인 호흡량을 호흡하는 경우이다)

① 6회 이상
② 10~12회
③ 13~15회
④ 15회 이상

해설
스스로 호흡을 할 수 없는 잠수병 환자를 소생시키기 위하여 구강 대 구강 인공호흡법을 실시하는데 1분에 10~12번 호흡시키는 것이 가장 좋다.

20 잠수사가 감압증의 고통을 받을 때 해야 할 조치 중 틀린 것은?

① 쇼크를 방지한다.
② 산소를 공급한다.
③ 즉시 물에서 감압한다.
④ 감압실로 이송한다.

해설
감압증 치료
• 100%의 산소 호흡을 시키며 즉시 재압체임버로 후송한다.
• 경한 증상일지라도 반드시 재압치료를 하는 것이 건강상 좋다.
• 재압치료 시설이 멀다고 해서 수중에서 재압치료를 하면 안 된다.

정답 17 ① 18 ③ 19 ② 20 ③

21 스쿠버 잠수를 할 때 폐를 손상시키는 가장 큰 원인은?

① 정상보다 빨리 상승하는 것
② 감압정지의 생략
③ 정상보다 느리게 상승하는 것
④ 상승 중 숨을 참는 것

해설
폐에서 팽창하는 공기를 자유롭게 밖으로 내보낼 수 있도록 상승하는 동안 계속 숨을 내쉬어야 한다.

22 잠수사가 오한을 느끼기 시작하는 물의 온도는?

① 17℃
② 21℃
③ 23℃
④ 26℃

해설
다이버가 오한을 느끼는 수온은 보통 21℃부터이며 수중 체류시간이 길면 길수록, 수심이 깊으면 깊을수록 열 손실이 커져 추위를 많이 탄다.

23 압축기체로 호흡하던 잠수사가 상승 중 호흡을 멈추면 어떤 건강 장애가 발생하는가?

① 중증 감압병
② 허파 파열증
③ 산소 독성
④ 벤즈

해설
다이버가 정상적으로 호흡을 할 때는 부피가 팽창된 공기는 기도와 입을 통하여 밖으로 배출되지만 만약 다이버가 물리적인 방법으로 숨을 참게 되면 이 팽창된 공기는 배출되는 곳이 없기 때문에 폐를 과팽창시키게 된다. 이로 인하여 폐 파열이 일어나게 되고 허파꽈리에서는 실핏줄로 공기가 유입되게 된다.

24 수중에서 의식을 상실한 잠수사가 타인에 의하여 물 위로 끌려 올려질 때 의식상실자에게 발생할 수 있는 가능성이 가장 높은 건강장애는?

① 감압병
② 압착증
③ 허파 파열
④ 척추 손상

해설
스쿠버 다이버가 정상적인 호흡을 하지 않으면 공기는 팽창되어 폐 파열을 일으킬 수 있다.

25 산소 중독 증상이 아닌 것은?

① 몸이 나른해지고 정신이 흐려진다.
② 근육의 경련과 발작
③ 멀미와 현기증
④ 호흡곤란과 시야가 좁아진다.

해설
산소 중독
• 증상 : 근육의 경련과 발작, 멀미와 현기증, 호흡곤란과 시야가 좁아지는 등 사람마다 그 저항력의 차이가 있다.
• 예방 : 스포츠다이버는 순수산소를 사용해서는 안 되고 반드시 압축공기를 사용한다.

27 산소(O_2) 가스(Gas) 저장통의 색깔은?

① 적 색
② 녹 색
③ 주황색
④ 흑 색

해설
각종 가스용기의 도색 구분

가스의 종류	도색 구분	가스의 종류	도색 구분
산 소	녹 색	아세틸렌	황 색
수 소	주황색	아르곤	회 색
액화 탄산가스	청 색	액화 암모니아	백 색
LPG	회 색	기타 가스	회 색

26 중량벨트의 착용에 대한 설명으로 옳은 것은?

① 체중의 1/5 무게의 납벨트를 착용한다.
② 부력조절기 착용 시 중량벨트는 가볍게 착용한다.
③ 쉽게 풀 수 있도록 맨 마지막에 착용한다.
④ 양성 부력을 얻을 정도의 무게를 착용한다.

해설
웨이트는 비상시에 신속하고 쉽게 벗어 버릴 수 있어야 한다.
① 체중의 1/10 무게의 납벨트를 착용한다.
④ 양성 부력을 없애기 위해 착용한다.

28 수상(水上)에 요구하지 않더라도 슈퍼라이트-17 헬멧을 착용한 2명의 잠수사가 수중에서 서로 통화가 가능하려면 통화선은 몇 가닥이어야 하는가?

① 2가닥
② 3가닥
③ 4가닥
④ 6가닥

해설
통화용 전선은 두껍고 유연한 재질의 피복 속에 통화 기능을 제공하기 위해 4가닥의 전선이 보호되어 있다.

정답 25 ① 26 ③ 27 ② 28 ③

29 일반적으로 표면공급식 장비의 생명줄(Umbilical)은 어떻게 사리는가?

① 8자 모양으로 하고 양 끝단이 확인되도록
② 작은 원에서 시작하여 큰 원 모양으로
③ 큰 원에서 시작하여 작은 모양으로
④ 전체 길이에 따라 적당한 크기의 타원형으로

해설
생명줄은 8자로 사린다.

30 KMB 밴드마스크와 헬멧에서 역지밸브(One-way Valve)의 역할은?

① 기체 공급 호스의 압력이 높아지지 않게 한다.
② 비상기체통의 기체를 공급한다.
③ 잠수사에게 압착이 일어나지 않게 한다.
④ 안면창의 김 서림을 제거한다.

해설
역지밸브는 헬멧 내부 또는 밴드마스크 내부에 공급되는 기체를 일정하게 흐르도록 유지해 주며, 주 기체 공급이 차단되었을 때 잠수사의 안면 압착과 물의 유입을 방지해 준다(압착병 방지).

31 다음 중 KMB 밴드마스크 사용의 장점이 아닌 것은?

① 헬멧에 비하여 가격이 저렴하다.
② 가볍고 사용이 간편하다.
③ 활동성이 헬멧에 비해 좋은 편이다.
④ 머리 전체를 단단한 재질로 보호해 준다.

해설
④는 헬멧의 장점이다.
밴드마스크의 장점
• 헬멧에 비해 가격이 저렴하다.
• 착용이 간편하다.
• 가볍고 물의 저항이 적어 활동성이 자유롭다.
• 제품에 따라 혼자 착용할 수 있다.

32 저압용 공기압축기의 공기 저장통에 부착되어야 하는 부속이 아닌 것은?

① 압력게이지
② 저장밸브
③ 안전밸브
④ 드레인밸브

33 표면공급식 장비의 역지밸브(One-way Valve) 작동에 대한 설명이 가장 적합한 것은?

① 외부 압력에 의해 작동한다.
② 배부 압력에 의해 작동한다.
③ 수압에 의해 작동한다.
④ 양판(Poppet)이 스프링에 의해 작동한다.

34 공기압축기에 여과 필터를 설치해야 하는 이유와 가장 거리가 먼 것은?

① 수분을 제거하기 위해서
② 공기를 깨끗하게 하기 위해서
③ 일산화탄소를 제거하기 위해서
④ 먼지를 제거하기 위해서

해설
유분, 먼지, 흙 및 수분은 각각 혹은 혼합되어 압축공기에 존재하여 커다란 해를 미치므로 이를 방지하기 위해서이다.

35 다음 계기 중 잠수에서의 필요성과 가장 거리가 먼 것은?

① 수온계
② 잔압계
③ 수심계
④ 나침반

해설
① 수온계 : 현재 수온을 나타낸다.
② 잔압계 : 현재 실린더 안에 공기 잔량을 나타낸다.
③ 수심계 : 현재의 수심을 보여주는 계기이다.
④ 나침반 : 수중에서 방향을 지시함으로써 원하는 방향을 찾을 수 있다.

36 바위가 많은 곳에서 표면공급식 잠수장비로써 잠수를 할 때의 적절한 방법과 가장 거리가 먼 것은?

① 항상 공기를 적게 사용한다.
② 공기 호스의 여분을 가지고 다닌다.
③ 보조사로 하여금 늦추어진 줄을 당기도록 한다.
④ 공기의 사용을 증가시키고 다닌다.

37 다음 중 스쿠버나 후카용 2단계 호흡기(Regulator)를 사용하는 잠수 시 입안으로 계속 조금씩 물이 들어올 경우 그 원인으로 볼 수 있는 가장 적합한 것은?

① 배출공기 호스에 조그마한 구멍이 생겼기 때문
② 마우스피스에 구멍이 생겼기 때문
③ 호스와 호흡기 연결이 헐거워졌기 때문
④ 호흡기 배기변에 이물질이 끼거나 상처 때문

해설
스쿠버 호흡조절기 1단계의 중간압이 필요 이상 높으면 2단계에서 공기가 샌다. 또 스쿠버나 후카용 2단계 호흡기(Regulator)를 사용하는 잠수 중에 입안으로 계속 조금씩 물이 들어올 경우, 그 원인은 호흡기 배기밸브에 이물질이 끼거나 상처가 있기 때문이다.

정답 34 ③ 35 ① 36 ① 37 ④

38 공기압축기 정지 후 기기 내부 잔압을 제거하는 주 이유는?

① 드레인을 제거하여 냄새를 없애기 위하여
② 잔여 공기를 배출하여 배관의 손상을 감소시키기 위하여
③ 배관의 성능을 증가시키기 위하여
④ 다음 운전 시 엔진의 부하를 적게 주어 시동을 용이하게 하기 위하여

> **해설**
> 공기압축기 정지 후 기기 내부 잔압을 제거하는 주 이유는 다음 운전 시 엔진의 부하를 적게 주어 시동을 용이하게 하기 위해서이다(조정밸브를 잠그는 이유).

39 스쿠버 공기통의 목 주변에 찍혀 있는 "FP150"이라는 각인의 의미는?

① 시험압력
② 상용압력
③ 일련번호
④ 수압검사일자

> **해설**
> 공기통 한국식 표식
> • AIR : 사용하는 기체가 공기임을 표시
> • V 13.5 : 통 속의 부피가 13.5L임을 표시
> • W 13.5 : 무게가 13.5kg임을 표시
> • P-12345 : 제조 일련번호
> • 6-2005 : 2005년 6월에 수압검사를 했다는 표시
> • TP-250 : 시험압력이 250kg/cm²임을 표시
> • FP-150 : 상용압력이 150kg/cm²임을 표시

40 다음 중 슈퍼라이트-17 헬멧의 비상기체공급 회로로 옳은 것은?

① 비상기체 공급 → 역지변 → 호흡조절기 → 잠수사
② 비상기체 공급 → 환기 및 호흡조절기 → 잠수사
③ 비상기체 공급 → 역지변 → 환기 및 호흡조절기 → 잠수사
④ 비상기체 공급 → 역지변 → 굴곡관 → 호흡조절기 → 잠수사

41 비전기식 뇌관의 점화용이며 사용 전 15cm를 자르는 것은?

① 펜트리트
② 다이너마이트
③ 도화선
④ 도폭선

> **해설**
> 비전기식 뇌관 점화용 도화선은 6ft 이상의 길이로 사용하며 사용 전에 끝에서 15cm(약 6inch) 정도를 잘라낸다.

42 국내에서 재압체임버와 관련하여 기준과 규정을 정하고 있는 법령은?

① 고압가스안전관리법
② 산업안전보건법
③ 산업안전보건법 시행령
④ 산업안전보건기준에 관한 규칙

정답 38 ④ 39 ② 40 ② 41 ③ 42 ④

43 다음 중 동일한 렌즈를 사용하여 촬영하였을 때 피사계심도에 대한 설명이 맞는 것은?

① 촬영거리와 피사계심도는 무관하다.
② 촬영거리가 멀수록 피사계심도가 깊다.
③ f/stop 값이 적을수록 피사계심도가 깊다.
④ 촬영거리가 가까울수록 피사계심도가 깊다.

해설
촬영거리가 가깝고 조리개 구멍을 크게 할수록 피사계심도는 얕아진다.

44 구조용 체인 한 절(Shot)의 길이는?

① 약 18m
② 약 27m
③ 약 35m
④ 약 45m

45 와이어로프의 파단력 계산공식은?

① $C^2 \times 0.9$톤
② $C^2 \times 1.2$톤
③ $C^2 \times 4$톤
④ $C^2 \times 6$톤

해설
파단력(BS) = $C^2 \times 4$톤

46 도화선이나 도폭선을 사용 전 끝에서 15cm(6inch) 정도 절단해야 하는 이유는?

① 침수 및 부식의 우려 때문
② 폭발의 위험 때문
③ 끝단에는 안전을 위해 이물질로 채워졌기 때문
④ 내수성 제재로 되어 있기 때문

47 굵기가 다른 로프의 연결 시 사용되는 결색은?

① 묶기 매듭(Sheet Bend)
② 콘스트릭터 매듭(Constrictor Knot)
③ 닻줄 매듭(Anchor Bend)
④ 겹 감아 매듭(Rolling Hitch)

해설
① 묶기 매듭(시트 벤드 : Sheet Bend) : 아주 빠르게 묶을 수 있고, 두 개의 굵기가 다른 줄을 연결할 때 사용한다.
② 콘스트릭터 매듭(Constrictor Knot) : 풀리지 않도록 끝줄을 원줄의 밑으로 넣어 뽑는 결색이다. 당길수록 조여지는 매듭은 주로 작업현장에서 유용하게 사용된다.
③ 닻줄 매듭(Anchor Bend) : 닻고리나 부표고리에 줄을 맬 때 사용한다.
④ 겹 감아 매듭(Rolling Hitch) : 목재나 로프에 끝줄을 완전히 졸라맬 때 사용한다. 매끄러운 기둥과 같은 원형 물체의 이동 시 가장 적합하다.

정답 43 ② 44 ② 45 ③ 46 ① 47 ①

48 좌초선을 이초할 때 사용되는 방법이 아닌 것은?

① 부력을 최대한 복원시킨다.
② 해저면과 마찰력을 증가시킨다.
③ 조차를 이용한다.
④ 구조선 예인 능력을 극대화시킨다.

해설
② 해저면과 마찰력을 감소시킨다.

49 수중에서 잠수사의 눈에 피사체의 거리가 3m로 보일 때 카메라의 뷰파인더로 보는 거리는 얼마로 맞추어야 정확한 촬영이 되는가?

① 3m ② 4m
③ 5m ④ 6m

50 수중 산소-아크 절단 시 공기 호스로 사용하였던 것을 산소 호스 대용으로 사용할 수 없는 주 이유는?

① 폭발의 위험이 있다.
② 강도가 약하다.
③ 연결구가 맞지 않는다.
④ 색깔이 틀리다.

51 수심 20m에서 초고온 절단봉으로 산소아크절단을 한다면 수심에 따른 압력보정값이 $0.105 kgf/cm^2$일 때 적절한 산소압력은?(단, 육상 산소압력은 $6kgf/cm^2$임)

① 약 $6kgf/cm^2$
② 약 $8kgf/cm^2$
③ 약 $10kgf/cm^2$
④ 약 $12kgf/cm^2$

해설
$20 \times 0.105 + 6 = 8.1 kgf/cm^2$

52 수중용접 작업에 있어서 위보기(Over Head)용접의 가장 이상적인 용접 작업각도는?

① 15~45°
② 25~30°
③ 35~55°
④ 45~65°

해설
두상용접 시 각도는 35~55°, 수평용접 시 각도는 15~45°를 유지한다.

53 다음 중 수중 촬영 시 고려되어야 할 가장 중요한 사항은?

① 수 온 ② 수 심
③ 조 석 ④ 물의 혼탁도

> **해설**
> 물의 밀도는 공기의 밀도보다 약 800배 정도 높기 때문에 작은 입자들을 부유시킨다. 즉, 공기 중에서 보다 많은 부유물을 포함하게 된다. 부유물이 많으면 반사, 굴절, 산란 등에 의해 빛의 진행이 방해받게 되어 결국 투명도가 떨어진다. 투명도가 높아야 깨끗한 장면을 얻을 수 있다.

54 잠수사는 1년에 1회 이상 일반건강검진을 받도록 법령에 명시되어 있다. 이를 위반했을 시 사업주가 받는 벌칙은?

① 300만 원 이하의 과태료
② 500만 원 이하의 과태료
③ 1,000만 원 이하의 과태료
④ 6개월 이하의 징역 또는 300만 원 이하의 과태료

> **해설**
> **과태료(산업안전보건법 제175조 제4항 제7호)**
> 일반건강진단 및 특수건강진단 등의 규정에 따른 근로자 건강진단을 하지 아니한 자에게는 1,000만 원 이하의 과태료를 부과한다.

55 탐색작업이 끝난 후 표준신호로 전환하고자 할 때 적합한 줄신호는?

① 잠수사가 3번 당긴다.
② 보조사가 4번 당긴다.
③ 잠수사가 7번 당긴다.
④ 보조사가 7번 당긴다.

> **해설**
> ③ 잠수사가 7번 당긴다. → 탐색 시작, 탐색 끝
> ① 잠수사가 3번 당긴다. → 보조사를 향해 오른편으로 가라.

56 수중용접에 있어서 아크(Arc)의 안정성은 전류에 따라 어떠한가?

① 교류가 직류보다 안정성이 높다.
② 직류가 교류보다 안정성이 높다.
③ 교류와 직류는 안정성에 차이가 없다.
④ 사용환경에 따라 다르다.

> **해설**
> 직류는 아크 안정성이 우수하나 교류는 약간 불안정하다.

정답 53 ④ 54 ③ 55 ③ 56 ②

57 텐더드 탐색의 설명으로 틀린 것은?

① 다이빙 플랫폼(Diving Platform)에서 보조한다.
② 표준탐색 신호를 사용한다.
③ 텐딩 라인(Tending Line)에 장력을 유지한다.
④ 잠수사가 부이 라인(Buoy Line)을 타고 내려간다.

해설
④는 서클링(원) 탐색 내용이다.

58 좌초반응력에 대해 설명한 내용 중 틀린 것은?

① 좌초반응력은 좌초선의 부력을 복원하여 줄일 수 있다.
② 좌초선의 부력과 선체 무게의 변화에 따라 그 값이 달라진다.
③ 좌초된 배를 이초시키는 데 필요한 수평 당김의 힘이다.
④ 좌초반응력과 바닥의 마찰계수를 알면 이초력을 계산할 수 있다.

59 줄신호 중 보조사가 잠수사에게 "상승준비"하라는 신호는?

① 1번 당김
② 2번 당김
③ 3번 당김
④ 4번 당김

해설
① 1번 당김 → 이상 없는가. 하잠 시는 정지
② 2번 당김 → 하잠하라. 상승 시는 너무 많이 올라왔으니 지시까지 하잠하라.
④ 4번 당김 → 상승하라.

60 피복제(Flux)의 설명 중 가장 적합한 것은?

① 전극봉의 강도를 높게 한다.
② 아크를 시작하고 계속 유지시킨다.
③ 절연을 방지한다.
④ 전기가 봉의 밖으로 계속 흐르도록 유지한다.

해설
피복제는 아크열에 의해 분해되어 아크를 안정하게 하고, 가스(CO_2, CO) 또는 슬래그를 발생시켜 용융 금속이 대기 중의 산소나 질소와 접촉하는 것을 막아 산화 및 질화를 방지하며(중성 또는 환원성 분위기를 만듦), 적당한 화학반응에 의하여 용접 금속은 정련된다.

2012년 과년도 기출문제

01 대기압, 계기압 및 절대압의 관계로 가장 적합한 것은?

① 2계기압은 1대기압 + 1계기압을 말한다.
② 계기상에 나타난 압력의 표식은 대기압을 포함한 수치이다.
③ 절대압은 대기압과 계기압을 합한 수치이다.
④ 절대압은 대기압과 동일하다.

해설
절대압력은 압력계의 지시에 대기압을 더한 것이다.

02 잠수사가 수중에서 물안경을 통해 사물을 볼 때 실제보다 크게 보이는 주된 이유는?

① 빛의 확산 현상
② 빛의 흡수 현상
③ 빛의 속도 변화 현상
④ 빛의 굴절 현상

해설
깨끗한 물속에서는 물체가 실제보다 가깝고 더 크게 보이는데, 이것은 빛의 굴절에 의한 것이다. 예를 들면 물속의 젓가락이 휘어져 보이는 것, 물속의 동전이 떠 보이는 것, 물속의 물고기가 실제보다 커 보이는 것, 물의 깊이가 실제보다 얕게 보이는 것 등이다.

03 잠수 중 수중의 어느 곳에서 소리가 발생하는지 구분하기 어려운 주 이유는?

① 수압으로 고막이 영향을 받기 때문이다.
② 물속에서는 소리가 전달되지 않기 때문이다.
③ 물속에서는 소리가 아주 빠르게 전달되기 때문이다.
④ 물의 무게는 고막을 찌그러뜨리기 때문이다.

해설
수중의 소리는 지상보다 약 4배 빠르게 전달된다. 즉, 음의 진원지 방향을 판단하는 것이 어려운 이유는 공기 중에서는 매초 340m의 속도로 전달되는 소리가 물속에서는 그 4배의 속도로 되기 때문이다.

04 공기 중 산소의 특성으로 옳은 것은?

① 색깔이 있다.
② 냄새가 있다.
③ 단맛이 난다.
④ 무색, 무미, 무취이다.

해설
산소는 무색, 무미, 무취하며 다른 원소와 쉽게 결합하는 2원자의 활성 기체이다.

정답 1 ③ 2 ④ 3 ③ 4 ④

05 다음 중 잠수사의 수중 부력조절에 가장 영향을 적게 미치는 것은?

① 호흡
② 잠수복
③ 중량벨트
④ 물의 밀도

해설
다이버의 부력은 주로 웨이트의 무게와 부력조절기, 폐 속의 공기량을 변화시켜 줌으로써 조절할 수 있다.

06 섭씨온도를 절대온도로 바꾸는 공식은?(단, K는 절대온도, C는 섭씨온도)

① K = C + 273.15
② K = C − 273.15
③ K = C + 173.15
④ K = C − 173.15

07 파도(Wave)의 특성에 대한 설명이 틀린 것은?

① 절벽이나 방파제를 만나면 반사파가 생긴다.
② 해변이나 암초지역에서는 쇄파(Break) 현상이 생긴다.
③ 수심이 깊은 곳일수록 영향이 크게 미친다.
④ 진행방향에 섬 등의 돌출부가 있으면 회절현상이 일어난다.

해설
파도는 수심이 깊은 곳은 속도가 빠르고 얕은 곳은 느려진다.

08 물의 열전도율을 공기와 비교하면?

① 같다.
② 낮다.
③ 높다.
④ 온도에 따라 높거나 낮음이 달라진다.

해설
물의 열전도율은 공기에 비해 25배 정도 크다.

09 동일한 공기량을 가지고 잠수하여도 수심이 깊어질수록 공기가 빨리 소모되는 것과 가장 관계가 깊은 법칙은?

① 샤를(Chales)의 법칙
② 헨리(Henry)의 법칙
③ 돌턴(Dalton)의 법칙
④ 보일(Boyle)의 법칙

해설
보일의 법칙
압력 × 부피 = 일정, 압력이 감소하면 기체의 부피는 증가하고, 압력이 증가할수록 기체의 부피는 감소한다.

10 감압병과 가장 관계가 깊은 기체 법칙은?

① 보일의 법칙
② 샤를의 법칙
③ 일반기체의 법칙
④ 헨리의 법칙

해설
헨리의 법칙은 흡수의 법칙 또는 감압표의 법칙이라고도 하며, '일정한 온도하에서 액체에 녹아 들어가는 기체의 양은 그 기체의 부분압에 비례한다.'고 하였다.

11 잠수 직전의 과한 음주가 감압병 발생에 미치는 영향으로 가장 적합한 것은?

① 감압병 발생률을 증가시킨다.
② 감압병 발생률을 감소시킨다.
③ 감압병 발생률에는 차이가 없다.
④ 감압병 증상을 악화시킨다.

해설
잠수 시 무리한 잠수 횟수, 음주 등은 감압병을 유발시킬 수 있는 충분한 원인이다.

12 잠수 중 일산화탄소 중독에 걸릴 우려가 있는 경우로 가장 적합한 것은?

① 잠수 장비가 좋지 못한 것을 사용했을 경우
② 수중에서 중노동을 했을 경우
③ 상해 잠수를 했을 경우
④ 엔진 배기가스가 압축공기 중에 섞여 있을 경우

해설
주로 자동차의 내연 기관에서 오염되거나 공기 압축기의 과열과 불완전 연소 과정에서 발생하기 쉽다(물질의 연소 시 산소공급이 부족 또는 이산화탄소가 고온에서 탄소에 의해 환원될 때 발생).

13 잠수를 하고 난 후 육상에서 휴식하고 있으면 몸 안에 있는 질소는 어떻게 변화하는가?

① 질소의 양이 점점 늘어난다.
② 질소의 양이 점점 줄어든다.
③ 질소가 산소와 합쳐 산화질소로 된다.
④ 전혀 변화가 없다.

14 잠수 중 문제 발생 시 자신을 구조하는 가장 기본적인 절차는?

① 심호흡 → 멈춤 → 판단 → 실행
② 멈춤 → 심호흡 → 판단 → 실행
③ 멈춤 → 심호흡 → 실행 → 판단
④ 판단 → 실행 → 멈춤 → 심호흡

해설
자신에게 문제 발생 시 모든 행동을 정지하고, 생각한 후 행동한다.

정답 10 ④ 11 ① 12 ④ 13 ② 14 ②

15 감압병(벤즈)에 관한 설명 중 틀린 것은?

① 수심 20m로 잠수하면 잠수사가 받는 절대압은 2기압이 되어 육상보다 2배가 많은 질소가 녹아 들어간다.
② 인체에 녹아 들어간 질소 부분압이 숨 쉬는 공기 내의 질소 부분압과 같아질 때까지 질소가 계속 녹아 들어간다.
③ 물속에서 상승하면 압력이 낮아져 몸속의 질소분압이 외부보다 높게 되어 호흡을 통해 질소가 서서히 방출된다.
④ 잠수사가 오랜 잠수 후 갑자기 상승하면 외부압력이 급격히 낮아져 몸속에 질소가 과포화 상태가 되어 몸속에 기포를 형성하게 된다.

해설
수심 20m의 절대압이 3기압이며 호흡기를 통해 폐로 들어오는 공기도 3기압인 것이다.

16 다음 중 감압증에 나쁘게 작용하는 요인과 가장 거리가 먼 것은?

① 과 로
② 비 만
③ 과수면
④ 과한 음주

해설
감압병의 원인은 바로 과도한 질소의 흡수이다. 잠수 시 인체의 질소 흡수는 수심과 해저체류 시간, 수온, 육체적 활동, 연령, 비만, 과로, 수면 부족, 음주, 불량한 혈액순환 등에 따라 다르다.

17 재압체임버의 기본 배관 색깔 중 틀린 것은?

① 산소공급 : 녹색
② 공기공급 : 회색
③ 공기배출 : 은색
④ 헬륨-산소 : 오렌지색

해설
② 공기공급 : 흑색

18 20m 수심에서 30분간 작업하고 해면으로 상승하는 중에 배가 팽창하고 통증이 발생하였다. 이 증상과 관계한 사항이 옳은 것은?

① 조금 더 얕은 곳으로 상승하면 해소된다.
② 잠수하기 전에 사이다를 마시면 예방된다.
③ 잠수 중에 공기를 삼켰기 때문에 발생한다.
④ 트림을 하면 악화된다.

해설
잠수 중 공기를 아끼기 위해 지나치게 숨을 참을 때 기체색전증이 표면에 상승한 즉시 또는 10분 이내에 발생한다.

19 잠수 시 알맞은 호흡법은?

① 느리고 깊게 호흡한다.
② 느리고 얕게 호흡한다.
③ 빠르고 얕게 호흡한다.
④ 빠르고 깊게 호흡한다.

해설
잠수에서 효과적인 호흡법은 천천히 지속적으로 깊게 호흡하는 것이다.

22 감압표의 설명으로 가장 적합한 것은?

① 잠수한 작업내용을 기록하는 표
② 잠수작업의 순서를 표시하는 표
③ 수심에 따른 잠수시간의 한계 등을 나타내는 표
④ 잠수장비의 목록을 작성하는 표

20 문제 삭제

21 기체색전증의 특징 중 틀린 것은?

① 상승 중 또는 수면 도착 10분 이내에 발생한다.
② 팔다리 마비, 어지러움증 등이 급속히 나타난다.
③ 어깨, 무릎 등에 극심한 통증이 나타난다.
④ 재가압 치료를 해야 한다.

해설
기체색전증의 증상
• 확실한 증상 : 의식상실, 입가의 피 거품, 현기증, 마비, 시각장애, 가슴의 통증과 호흡곤란
• 애매한 증상 : 두통, 피로, 성격변화, 집중력 상실, 자극의 과민성

23 잔여질소시간을 산출하는 주된 이유는?

① 신체에 남아 있는 잔여질소가 빠져나갈 때까지의 시간을 알기 위하여
② 재잠수의 해저체류시간에 반드시 더해야 하는 시간을 계산하기 위하여
③ 잠수를 하기 위해 수면에 있어야 하는 최소한의 시간을 산출하기 위하여
④ 잠수 후에 남아 있는 비감압 시간의 양을 알기 위하여

24 인간의 심해 잠수능력을 제한하는 가장 큰 원인을 깊어질수록 증가하는 수압이라고 볼 때 두 번째로 큰 원인이 되는 것은?

① 광선의 부족
② 음파의 빠른 전달특성
③ 수 온
④ 부 력

해설
물에서는 공기 중보다 20~30배 정도 빠르게 체온 손실이 진행되기 때문에 찬물에 노출되면 여러 가지 요인에 의해 체온이 떨어지게 되며 물의 온도, 다이버의 체형, 신체부위, 물의 움직임, 보온상태 등이 체온저하의 속도를 결정할 수 있으며 잠수복을 착용하지 않거나 자기 몸에 맞지 않는 잠수복을 착용하고 장시간 잠수하면 자신도 모르는 사이에 체온저하 상태에 도달한다.

25 산소중독의 예방에 관한 설명으로 가장 거리가 먼 것은?

① 산소사용한계수심을 지킨다.
② 잠수 시 가급적 운동량이 많도록 한다.
③ 자신이 호흡하는 기체의 종류를 알고 최대수심에서 산소분압이 어느 정도인지 파악한다.
④ 산소를 사용하여 재압치료 중이거나 감압 중에는 치료 및 감압 규정에 따라 공기호흡 주기를 지킨다.

해설
②의 행동은 오히려 산소중독을 촉진시킨다.
산소중독을 촉진하는 조건들
• 힘든 육체작업
• 이산화탄소의 축적
• 저체온 또는 고체온에 의한 스트레스
• 개인적 적응력(산소내성)
• 과민성 갑상선 증세 및 비타민 E 결핍
• 인슐린 복용 또는 충혈 완화제의 사용

26 스쿠버 잠수 시 호흡조절기(Regulator)는 1단계에서 몇 psi 압력으로 조절되는가?

① 100~120psi
② 125~145psi
③ 150~170psi
④ 175~200psi

해설
호흡조절기는 2단계에 걸쳐 압력을 감소시킨다. 1단계에서는 탱크의 압력을 9~11kg(125~150psi)까지 감소시키고, 이 중간압력은 2번째 단계를 거쳐 주위의 압력(절대압력)과 같아지게 된다.

27 KMB 밴드마스크 구성품에 대한 설명 중 틀린 것은?

① 주 몸체는 비부식성 플라스틱 재질이다.
② 안면창은 두께 6mm의 아크릴 재질이다.
③ 압력균형장치는 프렌젤로 한다.
④ 입과 코부분의 마스크는 CO_2 농도 확산을 방지한다.

해설
③ 압력균형장치는 코를 손으로 쥐고 입을 다문 상태로 공기를 풀어 넣어 주는 발살바(Valsalva)로 한다.

28 고압공기 압축기(H.P Compressor) 운전 중 드레인 밸브를 열어 주는 이유는?

① 공기의 적절한 양을 조절하기 위하여
② 압축기의 운전을 용이하게 하기 위하여
③ 공기탱크에 신선한 공기를 넣기 위하여
④ 공기탱크에 습기가 많이 차지 않도록 하기 위하여

29 잠수종(Diving Bell)의 구성요소가 아닌 것은?

① 기체 공급 장치   ② 기체 저장통
③ 통화 장치   ④ 신호용 로프

해설
잠수종은 일반적으로 본체, 반구형 지붕, 기체 공급 장치, 통화 장치, 발판, 중량추 등 6가지 기능으로 구성되어 있으며, 사용 목적에 따라 기능이 추가된다.

30 표면공급식 장비와 비교할 때 일반 스쿠버 장비의 설명으로 틀린 것은?

① 신속한 기동성을 발휘한다.
② 수심의 제한을 받는다.
③ 현장 지휘 및 통화에 제약이 없다.
④ 장시간의 작업에 적합하지 않다.

해설
스쿠버 잠수와 표면공급식 잠수의 비교

	스쿠버 잠수	표면공급식 잠수
장점	• 장비의 운반, 착용, 해체가 간편해 신속한 기동성을 발휘한다. • 잠수 작업 시 적은 인원이 소요된다. • 수평, 수직 이동이 원활하다. • 수중 활동이 자유롭다.	• 공기 공급의 무제한으로 장시간 해저 체류가 가능하다. • 양호한 수평 이동과 최대 조류 2.5knot까지 작업이 가능하다. • 줄신호 및 통화가 가능하므로 잠수사의 안전 및 작업 진척 확인이 원활하다. • 현장 지휘 및 통제가 가능하다.
단점	• 수심과 해저체류 시간에 제한을 받는다. • 호흡 저항에 영향을 받는다. • 조류에 영향을 받는다(최대 1knot). • 지상과 통화를 할 수 없다. • 오염된 물, 기계적인 손상 등 신체 보호에 제한을 받는다. • 잠수사의 이상 유무 확인이 불가능하다.	• 기체 호스가 꺾인다. • 수직 이동의 제한이 있다. • 기동성이 저하된다.

정답 28 ④ 29 ② 30 ③

31 KMB 밴드마스크 내 물이 스며들 때 침수된 물을 제거하기 위해 환기밸브를 여는 것 이외의 다른 방법은?

① 비상탈출을 시도한다.
② 비상기체 공급밸브를 연다.
③ 요구형 호흡조절기의 퍼지버튼을 누른다.
④ 주 배출밸브를 완전히 연 후 상승한다.

32 수심계(Depth Gauge)에 관한 내용 중 틀린 것은?

① 잠수 중 도달한 최대 수심을 알려 주는 기능이 있는 종류도 있다.
② 부르동(Bourdon)식은 수심에 관계없이 눈금 간격이 일정하다.
③ 모세관식은 수심이 깊어질수록 눈금이 촘촘해져 부정확해진다.
④ 수심계는 압력계와 연결되어 있어 실린더의 압력이 전달된다.

> **해설**
> 수심계는 잠수 중 현재의 수심을 알려 주는 계기이고, 수중압력계는 스쿠버 실린더에 남아 있는 공기의 압력(잔압)을 나타낸다.

33 KMB 장비 중 생명줄(Umbilical)의 가장 중요한 기능은?

① 안전이동
② 수직이동
③ 안전수심책정
④ 호흡매체 공급

34 모든 엔진을 운전하기 전에 가장 먼저 검사하고 중요시하여야 할 사항은?

① 윤활유 계통
② 연료유 계통
③ 전기 계통
④ 계기판

35 KMB 밴드마스크의 입과 코 공간 마스크(Oral Nasal Mask)의 기능이 아닌 것은?

① CO_2 축적을 방지한다.
② 입과 코에 편안한 호흡을 제공한다.
③ 불필요한 기체를 감소시키는 역할을 한다.
④ 환기밸브와 연결된 얇은 관이 비상기체를 공급한다.

36 스쿠버 잠수 시 수중 칼(Knife)에 관한 설명 중 틀린 것은?

① 중량벨트에 장착한다.
② 안전사고를 막기 위해 끝이 뾰족하지 않은 것이 많다.
③ 한쪽은 칼, 한쪽은 톱의 형태를 가진 것이 대부분이다.
④ 주로 녹슬지 않는 금속재질이 사용된다.

[해설]
수중칼은 구명복, 엉덩이, 종아리 등에 착용한다. 납벨트에 매어서는 안 된다.

37 스쿠버용 공기통의 보관방법으로 가장 적합한 것은?

① 공기통의 공기를 완전히 제거하여 건조한 상태로 둔다.
② 보관 시에는 공기통을 눕혀 둔다.
③ 그늘진 곳에 보관한다.
④ 보관 시에는 탱크 신발을 벗겨 둔다.

[해설]
공기통 내부에 이물질이나 습기가 들어가지 않도록 약간의 공기(100psi 이상)를 넣어 건조한 곳에 세워서 보관한다.

38 공기압축기를 운전하여 잠수사에게 공급시키려 할 때 가장 올바른 계통도는?

① 여과기 - 압축기 - 저장탱크 - 필터 - 잠수사
② 여과기 - 저장탱크 - 압축기 - 필터 - 잠수사
③ 압축기 - 저장탱크 - 필터 - 잠수사
④ 압축기 - 여과기 - 저장탱크 - 잠수사

39 수심 측정 호스에 대한 내용 중 맞는 것은?

① 일반적으로 내경은 3/8inch이다.
② 견고한 고압 호스를 사용한다.
③ 호스의 끝단이 잠수사의 가슴 정도에 위치한다.
④ 제작일자로부터 3년 경과 후 매년 압력검사를 한다.

[해설]
수심 측정 호스는 잠수 조정 장치의 수심 계기판에서 잠수사의 가슴까지 연결되는 호스로서 잠수사가 체류하고 있는 수심을 지상에서 측정할 수 있도록 해 준다.

[정답] 35 ④ 36 ① 37 ③ 38 ① 39 ③

40 슈퍼라이트-17 헬멧에서 잠수사가 내쉰 기체가 헬멧 내부로 들어가는 것을 방지해 주며, 판막의 역지밸브가 반대일 경우 이 기능이 상실되는 곳은?

① 역지밸브 양판(Poppet)
② 호흡조절기 밸브
③ 압력균형장치
④ 입과 코 공간의 마스크

41 폭속의 정의로 옳은 것은?

① 폭발파가 전파되는 속도
② 음속보다 빠른 폭굉의 파
③ 폭약이 기폭할 수 있는 예민도
④ 추진적 폭발 효과를 나타내는 속도

해설
폭속(VOD ; Velocity Of Detonation) : 폭약이 1초당 연소 또는 폭굉하는 속도
② 폭굉 : 폭발 중 폭발성 기체 및 고체 등을 음속보다 빠른 속도로 연소반응이 전하는 현상
③ 기폭감도

42 다음 중 법률에 의한 잠수사의 1주 근로시간 기준은?

① 30시간
② 34시간
③ 38시간
④ 40시간

해설
유해·위험작업에 대한 근로시간 제한 등(산업안전보건법 제139조)
사업주는 유해하거나 위험한 작업으로서 높은 기압에서 하는 작업 등 대통령령으로 정하는 작업에 종사하는 근로자에게는 1일 6시간, 1주 34시간을 초과하여 근로하게 해서는 아니 된다.

43 침몰선에 물막이(Cofferdam) 설치 시 고려해야 되는 내용으로 가장 적합한 것은?

① 만조 시 설치하여 만조 시 배수한다.
② 만조 시 설치하여 저조 시 배수한다.
③ 저조 시 설치하여 만조 시 배수한다.
④ 저조 시 설치하여 저조 시 배수한다.

해설
물막이 설치는 만조 시 설치하여 저조 시 배수한다.

44 수중 절단 시 피복금속아크(Metal-arc) 절단법의 작용원리는?

① 산화작용
② 용융작용
③ 탄화작용
④ 동화작용

해설
피복금속아크 절단은 무엇보다 높은 전류를 사용하는 데 있다. 일단 전류를 높여 고열의 아크를 발생시키면 금속은 용융작용에 의해 녹는다. 이때 녹은 금속은 저절로 떨어져 나가지 않으므로 전극봉으로 밀어내주어야 한다. 이 절단법은 산소아크 절단법에서 쉽게 산화되지 않았던 금속들, 즉 비철금속을 절단할 때 사용된다.

45 수중용접 시 양(+)극의 전원은 어디에 연결하는가?

① 홀 더
② 접지선
③ 산소조절기
④ 리액터

해설
(+)극은 접지선에 연결하고 (-)극은 전극봉에 연결한다.

46 수중에서 해난구조를 위한 방수작업 중 콘크리트를 사용하고자 할 때 다음 중 빨리 응고시키기 위해 일반적으로 사용하기에 가장 적절한 골재 배합의 배율은?(단, 시멘트, 모래, 자갈의 순서이다)

① 1.5 : 1 : 2
② 1.5 : 2 : 1
③ 2 : 1.5 : 1
④ 1 : 1.5 : 2

47 텐더드 탐색방법(Tended Search)에 대한 설명으로 틀린 것은?

① 표준탐색신호를 숙지하여야 한다.
② 탐색줄이 보조사와 연결되어야 한다.
③ 탐색줄은 항시 느슨하게 유지해야 한다.
④ 탐색줄의 길이가 충분히 길어야 한다.

해설
보조탐색(Tended Search)
- Diving Platform에서 보조한다.
- 표준탐색신호를 사용한다.
- Tending Line 탐색지역에 맞게 한다.
- Tending Line에 장력을 유지한다.
- 모든 신호에 응답을 하여야 한다.

정답 44 ② 45 ② 46 ④ 47 ③

48 풀리지 않도록 끝줄을 원줄의 밑으로 넣어 뽑는 결색은?

① 투 하프 히치(Two Half Hitch)
② 앵커 벤드(Anchor Bend)
③ 보우 라인(Bow Line)
④ 콘스트릭터 노트(Constrictor Knot)

해설
④ 콘스트릭터 노트 : 압박 매듭. 당길수록 조여지는 매듭은 주로 작업현장에서 유용하게 사용된다.
① 투 하프 히치 : 닻이 바람에 펄럭이지 않게 하는 데 사용하거나 둥근 나무나 말뚝(Bollard) 고리에 줄을 맬 때 사용한다.
② 앵커 벤드 : 어부 매듭. 닻고리나 부표 고리에 줄을 맬 때 사용한다.
③ 보우 라인 : 올가미 매듭. 외현 작업 시, 인명 구조 시, 육상에 줄을 걸 때 사용한다.

49 두상용접(Over Head)의 설명으로 틀린 것은?

① 용접봉 진행 방향으로 35~55°를 유지한다.
② 필릿용접인 경우 자가소모법으로 한다.
③ 전류가 너무 낮은 경우 구멍이 나거나 비드가 흘러내린다.
④ 언더커팅(Undercutting) 현상이 생긴다.

해설
③ 전류가 너무 낮으면 용접봉이 달라붙고, 너무 높으면 구멍이 나거나 용접 비드가 흘러내릴 수 있다.

50 수중 작업 중 폭약사용의 장점이 아닌 것은?

① 숙달된 수중폭약 기술자가 필요 없다.
② 작업 진행 속도가 절약된다.
③ 노동력의 감소효과가 있다.
④ 장비가 간편하다.

해설
폭약사용의 장단점

장 점	• 작업 진행 시간이 절약된다. • 경제적이고 노동력이 감소된다. • 장비가 간단하다.
단 점	• 고도로 훈련된 기술자가 필요하다. • 까다로운 안전수칙 준수가 요구된다. • 언제나 위험성이 따른다.

51 수중용접 및 절단 시 위험이 가장 크게 수반되는 것은?

① 수소 가스
② 휘발유 가스
③ 연료류
④ 페인트류

해설
수중용접 시 발생된 가스의 약 70%가 폭발성 높은 수소이다. 수중용접 시 전류는 주변의 물을 수소와 산소기포로 바꾸는데, 이것은 적은 양이라도 크게 폭발할 수 있다.

52 다음 중 수중 촬영 시 고려되어야 할 가장 중요한 사항은?

① 수 온
② 수 심
③ 조 류
④ 물의 혼탁도

해설
물의 혼탁은 수중 촬영을 어렵게 만드는 가장 큰 원인이고 촬영 시 시야의 제한도 생긴다.

53 표준잠수 신호법 중 잠수사가 보조사에게 줄을 4번 당기면 어떠한 신호인가?

① 나를 상승시켜라.
② 나를 하잠시켜라.
③ 나는 이상이 없다.
④ 늦추어진 줄을 당겨라.

해설
② 2번 당김
④ 3번 당김

54 와이어로프(Wire Rope)의 파단력(BS) 산출공식은?(단, D는 직경, C는 원주, 단위는 ton)

① BS = $D^2 \times 4$
② BS = $D^2 \times 7$
③ BS = $C^2 \times 1.2$
④ BS = $C^2 \times 4$

해설
파단력(BS) = $C^2 \times 4$ton

55 수중용접 작업 시 용접봉은 홀더에서 얼마 정도 남았을 때 교환해야 가장 좋은가?

① 1~2cm
② 3~4cm
③ 5~7cm
④ 8~9cm

56 "사업주는 잠수작업자에게 공기압축기에서 공기를 보내는 경우에 공기량을 조절하기 위한 공기조와 사고 시에 필요한 공기를 저장하기 위한 공기조(이하 예비공기조라 한다)를 설치하여야 한다."를 규정한 법률은?

① 근로기준법
② 고용정책기본법
③ 산업안전보건기준에 관한 규칙
④ 산업안전기준에 관한 규칙

해설
산업안전보건기준에 관한 규칙 제530조

정답 53 ① 54 ④ 55 ③ 56 ③

57 수중에서 뻘이나 자갈, 모래에 웅덩이를 파거나 제거할 때 주로 사용되는 장비는?

① 굴착기
② 천공기
③ 공기 흡입기
④ 크레인

58 수중에서 폭발이 발생했을 때 인체의 장기나 조직 중 어느 부분에 가장 큰 손상이 발생하는가?

① 뇌
② 심 장
③ 간 장
④ 허 파

> [해설]
> 수중 폭파 사고 시 가장 손상을 많이 받는 인체 부위는 허파이다.

59 줄신호에 대한 설명이 틀린 것은?

① 줄신호는 잠수작업의 기본 수칙에 속한다.
② 표준신호는 공통적으로 사용된다.
③ 표준신호 외에도 특수신호, 비상신호, 탐색신호 등 여러 신호체계가 있다.
④ 통신장비의 발달로 현재에는 신호방법을 배울 필요성이 없다.

60 수중 촬영 시 수중카메라에 장착되는 렌즈와 가장 거리가 먼 것은?

① 오목렌즈
② 광각렌즈
③ 표준렌즈
④ 접사렌즈

> [해설]
> 수중 촬영 시 카메라에 사용되는 렌즈 : 표준렌즈, 광각렌즈, 망원렌즈, 매크로(접사)렌즈, 줌렌즈

57 ③ 58 ④ 59 ④ 60 ①

2013년 제2회 과년도 기출문제

01 불활성기체로서 대기압하에서는 산소중독을 예방하지만 잠수 중 마취현상과 감압병을 유발하는 것은?
① 산 소
② 질 소
③ 헬 륨
④ 이산화탄소

해설
감압병의 원인은 과도한 질소의 흡수이다.

02 온도와 부피의 관계를 설명한 기체의 법칙은?
① 샤를의 법칙
② 헨리의 법칙
③ 보일의 법칙
④ 돌턴의 법칙

해설
샤를의 법칙 : 일정량의 기체의 부피는 압력이 일정하면 절대 온도에 비례한다는 법칙

03 해류를 만드는 주된 요인이 아닌 것은?
① 수온차
② 달의 인력
③ 바 람
④ 바닥의 경사도

04 압력의 단위가 아닌 것은?
① psi
② bar
③ mmHg
④ kg/cm^3

해설
압력 단위 비교
1atm = 14.7psi
     = 1.013bar
     = 760mmHg
     = 1.033kg/cm^2

05 광선이 서로 다른 밀도의 해수를 통과할 때 입사점에서 꺾여 방향을 바꾸어 진행하는 현상은?(단, 여기서 해수는 불순물이 없이 완전히 용해된 상태로 가정한다)
① 분 산
② 반 사
③ 간 섭
④ 굴 절

정답 1② 2① 3③ 4④ 5④

06 음파의 수중 전달 속도는 공기보다 약 몇 배 빠른가?
① 2배
② 3배
③ 4배
④ 10배

07 부력에 관한 설명으로 가장 거리가 먼 것은?
① 양성 부력은 수면 휴식 및 수면 수영 중에 필요하다.
② 음성 부력은 하강을 위해 필요하다.
③ 잠수사의 부력은 웨이트의 양, BC 안의 공기량과 폐 속 공기량 등에 의해 결정된다.
④ 중성 부력을 유지하기 위해서는 수심이 깊어질수록 BC의 공기를 빼야 한다.

08 다음 중 음력 15일에 조류가 가장 센 지역은?
① 동해 강릉 앞바다
② 부산 앞바다
③ 인천 앞바다
④ 제주도 앞바다

> **해설**
> 우리나라에서 조수 간만의 차가 가장 큰 곳은 인천 앞바다이다. 차이가 약 8m라고 한다.

09 다음 중 가장 밀도가 높은 물은?
① 바닷물
② 민 물
③ 증류수
④ 빙하수

> **해설**
> 물의 밀도(g/cm^3)
> • 증류수 : 1
> • 민물 : 1
> • 바닷물 : 1.025

10 압력, 온도, 기체의 용액 내 용해도에 관한 설명으로 가장 적합한 것은?
① 기체압력 및 온도가 상승하면 기체의 용해도는 증가한다.
② 기체압력 및 온도가 상승하면 기체의 용해도는 감소한다.
③ 기체압력이 상승하고 온도가 낮으면 기체의 용해도는 증가한다.
④ 기체압력이 감소하고 온도가 상승하면 기체의 용해도는 증가한다.

> **해설**
> 기체의 용해도는 온도는 낮고 압력이 높을 때 가장 높다.

6 ③ 7 ④ 8 ③ 9 ① 10 ③   **정답**

11 감압병을 전통적인 분류방법으로 구분할 때 다음 중 제1형(Type-1) 감압병 증상에 해당되지 않는 것은?

① 현기증
② 근골격 통증
③ 가려움
④ 부 종

해설
제1형 감압병의 대표적인 경한 증상으로는 근골격(관절) 통증, 피부 가려움, 부종이 있다. 제2형 감압병은 심한 증상 감압병으로서 기포로 인한 신경학적 증상, 현기증, 심장 및 호흡계 증상, 피부발진 등 치명적인 증상을 일으킨다.

12 다음 중 잠수작업 시 재압체임버로 치료하는 경우와 가장 거리가 먼 것은?

① 기체색전증
② 감압병
③ 일산화탄소(CO) 중독
④ 이산화탄소(CO_2) 중독

해설
이산화탄소 축적은 정상적인 호흡을 되찾으면서 바로 회복되지만, 두통 등의 증세는 다이빙 후에도 얼마간 지속될 수 있다.

13 다음 중 폐 압착증이 가장 발생하기 쉬운 경우는?

① 스쿠버 잠수로 상승할 때
② 수표면 공기 공급 잠수로 호흡기체 공급압력이 주위 수압보다 높을 때
③ 호흡정지 잠수로 너무 깊게 잠수할 때
④ 수표면 혼합기체 공급 잠수 때

해설
너무 깊이 내려가 폐의 부피가 폐의 잔류량보다 작아지게 되면 폐 압착이 생긴다.

14 잠수작업이 끝난 후 상승 중 50ft보다 깊은 수심에서 상승 지연되었을 때 취해야 하는 조치는?

① 첫 정지점에 지연된 시간을 포함하여 감압한다.
② 마지막 정지점에 지연된 시간을 포함하여 감압한다.
③ 해저 체류 시간에 지연된 시간을 포함하여 감압한다.
④ 지연된 시간에 관계없이 계획에 의거 감압한다.

15 문제 삭제

정답 11 ① 12 ④ 13 ③ 14 ③ 15 문제 삭제

16 다음 중 심장은 뛰고 있으나 의식이 없고 호흡이 멈춘 조난자에게 가장 먼저 실시해야 하는 것은?

① 인공호흡
② 마사지
③ 주사약물 투여
④ 음료수 투입

해설
인공호흡은 호흡 정지 후 빨리할수록 소생률이 높으므로 사고가 일어나면 즉시 실시해야 한다.

17 다음 인체 성분 중 호흡기체 속의 가스가 가장 잘 용해되는 것은?

① 혈 액
② 지방질
③ 근 육
④ 뼈

해설
호흡기체 속의 가스는 우리 인체 성분 중 지방질을 가장 잘 용해한다. 지방질은 혈액보다 5.3배 더 잘 용해된다.

18 저체온증에 관한 설명으로 옳은 것은?

① 저체온증은 사지의 체온이 정상 이하로 내려간 상태를 말한다.
② 잠수 중 저체온증은 주로 따뜻한 물에서 오래 잠수할 경우 발생된다.
③ 저체온증을 예방하려면 보온이 잘되는 잠수복을 착용해야 한다.
④ 찬물에서 심한 운동을 하면 저체온증이 예방된다.

해설
① 저체온증은 체온이 35℃ 이하로 떨어진 상태를 말한다.
② 저체온증은 주로 찬물에 빠진 경우나 한랭한 공기, 눈, 얼음 등에 장기간 노출된 경우에 발생한다.

19 반복잠수를 해야 할 경우 깊은 곳에서부터 잠수를 시작하는 이유는 무엇을 예방하기 위해서인가?

① 기체색전증
② 산소중독
③ 감압병
④ 질소마취

20 잠수 시 질소마취의 주 증세는?

① 귀가 아프다.
② 가슴이 답답하다.
③ 몸이 나른하고 정신이 흐려진다.
④ 온몸이 굳어진다.

해설
처음에는 술에 취한 것처럼 느껴지지만 수심이 깊어질수록 사고력, 판단력, 추리력, 기억력이 점차 흐려진다.

정답 16 ① 17 ② 18 ③ 19 ③ 20 ③

21 체임버의 안전수칙에 위배되는 것은?

① 합성섬유로 된 담요를 사용한다.
② 베개의 덮개는 100% 순면을 사용한다.
③ 재질이 강철일 때만 도색한다.
④ 소방시설로 물과 모래를 사용한다.

해설
오직 고압체임버를 위해 만들어진 매트리스를 사용한다. 울 또는 합성섬유는 정전기로 인한 스파크의 가능성 때문에 절대로 사용해서는 안 된다.

22 다음 중 감압병에 걸린 환자를 체임버가 있는 병원으로 이송할 때의 주의사항으로 가장 적합한 것은?

① 가급적 빨리 항공기로 운반하여야 한다.
② 헬리콥터 등을 이용하는 경우 가능한 낮게 비행해야 한다.
③ 가능한 천천히 이송하여야 한다.
④ 이송 중 100% 산소를 사용하지 말아야 한다.

해설
환자를 눕혀 산소호흡을 시키며 운반한다.

23 감압병을 일으키는 주요인은?

① 과포화 상태의 질소
② 과포화 상태의 산소
③ 공기의 팽창
④ 이산화탄소의 감소

해설
다이버가 오랜 잠수 후 갑자기 상승하면 외부 압력이 급격히 낮아져 몸속에 질소가 과포화 상태가 되어 몸속에 기포를 형성하게 된다.

24 스쿠버 잠수 시 귀의 압력균형 방법으로 가장 적절한 것은?

① 수심 10m부터 압력균형을 한다.
② 귀가 아파오면 즉시 압력균형을 실시한다.
③ 잠수와 동시에 압력균형을 실시한다.
④ 수심 3m부터 압력균형을 실시한다.

해설
압력균형(Equalization)을 시작할 시기는 잠수하는 즉시이다.

25 다음 중 기체압축기의 배기가스가 공기흡입관으로 유입되어 호흡기체를 오염시켰을 때 발생 위험성이 가장 높은 것은?

① 산소부족증
② 이산화탄소 과다증
③ 일산화탄소 중독증
④ 윤활유에 의한 폐렴

해설
일산화탄소는 연료의 불완전연소에 의해 발생하며 무색, 무미, 무취하나 화학적 활성이 높기 때문에 인체에 치명적일 수 있는 기체이다.

정답 21 ① 22 ② 23 ① 24 ③ 25 ③

26 잠수사 이송용 잠수종에 관한 설명 중 틀린 것은?

① 잠수사의 휴식처를 제공한다.
② 주로 보조사들이 수동으로 이송한다.
③ 작업공구와 기구를 보관할 수 있다.
④ 공기공급 장치와 통화 장치가 있다.

해설
잠수종은 아랫부분이 수중에 노출되고 상부가 반구 등의 형태로서 기체가 이 부분에 갇혀 있으므로 잠수사의 상체와 머리 부위가 수중에 노출되지 않은 상태로 쉴 수 있고 잠수사의 물리적인 운동이 아닌 표면에서의 기계적 힘(윈치 등의 인양장치)으로 하잠·상승할 수 있기 때문에 잠수사의 피로를 덜어 주고 위해 환경에 노출되는 상태와 시간을 줄여 준다.

27 컴프레서의 공기여과기에 사용되는 여과물질과 가장 거리가 먼 것은?

① 실리카겔
② 활성탄
③ 활성알루미나
④ 실리콘

해설
여과물질
• 실리카겔이나 활성알루미나는 습기를 제거하는 물질로 습기가 차면 색깔이 변한다.
• 활성탄은 기름과 냄새를 제거해 준다.
• 활성 제올라이트는 기름과 수분을 동시에 흡수한다.

28 다음 중 공기압축기를 선택할 때 우선적으로 고려해야 할 중요사항은?

① 상용압력과 토출량
② 엔진종류와 무게
③ 회전속도와 냉각방법
④ 구조와 연결방법

29 스쿠버 공기통의 목 주변에 찍혀 있는 "FP150"이라는 각인의 의미는?

① 시험압력
② 상용압력
③ 최대압력
④ 허용압력

해설
공기통 한국식 표식
• AIR : 사용하는 기체가 공기임을 표시
• V 13.5 : 통속의 부피가 13.5L임을 표시
• W 13.5 : 무게가 13.5kg임을 표시
• P-12345 : 제조 일련번호
• 6-2005 : 2005년 6월에 수압검사를 했다는 표시
• TP-250 : 시험압력이 250kg/cm^2임을 표시
• FP-150 : 상용압력이 150kg/cm^2임을 표시

30 개방식 스쿠버를 이용한 잠수작업의 장점으로 가장 거리가 먼 것은?

① 2.5knot의 조류에서도 작업이 용이하다.
② 장비를 빨리 해체할 수 있다.
③ 적은 인원으로서도 잠수작업이 가능하다.
④ 수평, 수직 이동이 용이하다.

해설
개방식 스쿠버의 단점
• 수심과 시간 제한을 받는다.
• 호흡의 저항을 받는다.
• 신체적 보호에 제한을 받는다.
• 조류의 제한은 1kts이다.
• 육상과 통화가 어렵다.

정답 26 ② 27 ④ 28 ① 29 ② 30 ①

31 경량잠수기구(KMB)의 마스크 몸체의 재질은?

① 플라스틱
② 청 동
③ 구 리
④ 비철금속

해설
주 몸체는 비부식성 플라스틱 재질이다.

32 잠수사가 일정 수심에서 1분당 실제 필요한 공기량을 의미하는 것은?

① MMP
② ft^3/m
③ ACFM
④ SCFM

해설
③ ACFM : 호흡요구량
① MMP : 최소 매니폴드 요구 압력
④ SCFM : 탱크 용량

33 다음 중 잠수종의 하잠속도 및 상승속도로 가장 적합한 것은?

① 하잠속도 120fpm, 상승속도 30fpm
② 하잠속도 125fpm, 상승속도 20fpm
③ 하잠속도 75fpm, 상승속도 30fpm
④ 하잠속도 125fpm, 상승속도 35fpm

해설
잠수종의 하잠률과 상승률은 표준공기감압표와 동일하다(하잠률 : 75fpm, 상승률 : 30fpm).

34 스쿠버용 알루미늄 공기통의 밸브 안전판은 상용 압력의 몇 배에서 파열되도록 설계되어 있는가?

① 1.1
② 1.4
③ 1.7
④ 2.0

해설
안전판은 대개 얇은 동판으로 만들어져 있으며 상용 압력의 1.4배 정도에서 터진다.

35 생명줄(Umbilical)은 여러 개의 호스로 구성되어 있는데 그중 장력선의 용도가 아닌 것은?

① 하잠과 상승을 유도한다.
② 수중과 육상과의 줄신호 역할을 한다.
③ 통화선의 장력을 제거한다.
④ 통화기를 충격으로부터 보호한다.

해설
생명줄은 3가지 목적으로 사용되는데, 지상과 수중 간의 교신을 제공하고 잠수사의 상승과 하잠을 유도하며, 기체 호스의 장력을 감소시키는 역할을 한다.

36 슈퍼라이트-17 헬멧의 역지밸브 검사는 언제 하는가?

① 헬멧을 쓸 때마다
② 매일 첫 잠수 전
③ 잠수 작업자의 교대 전후
④ 잠수 작업 종료 후

37 KMB 밴드마스크 또는 슈퍼라이트-17 헬멧에서 공기 공급 호스가 파열되었을 때 그 진가를 발휘하며 비상공기공급밸브를 열었을 때 파열된 호스로 공기가 새어나가지 않도록 방지해 주는 것은?

① 공기확산기
② 역지밸브
③ 압력균형장치
④ 요구형 호흡조절장치

38 슈퍼라이트-17 헬멧의 이어폰(Earphone)과 마이크로폰(Microphone)의 저항(X)을 맞게 짝지은 것은?

① 이어폰-8X, 마이크로폰-8X
② 이어폰-4X, 마이크로폰-8X
③ 이어폰-8X, 마이크로폰-10X
④ 이어폰-4X, 마이크로폰-4X

39 스쿠버용 호흡조절기(Regulator)의 1단계에서 조절되는 압력은?

① 수압과 같은 압력
② 수압보다 약 9kg/cm^2(≒ 130psi) 정도 높은 압력
③ 수압보다 약 5kg/cm^2(≒ 70psi) 정도 높은 압력
④ 수압보다 약 16kg/cm^2(≒ 230psi) 정도 높은 압력

해설
2단계에서 조절되는 압력
호흡조절기는 2단계에 걸쳐 압력을 감소시킨다. 1단계에서는 탱크의 압력을 9~11kg(125~150psi)까지 감소시키고, 이 중간압력은 2번째 단계를 거쳐 주위의 압력(절대압력)과 같아지게 된다.

40 엔진의 마력(Horse Power)에 관한 설명이 옳은 것은?

① 소 한 마리의 힘을 말한다.
② 엔진의 크기이며, 가솔린 기관의 단위 마력이 높다.
③ 기관의 힘을 나타내는 단위이며, 단위시간에 하는 일의 양을 말한다.
④ 기관·터빈·모터의 출력축에서의 마력은 추력 마력이다.

41 수중 절단 작업을 할 때 사용되는 보호렌즈에 관한 설명으로 옳지 않은 것은?

① No. 2, 6, 8, 10 등으로 구분된다.
② 번호가 낮을수록 어두운 것이다.
③ 필요할 때마다 사용할 수 있도록 탈착이 가능해야 한다.
④ 물의 혼탁도와 작업수심에 따라 알맞은 렌즈를 선택해야 한다.

해설
② 번호가 높을수록 어두운 것이다.

42 폭발물 취급 안전수칙에 관한 설명이 옳지 않은 것은?

① 폭발물 취급에 대해 훈련받은 사람이면 취급이 가능하다.
② 화약류는 안정을 위해 얼리지 않도록 보관하여야 한다.
③ 화약류에 충격을 가해서는 안 된다.
④ 화약류 주위에서 담배를 피우지 않는다.

해설
① 다이너마이트와 다른 폭발물, 그리고 발파기재의 수송, 취급, 저장 및 사용은 발파작업에 경험이 있고 면허를 소지한 자가 지휘·감독하여야 한다.

43 수중 발파에 관한 내용으로 옳지 않은 것은?

① 폭발물을 적재한 선박으로부터 500ft(152.4m) 이내에서는 발파작업을 해서는 안 된다.
② 수중발파작업을 하고 있는 곳으로부터 2,000yd(1,828m) 이내에서는 잠수를 하지 말아야 한다.
③ 불발된 폭파는 30분 후에 폭발물에 접근하여야 한다.
④ 폭발의 충격파는 잠수사의 신체가 물 표면에 어느 정도 잠겨 있느냐에 따라 손상 정도가 달라지며 물 밖에 있는 신체는 영향을 받지 않는다.

44 산소아크(Oxy-arc) 방식으로 6mm의 철판을 강철관 절단봉을 이용하여 절단하려고 할 때 토치의 적정산소압력으로 가장 적합한 것은?(단, 수심에 따른 압력과 호스 길이에 따른 압력강하의 값은 고려하지 않는다)

① 2.6kg/cm² ② 3.7kg/cm²
③ 5.3kg/cm² ④ 6.8kg/cm²

[해설]
철판두께에 대한 산소압력조절표

철판두께(mm)	토치의 산소압력(kg/cm²)	
	강철관 절단봉	초고온 절단봉
6.4	2.6	5.3
9.5	3	5.6
12.7	3.3	5.6
19	3.7	6
25.4	4	6.3
31.8	4.7	6.3
38.1	5.4	5.7
44.4	5.8	7
50.8	6.8	7.4

※ 수심에 따른 압력보정값은 0.105kg/cm²

45 배수펌프의 구조에서 물의 흡입에 주역할을 하는 것은?

① 회전축
② 플라이 휠
③ 파일럿
④ 임펠러

[해설]
임펠러는 러너(Runner)라고도 하는데 증기 터빈이나 반동 수차(反動水車)에 있어서 증기 또는 물의 에너지를 받아 회전하는 바퀴이다.

46 항해 중의 선박이 발파지역에서 몇 m 이내에 있을 때 발파점화를 하면 안 되는가?

① 약 460m
② 약 500m
③ 약 540m
④ 약 600m

[해설]
항해 중의 선박이 발파지역에서 1,500ft(457.2m) 이내에 있을 때는 발파점화를 하여서는 안 된다. 1,500ft 이내에 정박하고 있는 선박에 승선하고 있는 사람들은 발파점화 전에 통보를 받아야 한다.

47 법령에서 규정한 잠수사의 건강진단 주기에 관한 설명으로 옳은 것은?

① 일반건강진단은 1년에 1회 이상, 특수건강진단은 2년에 1회 이상
② 일반건강진단은 2년에 1회 이상, 특수건강진단은 1년에 1회 이상
③ 일반건강진단 및 특수건강진단 각각을 1년에 1회 이상
④ 일반건강진단은 1년에 1회 이상, 특수건강진단은 6개월에 1회 이상

해설
산업안전보건법 시행규칙 제197조, 별표 23

48 상법상 해난구조(Salvage)의 정의를 기준으로 할 때 다음 중 해난구조가 성립되지 않는 것은?

① 좌초선박의 이초
② 선박의 화재를 진압하는 행위
③ 침몰한 선박(화물)의 인양
④ 선박 또는 적하의 구조가 없는 인명만의 구조

해설
해난구조의 요건(상법 제882조)
항해선 또는 그 적하 그 밖의 물건이 어떠한 수면에서 위난에 조우한 경우에 의무 없이 이를 구조한 자는 그 결과에 대하여 상당한 보수를 청구할 수 있다. 항해선과 내수항행선 간의 구조의 경우에도 또한 같다.

49 전극봉의 연소율과 전류의 관계는?

① 반비례한다.
② 제곱으로 비례한다.
③ 서로 아무런 관계가 없다.
④ 비례한다.

50 수중용접 발전기는 최소 몇 암페어의 용량이어야 하는가?

① 300A   ② 400A
③ 350A   ④ 500A

해설
수중용접 발전기 용량은 직류 300A 이상이어야 한다.

51 수중촬영 시의 초점거리에 관한 설명 중 옳지 않은 것은?

① 초점거리가 짧아지면 화각이 넓어진다.
② 초점거리가 짧아지면 피사계심도가 깊어진다.
③ 초점거리와 화각은 무관하다.
④ 초점거리와 사진의 넓이는 반비례한다.

해설
촬영범위를 각도로 표시한 것을 화각이라 한다.

정답 47 ③ 48 ④ 49 ④ 50 ① 51 ③

52 메탈아크(Metal-arc) 절단법에 관한 설명으로 옳지 않은 것은?

① 고열에 의한 용해 절단법이다.
② 산화되는 절단법이다.
③ 비철금속의 절단에 효과적이다.
④ 높은 전류가 필요하다.

> **해설**
> 메탈아크 절단법은 산소 아크 절단법에서 쉽게 산화되지 않았던 금속들, 즉 비철금속을 절단할 때 사용된다.

53 법률에 의해 잠수작업에 필요한 자격·면허·경험 또는 기능을 가진 근로자 외의 자를 잠수작업에 고용했을 경우 사업주의 벌칙은?

① 500만 원 과태료
② 3년 이하의 징역 또는 3천만 원 이하의 벌금
③ 2년 이하의 징역 또는 2천만 원 이하의 벌금
④ 1년 이하의 징역 또는 1천만 원 이하의 벌금

> **해설**
> **벌칙(산업안전보건법 제140조, 제169조)**
> 사업주는 유해하거나 위험한 작업으로서 상당한 지식이나 숙련도가 요구되는 고용노동부령으로 정하는 작업의 경우 그 작업에 필요한 자격·면허·경험 또는 기능을 가진 근로자가 아닌 사람에게 그 작업을 하게 하여서는 아니 되며 이를 위반한 자는 3년 이하의 징역 또는 3천만 원 이하의 벌금에 처한다.

54 좌초선 이초에 필요한 좌초반응력을 계산할 때 사용되는 방법이 아닌 것은?

① 흘수의 변화에 의한 방법
② 과도한 전후부 둘레의 방법
③ 침수 인치당 톤수에 의한 방법
④ 선수흘수의 변화에 의한 방법

55 천연 섬유로프의 취급 및 보관에 관한 설명으로 가장 적합한 것은?

① 오른편색은 시계방향으로 사린다.
② 보관 시 그리스나 오일 등을 발라 그늘진 곳에 보관한다.
③ 섬유색 뭉치에서 로프를 풀 때는 바깥쪽부터 푼다.
④ 취급 시 최대한의 장력을 주어야 한다.

> **해설**
> ② 산성 물질, 페인트, 그리스, 유류 등과 접촉시키지 말아야 한다.
> ③ 섬유색 뭉치에서 로프를 풀 때 안쪽부터 풀어낸다. 바깥쪽에서 풀어내면 풀어낼 때마다 계속 엉킨다.

56 다음 중 수중발파공법을 선정할 시 가장 중요하게 고려해야 하는 것은?

① 수 심
② 파 도
③ 조 류
④ 천공조건

57 다음 줄신호 중 특수신호가 아닌 것은?

① 5
② 1-2-3
③ 2-1-2
④ 2-2-2

해설
④는 비상신호이다.

58 공사의 세부적인 시공기준이 제시되어 있는 것은?

① 전문시방서
② 시공계획서
③ 단위공정표
④ 설계도면

해설
전문시방서 : 시설물별 표준시방서를 기본으로 모든 공종을 대상으로 하여 특정한 공사의 시공 또는 공사시방서의 작성에 활용하기 위한 종합적인 시공기준을 말한다.

59 ISO 100, f5.6/125초가 적정노출일 때, ISO를 200으로 하였다면, 적정노출의 조리개 및 셔터스피드는?

① f5.6/60초
② f5.6/250초
③ f8/60초
④ f8/250초

해설
셔터속도와 조리개 값

셔터속도	조리개 값
1/4,000	f1.4
1/2,000	f2
1/1,000	f2.8
1/500	f4
1/250	f5.6
1/125	f8
1/60	f11
1/30	f16

- 노출을 어둡게 하고 싶은 경우 : 조리개 값을 큰 쪽으로 옮기거나 (f8에서 f11로), 셔터속도를 빠르게 한다(125에서 250으로).
- 노출을 밝게 하고 싶은 경우 : 조리개 값을 작은 쪽으로 옮기거나 (f8에서 5.6으로), 셔터속도를 느리게(125에서 60으로), ISO 수치를 100에서 200, 400 등으로 올린다.
- ※ ISO(감도) : 빛을 받아들이는 민감도를 나타내는 말로 수치가 올라갈수록 제곱으로 밝아진다.

60 해난구조작업에 주로 많이 사용되는 로프 중 천연섬유로프가 아닌 것은?

① 햄 프
② 시 살
③ 테크론
④ 마닐라

해설
테크론은 합성섬유로프이다.

정답 56 ① 57 ④ 58 ① 59 ② 60 ③

2013년 제4회 과년도 기출문제

01 물속에서 빠른 음파속도가 미치는 영향으로 가장 적합한 것은?

① 고막에 통증이 생긴다.
② 집중력이 흐려진다.
③ 귀가 울린다.
④ 방향감각을 상실한다.

해설
소리는 수중에서 약 4배 더 빨리 전달된다. 그래서 수중에서 소리가 났을 때 그 방향을 알기가 힘들다.

02 잠수용 호흡기체가 1%의 이산화탄소로 오염되었을 때 수심이 깊어지면 독성효과가 증가한다. 기체의 법칙 중 이러한 경우와 연관이 깊은 것은?

① 보일 법칙
② 샤를 법칙
③ 돌턴 법칙
④ 아르키메데스 원리

해설
수심이 깊어질수록 돌턴의 법칙에 의거 산소 분압이 증가하여 중추신경계 및 폐에 산소 독성을 일으킨다.
돌턴(Dalton)의 법칙
공기가 질소와 산소만의 혼합물이라는 사실을 밝혔으며, 건조한 공기에 수증기를 섞어 준 후 측정한 공기의 압력은 수증기를 섞어 주기 이전에 측정한 공기압력보다 증가하고 그 증가폭은 수증기 자체의 압력과 같음을 발견하였다.

03 잠수 중 하강으로 인해 발생하는 압착현상을 설명하는 기체의 법칙은?

① 돌턴 법칙
② 헨리 법칙
③ 샤를 법칙
④ 보일 법칙

해설
보일의 법칙에 따라 압력(수심)이 증가함에 따라 공기 밀도 또한 증가한다.
보일의 법칙 : 압력이 감소하면 기체의 부피는 증가하고, 압력이 증가할수록 기체의 부피는 감소한다.

04 수중에서 10ft(약 3m)의 거리에 있는 물체는 잠수사에게 얼마의 거리에 있는 것처럼 보이는가?

① 5ft
② 7.5ft
③ 13.3ft
④ 20ft

해설
빛의 굴절 현상 : 수중에서는 마스크를 통하여 보는 모든 물체는 33%만큼 크게 보이고 동시에 실제 거리보다 25%만큼 가깝게 보인다.
$10 - (10 \times 25\%) = 7.5$ft

정답 1 ④ 2 ③ 3 ④ 4 ②

05 부력과 관련한 내용이 옳지 않은 것은?

① 부력의 종류는 양성, 중성, 음성부력의 3가지가 있다.
② 숨을 들이쉴 때 사람의 비중은 평균적으로 1보다 크다.
③ 잠수에 가장 적합한 부력은 중성부력이다.
④ 액체(물)에 물체가 뜨거나 가라앉는 것은 그 물체의 비중에 의해서 결정된다.

해설
숨을 들이마셨을 경우 평균(0.97)과 숨을 내쉬었을 경우의 평균(1.03)에는 상당히 큰 차이가 있다.

06 1기압을 미터법으로 옳게 표시한 것은?

① 0.1025kg/cm²
② 1.025kg/cm²
③ 0.1013kg/cm²
④ 1.013kg/cm²

해설
1기압(미터법과 피트법)

미터법	1기압 = 10m = 1.025kg/cm²
피트법	1기압 = 33ft = 14.7psi

07 잠수복이 몸에 비해 큰 경우 잠수복 안으로 들어온 물이 체온에 의해 데워지지만 곧 외부의 찬물과 교환되어 체온이 급격하게 떨어지게 된다. 이러한 물의 온도 변화와 가장 관계가 깊은 현상은?

① 대 류
② 복 사
③ 증 발
④ 전 도

해설
① 대류 : 유동적인 열의 움직임으로 열이 이동하는 것을 말한다.
② 복사 : 에너지의 전자 파장에 의해 전달되는 열이다.
③ 증발 : 물이 수증기로 변해 공기 중으로 돌아가는 현상이다.
④ 전도 : 직접적인 접촉에 의해 열이 전달되는 것을 말한다.

08 다음 중 절대 압력이란?

① 압력계기가 가리키는 압력
② 지구 표면에 둘러싸여 있는 대기 중의 압력
③ 계기압과 대기압의 합
④ 해면상의 압력

해설
① 계기압
② 대기압
④ 수 압

09 다음 중 열의 전도율이 가장 낮은 것은?

① 철
② 헬 륨
③ 물
④ 공 기

해설
열전도율
철(66.9) > 물(0.67) > 헬륨(0.15) > 공기(0.026)

정답 5 ② 6 ② 7 ① 8 ③ 9 ④

10 기체 중 압력하에서 잠수사의 방향 감각 상실, 판단 능력 저하 등 마취작용을 일으키는 기체는?

① 산 소
② 질 소
③ 이산화탄소
④ 헬 륨

> [해설]
> 질소는 압축공기에 포함된 불활성 기체로서 지방질에 용해가 잘되고 압력이 증가함에 따라 강한 마취효과를 낸다.

11 다음 중 기체색전증이 가장 잘 일어나는 경우는?

① 호흡을 짧게 자주 할 때
② 잠수 중 하강할 때
③ 수심이 얕은 곳으로 갑자기 올라올 때
④ 수심이 깊은 곳에서 잠수할 때

> [해설]
> 기체색전증은 낮은 수심 또는 수영장에서 압축된 공기를 호흡함으로써 발생한다.

12 중증 감압병 환자나 기체색전증 환자를 재압체임버가 있는 의료시설로 옮길 때의 주의사항 중 틀린 것은?

① 가능하면 100% 산소를 공급한다.
② 비행기로 옮길 때는 가능한 낮게 비행하도록 한다.
③ 머리를 다리보다 높게 하여 후송한다.
④ 가급적 최대한 빠르게 후송한다.

> [해설]
> 이송 시 환자의 머리를 낮게 하고 다리는 높게 한 상태에서 100% 산소를 호흡한다. 재압체임버까지 이동하여 즉시 재압치료를 한다.

13 다음 중 감압병 환자를 치료하는 방법으로 가장 적합한 것은?

① 즉시 재압실에 수용하고 치료한다.
② 즉시 수중 감압을 실시한다.
③ 뜨거운 물로 찜질한다.
④ 즉시 진정제를 투여한다.

> [해설]
> 감압병이라고 의심이 가면 재압실로 이동하여 재압 치료를 받아야 한다.

14 공기감압표에서 감압 정지할 때 제일 마지막 정지 수심은?

① 3m(10ft)
② 6m(20ft)
③ 9m(30ft)
④ 10m(33ft)

정답 10 ② 11 ③ 12 ③ 13 ① 14 ②

15 잠수 중 몸속에 이산화탄소가 축적되는 원인과 가장 거리가 먼 것은?

① 수중에서의 심한 노동
② 호흡조절기의 과다한 저항
③ 공기를 아끼면서 호흡
④ 빠른 하잠

해설
이산화탄소 축적의 원인
- 초과 호흡(긴장 상태에서의 비정상적인 호흡, 너무 오래 숨을 참는 경우)
- 수중에서 의식적으로 호흡 기체를 아끼는 행위
- 수중 호흡 장비의 부적당한 환기와 호흡 저항
- 이산화탄소 제거 장비의 결함(정화기 고장)
- 수중에서 빨리 수영하거나 중노동을 하는 행위
- 호흡 기체의 이산화탄소 오염 등

16 다음 잠수과정 중 현기증 발생 가능성이 가장 높은 때는?

① 잠수 직후
② 해저 도착 직후
③ 해저 출발 직후
④ 상승 중

해설
현기증은 잠수 시 너무 빨리 상승 또는 하강할 경우 나타난다. 원인은 양쪽 귀에서 팽창되는 공기가 유스타키오관을 통해 빠져나가는 속도가 달라서 양쪽 귀 압력에 차이가 생기기 때문이다.

17 높은 지대에 위치한 호수 등에서 잠수했을 때 소요되는 감압시간을 바다에서 동일 조건의 잠수를 했을 때와 비교한 내용이 옳은 것은?

① 높은 지대에서의 잠수는 더 긴 감압시간이 필요하다.
② 높은 지대에서의 잠수는 더 짧은 감압시간이 필요하다.
③ 높은 지대의 물이 민물일 때는 더 짧은 감압시간이 필요하다.
④ 감압시간에는 차이가 없다.

해설
높은 지대에 있는 호수나 저수지에서 잠수할 경우 그 수면에서의 대기압은 1대기압보다 낮다. 그러므로 더 긴 감압시간이 필요하다. 이때는 1대기압에서 잠수하는 것을 기준으로 만들어진 표준잠수표를 그 지대의 대기압에서 따라 환산해서 사용해야 한다.

18 재압체임버의 압력 검사 시기에 대한 설명 중 틀린 것은?

① 최초 설치 시
② 제작일자로부터 매 2년마다
③ 이동 또는 재설치 시
④ 설치된 장소에서 5년마다

해설
재압체임버는 최초 설치 시, 그 후에는 매 2년 간격, 오버홀 또는 중요 장치의 수리와 체임버를 이동시킬 때마다 압력검사를 받아야 한다.

정답 15 ④ 16 ④ 17 ① 18 ④

19 감압정지할 때의 자세로 가장 적합한 것은?

① 감압수심에서 가만히 서서 정지한다.
② 감압수심 근처에서 위 아래로 움직이며 천천히 핀을 움직인다.
③ 감압수심에서 주위를 돌면서 빠르게 움직인다.
④ 감압수심에서 다리를 위로 한 자세를 유지한다.

해설
감압수심에서 가만히 정지해 있거나 약간의 운동을 하면서 감압한다.

20 하반신 마비와 배뇨 곤란은 다음 중 어느 증상에 속하는가?

① 제1형 감압병 증상
② 중추신경계 증상
③ 기체색전증 증상
④ 국부 통증증상

해설
중추신경계
- 뇌
- 척수 : 말초신경계의 감각을 뇌로 전달하고 뇌에서 내려진 명령을 말초신경계로 전달하여 움직인다. 척수 손상 시 손상 부위 이하의 감각이 없어지거나 둔해지고 마비가 생긴다. 소·대변 역시 신경계의 지배를 받기 때문에 배뇨 및 배변 곤란이 생길 수 있다.

21 다음 중 발생 원인이 다른 하나는?

① 감압병
② 기체색전증
③ 기흉
④ 종격동 기종

해설
① 감압병 : 오랫동안 또는 너무 깊은 곳에서 고압의 불활성기체(질소, 헬륨 등)로 호흡을 한 후 몸에 축적된 불활성 기체를 제대로 배출시키지 못하여 인체 내에 기포가 생긴 병을 말한다.
② 기체색전증 : 폐에서 기체가 방출되지 않아 압력이 초과하게 되면 발생한다.
③ 기흉 : 폐와 흉벽 사이의 예비공간에 공기가 유입되어 폐와 심장을 압박하는 것을 말한다.
④ 종격동 기종 : 기체가 찢어진 폐조직을 통해서 가슴에 있는 느슨한 조직과 심장 주위, 기관지, 주요 혈관으로 유입되어 팽창하면서 심장 주혈관들, 기관지 등에 압박을 주는 것을 말한다.

구 분	발병 원인 차이점	공통점
기체색전증	기체의 팽창	기체의 기포
감압병	질소 축적	

22 윤활유를 사용하는 공기압축기로 충전하여 다이버가 장시간 호흡할 때 유발될 수 있는 질병은?

① 공기색전증
② 감압병
③ 기흉
④ 지질성 폐렴

해설
지질성 폐렴은 기름 또는 지방물질의 흡인으로 인해 발생된다.

23 잠수 중 산소 중독은 언제 일어날 수 있는가?

① 순수 산소를 호흡기체로 잠수할 때
② 호흡공기가 오염됐을 때
③ 물속에서 호흡을 참으면서 잠수할 때
④ 호흡을 너무 많이 쉴 때

해설
순수 산소는 산소 중독을 유발시킨다. 과도한 분압의 산소를 일정 시간 이상 흡입할 경우 중추신경계를 자극, 마비시킨다.

24 호흡기체 중에 이산화탄소 함유량이 많을 때 감압병에 미치는 영향에 관한 설명으로 가장 적합한 것은?

① 아무런 영향을 주지 않는다.
② 감압병 발생을 증가시킨다.
③ 감압병 발생을 감소시킨다.
④ 단지 감압병의 증상을 악화시킨다.

해설
이산화탄소 중독은 감압병에 걸릴 위험을 증가시키므로 증상을 느끼는 다이버는 따뜻하게 해 주어야 한다.

25 질소마취가 일어나기 시작하는 수심으로 가장 적절한 것은?

① 10m 이하   ② 20m 이하
③ 30m 이하   ④ 40m 이하

해설
질소마취를 예방하는 방법으로는 수심 30m를 초과하는 잠수를 피하는 것과 30m 초과 잠수 시에 마취효과가 적은 불활성 기체를 산소와 혼합하여 잠수하는 방법이 있다.

26 표면공급식 잠수가 스쿠버 잠수보다 유리한 이유가 아닌 것은?

① 잠수를 오래할 수 있다.
② 기동성이 좋다.
③ 안전 및 작업진척 확인이 용이하다.
④ 통신이 용이하다.

해설
스쿠버 잠수와 표면공급식 잠수의 비교

	스쿠버 잠수	표면공급식 잠수
장점	• 장비의 운반, 착용, 해체가 간편해 신속한 기동성을 발휘한다. • 잠수 작업 시 적은 인원이 소요된다. • 수평, 수직 이동이 원활하다. • 수중 활동이 자유롭다.	• 공기 공급의 무제한으로 장시간 해저 체류가 가능하다. • 양호한 수평 이동과 최대 조류 2.5knot까지 작업이 가능하다. • 줄신호 및 통화가 가능하므로 잠수사의 안전 및 작업 진척 확인이 원활하다. • 현장 지휘 및 통제가 가능하다.
단점	• 수심과 해저체류 시간에 제한을 받는다. • 호흡 저항에 영향을 받는다. • 조류에 영향을 받는다(최대 1knot). • 지상과 통화를 할 수 없다. • 오염된 물, 기계적인 손상 등 신체 보호에 제한을 받는다. • 잠수사의 이상 유무 확인이 불가능하다.	• 기체 호스가 꺾인다. • 수직 이동의 제한이 있다. • 기동성이 저하된다.

27 다음 괄호에 알맞은 것은?

> 생명줄(Umbilical)은 구입 후 (　　)로부터 5년이 경과된 뒤 4년까지 매년 파단시험을 해야 한다.

① 검사일자　　② 출고일자
③ 제작일자　　④ 구입일자

28 잠수용 호흡기체의 순도분석은 일반적으로 몇 개월마다 하는 것이 원칙인가?

① 3개월　　② 6개월
③ 12개월　　④ 24개월

해설
공기 압축기는 항상 깨끗하게 유지하고 6개월 정도의 간격으로 오염이 되었는지 순도검사를 하는 것이 좋고 여건이 된다면 매달 하는 것이 바람직하다.

29 시야가 좋고, 수심이 20m 이내에서 수중 탐색 작업에 가장 적합한 잠수 장비는?

① 후카
② 개방회로 스쿠버
③ KMB 밴드마스크
④ 슈퍼라이트-17 헬멧

30 KMB 밴드마스크의 1일 정비 항목에 해당하지 않는 것은?

① 통화장치를 빼내어 작동 확인
② 머리덮개 분리 및 건조
③ 공기 공급구 보호 캡(Cap) 청소 후 부착
④ 코 압력장치 축에 실리콘 그리스 바르기

31 다음 중 잠수종(Diving Bell)의 주요 구성요소로 적합하지 않은 것은?

① 기체장치
② 원격장치
③ 아크릴 돔
④ 통화장치

해설
잠수종의 구성 : 몸체(아크릴 돔), 기체장치(호흡 매체장치), 통신(통화장치), 균형판과 중량추

27 ③　28 ②　29 ②　30 ①　31 ②

32 잠수현장에 용량이 부족한 저압공기압축기가 있다면 또 다른 저압공기압축기를 연결하여 사용하면 용량과 압력은 어떻게 되는가?

① 용량은 2배 증가, 압력은 1배 감소
② 용량은 2배 증가, 압력은 일정
③ 용량과 압력이 일정
④ 용량과 압력이 감소

33 새 공기 호스를 검사할 때 고려되는 가장 중요한 사항은?

① 구입일자
② 검사일자
③ 출고일자
④ 제작일자

> 해설
> 공기 호스를 구입했을 때 5년이 지난 후 4년까지 매년 압력시험을 해야 하는데 최초 기준이 되는 것은 제작일자이다.

34 잠수장비의 역지밸브(Non-return Valve) 검사는 언제 하는가?

① 매 잠수 시
② 매 잠수일 첫 잠수 전
③ 매 일
④ 매 주

35 공기압축기를 정지한 후 파일럿 밸브(Pilot Valve)를 잠그는 주 이유는?

① 잔여공기를 완전히 배출하기 위하여
② 공기 파이프 계통의 파손을 방지하기 위하여
③ 다음 운전 시 엔진의 부하를 적게 하기 위하여
④ 드레인을 빼기 위하여

> 해설
> 공기압축기를 정지한 후 파일럿 밸브를 잠그는 주 이유는 다음 운전 시 엔진의 부하를 적게 하여 시동을 용이하게 하기 위해서이다.

36 스쿠버 장비 중 빙초산세척을 해서는 안 되는 부품은?

① 피스톤
② 1단계 몸체
③ 호흡조절기 필터
④ 공기통 목부분

> 해설
> 호흡조절기는 사용 후 즉시 민물로 세척해야 한다.

정답 32 ② 33 ④ 34 ② 35 ③ 36 ③

37 용접발전기 중 발전형과 정류기형을 비교했을 때 정류기형의 특징에 속하는 것은?

① 고장이 나기 쉽고 소음이 많다.
② 보수 점검이 간단하다.
③ 구동부와 발전부로 구성한다.
④ 용접 시 아크가 잘 발생하지 않는다.

> **해설**
> 발전형 직류 용접기는 소음이 있고 회전부 고장이 많다.
> **아크용접기의 종류 및 특징**

발전형	정류기형
• 완전한 직류를 얻는다(모터형, 엔진형).	• 소음이 나지 않는다.
• 옥외나 교류전원이 없는 장소에 사용한다(엔진형).	• 취급이 간단하고 가격이 싸다.
• 회전하므로 고장나기가 쉽고 소음을 낸다(엔진형, 모터형).	• 교류를 정류하므로 완전한 직류를 얻지 못한다.
• 구동부, 발전기부로 되어 비싸다(모터형, 엔진형).	• 정류기 파손에 주의하여야 한다.
• 보수 점검이 어렵다(모터형, 엔진형).	• 보수 점검이 간단하다.

38 슈퍼라이트-17 헬멧의 측면부품대(Side Block Assembly)에서 역지밸브가 평행으로 되어 있어 주 기체 공급 호스가 잠수사의 어깨 뒤쪽으로 가는 형태가 아닌 것은?

① A형　　② B형
③ C형　　④ K형

39 나침반(Compass)의 사용방법으로 가장 적절한 것은?

① 석유제 윤활유를 사용한다.
② 회전 숫자판을 제거하고 사용한다.
③ 공기통에 가깝게 붙여서 사용한다.
④ 잔압계와 연결하여 사용한다.

> **해설**
> 나침반은 팔목에 찰 수 있는 독립형도 있고, 잔압계 등과 연결되어 콘솔 형태를 이루고 있는 것이 주로 사용된다.

40 상용 압력이 3,000psi인 공기통을 수압검사 할 때 약 몇 psi까지 압력을 올리는가?

① 3,000psi
② 5,000psi
③ 6,000psi
④ 9,000psi

> **해설**
> DOT(미 운송국) 규정에 따라 매 5년마다 충전압력의 5/3배로 수압검사를 한다.
> $3,000 \times \dfrac{5}{3} = 5,000\text{psi}$

정답　37 ②　38 ①　39 ④　40 ②

41 수중절단 작업 중 산소 공병을 교환하려 한다. 고압가스 창고에 각종 색깔의 압력 용기가 있을 때 산소용기의 색깔은?

① 흑 색
② 녹 색
③ 적 색
④ 회 색

해설
각종 가스용기의 도색 구분

가스의 종류	도색 구분	가스의 종류	도색 구분
산 소	녹 색	아세틸렌	황 색
수 소	주황색	아르곤	회 색
액화 탄산가스	청 색	액화 암모니아	백 색
LPG	회 색	기타 가스	회 색

42 다음 중 수중용접 시 일반적으로 널리 사용되는 발전기의 용량은?

① 200A DC
② 300A DC
③ 200A AC
④ 300A AC

해설
수중용접 및 절단에는 주로 직류 아크 발전기를 사용하는 데 최대 용량이 300A이지만, 어떤 종류의 작업에는 400A 이상이 요구되는 발전기를 사용한다.
※ 직류(DC ; Direct Current), 교류(AC ; Alternate Current)

43 수중 수직용접에서 두상용접을 할 때 가장 적절한 용접봉의 각도는?

① 10~15°
② 20~35°
③ 35~55°
④ 60~75°

해설
두상용접 시 각도는 35~55°, 수평용접 시 각도는 15~45°를 유지한다.

44 수중 촬영에서 고려되는 가이드 넘버(Guide Number)란?

① 인공광원의 광량을 말한다.
② 피사체의 심도를 말한다.
③ 셔터 스피드를 말한다.
④ 조리개의 크기를 말한다.

45 27파운드의 다이너마이트 폭약을 사용하려고 한다. 최소의 안전대피거리는?

① 약 180m(600ft)
② 약 210m(700ft)
③ 약 240m(800ft)
④ 약 270m(900ft)

해설
도폭선이나 도화선을 사용한 폭파 시 안전대피거리의 산출 공식
$300\text{ft} \times \sqrt[3]{\text{사용폭약(파운드)}}$
$300 \times \sqrt[3]{27} = 900\text{ft}$
※ 계산 풀이 : 루트 앞에 작은 3이 있으면 세제곱근이라 읽는다. 세제곱근 안이 $27 = 3^3$이므로 세제곱근하고 3승이 없어지고 3으로 나온다.

정답 41 ② 42 ② 43 ③ 44 ① 45 ④

46 수중의 잠수사에게 표준신호에서 탐색신호로 전환하라고 지시할 때의 줄신호는?

① 잠수사가 7번 당긴다.
② 보조사가 7번 당긴다.
③ 잠수사가 4-3번을 당긴다.
④ 보조사가 4-3번을 당긴다.

해설
탐색신호(잠수작업 안전기술지침)
• 탐색줄 미사용 시
  - 1번 당김 : 정지하여 너의 주위를 살펴라.
  - 2번 당김 : 줄을 늦추면 보조사로부터 멀리 가고, 줄을 당기면 보조사 쪽으로 오라.
  - 3번 당김 : 보조사를 향해 오른편으로 가라.
  - 4번 당김 : 보조사를 향해 왼편으로 가라.
  - 7번 당김 : 탐색 시작, 탐색 끝
• 탐색줄 사용 시
  - 1번 당김 : 정지하여 너의 주위를 탐색하라.
  - 2번 당김 : 추로부터 물러나라.
  - 3번 당김 : 추를 향해 오른편으로 가라.
  - 4번 당김 : 추를 향해 왼편으로 가라.
  - 7번 당김 : 탐색 시작, 탐색 끝

47 전압이 40V이고, 저항이 0.5Ω일 때 흐르는 전류의 양은?

① 20A
② 40A
③ 80A
④ 200A

해설
전류$(I) = \dfrac{전압(V)}{저항(R)} = \dfrac{40}{0.5} = 80A$

48 산업안전보건법에서 정한 잠수사의 1주 근로시간은 총 몇 시간을 초과할 수 없는가?

① 28시간
② 34시간
③ 38시간
④ 40시간

해설
유해·위험작업에 대한 근로시간 제한 등(산업안전보건법 제139조)
사업주는 유해하거나 위험한 작업으로서 높은 기압에서 하는 작업 등 대통령령으로 정하는 작업에 종사하는 근로자에게는 1일 6시간, 1주 34시간을 초과하여 근로하게 해서는 아니 된다.

49 다음 폭약 중 펜트리트(PETN)에 대한 설명이 아닌 것은?

① 물에 용해되지 않는다.
② 충격에는 둔감하고 마찰에는 예민하다.
③ 뇌관에는 예민하고 화염으로는 점화되지 않는다.
④ 뇌관의 첨장약과 도폭선의 심약에 사용된다.

해설
매우 민감한 백색의 과립형 분말이다.

50 2×6×37의 와이어의 표시 중 숫자의 의미가 옳은 것은?

① 2=강도
② 6=둘레
③ 37=묶음의 수
④ 37=각 가닥의 강선 수

[해설]
만약 와이어로프가 6×37이라면, 가닥이 6개이고, 각 가닥은 37개의 와이어로 되어 있다는 뜻이다.
로프의 표기방법 : (스트랜드의 수) × (강선의 수)

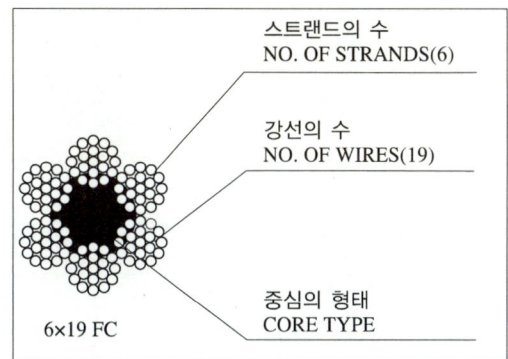

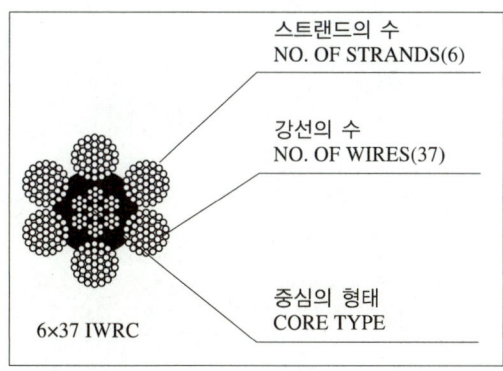

51 침선 인양에서 배수펌프를 이용할 시 고려되는 사항과 거리가 먼 것은?

① 가급적 용량이 큰 배수펌프를 많이 사용해야 한다.
② 내부방수방법을 주로 사용해야 한다.
③ 흘수선 아래에 패칭이 되어 있어야 한다.
④ 펌프의 배수량 또는 침수량으로 부양속도를 조절하여야 한다.

52 수심 20m에 있는 딱딱한 뻘 바닥에 폭 30cm, 깊이 50cm 정도의 긴 도랑을 파려고 할 때 다음 중 가장 적합한 것은?

① 공기제토기(Air Lift)
② 크레인(Crane)
③ 드릴(Drill)
④ 워터 제트(Water Jet)

[해설]
워터 제트 : 펌프 또는 압축공기를 이용해 노즐에서 뿜어내는 물줄기의 힘으로 모래, 뻘, 자갈을 해체시키는 장비이다. 특히 딱딱한 뻘에서 깊이 50cm 정도의 도랑을 파는 데 용이하다.

53 수중조사를 계획할 시 고려해야 할 사항으로 가장 거리가 먼 것은?

① 조 석
② 조 류
③ 선박의 운항 빈도
④ 수중구조물 탐지기 작동

54 선박이나 해양구조물의 부식방지를 위한 아노드(Anode)의 재질은?

① 아 연
② 은
③ 니 켈
④ 납

> **해설**
> 아노드(Anode) : 금속 부품이나 금속 장비의 부식을 방지하기 위해 대신 희생 부식되는 부품으로 사용조건에 따라 민물에서는 주로 마그네슘 아노드를, 해수에서는 아연 아노드를 사용한다. 양쪽 모두에서 사용 가능한 알루미늄 아노드도 있다.

55 배수펌프에 관한 설명으로 옳지 않은 것은?

① 흡입계통에 기밀이 유지되어야 한다.
② 흡입구의 수직 길이가 약 8m 이내여야 한다.
③ 기계의 구조와 손질이 복잡하다.
④ 공회전 시 임펠러가 손상되기 쉽다.

56 좌초반응력에 대해 설명한 내용 중 틀린 것은?

① 좌초반응력은 좌초선의 부력을 복원하여 줄일 수 있다.
② 좌초선의 부력과 선체 무게의 변화에 따라 그 값이 달라진다.
③ 좌초된 배를 이초시키는 데 필요한 수평 당김의 힘이다.
④ 좌초반응력은 정해진 수치가 없다.

57 비전기식 뇌관의 기폭제인 도화선(Safety Fuse)의 사용 전 연소시간을 산출해야 하는 이유 중 가장 적합한 것은?

① 예민도 측정 때문이다.
② 성능 및 강도검사 때문이다.
③ 대피 시간 측정 때문이다.
④ 강력한 효과를 얻기 위해서이다.

58 두꺼운 철판(6mm 이상)의 수중 산소아크 절단 시 절단 표면과 전극봉의 각도로 가장 적합한 것은?

① 45°
② 90°
③ 30°
④ 0°

59 합성 섬유색의 특징으로 옳은 것은?

① 내구성이 낮다.
② 비중이 높다.
③ 유연도가 낮다.
④ 강도가 강하다.

60 발파에 관련한 설명으로 옳지 않은 것은?

① 수중발파는 해저암의 상태에 따라 내부장약발파인 천공발파와 외부장약발파인 표면발파로 구분한다.
② 잠수사에 의한 천공방법은 주로 착암기를 사용하여 천공하며, 좁은 지역이나 정밀도가 요구되는 경우에 적절하다.
③ 자유면은 1~6의 자유면이 존재하며, 자유면의 수가 적을수록 발파효과가 크다.
④ 소할발파법에는 천공법, 복토법, 사공법 등이 있으며 천공법이 가장 양호하다.

해설
면의 수에 따라 1~6개의 자유면이 있다. 자유면의 수가 많을수록 동일한 장약량으로 발파할 경우 파쇄효과가 좋아진다.

정답 57 ③ 58 ② 59 ④ 60 ③

2014년 제4회 과년도 기출문제

01 파의 속도가 13.4m/s, 주기가 10s인 파의 파장은?

① 9.36m
② 13.4m
③ 93.6m
④ 134m

해설

파장 $= \dfrac{속도}{주파수} = \dfrac{13.4}{0.1} = 134m$

∴ 주파수 $= \dfrac{1}{주기} = \dfrac{1}{10} = 0.1$

02 수중에서 잠수사가 소리의 방향을 대기 중에서보다 판단하기 어려운 이유는?

① 수압 때문이다.
② 수온 때문이다.
③ 소리의 전달속도 때문이다.
④ 소리의 매질이 같으나 온도가 다르기 때문이다.

해설
지상에서는 양쪽 귀에 전달되는 소리의 차이로 방향을 알 수 있지만, 수중에서는 전달되는 속도가 빠르기 때문에 거의 동시에 양쪽 귀에 소리가 전달되어 방향을 알 수 없다.

03 호흡하는 기체의 밀도가 높아지면 어떤 현상이 생기는가?

① 호흡저항의 감소
② 호흡저항의 증가
③ 기체압력의 감소
④ 기체온도의 증가

해설
수심이 증가함에 따라 기체의 밀도가 증가하며 호흡저항도 증가하게 된다.

04 일정한 온도하에서 액체에 녹아들어가는 기체의 양은 그 기체의 부분압에 비례한다는 법칙은?

① 보일 법칙
② 샤를 법칙
③ 돌턴 법칙
④ 헨리 법칙

해설
헨리의 법칙 : 일정한 온도에서 일정 부피의 액체 용매에 녹는 기체의 질량, 즉 용해도는 용매와 평형을 이루고 있는 그 기체의 부분압력에 비례한다는 법칙
① 보일 법칙 : 절대온도하에서 압력과 부피는 반비례한다는 기체의 법칙
② 샤를 법칙 : 부피가 일정할 때는 온도 증가와 더불어 기체의 압력도 증가한다는 법칙
③ 돌턴 법칙 : 일정한 용기 안에 들어 있는 혼합 기체의 전체 압력은 각 구성 기체의 부분압의 합과 같다는 법칙

정답 1 ④ 2 ③ 3 ② 4 ④

05 잠수사에게 체온의 손실을 가져오는 1차적인 열의 이동요인은?

① 전 도
② 대 류
③ 복 사
④ 열하락층

해설
① 전도 : 직접적인 접촉에 의해 열이 이동하는 것이다.
② 대류 : 유동적인 열의 움직임으로 열이 이동하는 것이다.
③ 복사 : 에너지의 전자 파장에 의해 전달되는 열이다.

06 다음 중 수심에 따른 공기부피의 변화가 가장 큰 곳은?

① 0~10m
② 10~20m
③ 50~60m
④ 100~120m

해설
수심에 따른 부피의 변화가 가장 심한 곳은 수면에서 수심 10m 이다.

수심에 따른 부피의 변화

수심 (바다)	수심 (민물)	절대압	부피의 변화	잠수 시간
0m	0m	1대기압	1	60분(가정)
10m	10.3m	2대기압	1/2	30분
20m	20.6m	3대기압	1/3	20분
30m	30.9m	4대기압	1/4	15분
40m	41.2m	5대기압	1/5	12분
50m	51.3m	6대기압	1/6	10분

07 해수 33ft(10m)에서의 절대압력은?

① 10.4psi
② 12.4psi
③ 29.4psi
④ 44.1psi

해설
수중의 압력을 나타낼 때 사용하는 절대압력은 수압과 대기압의 합이다.
14.7 + 14.7 = 29.4psi

1기압(미터법과 피트법)

미터법	1기압 = 10m = 1.025kg/cm^2
피트법	1기압 = 33ft = 14.7psi

08 수중에서 잠수사가 뜨지도 가라앉지도 않는 상태는?

① 양성부력(Positive Buoyancy)
② 중성부력(Neutral Buoyancy)
③ 음성부력(Negative Buoyancy)
④ 보상부력(Compensation Buoyancy)

해설
부력의 종류
• 양성부력 : 어떤 물체가 액체에 뜨는 상태
• 중성부력 : 어떤 물체가 액체에 뜨지도 가라앉지도 않는 상태
• 음성부력 : 어떤 물체가 액체에 완전히 가라앉은 상태

09 산소중독과 질소마취를 설명할 수 있는 기체의 법칙은?

① 게이뤼삭 법칙
② 보일 법칙
③ 헨리 법칙
④ 돌턴 법칙

[해설]
돌턴의 법칙
혼합기체 내에서 어떤 기체의 부분압은 그 기체가 혼합기체 내에서 차지하고 있는 부피에 비례한다. 즉, 구성기체들의 부분압의 합이 혼합기체의 압력이 된다. 예를 들어 1대기압의 공기가 산소 21%, 질소 79%로 구성되었다고 할 때, 산소의 부분압은 0.21대기압이고 질소의 부분압은 0.79대기압이 되는 것이다. 5대기압이라면 그 안의 산소 부분압은 1.05대기압(0.21 × 5)이 되고 질소의 부분압은 3.95대기압(0.79 × 5)이 된다. 수중에서 다이버는 압축된 공기를 마시기 때문에 수심이 깊어질수록 보다 높은 부분압의 산소를 호흡하게 된다.
산소부분압이 1.6대기압이 되었을 때 45분 이상 호흡하게 되면 산소 중독에 걸릴 수 있다. 그리고 질소부분압이 3.2대기압이 되면 질소마취의 가능성이 있다.

10 해수면에서 60분간 호흡할 수 있는 양의 공기를 가지고 수심 20m의 바닷속에서 호흡한다면 약 몇 분간 호흡할 수 있는가?(단, 20m의 수온은 수면 수온과 같고 해류의 움직임도 거의 없으며, 잠수사는 수면에서와 마찬가지로 심리적인 안정상태가 유지되고 있다고 가정한다)

① 50분
② 30분
③ 25분
④ 20분

[해설]
다이버가 해수면(1기압)에서 탱크 내부의 공기를 모두 호흡하는 데 1시간이 걸린다면 바닷속 10m(2기압)에서는 30분, 20m(3기압)에서는 20분, 30m(4기압)에서는 15분, 40m(5기압)에서는 12분이 걸린다.

11 대부분의 압착증은 잠수과정 중 언제 발생하는가?

① 하잠 중
② 해저 체류 중
③ 상승 중
④ 수면 도착 30분 이내

[해설]
하잠할 때는 압력이 증가하고 부피가 감소하여 수경 압착, 중이 압착, 잠수복 압착 등이 발생한다.

12 비감압한계(No Decompression Limits)에 관한 설명 중 가장 적합한 것은?

① 한계를 초과할 경우를 고려하여 10%의 여유를 두어 설정되었다.
② 수치가 매우 유동적이어서 허용치의 75%를 사용하는 것이 바람직하다.
③ 매우 정확한 것으로서 한계 시간에는 곧바로 상승해야 한다.
④ 수치가 근사치이므로 그 한계 내에서만 잠수를 하고 절대 허용치를 초과하지 않아야 한다.

[해설]
다이브 테이블에는 질소의 흡수량을 제한하기 위해 각 수심별로 감압을 하지 않고 체류할 수 있는 시간을 정하고 있다. 이 제한을 무감압한계(NDL ; No Decompression Limit) 또는 비감압한계라고 부르며, 일부 단체에서는 최대잠수시간(Maximum Dive Time)이라 부르기도 한다.

13 다음 중 산소 치료표에 해당되지 않는 것은?

① 표 2A
② 표 5
③ 표 6A
④ 표 6

해설
산소치료표의 종류
- 표 5(2시간 15분)
- 표 6(4시간 45분)
- 표 6A(5시간 19분)
- 표 4(38시간 11분, 산소와 공기 겸용)
- 표 7(36시간)
- 표 8(헬륨-산소 혼합기체잠수의 폐초과팽창증상 치료표)

14 잠수 중에 파열된 고막을 통하여 찬물이 갑자기 중이 속으로 들어 왔을 때 가장 심하게 발생되는 증상은?

① 통증
② 두통
③ 현기증
④ 귓속에 이물감

해설
고막 파열은 압력차가 100mmHg 이상일 때 발생하며 찬물 속에서 고막이 파열되면 일시적이지만 매우 심한 현기증을 유발한다.

15 호흡기체 오염으로 인한 일산화탄소 중독증은 잠수 과정 중 주로 언제 발생하는가?

① 하잠 중
② 해저 체류 중
③ 상승 중
④ 하잠 및 상승 중

해설
일산화탄소가 포함된 기체로 호흡을 오래 할수록 증세가 강화되며, 특히 상승 과정에서 악화된다.

16 다음 중 잠수 일반 안전수칙에 맞는 것은?

① EAN36으로 수심 40m까지 잠수해본다.
② 충분한 계획과 기체 준비 없이 감압이 필요한 잠수를 한다.
③ 공기통 잔압이 50bar 이하로 떨어지기 전에 상승한다.
④ 공기통은 매년 수압검사를 한다.

해설
① EAN36의 제한수심은 35m이다.
② 충분한 계획과 기체 준비하에 감압이 필요 없는 잠수를 한다.
④ 경과연수가 10년 이하인 공기통은 매 5년에 1회 수압검사를 한다.

정답 13 ① 14 ③ 15 ③ 16 ③

17 인간의 심해 잠수능력을 제한하는 가장 큰 원인을 깊어질수록 증가하는 수압이라고 볼 때 두 번째로 큰 원인이 되는 것은?

① 광선의 부족
② 음파의 빠른 전달특성
③ 수 온
④ 부 력

해설
인간의 수중 활동을 제한하는 가장 큰 원인은 수압이다. 이외에도 공기보다 25배나 높은 물의 열전도율, 공기보다 4배나 빠른 음파의 전달속도, 물속에서의 광선의 굴절과 산란 및 투과율의 차이, 수중 무중력 상태, 수중에서의 부력현상 등이 있다.

18 잠수를 마치고 난 후 조직 내에 생긴 질소 기포로 감압병 증상을 유발하지 않는 기포를 무엇이라고 부르나?

① 과질소 기포
② 공기 기포
③ 사일런트 버블(Silent Bubble)
④ 혈 전

해설
기포(버블 : Bubble)는 어떤 프로필의 다이빙을 했건 모든 다이빙 후에는 체내에서 나타난다. 단지 아무런 증상을 일으키지 않기 때문에 사일런트 버블(Silent Bubble)이라고 부르고, 이 사일런트 버블은 다이빙 후 급작스러운 고도 여행 혹은 항공기 탑승(특히 탑승 중 사고로 기체에 파손이 와서 기체 밖의 낮은 기압에 노출되는 등의)과 같이 외부적인 요소가 가미되지 않는 한 아무런 임상적인 의미가 없는 기포이다.

19 감압병의 예방 방법으로 가장 적절한 것은?

① 잠수를 마친 후 가능한 빨리 올라온다.
② 잠수표에 따라 잠수한다.
③ 되도록 천천히 올라온다.
④ 감기가 걸렸을 때는 잠수하지 않는다.

해설
감압표의 지시를 철저히 준수하고 항상 감압표를 보는 습관을 들여야 한다. 그러나 절대 암기해서는 안 된다. 잘못 암기된 감압표는 감압병을 일으키기 때문이다.

20 체임버 내부에 사용되는 장비 중 설치할 수 없는 것은?

① 통신장비
② 수은식 온도계
③ 산소 호흡기
④ 압력계

해설
체임버 내부에 사용되는 온도계는 전기식, 바이메탈식, 알코올식, 리퀴드 크리스탈식만 사용해야 한다. 체임버에서는 절대로 수은식 온도계를 사용하면 안 된다.

21 감압병 예방 절차로 바르지 못한 것은?

① 잠수 전날 음주를 삼간다.
② 무감압잠수를 계획한다.
③ 잠수 후 24시간 내에 비행기를 탑승한다.
④ 감압병 촉진요소를 피한다.

해설
잠수 후 24시간 이내에 비행기를 타면 수면보다 저기압인 상태로 올라가기 때문에 수면에서는 괜찮을 정도였지만 몸속에 많이 남아 있던 질소가 외부 압력의 감소로 인해 기포를 형성하여 감압병을 일으킬 수 있다.

22 잠수사의 전부 혹은 일부의 감압을 수중에서보다 재압체임버(Chamber)에서 편안히 수행하기 위한 방법을 무엇이라 하는가?

① 일반감압
② 표면감압
③ 수중감압
④ 최상 노출감압

해설
표면감압은 잠수사의 감압 전체 또는 일부를 수중 대신에 재압체임버 내에서 수행하는 기술로써 잠수사가 수중에서 머물러야 하는 시간을 획기적으로 줄이는 계기가 되었다.

23 잠수사들에게 발생하는 뼈가 썩는 질환은 어느 뼈에 가장 많이 생기는가?

① 두개골
② 대퇴골
③ 경 골
④ 척 추

해설
이압성 골괴사는 감압병을 치료하지 않고 계속 방치했을 때 진전되는 증상으로서, 상해가 나타나는 부위는 상완골(어깨), 대퇴골 상부(엉덩이뼈), 대퇴골 하부(무릎 위), 경골(정강이 뼈) 등이다. 특히 잠수사의 경우 어깨와 무릎 위에서 가장 많이 나타나고 엉덩이뼈에서는 거의 나타나지 않았다.

24 기체색전증의 주된 원인은?

① 너무 오래 잠수한 후 감압을 안 할 때
② 숨을 참고 위로 올라갈 때
③ 너무 빨리 잠수해 내려갈 때
④ 공기에서 냄새가 날 때

해설
기체색전증을 예방하려면 정상적으로 호흡하면서 반드시 상승속도를 지켜야 한다.

25 일반적으로 질소마취현상은 어느 정도의 수심에서부터 발생하는가?

① 30m
② 60m
③ 90m
④ 120m

해설
질소마취현상은 30m보다 깊게 잠수할 때 나타난다. 질소마취에 의한 현상을 심해의 황홀감이라고도 표현한다.

정답 21 ③ 22 ② 23 ② 24 ② 25 ①

26 다음 중 스쿠버 잠수 시 가장 중요한 것은?

① 줄의 연결
② 약간의 음성부력 유지
③ 감압표 선택
④ 상승속도 준수(분당 9m)

해설
상승속도[30fpm(1분당 9m)]를 초과하지 않는다.

27 다음 중 법령에서 정하는 잠수작업자의 휴대물에 속하지 않는 것은?

① 수중칼   ② 수중시계
③ 부력조절기 ④ 수중랜턴

해설
※ 산업안전보건기준에 관한 규칙 개정(시행일 : 2017.12.28.)에 따라 문제가 성립되지 않아 정답 없음 처리하였다.
스쿠버 잠수작업 시 조치(산업안전보건기준에 관한 규칙 제545조)
- 사업주는 스쿠버 잠수작업(실내에서 잠수작업을 하는 경우는 제외한다)을 하는 잠수작업자에게 비상기체통을 제공하여야 한다.
- 사업주는 스쿠버 잠수작업을 하는 잠수작업자에게 수중시계, 수중압력계, 예리한 칼 등을 제공하여 잠수작업자가 이를 지니도록 하여야 하며, 잠수작업자에게 부력조절기를 착용하게 하여야 한다.

표면공급식 잠수작업 시 조치(산업안전보건기준에 관한 규칙 제547조)
- 사업주가 잠수작업자에게 제공하여야 하는 잠수장비 : 비상기체통, 비상기체공급밸브·역지밸브 등이 달려 있는 잠수마스크 또는 잠수헬멧, 감시인과 잠수작업자 간에 연락할 수 있는 통화장치
- 사업주는 표면공급식 잠수작업을 하는 잠수작업자에게 신호밧줄, 수중시계, 수중압력계 및 예리한 칼 등을 제공하여 잠수작업자가 이를 지니도록 하여야 한다. 다만, 통화장치에 따라 잠수작업자가 감시인과 통화할 수 있는 경우에는 신호밧줄, 수중시계 및 수중압력계를 제공하지 아니할 수 있다.

28 슈퍼라이트 헬멧으로 수중작업 도중 육상과 통신이 두절되었다면 최우선적으로 해야 할 일은?

① 즉시 잠수감독관에게 보고한다.
② 상승준비를 한다.
③ 아무런 응답이 없으면 바로 상승한다.
④ 줄신호로 전환한다.

해설
줄신호는 과거 통화기가 개발되지 않았을 때 지상과 수중에서 의사를 주고받았던 유일한 통신수단이었으나 최근에는 통화기가 고장이 났을 때 또는 통화가 두절되었을 때 사용되고 있다.

29 스쿠버 호흡조절기 1단계의 기능 및 구조에 관한 설명 중 틀린 것은?

① 피스톤식은 주위의 물이 직접 접촉되기 때문에 불순물이 침전되기 쉽다.
② 피스톤식은 1단계 주변에 뚫린 구멍으로 물이 들어가서 피스톤에 변화된 수압을 직접 전달하여 압력균형을 유지시킨다.
③ 다이어프램 방식은 피스톤 방식과는 달리 내부로 물이 들어갈 수 없도록 설계되어 있다.
④ 균형식 방식은 공기통의 압력이 점차 낮아지면 호흡저항이 커지는 단점이 있다.

해설
④ 균형식 방식은 공기통 속의 공기잔압에 영향을 받지 않기 때문에 공기를 다 소모할 때까지 성능이 일정하다.

30 표면공급식 잠수의 공기 호스를 구입했을 때 5년이 지난 후 4년까지 매년 압력시험을 해야 하는데 최초 기준이 되는 것은?

① 출고일자
② 제작일자
③ 구입일자
④ 검사일자

해설
공기 호스는 제작일자로부터 5년 경과 후 매년 압력시험을 한다.

31 다음 중 여름철에 사용할 공기 압축기의 오일로 가장 적합한 것은?

① SAE 10
② SAE 30
③ SAE 10W
④ SAE 20W

해설
오일의 점도
• 여름 : SAE 30
• 겨울 : SAE 10W
• 영하 15℃ 이하 : SAE 5W

32 다음 중 가솔린 기관에서 공기와 연료의 혼합비율로 가장 효율적인 것은?

① 10 : 1
② 15 : 1
③ 20 : 1
④ 25 : 1

해설
가솔린 형태의 많은 탄화수소 연료에서는 이론적인 공연비가 15 : 1에 가깝다.

33 다음 줄신호 중 "통화신호 또는 줄신호에 응답하라"는 줄신호는?

① 2-1
② 1-2
③ 1-2-3
④ 2-1-3

34 스쿠버 잠수 중 긴급 사태 발생 시 제일 먼저 버려야 할 장비는?

① 공기통
② 부력조절기
③ 칼
④ 중량벨트(Weight Belt)

해설
스쿠버 잠수 중 긴급 사태 발생 시
• 손에 쥔 모든 장비나 물건을 놓는다.
• 가장 먼저 웨이트 벨트를 버린다.

정답 30 ② 31 ② 32 ② 33 ① 34 ④

35 나침반(Compass)의 사용방법으로 옳은 것은?
① 자침이 움직일 수 있도록 수평으로 유지한다.
② 공기통에 가깝게 붙여 사용한다.
③ 알코올계 윤활유를 내부에 채워 사용한다.
④ 회전 숫자판을 제거한 후 사용한다.

36 KMB 밴드마스크 장비의 단점으로 가장 적합한 것은?
① 수평 이동이 용이하다.
② 공기 공급이 용이하다.
③ 수중 통화가 용이하다.
④ 수중 원형탐색에 용이하다.

해설
원형탐색 : 한 사람이 중앙지점에서 줄을 잡고 다른 한 사람이 반대쪽을 잡고 원을 그리며 조금씩 범위를 넓혀 가며 탐색하는 것

37 스쿠버 탱크에 공기를 주입하는 이동용 기체압축기의 흡입구 설치방법으로 가장 적합한 것은?
① 바람이 불어오는 방향으로 2m 이하로 낮게 설치
② 바람이 불어오는 방향으로 2m 이상으로 높게 설치
③ 바람이 불어오는 반대방향으로 2m 이하로 낮게 설치
④ 바람이 불어오는 반대방향으로 2m 이상으로 높게 설치

해설
압축기 흡입구는 오염되지 않은 외부에 설치하거나 바람이 불어오는 방향으로 2m 이상 높게 설치하면 오염 물질의 유입을 방지할 수 있다.

38 KMB 밴드마스크의 기체 요구량은?
① 6acfm
② 4.8acfm
③ 3.2acfm
④ 1.0acfm

39 KMB 밴드마스크에 물이 침수되었을 때 물을 제거하는 방법을 2가지로 볼 때 요구형 호흡조절기의 퍼지버튼을 누르는 방법 외에 또 다른 방법은?
① 환기밸브를 연다.
② 호흡을 세차게 내쉰다.
③ 비상기체공급 밸브를 연다.
④ 주 배출밸브를 1/2회전 연다.

40 슈퍼라이트-17 헬멧 내부에 부착되어 있는 호흡 마스크(Oral-nasal Mask)에 대한 설명으로 적합한 것은?

① 잠수사의 호흡량을 보정시켜 준다.
② 호흡조절기가 고장날 경우 환기 밸브로부터 비상 기체를 공급받을 수 없다.
③ 작업 중 헬멧 내 과도한 이산화탄소의 확산을 막는다.
④ 헬멧이 침수되었을 때 호흡을 할 수 있도록 해 준다.

해설
호흡 마스크(Oral-nasal Mask)의 기능
- 잠수사의 입과 코에 편안한 호흡을 제공한다.
- 헬멧 내 이산화탄소가 축적되는 것을 방지한다.
- 헬멧 내 불필요한 기체를 감소시키는 역할을 한다.

41 해난구조작업에 사용되는 와이어로프는 꺾임, 굴곡이 일어나지 않도록 해야 한다. 와이어로프가 꺾이게 되면 파단력이 몇 %가 감소되나?

① 약 40%   ② 약 50%
③ 약 60%   ④ 약 70%

해설
와이어로프가 꺾이게 되면 파단력이 약 60%가 감소되어 국부적인 마모를 유발하여 강도가 약해진다.

42 수중에서 수평 필릿 용접 시 용접봉의 각도는 몇 도를 유지하여야 가장 좋은 효과를 얻을 수 있는가?

① 진행방향 5~20°
② 진행방향 15~45°
③ 진행방향 40~55°
④ 진행방향 55~75°

해설
수평용접 시 각도는 15~45°를 유지한다.

43 자체 무게가 20ton인 살베지 폰툰의 인양력은? (단, $v = 1,600ft^3$)

① 약 46ton
② 약 32ton
③ 약 26ton
④ 약 12ton

44 다음 중 풀링(Pulling) 또는 레잉(Laying) 방식의 파이프라인 공사 시 가장 적합한 접합 방법은?

① 균일 접합
② 용접 접합
③ 슬레이브 접합
④ 플랜지 접합

해설
- 플랜지 접합 : 관의 끝에 관과 직각으로 납작한 날개를 달고 날개에 구멍을 뚫은 관을 플랜지 관이라 하며, 이러한 관끼리 볼트 너트를 이용해 접합하는 방법을 플랜지 접합이라 한다. 해저공사 시 관(파이프)의 가장 이상적인 접합 방법이다.
- 용접 접합 : 짧은 시간 내에 국부적으로 가열하여 두 강재를 용융상태에서 접합하는 방식이다. 강재의 절약, 건물의 경량화, 무소음, 무진동의 장점이 있어 널리 사용된다.

45 잠수사의 1일 근로시간이 규정되어 있는 법령은?

① 근로기준법령
② 직업안전법령
③ 고용보험법령
④ 산업안전보건법령

해설
유해·위험작업에 대한 근로시간 제한 등(산업안전보건법 제139조)
사업주는 유해하거나 위험한 작업으로서 높은 기압에서 하는 작업 등 대통령령으로 정하는 작업에 종사하는 근로자에게는 1일 6시간, 1주 34시간을 초과하여 근로하게 해서는 아니 된다.

46 줄 당김 신호 중 잠수사가 보조사에게 4회 당김의 의미는?

① 끌어 올려라.
② 줄을 늦추어 달라.
③ 늦춘 줄을 당겨라.
④ 밑바닥에 닿았다.

47 다음 중 수중용접 시 주로 사용하는 전압은?

① 40V
② 100V
③ 300V
④ 400V

48 다음 중 수중폭파용으로 적합하지 않은 폭약은?

① 트라이나이트로톨루엔(Trinitrotoluene)
② 헥소겐(RDX, Hexogen)
③ C-4(Composition 4)
④ 암모늄 나이트레이트(Ammonium Nitrate)

해설
암모늄 나이트레이트(질산암모늄)가 함유된 혼합 폭발물은 수중용으로는 부적합하다.

정답 44 ④ 45 ④ 46 ① 47 ① 48 ④

49 다음 중 직류 아크 발전기의 종류가 아닌 것은?

① 전동발전식
② 엔진구동식
③ 정류식
④ 탭전환식

해설
- 직류 아크 발전기의 종류
  - 회전형 : 전동 발전기, 엔진구동형
  - 정지형 : 정류기형, 방전관형
- 교류 아크 발전기의 종류 : 가동철심형, 가동코일형, 탭전환형, 가포화 리액터

50 수중용접 시 피복제(Flux)에 의해 가장 많이 생성되는 기체는?

① 산 소
② 질 소
③ 수 소
④ 헬 륨

51 수중 촬영 시 피사체가 빠른 속도로 움직인다면 카메라의 조리개와 셔터를 어떻게 하는 것이 가장 적절한가?

① 조리개는 닫아 주고 셔터속도는 느리게 해준다.
② 조리개는 닫아 주고 스트로브의 광량을 낮게 한다.
③ 조리개는 열어 주고 셔터속도는 느리게 해준다.
④ 조리개는 열어 주고 셔터속도는 빠르게 해준다.

해설
카메라가 흔들리지 않도록 하고, 빠른 셔터 스피드로 촬영한다.

52 수중용접 절단 시 정극성일 경우 음(-)극의 연결은 어디에 하는가?

① 작업물
② 특별한 구분이 없다.
③ 홀더나 토치
④ 접지 클램프

정답 49 ④ 50 ③ 51 ④ 52 ③

53 잠수작업에 필요한 자격·면허·경험 또는 기능을 가진 근로자 외의 자를 잠수작업에 고용할 수 없도록 규정한 법률은?

① 고용보험법
② 직업안정법
③ 산업안전보건법
④ 근로기준법

> **해설**
> 자격 등에 의한 취업 제한(산업안전보건법 제140조)
> 사업주는 유해하거나 위험한 작업으로서 상당한 지식이나 숙련도가 요구되는 고용노동부령으로 정하는 작업의 경우 그 작업에 필요한 자격·면허·경험 또는 기능을 가진 근로자가 아닌 사람에게 그 작업을 하게 해서는 아니 된다.

54 선박의 침수 방지를 위해 사용되는 지주용 방수재로 적합하지 못한 나무는?

① 전나무로 만든 것
② 매듭이 없는 곧은 것
③ 페인트칠을 한 것
④ 황송으로 만든 것

> **해설**
> 페인트는 방수재가 아니기 때문이다.

55 다음 중 침수 중인 선박에서 먼저 제거해야 할 적화물은?

① 유 류   ② 목 재
③ 철강재 ④ 곡 물

56 수중절단 시 사용되는 산소의 설명 중 해당되지 않는 것은?

① 순도는 99.5% 이상이어야 한다.
② 순도가 1% 떨어지면 절단 능력은 25% 감소된다.
③ 산소통은 녹색이며, 좌선나사이다.
④ 산소 자체는 연소하는 성질이 없고 다른 물질의 연소를 돕는 조연체의 기체이다.

> **해설**
> ③ 산소통은 녹색이며, 우선나사를 사용한다.

정답 53 ③ 54 ③ 55 ④ 56 ③

57 폭발물의 반응을 나타내는 "m/s"는 무엇을 말하는가?

① 폭파속도
② 예민도
③ 화약계수
④ 도화선의 연소시간

> [해설]
> 폭파속도는 폭파 동안 폭발물의 반응이 진행되는 속도이다.

58 잠수사가 작업 중일 때 보조사에게 "1-2-3" 줄 당김의 신호를 보냈다면 어떤 의미인가?

① 짧은 줄을 보내라.
② 긴 줄을 보내라.
③ 수중 기록판을 보내라.
④ 나를 상승시켜라.

> [해설]
> ② 긴 줄을 보내라 : 5번 당김
> ③ 수중 기록판을 보내라 : 2-1-2번 당김
> ④ 나를 상승시켜라 : 4번 당김

59 폭발에 대해 잘못 기술한 것은?

① 폭발 시 화학반응으로 압력과 열의 상승이 동반된다.
② 폭발은 폭약이 고체에서 순간적으로 기체 상태로 변하는 것이다.
③ 폭파속도가 느릴수록 파괴력이 강하다.
④ 폭발물이 폭파되었을 때는 유독한 가스가 발생할 수 있다.

> [해설]
> ③ 폭파속도가 빠를수록 파괴력이 강하다.

60 수중폭파 안전수칙으로 옳지 못한 것은?

① 폭약과 뇌관은 같은 상자에 보관한다.
② 폭약 상자를 개방할 때 철재공구를 사용해서는 안 된다.
③ 뇌관을 보관용기 또는 폭약으로부터 꺼낼 시 당기거나 장력을 주지 않아야 한다.
④ 뇌관을 폭파 회로에 연결할 때까지 뇌관 도선의 분로장치를 제거하지 않아야 한다.

> [해설]
> ① 뇌관과 폭약은 같은 상자에 보관하지 말아야 한다.

[정답] 57 ① 58 ① 59 ③ 60 ①

2015년 제2회 과년도 기출문제

01 1기압의 공기 중 산소가 차지하고 있는 부분압은?

① 0.21기압
② 1.21대기압
③ 0.79기압
④ 1기압

해설
1대기압의 공기가 산소 21%, 질소 79%로 구성되었다고 할 때, 산소의 부분압은 0.21대기압이고 질소의 부분압은 0.79대기압이 되는 것이다.

02 해면상에 작용하는 절대기압은?

① 4기압
② 3기압
③ 2기압
④ 1기압

해설
해면에서의 표준대기압을 절대압력으로 나타내면 1기압이다.

03 만일 해녀가 해면에 들이 마신 공기를 폐 속에 갖고 그대로 20m까지 내려갔다면 폐 속의 공기 용량은 얼마나 줄어드는가?

① $\frac{1}{2}$
② $\frac{1}{3}$
③ $\frac{1}{4}$
④ 전과 동일하다.

해설
수심에 따른 부피의 변화

수심 (바다)	수심 (민물)	절대압	부피의 변화	잠수 시간
0m	0m	1대기압	1	60분(가정)
10m	10.3m	2대기압	1/2	30분
20m	20.6m	3대기압	1/3	20분
30m	30.9m	4대기압	1/4	15분
40m	41.2m	5대기압	1/5	12분
50m	51.3m	6대기압	1/6	10분

04 잠수사가 상승 시 상승속도를 유지해야 하는 주된 이유는?

① 신체공간의 압력을 제거하기 위하여
② 공기 공급 호스의 꼬임을 방지하기 위하여
③ 기체색전증을 방지하기 위하여
④ 질소마취를 방지하기 위하여

해설
기체색전증은 수심이 얕은 곳으로 갑자기 올라올 때 가장 잘 일어난다.

정답 1 ② 2 ④ 3 ② 4 ③

05 습식 잠수복(Wet Suit)의 부력은 수심 깊이 잠수해 내려갈수록 어떻게 변하는가?

① 부력이 감소한다.
② 부력이 증가한다.
③ 변화 없다.
④ 수온에 따라 증가 또는 감소한다.

해설
잠수복의 부력은 수심에 따라 감소하므로 깊이 내려갈수록 다이버는 점점 무거워진다.

07 바다 수심 40m에서의 절대압력은?

① 6기압
② 5기압
③ 4기압
④ 3기압

해설
수중의 압력을 나타낼 때 사용하는 절대압력은 수압과 대기압을 합한 값이다.
4 + 1 = 5기압

1기압(미터법과 피트법)

미터법	1기압 = 10m = 1.025kg/cm²
피트법	1기압 = 33ft = 14.7psi

06 진공 속에서 소리의 전달이 없는 이유는?

① 음파 전달 매개체가 없기 때문
② 공기보다 온도가 낮기 때문
③ 소리의 진동이 너무 크기 때문
④ 소리의 진동이 너무 작기 때문

해설
소리가 잘 전달되려면 반드시 공기, 물 등과 같은 매질이 있어야 하는데 매질이 없는 진공상태에서는 소리가 전달되지 않는다.

08 2,500psi로 충전해 놓은 스쿠버 공기탱크가 다음 날 2,300psi로 줄었다. 이러한 현상과 가장 관계가 깊은 것은?

① 밸브의 손상
② 탱크의 손상
③ 탱크의 온도 저하
④ 탱크의 온도 상승

해설
샤를의 법칙(부피가 일정할 때 온도가 변화하면 그에 따라 압력도 변화한다)에 따라 공기통을 완전하게 충전시킨 직후의 압력과 시간이 지난 후의 압력에 차이가 발생한다.

정답 5 ① 6 ① 7 ② 8 ③

09 다음 중 인체에 가장 해로운 기체는?

① 질소(N_2)
② 산소(O_2)
③ 헬륨(He)
④ 일산화탄소(CO)

해설
④ 일산화탄소(CO) : 인체에는 고도의 독성을 가진다.
① 질소(N_2) : 고압하에서 인체에 마취작용을 유발시킬 수 있다.
② 산소(O_2) : 체내에 들어가 다른 물질과 과학적으로 반응하고, 이때 방출되는 에너지가 생명을 유지시키는 원동력이 된다.
③ 헬륨(He) : 질소마취와 같은 작용이 없으므로 심해잠수에 이용되지만 열전도율이 높다는 것이 결점이다.

10 섭씨 19℃일 때 화씨온도는?

① 66.2°F
② 68.2°F
③ 64.3°F
④ 65.3°F

해설
온도전환
- 화씨에서 섭씨로 : (°F−32)÷0.56=℃(소수점 아래 첫째 자리 올림)
- 섭씨에서 화씨로 : 1.8×℃+32=°F(소수점 아래 첫째 자리 올림)
  1.8×19+32=66.2°F

11 높은 산속에 있는 저수지에서 잠수할 때 상승속도는 바다에서의 상승속도와 비교하여 어떠한가?

① 늦어야 한다.
② 같아야 한다.
③ 빨라야 한다.
④ 관계 없다.

해설
높은 지대에 있는 호수나 저수지에서 잠수할 경우 그 수면에서의 대기압은 1대기압보다 낮다. 그러므로 더 긴 감압시간이 필요하다.

12 체임버 내부에 들어가서 치료받을 때 소지하지 않아야 할 물건은?

① 라이터
② 책
③ 시 계
④ 식·음료수

해설
체임버를 사용함에 있어서 가장 큰 위험은 폭발성 화재이다. 비록 담배, 성냥, 라이터 등을 사용하지 않는다고 하더라도 체임버 내부에 가지고 들어가서는 안 된다.

13 수중에서 수면으로 비상 상승을 할 때 허파파열을 예방하기 위하여 어떤 조치를 하여야 하는가?

① 가능한 최대로 숨을 들이 쉰다.
② 비상 상승을 시작함과 동시에 공기를 최대로 한꺼번에 내뿜는다.
③ 수면에 도착할 때까지 쉬지 않고 계속해서 공기를 내뿜는다.
④ 깊은 수심에서는 빨리, 많이 내뿜고 얕은 수심에서는 서서히, 조금씩 내뿜는다.

해설
폐파열(기체색전증) 예방법
- 상승 시 숨을 참지 말고 정상호흡을 하며, 상승 속도를 지킨다.
- 비상 상승 시 고개를 뒤로 젖혀 기도를 열어 주고 폐 속에 팽창된 공기를 계속 내뿜으며 상승한다.

14 중추신경계 감압병 증상과 가장 거리가 먼 것은?

① 현기증　② 마 비
③ 질 식　④ 부 종

해설
중추신경계 감압병 증상
현기증, 마비, 질식, 극심한 피로와 통증, 허탈과 의식 불명

15 다음 중 감압병이나 기체색전증 환자를 재압체임버로 이송할 때 취하는 응급 처치로 가장 중요한 것은?

① 영양섭취
② 마사지
③ 보 온
④ 산소호흡

해설
100%의 산소호흡을 시키며 즉시 재압체임버로 후송한다.

16 가장 많이 나타나는 감압병의 증세는?

① 폐파열
② 관절과 근육의 통증 내지는 마비
③ 현기증
④ 불면증

해설
감압병 각 부위별 증세
- 국부와 관절 부분 89%
  - 팔 70%
  - 다리 30%
- 중추신경계 11%
  - 현기증 5.3%
  - 마비 2.3%
  - 질식 1.6%
  - 극심한 피로와 통증 1.3%
  - 허탈과 의식 불명 0.5%

17 다음 중 반드시 재압체임버를 사용해야 하는 병은?

① 질소마취
② 감압병
③ 저산소증
④ 이산화탄소 중독

해설
감압병은 경한 증상일지라도 반드시 재압치료를 하는 것이 건강상 좋다.

18 일산화탄소 중독을 예방하기 위해 가장 적합한 방법은?

① 이상 없는 좋은 장비를 사용한다.
② 호흡조절기를 깨끗하게 정비하여 사용한다.
③ 공기를 신선한 것으로 충전하여 사용한다.
④ 초과호흡을 피한다.

19 허파가 파열된 환자의 기체색전증을 예방하려면 어떠한 자세를 취하는 것이 가장 효과적인가?

① 환자를 오른쪽으로 눕힌다.
② 환자를 왼쪽으로 눕힌다.
③ 환자를 반듯하게 눕힌다.
④ 환자를 엎어 눕힌다.

해설
과거에는 환자를 옮길 시 뇌동맥으로의 공기 유입을 방지하기 위하여 머리를 낮게, 다리를 높게 하는 자세를 권장하였으나, 현재는 편평하게 눕히는 자세를 권장하고 있다.

20 감압표 사용 시 무엇을 제일 먼저 확인해야 하는가?

① 감압정지점
② 수심과 해저체류시간
③ 잔여질소
④ 해면출발과 해저출발

해설
감압표의 선택조건
• 수 심
• 해저체류시간
• 고 도
• 체임버의 사용 가능여부
• 환경적 요소 : 해상상태, 수온, 잠수사의 신체적 부상, 기타

17 ② 18 ③ 19 ③ 20 ②

21 중증 치료를 위한 것으로 산소와 공기를 호흡기체로 사용하며 치료시간이 약 6시간 20분 정도이며 최대 50m 수심까지 가압하는 감압병 치료표는?

① 미해군 치료표 1A
② 미해군 치료표 4
③ 미해군 치료표 5
④ 미해군 치료표 6A

> **해설**
> 산소치료표의 종류
> • 표 5(2시간 15분)
> • 표 6(4시간 45분)
> • 표 6A(5시간 19분)
> • 표 4(38시간 11분, 산소와 공기 겸용)
> • 표 7(36시간)
> • 표 8(헬륨-산소 혼합기체잠수의 폐초과팽창증상 치료표)

22 공기잠수 시 감압병은 무슨 기체로 인해 생기는가?

① 질 소
② 산 소
③ 헬 륨
④ 이산화탄소

> **해설**
> 감압병(Decompression Sickness)
> 잠수 중 인체에 과다하게 축적된 질소가 수면으로 급상승하거나 짧은 시간에 반복 잠수를 하는 잠수부의 몸속에서 질소방울로 변하여 신경세포를 압박하거나 혈액순환을 방해함으로써 발생하는 질병을 말한다.

23 질소마취현상의 특징으로 가장 거리가 먼 것은?

① 급하게 하강하면 증상이 악화될 수 있다.
② 목표 수심에 도착한 후에도 체류시간이 길어질수록 악화된다.
③ 잠수사 사이에서도 개개인 차이가 심하다.
④ 약간의 적응력이 생긴다.

> **해설**
> 질소마취현상은 대기압 조건으로 복귀 시 아무런 후유증 없이 회복되며 목표 수심 도착 직후에 증상이 가장 심하고 이후 약간 약화되며 개인차가 심하다.

24 심해 잠수 시 체온 유지와 관계되는 사항 중 틀린 것은?

① 고무제품의 잠수복(Wet Suit)은 수심이 깊어질수록 보온 효과가 감소한다.
② 호흡으로 인한 체온소실은 수심이 깊어질수록 증가한다.
③ 헬륨을 사용한 혼합기체 잠수는 압축공기 잠수보다 체온손실이 적어 심해 잠수에 좋다.
④ 추운 물속에서 작업하면 감압병 발생률이 증가한다.

> **해설**
> 헬륨은 질소보다 열전도계수가 7배, 비열은 5배 크므로 잠수사의 체온손실이 빠르다.

25 술을 마시고 잠수했을 경우의 현상과 가장 거리가 먼 것은?

① 질소마취에 잘 걸린다.
② 산소 중독에 잘 걸린다.
③ 추위를 빨리 탄다.
④ 판단과 행동이 둔해진다.

해설
다이버의 음주는 판단력 저하, 방향감각 둔화, 이뇨작용, 신체중심 온도 저하, 근력 저하를 일으킨다. 또한 잠수 전날의 음주는 탈수를 일으켜 잠수 중에 갈증을 유발하며 혈액 내의 산소공급을 방해하여 질소의 배출속도를 느리게 한다.

26 개방식 잠수종(Diving Bell)의 일반적인 구성품에 속하지 않는 것은?

① 본 체
② 조명장치
③ 반구형 지붕
④ 기체공급장치

해설
잠수종의 구성요소
본체, 반구형 지붕, 기체공급장치, 통화장치, 발판, 중량추 등

27 일반적인 표면공급식 잠수장비가 아닌 것은?

① EXO26 밴드마스크
② KMB 밴드마스크
③ 슈퍼라이트 헬멧
④ ADS(Atmospheric Diving Suit)

해설
ADS(Atmospheric Diving Suit)란 대기압잠수복으로서 우주복과 같은 형태로 특수재료 및 구조로 만들어진 내압성의 잠수복을 말한다.

28 우리나라에서 10년 이상된 스쿠버용 공기통은 몇 년마다 수압 검사를 받아야 하는가?

① 3년   ② 7년
③ 10년   ④ 15년

해설
수압 검사
• 10년 이하는 매 5년에 1회 검사
• 10년 이상은 3년에 1회 검사

29 다음 중 공기압축기를 선택할 때 가장 먼저 고려해야 할 사항은?

① 상용압력과 토출량
② 압축구조와 토출량
③ 회전속도와 냉각방법
④ 이동용 또는 고정용 여부

> 해설
> 고압용이든 저압용이든 공기압축기의 선택에 있어서 가장 중요한 것은 상용압력과 토출량이다.

30 슈퍼라이트-17 B형과 K형의 차이점은?

① 생명줄의 연결방향이 다르다.
② 최대 작업심도가 다르다.
③ 비상기체밸브의 위치가 다르다.
④ 걸쇠(Latch Catch)와 목 고정대가 다르다.

31 KMB 밴드마스크의 공기 호스 파단시험 중 틀린 것은?

① 장력검사 전 실시한다.
② 제작일로부터 5년 경과 후 실시한다.
③ 제작일자로부터 5년이 지난 후 4년간 매 1년마다 실시한다.
④ 파단시험은 최소 2,400psig로 한다.

> 해설
> ① 장력검사를 마친 호스는 마지막으로 파단시험을 해야 한다.

32 엔진에 윤활유를 너무 많이 넣으면 어떤 현상이 일어나는가?

① 연료의 연소작용이 잘된다.
② 기관의 냉각이 잘된다.
③ 기관의 회전속도가 높아진다.
④ 연소실에 윤활유가 올라와 연소된다.

> 해설
> 연소실 내로 올라와 윤활유가 연소되는 원인
> • 윤활유의 열화 또는 점도 불량
> • 오일팬 내의 윤활유량 과대
> • 피스톤과 실린더의 간극 과대
> • 피스톤링의 불량

[정답] 29 ① 30 ④ 31 ① 32 ④

33 잠수복을 사용한 후 보관 방법으로 가장 적합한 것은?

① 비누로 깨끗하게 씻은 다음 보관한다.
② 양지바른 곳에서 건조한 후 보관한다.
③ 그늘에서 건조한 후 옷걸이에 걸어 보관한다.
④ 구겨진 곳을 펴기 위해 무거운 것으로 눌러 둔다.

해설
사용 후 반드시 민물로 씻어 통풍이 잘되는 건조한 곳에 걸어서 보관한다.

34 표면공급식 잠수로 폐쇄된 공간에서 작업 시 주의 사항으로 틀린 것은?

① 밀폐된 공간에 들어갈 때 다리부터 들어가도록 한다.
② EGS를 장착해야 할 수심은 15m부터이다.
③ 가급적 물체 위로 다니도록 한다.
④ 유화수소가 나오는 공간에서는 KMB 밴드마스크보다는 헬멧형이 낫다.

해설
수심 18m 이상, 침몰선 내부, 폐쇄된 공간 등에서는 반드시 비상 기체통을 착용해야 한다.
※ 비상 기체통(EGS ; Emergency Gas Supply System)은 잠수기의 주 기체공급 장치가 고장난 경우 잠수사가 안전한 지역으로 대피하기 위한 충분한 양의 기체를 저장하는 압력용기와 부속장치를 말한다.

35 표면 공급식 장비와 스쿠버 장비를 비교했을 때 표면 공급식 장비에 대한 설명이 아닌 것은?

① 수직이동의 제한
② 공기 호스의 꺾임
③ 공기공급의 무제한
④ 잠수사 이상 유무 확인 불가능

해설
스쿠버 잠수와 표면 공급식 잠수의 비교

	스쿠버 잠수	표면공급식 잠수
한계 수심	• 비감압 한계 시간을 엄격히 적용 • 안전 작업 수심 18m에 60분 허용 • 40m에서 10분 허용. 단, 30m 이상 잠수 시 반드시 비상 기체통 또는 트윈(Twin) 기체통을 착용	• 공기 잠수 시 최대 작업 수심 58m • 18m 이상, 침몰선 내부, 폐쇄된 공간 등에는 반드시 비상 기체통을 착용
장 점	• 장비의 운반, 착용, 해체가 간편해 신속한 기동성을 발휘 • 잠수 작업 시 적은 인원이 소요 • 수평, 수직 이동이 원활함 • 수중 활동이 자유로움	• 공기 공급의 무제한으로 장시간 해저 체류가 가능 • 양호한 수평 이동과 최대 조류 2.5knot까지 작업 가능 • 줄신호 및 통화가 가능하므로 잠수사의 안전 및 작업 진척 확인이 원활함 • 현장 지휘 및 통제가 가능
단 점	• 수심과 해저체류 시간에 제한을 받음 • 호흡 저항에 영향을 받음 • 조류에 영향을 받음(최대 1knot) • 지상과의 통화를 할 수가 없음 • 오염된 물, 기계적인 손상 등 신체 보호에 제한을 받음 • 잠수사 이상 유무 확인 불가능	• 기체 호스의 꺾임 • 수직 이동의 제한 • 기동성 저하

36 스쿠버 잠수 시 사용되는 아날로그 수심계(Depth Gauge)에 대한 설명 중 틀린 것은?

① K형과 J형이 있다.
② 잠수지점의 수심을 나타낸다.
③ 모세관식 잔압계는 수심이 깊으면 정확도가 감소한다.
④ 야광이 되며 단위는 m, ft가 있다.

해설
아날로그 수심계(Analog Depth Gauge)
기계적 힘의 직접적인 작용결과에 따라 바늘로 수심의 수치를 가리키게 만든 계측기
※ 수심계는 작동 원리에 따라 모세관식, 부르동관식, 다이어프램식, 디지털식 등으로 구분한다.
- 모세관식(Capillary Gauge) : 수심계 중에서는 가장 단순한 원리로 만들어진 것이다. 기체의 부피는 절대압력에 반비례한다는 보일의 법칙을 응용한 것으로 끝이 막힌 가늘고 긴 투명관에 눈금을 매겨 다른 한쪽에 뚫린 구멍으로 물이 들어가 내부의 공기를 압축시킴으로서 수심을 나타내는 방식이다. 따라서 10m 이내의 얕은 수심에서는 정확도가 월등하지만 수심이 깊어질수록 투명관 내부의 공기 부피 변화가 작아 정확도가 떨어지는 결점이 있다. 가격은 저렴하지만 최근에는 거의 사용하지 않는다.
- 부르동관식(Bourdon Gauge) : 한쪽 끝이 막히고 내부가 빈 둥근형의 금속관 속에 기름이 들어가 있으며, 다른 한쪽 끝에는 고무막으로 밀폐되어 있다. 외부의 수압이 고무막을 밀면 내부의 유압이 금속관을 팽창시킨다. 이 팽창한 유압의 금속관이 바늘을 움직이게 하여 수심을 나타낸다. 예전의 부르동관식은 금속관 속에 직접 물이 들어가서 수압을 전달하였지만, 최근에는 관 속의 부식을 막기 위해 기름이 들어가 있다. 비교적 정확도가 뛰어나 사용 빈도가 높다.
- 다이어프램식(Diaphragm Gauge) : 외부에서는 뚫린 구멍으로 물이 자유롭게 출입하지만 내부로 통하는 입구에는 물이 들어올 수 없도록 신축성의 다이어프램이 막고 있다. 수압을 받으면 이 다이어프램이 밀리면서 바늘을 움직이게 하여 수심을 나타낸다. 가격이 비싸지만 정확도가 높다.
- 디지털식(Electronic Digital Gauge) : 전자회로에 의한 수압 감지기능이 수압을 감지하여 액정판에 숫자로 수심을 나타낸다. 가격이 가장 비싸며 가장 정확도가 높다.

37 기체압축기 동력장치로서 기관식 장치에 대한 설명 중 옳은 것은?

① 전원이 없어도 사용 가능하고 휴대가 간편하다.
② 전기식에 비해 소음이 적다.
③ 매연이 발생하지 않는다.
④ 2행정 기관의 행정순서는 흡입-폭발, 압축-배기이다.

38 표면공급식 공기 호스는 손상이 없더라도 몇 년 이상 사용하면 안 되는가?

① 3년
② 5년
③ 8년
④ 10년

해설
모든 호스는 10년이 지나면 자동적으로 파기시킨다.

39 스쿠버용 호흡조절기(Regulator)를 사용한 후의 손질방법으로 옳은 것은?

① 원활한 공기 소통을 위해 이물질 마개를 개방해 둔다.
② 해수를 씻어낼 때는 배출단추를 눌러 담수를 넣어 준다.
③ 부식방지를 위해 다이어프램에 실리콘 그리스를 바른다.
④ 손질이 끝나면 공기통에 연결한 후 배출단추를 눌러 공기를 통과시킨다.

해설
① 잠수 후 사용하지 않을 때에는 항상 먼지 마개를 끼워두어 먼지나 물이 들어가지 않도록 한다.
② 호흡기를 사용한 후에는 반드시 깨끗한 민물로 닦도록 한다. 이때 퍼지버튼을 누른 상태에서 물을 뿌리면 물이 흡수되어 호흡기 내부가 부식이 될 수 있으므로 주의해야 한다.
③ 호흡기에는 절대로 기름을 칠하지 말아야 한다. 필요한 경우는 전문가에 의해서만 필요한 곳에 실리콘 그리스를 바른다.

40 슈퍼라이트 헬멧으로 수심 50m에서 작업을 하려면 최소한 몇 kg/cm²의 압력을 올릴 수 있는 기체 압축기가 필요한가?

① 약 $6kg/cm^2$
② 약 $9kg/cm^2$
③ 약 $17kg/cm^2$
④ 약 $20kg/cm^2$

해설
슈퍼라이트 헬멧의 기체 요구량은 대체적으로 4.5acfm이며, 표면 공급 요구 압력은 8~16kg/cm²(115~225psi)가 유지되어야 한다.
최소 매니폴드 요구 압력(MMP)
130ft(39.624m) 기준으로
• 얕은 수심일 때 ($D \times 0.445$) + 135psi = MMP
• 깊은 수심일 때 ($D \times 0.445$) + 165psi = MMP
(1ft = 0.3048m, 1m = 3.28084ft, 1psi = 0.070307kg/cm²)
MMP = [(50 × 3.28084) × 0.445] + 165psi
= 237.99869psi
= 238 × 0.070307 = 16.733066kg/cm²
≒ 17kg/cm²

41 다음 중 수중용접 및 절단작업의 특성에 대한 설명으로 옳은 것은?

① 전선의 크기는 mm²로 나타낸다.
② 차광렌즈가 어두울수록 번호(No)가 낮다.
③ 절단작업 시 산소병은 20℃ 이하로 유지한다.
④ 용접 시 정극성은 봉의 녹음이 빠르다.

해설
② 차광렌즈가 어두울수록 번호(No)가 높다.
③ 용기 내의 온도는 항상 40℃ 이하로 유지하여야 한다.
④ 용접 시 정극성은 열의 분배가 빠르다.

42 같은 굵기의 로프 끝단을 연결 시 가장 많이 사용되는 결색은?

① 올가미 매듭(Bow Line)
② 바른 매듭(Square Knot)
③ 닻줄 매듭(Anchor Bend)
④ 겹 감아 매듭(Rolling Hitch)

해설
① 올가미 매듭(Bow Line) : 임시 고리, 인명구조용으로 많이 사용하는 결색
③ 닻줄 매듭(Anchor Bend) : 닻고리나 부표 고리에 줄을 맬 시 사용하는 결색
④ 겹 감아 매듭(Rolling Hitch) : 매끄러운 기둥과 같은 원형 물체의 이동 시 가장 적합한 결색

43 소말뚝 매듭과 비슷하나 잘 풀리지 않도록 마지막 끝을 원줄 밑으로 넣은 매듭법은?

① Sheet Bend
② Constrictor Knot
③ Clove Hitch
④ Timber Hitch

해설
① Sheet Bend : 굵기가 다른 로프를 연결 시 사용되는 결색
③ Clove Hitch : 미끄러져 풀리는 결점이 있으나 임시적으로 말뚝이나 기둥에 로프를 묶을 때 사용하는 결색
④ Timber Hitch : 비틀림 매듭

44 피복 금속 아크(Metal-arc) 절단에 가장 많이 사용되는 전극봉은?

① 강철관 절단봉
② 탄소 가우징 절단봉
③ 방수처리된 일반 용접봉
④ 초고온 용접봉

해설
수중용접에 쓰이는 용접봉은 물에 의한 피복제의 약화를 막기 위해 방수처리해서 사용해야 한다.

45 수중에서 앵커체인 절단 시 가장 효과적인 폭약은?

① 컴포지션 씨포(Composition C-4)
② 초안폭약
③ AN-FO폭약
④ 테트릴(TETRYL)

해설
① Composition C-4 : 수중 폭파에 사용할 경우 해수에 의한 부식을 덜 받는다.
② 초안폭약 : 석재채취용과 채탄 발파에 사용한다.
③ 초유폭약(AN-FO) : 대형 석산이나 석회석 채석장에 널리 사용한다.
④ 테트릴(TETRYL) : 보조 장약 및 컴포지션 폭발물용이다.

46 수중용접에서 사용하는 직류 아크 발전기의 종류가 아닌 것은?

① 전동 발전식
② 기관 발전식
③ 가동 철심형
④ 정류식

해설
발전기의 종류
• 직류 아크 발전기 : 전동 발전식, 엔진 구동식, 정류식
• 교류 아크 발전기 : 가동 철심형, 가동 코일형, 탭 전환형, 가포화 리액터형

정답 43 ② 44 ③ 45 ① 46 ③

47 탐색 신호 중(탐색 줄을 사용치 않을 때) "정지하여 너 있는 곳을 탐색하라"의 신호 방법은?

① 1번 당김
② 2번 당김
③ 3번 당김
④ 4번 당김

해설
탐색 신호(탐색 줄 없이)
- 1번 당김 : 정지하여 현재 위치를 탐색하라.
- 2번 당김 : 줄을 늦추면 보조사로부터 물러나고 당기면 보조사 쪽으로 오라.
- 3번 당김 : 보조사를 향하여 서서 오른편으로 가라.
- 4번 당김 : 보조사를 향하여 서서 왼편으로 가라.
- 7번 당김 : 탐색(작업) 시작 또는 탐색(작업) 끝

48 다음 중 수중 Oxy-arc 절단에 필요한 기체는?

① 산 소
② LPG와 공기
③ 산소와 아세틸렌
④ 수소와 산소

해설
산소 아크 절단은 산소와 아크열의 용융작용에 의해 금속이 절단되는 방법이다.

49 오일 드럼통 1개의 인양력은 약 몇 kg인가?

① 100
② 130
③ 150
④ 250

해설
오일 드럼통 1개의 인양력 : 550lbs(약 250kg)

50 다음 중 선박의 장거리 예인 시 예색의 길이로 가장 적합한 것은?

① 500~600ft
② 600~700ft
③ 900~1,000ft
④ 1,200~1,500ft

해설
가장 적당한 예색의 길이는 1,200~1,500ft이다.

정답 47 ① 48 ① 49 ④ 50 ④

51 수중 산소 아크절단에 사용되는 초고온 절단봉에 관한 설명 중 틀린 것은?

① 정극성으로 하며 400A의 전류가 사용된다.
② 부도체 절단이 가능하다.
③ 장봉형은 150A, 나선형은 200~300A가 필요하다.
④ 12V 또는 24V 직류 배터리로 점화시킬 수 있다.

> [해설]
> 초고온 절단봉의 장단점

장 점	단 점
• 작업량이 적은 긴급 절단에 유용하다. • 절단 방법이 간단하며 150A의 낮은 전류에도 절단이 된다. • 주철 및 비철금속, 비금속도 절단된다. • 사용 중 전류 차단이 가능하다. • 절단속도가 빠르다.	• 작업량이 많을 경우 절단봉 소모가 커 비경제적이다. • 절단속도가 빠르므로 숙련의 손 기술이 필요하다. • 부도체를 자를 때는 주위의 작업 수심 압력보다 9.8~11.2kg/cm² 높아야 하고, 이 높은 산소압력과 봉 내부의 넓은 산소 유출 공간으로 인해 산소 소모량이 많다.

52 수중용접과 절단에 대해 기술한 내용 중 틀린 것은?

① 수중절단과 용접을 하는 경우 교류발전기를 가장 많이 쓴다.
② 용접이나 절단작업 시를 제외하고 전원은 항상 차단해야 한다.
③ 절단·용접봉의 끝단이 잠수사 쪽을 향해서는 안 된다.
④ 절단과 용접에 동일한 발전기를 사용할 수 있다.

> [해설]
> 수중절단과 용접을 하는 경우 직류발전기를 가장 많이 쓴다.

53 수중 촬영법에 관한 설명으로 가장 거리가 먼 것은?

① 가능하면 피사체에 대하여 카메라를 수직으로 향해 촬영한다.
② 광각 렌즈는 가까운 곳에서 먼 곳까지 초점을 맞추기 쉬운 장점이 있다.
③ 좋은 사진을 촬영하기 위해서는 피사체에 대하여 카메라를 수평으로 향하여 찍는다.
④ 피사체의 실거리를 측정 후 카메라 눈금에 거리를 맞추어 놓고 촬영한다.

54 다음 중 안전수칙에 위배되는 사항은?

① 폭발물을 호주머니에 넣고 운반하지 않아야 한다.
② 수중발파 시 접근 금지는 발파반경 1,000m를 지켜야 한다.
③ 폭발물을 직사광선에 노출해서는 안 된다.
④ 뇌관과 폭약은 같은 상자에 보관하지 않는다.

> [해설]
> 수중폭파를 할 시에는 2,000yd(약 1,828m) 내에서 잠수작업을 하지 말아야 한다.

55 잠수 중인 잠수사가 보조사에게 "1-2-3"신호를 보냈다. 무슨 뜻인가?

① 나는 엉켰다.
② 수중 기록판을 보내라.
③ 짧은 줄을 보내라.
④ 긴 줄을 보내라.

> [해설]
> ① 나는 엉켰다. 그러나 혼자서 풀 수 있다. : 3-3-3
> ② 수중 기록판을 보내라. : 2-1-2
> ④ 긴 줄을 보내라. : 5

56 T.N.T 27파운드를 사용하여 폭파 시 안전대피거리는?

① 900ft
② 1,000ft
③ 1,200ft
④ 1,500ft

해설
도폭선이나 도화선을 사용한 폭파 시 안전대피거리
$300 \times \sqrt[3]{\text{사용폭약(파운드)}}$
$300 \times \sqrt[3]{27} = 900$

57 표준양생은 콘크리트를 수중에서 양생할 때 수온을 몇 ℃ 전후로 유지하는 것을 말하는가?

① 10℃
② 15℃
③ 20℃
④ 25℃

58 비전기식 뇌관의 점화용이며 사용 시 15cm 정도를 제거하고 사용하는 것은?

① 펜트리트
② 다이너마이트
③ 도화선
④ 헥소겐(RDX)

해설
도화선은 점화장치의 불꽃을 비전기식 발파용 캡이나 기타 폭발물 폭약으로 전달한다.

59 수중에서 단단한 뻘의 고랑을 파거나 쌓여 있는 퇴적물을 해체시킬 때 쓰이는 장비로 가장 적합한 것은?

① 굴삭기
② 워터 제트
③ 공기식 펌프
④ 공기흡입기

해설
워터 제트 : 압축공기 또는 배수펌프를 이용해 노즐에서 뿜어내는 물줄기의 힘으로 뻘, 모래 등의 퇴적물을 해체시키는 장비이다.

60 침몰선박의 인양방법에는 조석 인양, 기계적 인양, 부력 인양 등이 있는데 이러한 인양방법을 선택할 때 고려되는 사항 중 가장 비중이 낮은 것은?

① 장 비
② 수 심
③ 경제성
④ 선박의 크기

해설
해난구조의 조사 및 구조 계획 수립사항
• 경제성(구조를 위한 경비 인양 후 선박수리 및 보수의 적합성)
• 선박의 형태와 적재물(설계도 및 적재물의 종류와 상태)
• 인원과 장비(사용 가능한 장비와 인원)
• 좌초선의 파손 상태
• 수심(작업현장의 환경여건)

2015년 제4회 과년도 기출문제

01 기체용적의 변화가 가장 크게 일어나는 수심은?

① 수면에서 10m 사이
② 10m에서 20m 사이
③ 30m에서 40m 사이
④ 40m에서 50m 사이

해설
수심에 따른 부피(기체용적)의 변화가 가장 심한 곳은 수면에서 수심 10m이다.
수심에 따른 부피의 변화

수심 (바다)	수심 (민물)	절대압	부피의 변화	잠수 시간
0m	0m	1대기압	1	60분(가정)
10m	10.3m	2대기압	1/2	30분
20m	20.6m	3대기압	1/3	20분
30m	30.9m	4대기압	1/4	15분
40m	41.2m	5대기압	1/5	12분
50m	51.3m	6대기압	1/6	10분

02 공기 중 질소의 비율은 약 얼마나 되는가?

① 18%   ② 21%
③ 50%   ④ 79%

해설
공기는 산소 21%, 질소 79%로 구성되어 있다.

03 다음 중 부력과 가장 관계가 깊은 법칙은?

① 헨리 법칙
② 돌턴 법칙
③ 아르키메데스 원리
④ 보일 법칙

해설
그리스의 수학자 아르키메데스는 '어떤 물체가 액체 속에 잠기면 그 물체가 액체 속에 잠긴 만큼의 부피와 동일한 액체를 밀어낸다. 이 밀려난 액체의 무게만큼 그 물체는 원래의 무게보다 가벼운 상태가 된다.'라고 했으며 이를 아르키메데스의 원리 또는 부력의 원리라고 한다.

04 높은 고지대의 호수나 저수지에서 잠수할 때, 감압시간을 결정하는 데 가장 많은 영향을 주는 요인으로 적합한 것은?

① 기 압
② 수 온
③ 물의 밀도
④ 중량벨트

해설
높은 지대에 있는 호수나 저수지에서 잠수할 경우 그 수면에서의 대기압은 1대기압보다 낮다. 그러므로 더 긴 감압시간이 필요하다.

정답 1 ① 2 ④ 3 ③ 4 ①

05 물의 열전도율은 공기보다 약 몇 배나 더 큰가?

① 약 10배
② 약 25배
③ 약 45배
④ 약 60배

해설
물의 열전도율은 공기에 비해 약 25배 정도 크다.

06 잠수 시 발생하는 압착(Squeeze)과 기체색전증(Gas Embolism)이 관계되는 기체의 법칙은?

① 게이뤼삭의 법칙
② 헨리의 법칙
③ 돌턴의 법칙
④ 보일의 법칙

해설
보일의 법칙 : 압력 × 부피 = 일정
압력이 감소하면 기체의 부피는 증가하고, 압력이 증가할수록 기체의 부피는 감소한다. 이는 동일한 공기량을 가지고 잠수하여도 수심이 깊어질수록 공기가 빨리 소모되는 것을 설명한다.

07 절대압력으로 4기압에 해당되는 수심은?

① 33ft(10m)
② 66ft(20m)
③ 99ft(30m)
④ 132ft(40m)

해설
수중의 압력을 나타낼 때 사용하는 절대압력은 수압과 대기압을 합한 것이다.
4기압 = 3 + 1
∴ 3 × 10 = 30m

1기압(미터법과 피트법)

미터법	1기압 = 10m = 1.025kg/cm²
피트법	1기압 = 33ft = 14.7psi

08 육상보다 수중에서는 소리의 전달속도가 약 몇 배 정도 빠른가?

① 2배   ② 4배
③ 6배   ④ 8배

해설
육상보다 수중에서는 소리의 전달속도가 약 4배 정도 빠르다.

09 일정한 온도하에서 액체 속에 녹아 들어가는 기체의 양은 그 기체의 무엇과 비례하는가?

① 원자량
② 부 피
③ 부분압
④ 밀 도

[해설]
헨리의 법칙은 흡수의 법칙 또는 감압표의 법칙이라고도 하며, '일정한 온도하에서 액체에 녹아 들어가는 기체의 양은 그 기체의 부분압에 비례한다.'고 하였다.

10 육상에서 1L 부피를 지닌 고무풍선을 수심 20m의 바닷속으로 가져가면 고무풍선의 부피는 몇 L로 되는가?

① 0.33L
② 0.5L
③ 2L
④ 3L

[해설]
보일의 법칙에 의하면 일정한 온도하에서 기체의 부피는 절대압에 반비례하고 그 밀도는 정비례한다. 즉, 외부 압력이 2배가 되면 기체의 부피는 반으로 줄고 그 기체의 밀도는 2배가 된다. 육상에서 1L의 공기를 넣은 고무풍선을 바다 수심 10m의 물속으로 가지고 내려가면 외부 수압(절대압)이 2대기압이 되므로 그 풍선의 부피는 0.5L가 되고 풍선 안의 공기밀도는 2배가 된다. 또 20m의 수심으로 내려가면 부피는 0.33L가 되며 밀도는 3배로 증가한다. 이와 반대로 수심 1m에서 0.5L의 공기를 채운 풍선을 육상으로 가지고 올라가면 풍선은 1L의 부피로 커지면서 밀도는 반으로 줄어든다. 같은 원리에 의하여 똑같은 공기량을 가지고 잠수하여도 수심이 깊어질수록 공기는 빨리 소모된다.

11 체임버 내에 비치할 소화도구로 가장 적절한 것은?

① 사염화탄소
② 탄산가스
③ 물과 모래
④ 분말소화기

[해설]
체임버 내부에는 항시 모래와 물을 비치하여 화재에 대비한다.

12 다음 중 경한 감압병 증상에 해당되지 않는 증상은?

① 질 식
② 마 비
③ 부 종
④ 피부발진

[해설]
질식은 심한 감압병 증상에 해당한다.

[정답] 9 ③ 10 ① 11 ③ 12 ①

13 잠수병 발생 시 체임버(Chamber)에서 재압을 하는 것은 인체조직에 발생된 무엇을 해소하기 위함인가?

① 통 증   ② 가려움
③ 기 포   ④ 부 종

> 해설
> 환자를 재압체임버 속에 눕히고 다시 압력을 가하면 몸속에 생긴 기포가 점점 작아지고 다시 인체에 녹아 들어가게 되며 증세도 없어진다.

15 감압병을 일으킬 확률이 가장 적은 것은?

① 분당 18m(60ft)보다 빨리 상승할 때
② 감압정지를 못 했을 때
③ 잠수 후 곧바로 높은 지대로 갔을 때
④ 비행기에서 내리자마자 잠수할 때

> 해설
> 감압병은 수중에서 오랫동안 체류한 후 빠른 속도로 상승했을 때 또는 일정 시간 감압을 하지 않았을 때 발생된다. 또 찬물에서 잠수하면 감압병 발생률이 증가한다.

14 하잠하는 동안 눈 위 이마 부분에 바늘로 찌르는 듯한 통증의 증세는?

① 유스타키안관 압착
② 물안경 압착
③ 사이너스(부비동) 압착
④ 케이슨 병

> 해설
> **부비동 압력손상**
> - 중이와 더불어, 부비동(특히 전두동)은 잠수종사자들의 압력손상이 가장 흔한 부위 중 하나이다.
> - 알레르기 비염, 감기, 부비동염, 용종, 비중격만곡증 등으로 부비동 통로가 막히게 되면 하잠 시 압력균형이 되지 않아 바늘로 찌르는 듯한 통증이 발생한다.
> - 부비동 압력손상은 부비동과 인접한 치아의 통증을 유발하기도 하며, 때때로 코피를 동반하기도 한다.

16 미해군 잠수표에서 반복그룹 A의 질소 장력은 몇 fswa인가?

① 26.07~27.65
② 27.1~29.1
③ 28.1~30.1
④ 29.1~31.1

> 해설
> 미해군 테이블에서는 5, 10, 20, 40, 80, 120분의 반감시간을 가진 6개 조직을 사용한다. 미해군 테이블은 조직 내의 질소량을 영문자로 표시하는데 문자군당 질소압력은 2fswa이다. 즉, 문자군이 A인 다이버는 120분 조직에서 총압력 33~35fswa 혹은 질소압력 26~27.65fswa가 된다. 잔류질소는 120분 조직에 있어서의 질소량에 근거를 두고 재잠수를 할 수심에서 이미 사용되었다고 생각되는 시간을 분 단위로 환산한 것이다.

13 ③ 14 ③ 15 ④ 16 ①

17 폐 파열로 인한 기체색전증의 확실한 증상은?

① 복부의 통증
② 관절의 통증
③ 입가의 피거품
④ 부 종

해설
기체색전증의 증상
가슴의 통증, 기침 또는 숨을 헐떡이거나, 입가에 피거품, 두통, 부분적 또는 완전한 시각 장애, 저리거나 얼얼함(감각 저하), 힘이 빠지거나 마비, 상반신의 감각 상실 또는 변화, 현기증, 혼란스러움, 갑작스러운 의식 상실, 호흡 정지, 사망 등

18 스쿠버 잠수 시 잠수사가 안전줄을 사용하지 않아도 되는 상황은?

① 동굴잠수
② 야간잠수
③ 얼음 밑 잠수
④ 난파선 내부 조사

해설
안전줄을 사용하여야 하는 경우 : 동굴탐험, 난파선, 급조류지역의 잠수(얼음 밑 잠수) 등

19 질소마취증상과 가장 거리가 먼 것은?

① 몸이 나른해지고 정신이 흐려진다.
② 술에 취한 것과 비슷해진다.
③ 기분이 좋아지기도 하고 엉뚱한 행동을 한다.
④ 시야가 좁아진다.

해설
질소마취증상
처음에는 술에 취한 것처럼 느껴지지만 수심이 깊어질수록 사고력, 판단력, 추리력, 기억력이 점차 흐려진다. 수심 30m 이하부터 증세가 나타나며 저항력은 각 개인차가 있다.

20 표면감압 시 가장 바람직한 호흡매체는?

① 산 소
② 질 소
③ 수 소
④ 이산화탄소

해설
표면감압
수중감압 실시가 어려울 시 육상에서 임의적으로 체임버(산소 호흡하도록 한다)를 사용해 감압을 하는 방법

21 제1형 감압병 증상 중 가장 많은 것은?

① 따끔거리는 피부통증이나 가려움증
② 팔관절, 다리관절의 통증
③ 어지러움증
④ 감각마비

해설
감압병의 증상
• 제1형 감압병 : 대표적인 경한 증상으로는 근골격(관절) 통증, 피부 가려움, 부종이 있다.
• 제2형 감압병 : 심한 증상 감압병으로서 기포로 인한 신경학적 증상, 현기증, 심장 및 호흡계 증상, 피부발진 등 치명적인 증상을 보인다.

정답 17 ③ 18 ② 19 ④ 20 ① 21 ②

22 질소마취로부터 벗어나기 위한 행동과 관계가 가장 먼 것은?

① 얕은 곳으로 올라온다.
② 물 밖으로 나온다.
③ 호흡을 계속하여 상승한다.
④ 심호흡을 한다.

해설
질소마취 예방 지침
- 잠수심도를 100ft 혹은 그 이하로 제한
- 질소마취 현상이 나타나면 약간 낮은 심도로 즉시 상승
- 180ft 이상의 잠수 시 헬륨 등을 이용한 혼합기체를 사용

23 비감압 한계 시간표 설명 중 맞는 것은?

① 감압정지를 하지 않아도 되는 최대 해저체류 시간표
② 감압정지가 필요 없는 잠수 회수의 표
③ 감압정지가 필요 없는 잠수 후 휴식 한계표
④ 질소 마취에 걸리지 않는 최대 허용 시간표

24 다음에 열거한 산소 중독의 초기 증상 중 발작을 예고하는 가장 중요한 증상은?

① 시야가 좁아지는 시야협착 증세
② 메스꺼움이나 구역질
③ 얼굴부위 근육의 떨림
④ 안절부절하는 증상과 현기증

해설
극히 짧은 시간 안에 나타나며 뚜렷한 사전 예고 증상이 없다. 입술이 실룩거리거나 안면근육이 일그러지면 산소 중독의 초기 증상이 온 것으로 판단해야 한다.
※ 산소 중독 증상은 'CONVENTID'라는 약어를 사용하면 암기하기 쉽다.

산소 중독 현상

약어	증상
CONvulsion (경련)	산소 중독으로 인한 증상들 중 가장 치명적인 것이다. 잠수사가 발작 도중 익사하거나 표면으로 빨리 끌어올릴 경우 기체색전증에 걸릴 수 있다.
Vision(시각)	터널 속을 보는 듯이 시각 기능이 비정상적으로 된다.
Ears(청각)	청각 장애나 귀에 윙윙 울리는 소리가 들린다.
Nausea (구역질)	간헐적으로 경험한다.
Twitching (근육 경련)	보통 입술이나 다른 안면 근육에서 먼저 시작된다.
Irritability (초조함)	불안, 초조, 혼란, 이례적인 피로감 등의 변화가 온다.
Dizziness (현기증)	잠수 도중 어지러움을 느낀다.

정답 22 ④ 23 ① 24 ③

25. 잠수를 마치고 수면으로 복귀한 잠수사가 두통과 어지러움을 호소하였다. 이 잠수사의 입술과 손톱 아래의 색깔이 유난히 붉은 특징이 있었다고 할 때 가장 가능성이 높은 건강장애는?

① 산소 부족증
② 산소 독성
③ 일산화탄소 중독
④ 탄산가스 과다증

해설
일산화탄소 중독은 적혈구의 헤모글로빈과 일산화탄소가 산소보다 200배의 높은 결합력을 가지기 때문에 저산소증과 더불어 입술, 손톱 밑, 피부가 비정상적으로 붉어지며 이마의 두통, 호흡곤란, 구토, 혼돈 등의 증상을 나타낸다.

26. 표면공급식 잠수에서 사용되는 생명줄의 구성요소 중 수심 측정 호스의 내경은 얼마인가?

① 6.4mm
② 8.5mm
③ 1/2inch
④ 3/8inch

해설
수심 측정 호스는 잠수조정장치의 수심계기판에서 잠수사의 가슴까지 연결되는 호스로서 잠수사가 체류하고 있는 수심을 지상에서 측정할 수 있도록 해 준다. 색깔과 외경은 다양할지라도 내경은 6.45mm(1/4inch)이다.

27. KMB 밴드마스크의 요구형 호흡조절기에 공기가 유통되지 않는다면 그 원인과 가장 거리가 먼 것은?

① 기체공급의 차단
② 기체공급의 통로가 막힘
③ 기체공급의 과중한 압력
④ 호흡조절기의 작동 불능

28. 스쿠버 잠수 시 사용되는 호흡조절기를 공기통에 연결하여 사용하는 일반적인 방법으로 옳은 것은?(단, 옥토퍼스는 제외한다)

① 착용 시 잔압계가 있는 쪽으로 같이 연결하여 사용한다.
② 제1단계의 고압구멍(H.P)에 연결하여 사용한다.
③ 착용 시 잠수사의 오른쪽으로 연결하여 사용한다.
④ 제2단계의 왼쪽 고압공(H.P)에 연결하여 사용한다.

해설
호흡조절기에 부착되는 장비
호흡조절기의 1단계 표면에는 잠수에 필요한 여러 장비들을 부착할 수 있도록 H.P로 각인된 구멍과 L.P로 각인된 구멍이 여러 개 구성되어 있다.
• H.P(High Pressure, 고압) 구멍 : 공기잔압을 나타내는 압력게이지를 부착시킨다.
• L.P(Low Pressure, 저압) 구멍 : 호흡조절기의 호스, 부력조절기 호스, 건식 잠수복 호스, 예비호흡조절기 호스 등을 부착시킨다.

정답 25 ③ 26 ① 27 ③ 28 ③

29 기체압축기나 펌프를 운전하기 전에 가장 먼저 검사하여야 할 것은?

① 윤활유 계통
② 드레인 계통
③ 냉각수 계통
④ 연료 계통

> **해설**
> 공기압축기나 펌프를 운전하기 전에 가장 먼저 검사하여야 할 곳은 윤활유 계통이다.

30 수심 40m에서 슈퍼라이트 헬멧으로 2명의 잠수사가 잠수작업을 한다고 가정할 때 분당 적정 공기공급량으로 가장 적합한 것은?

① 80L 이상
② 100L 이상
③ 200L 이상
④ 400L 이상

> **해설**
> 1분당 공급해야 하는 공기량(토출량) = 절대 대기압 × 잠수사가 1분당 실제 필요한 공기량 × 잠수사의 수
> = 5 × 40~127L × 2
> = 400~1,270L

31 스쿠버용 공기통의 압력이 3,000psi는 몇 kg/cm^2 인가?

① $160.6 kg/cm^2$
② $190 kg/cm^2$
③ $210 kg/cm^2$
④ $230 kg/cm^2$

> **해설**
> 1psi = $0.070307 kg/cm^2$
> ∴ 3,000 × 0.070307 = $210.921 kg/cm^2$

32 잠수에 사용되는 고무제품은 잠수 후 어떻게 보관하는가?

① 직사광선에 말린다.
② 청수로 씻어 더운 곳에서 말린다.
③ 청수로 씻고 파우더(Powder)를 칠해 서늘한 곳에 보관한다.
④ 종류별로 분류하여 쌓아 보관한다.

33 국내에서 규정하는 고압 기체저장통은 1차 재검사 후 2차 재검사는 몇 년 후 수압검사를 실시하는가?

① 1년
② 2년
③ 3년
④ 5년

34 다음 중 기체압축기 등에서 엔진오일의 양이 부족하면 어떤 현상이 나타나는가?

① 출력이 증대된다.
② 연소작용이 안 된다.
③ 기관 내부가 마모된다.
④ 엔진이 과속 회전한다.

> **해설**
> 압축기는 기계적으로 계속 마찰이 발생되는 기기로 마찰면의 발열, 파손 방지를 위해서 오일(윤활유)이 사용된다.
> ※ 기체압축기에서 오일의 역할 : 마찰 감소, 기밀 유지, 냉각 전달, 부식방지

35 다음 수심 측정 호스에 대해 틀린 것은?

① 내경은 1/4inch이다.
② 외경은 3/8inch이다.
③ 제작일로부터 5년 경과 후 매년 압력시험한다.
④ 약 150psig로 압축했을 때 압력감소 없이 1분간 유지해야 한다.

36 동력전달장치의 엔진에 윤활유를 보충 시 적정량보다 과다하면 발생할 수 있는 1차적인 요인은?

① 공기가 오염된다.
② 기관의 회전속도가 빨라진다.
③ 기관의 회전속도가 늦어진다.
④ 연소실에 윤활유가 올라와 연소된다.

> **해설**
> 윤활유가 연소실에 올라오는 원인
> - 피스톤과 실린더 사이의 간극이 클 때(마모에 의함)
> - 윤활유 주입량이 과다할 때
> - 유압이 높아 실린더 벽에 과다한 오일을 분출시킬 때

37 KMB 밴드마스크에 대한 설명 중 틀린 것은?

① KMB 18A/B 밴드마스크의 본체는 유리섬유(Fiberglass) 재질이다.
② KMB 28 밴드마스크의 본체는 제노이(Xenoy)와 폴리카보나이트 혼합의 비전도체 재질이다.
③ 마스크 내부의 초과압력을 상쇄하기 위해 머리덮개 상부에 6mm 정도의 구멍이 뚫려 있다.
④ KMB-10 밴드마스크의 공기는 Whisker를 통해서 배출된다.

> **해설**
> KMB-10 밴드마스크에는 구레나룻 배출구(Exhaust Whisker)가 없다.

정답 34 ③ 35 ② 36 ④ 37 ④

38 다음 중 생명줄(Umbilical)과 관련된 내용이 아닌 것은?

① 잠수사에게 공구 및 장비를 내려주는 데 사용한다.
② 기체 공급 호스에 미치는 장력을 감소시켜 준다.
③ 잠수사의 상승과 하잠을 유도한다.
④ 잠수사와 통신을 하도록 해 준다.

> 해설
> 생명줄의 3가지 목적
> • 지상과 수중 간의 교신을 제공한다.
> • 잠수사의 상승과 하잠을 유도한다.
> • 공기 호스의 장력을 감소시키는 역할을 한다.

39 스쿠버 잠수 시 예비공기를 사용하기 시작하면 가장 우선적으로 취해야 할 행동으로 가장 적합한 것은?

① 즉시 상승한다.
② 감독관의 지시를 받는다.
③ 하던 일을 다 끝내고 상승한다.
④ 수심에 따라 잠수사 스스로 판단한다.

> 해설
> 예비공기밸브를 사용하였을 때 즉시 상승한다.

40 혼합기체(Mixed Gas)잠수와 관련이 없는 것은?

① 헬륨은 대량생산 시 화학적인 방법을 통해 인공적으로 제조, 생산된다.
② 헬륨 등의 불활성기체와 산소를 혼합한 것이다.
③ 공기잠수에서 오는 질소마취를 배제할 수 있다.
④ 공기잠수 시 보다 더 깊이 잠수할 수 있다.

> 해설
> 헬륨은 매우 가볍고 다른 원소와 반응을 하지 않기 때문에 지구에는 거의 없다. 현재 지구에서 나오는 헬륨은 대부분 방사성 원소의 핵 붕괴로 인해 생긴 알파 입자가 천연가스에 붙잡힌 상태로 있는 것이다.

41 수중용접작업 중 전선의 불량으로 인해 인체에 흐르는 전류가 잠수사의 근육수축을 유발하고 지배력을 상실케 하는 전류량으로 가장 적절한 것은?

① 1mA 이내
② 2~5mA
③ 5~10mA
④ 10~20mA

> 해설
> 전류별 영향
> • 10mA : 견디기 힘든 고통
> • 20mA : 근육수축
> • 50mA : 사망의 우려
> • 100mA : 치명적

42 다음 중 초고온 절단봉을 구성하고 있는 특수합금 봉에 대한 설명 중 맞는 것은?

① 산소 공급을 원활하게 한다.
② 산소 공급 시 독자적인 연소와 아크를 발생한다.
③ 아크를 발생하며 전원 차단 시 아크는 꺼진다.
④ 전원공급을 수월하게 한다.

해설
7개의 강철봉 중 1개(빨간색 표시)는 특수합금으로 되어 있어 일단 아크가 일어난 뒤 전류를 차단시켜도 산소 공급이 중단되지 않는 한 독자적으로 연소하는 특징을 가지고 있다.

43 수심 40m에서 잠수 작업 시 호흡 여과기 표준공기 순도의 한계를 벗어나는 기체는?

① 산소 : 20~22%
② 탄화수소 : 최대 35ppm
③ 일산화탄소 : 최대 20ppm
④ 이산화탄소 : 최대 1,000ppm

해설
표준공기순도표

성 분	기 준
산 소	20~22%
이산화탄소	최대 1,000ppm
일산화탄소	최대 20ppm
탄화수소	최대 25ppm
먼지 및 기름	최대 5mg/m³
냄새, 맛	불쾌하지 않을 정도

44 물막이 공사를 원활히 수행하기 위한 필수 검토사항에 포함되지 않는 것은?

① 위치 선정
② 단면 산정
③ 기자재 확보
④ 일정 및 시공계획 수립

해설
강이나 해양공사 등에 사용되는 물막이 방수벽(Cofferdam)은 해난 구조기술의 한 방법으로도 유용하게 사용된다.
댐 형식 결정의 물리적 요소(Physical Factors)
• 지형 : 댐 및 저수지 구역의 지형 상황 파악, 축제 재료원 접근로
• 지질 및 기초조건 : 댐 기초와 건설재료 고려, 지질특성, 지질층의 두께, 경사도, 투수성, 단층(Fault), 균열(Fissure)
• 축제 재료 : 채취할 수 있는 양, 재료의 품질, 수송 조건 검토
• 수문조건 : 대상유역의 하천 유수의 특성과 강수
• 여수로 크기, 위치, 형식

45 전극봉이 모두 소모되어 교환할 시에 제일 먼저 취할 행동은?

① 전류 중단 신호를 보낸다.
② 토치를 절단 위치에서 뗀다.
③ 전극봉을 빼낸다.
④ 상승한다.

해설
전극봉이 소모된 후 잠수사는 '스위치 내려'라는 신호(또는 통화)를 하고 보조사가 스위치를 내렸다는 회신이 올 때까지 전극봉을 교환 또는 쓰다 남은 전극봉을 제거하려고 해서는 안 된다.

정답 42 ② 43 ② 44 ② 45 ①

46 줄신호의 특수신호 중 2-1-2의 의미는?

① 긴 줄을 보내라.
② 기록판을 보내라.
③ 공기 공급을 늘려라.
④ 나는 엉켰다. 그러나 혼자 풀 수 있다.

해설
① 긴 줄을 보내라 : 5
③ 공기 공급을 늘려라 : 3-2
④ 나는 엉켰다. 그러나 혼자 풀 수 있다 : 3-3-3

47 전기뇌관 발파 시 준수해야 할 안전수칙과 가장 거리가 먼 것은?

① 발파회로 내에 제조회사가 다른 전기뇌관을 사용해서는 안 된다.
② 정전기가 일어나는 곳에서는 발파를 해서는 안 된다.
③ 뇌우가 일어나는 곳에서 발파를 해서는 안 된다.
④ 뇌관과 폭약은 안전한 장소에서 같이 보관한다.

해설
뇌관과 폭약은 같은 상자에 보관하지 않는다. 폭약과 뇌관은 반드시 다른 창고에 보관해야 한다.

48 도화선이나 도폭선을 사용한 발파 시 최소안전대피거리의 산출식은?

① $300yd \times \sqrt[3]{사용폭약(파운드)}$
② $300ft \times \sqrt[3]{사용폭약(파운드)}$
③ $300yd \times \sqrt[3]{사용폭약(kg)}$
④ $300ft \times \sqrt[3]{사용폭약(kg)}$

해설
도폭선이나 도화선을 사용한 폭파 시 안전대피거리의 산출 공식 $300ft \times \sqrt[3]{사용폭약(파운드)}$

49 와이어 클립 체결 시 클립 간 간격 공식은?

① $D \times 4$
② $D \times 5$
③ $D \times 6$
④ $D \times 7$

50 직경 8inch 파이프 또는 각봉을 폭약으로 절단할 시 가장 효과가 높은 장전 방법은?

① 정중앙 장전
② 양쪽 장전
③ 지환식 장전
④ 계단식 장전

해설
6inch 이내는 엇갈림식으로, 6inch 이상은 지환식으로 폭약을 장전한다.

정답 46 ② 47 ④ 48 ② 49 ③ 50 ③

51 수중 용접 및 절단에 대한 설명 중 틀린 것은?

① 절단 토치는 산소 누설이 없어야 한다.
② 수중용접 홀더는 전도체로 되어 있다.
③ 수중용접 전선의 연결점은 완전히 절연해야 한다.
④ 수중절단의 전극 홀더는 절연체로 되어 있다.

[해설]
② 비철금속으로 제조되어야 한다.

54 다음 중 수중촬영의 피사계 심도에 영향을 미치지 않는 것은?

① UV 필터
② f/stop 값
③ 피사체와의 촬영거리
④ 초점거리가 다른 렌즈의 사용

[해설]
수중촬영의 피사계 심도에 영향을 미치는 것
f/stop 값, 피사체와의 촬영거리, 렌즈의 초점거리, 셔터 속도, 조리개 등
수중촬영의 파사체 심도에 영향을 미치지 않는 것
촬영 각도, UV 필터 등

52 다음 나일론 로프에 관한 설명 중 잘못된 것은?

① 흡습성이 크고, 내후성이 작다.
② 유류에 접촉되어도 강도 저하가 없다.
③ 가벼우면서도 내구성이 강하다.
④ 신장률이 크고, 내마모성이 약하다.

[해설]
① 부식이나 조패류 부착에 저항성이 있다.

53 잠수사가 수중 작업 중 사용하는 비상신호인 "나를 즉시 상승시켜라"의 줄신호는?

① 1-1-1
② 2-2-2
③ 3-3-3
④ 4-4-4

[해설]
② 2-2-2 : 나는 엉켰다. 다른 잠수사의 도움이 필요하다.
③ 3-3-3 : 나는 엉켰다. 그러나 혼자서 풀 수 있다.
④ 4-4-4 : 나를 즉시 상승시켜라.

55 와이어로프가 꺾이게 되면 파단력이 몇 % 감소되어 국부적인 마모를 유발하여 강도가 약해지는가?

① 20% ② 30%
③ 50% ④ 60%

[해설]
와이어로프는 꺾임(Kink), 굴곡이 일어나지 않도록 해야 한다. 와이어로프가 꺾이게 되면 파단력이 60% 감소되어 국부적인 마모를 유발하여 강도가 약해진다.

[정답] 51 ② 52 ① 53 ④ 54 ① 55 ④

56 용접에 사용되는 비파괴검사 중 수중에서 사용 불가한 검사법은?

① 방사선투과검사
② 자기탐상검사
③ 초음파투과법
④ 침투탐상검사

해설
침투탐상검사는 용접 부위에 침투액을 도포하여 결함 부위에 침투를 유도하고, 표면을 닦아낸 후 판단하기 쉬운 검사액을 도포하여 검출하는 방법이다.

57 침몰선에 설치하는 코퍼댐(Cofferdam, 방축)의 사용이 가능한 최고 수심은?

① 40ft
② 50ft
③ 60ft
④ 70ft

해설
코퍼댐(Cofferdam, 방축)
코퍼댐 설치 시 선체의 각도가 15° 이상되었을 때에는 설치가 가능하지 않으며 설치 시에는 만조 때 설치하고 간조 때 배수를 한다. 최고 사용 수심은 15.2m(50ft)이다.

58 법으로 규정한 잠수사의 1일 최대 근로시간은?

① 4시간
② 6시간
③ 8시간
④ 수심에 따라 다르다.

해설
유해 · 위험작업에 대한 근로시간 제한 등(산업안전보건법 제139조)
사업주는 유해하거나 위험한 작업으로서 높은 기압에서 하는 작업 등 대통령령으로 정하는 작업에 종사하는 근로자에게는 1일 6시간, 1주 34시간을 초과하여 근로하게 해서는 아니 된다.

59 다음 중 가장 어렵고 까다로운 구조는?

① 인명구조
② 항만구조
③ 연안구조
④ 재난구조

해설
연안구조
연안 해역에서 침몰 또는 좌초된 선박을 구조하는 것으로서 해양 기상과 기후, 해안과의 거리, 자재의 신속한 지원 등을 고려해야 되므로 가장 까다롭고 어려운 분야의 구조이다.

60 정극성으로 결선할 때 수중용접에서 모재에 공급되는 전극은?

① 양극(+)
② 음극(-)
③ AC전원
④ 양극과 음극의 교차

해설
직류아크용접에서 직류 정극성과 역극성의 특징

직류 정극성(DCSP) 모재 : (+) 용접봉 : (-)	직류 역극성(DCRP) 모재 : (-) 용접봉 : (+)
• 모재의 용입이 깊다. • 비드 폭이 좁다. • 용접봉의 용융이 늦다. • 일반적으로 널리 쓰인다.	• 모재의 용입이 얕다. • 비드 폭이 넓다. • 용접봉의 용융이 빠르다. • 주로 박판의 용접에 쓰인다.

56 ④ 57 ② 58 ② 59 ③ 60 ①

2016년 제2회 과년도 기출문제

01 불완전 연소 시 배기가스에서 배출되며 무색무취로 관찰이 어려우며, 중독 시 혈액의 산소운반능력이 상실되어 내부적인 질식 상태에 빠지게 되는 기체는?

① CO_2
② CO
③ N_2
④ He

해설
CO은 무색·무미·무취의 기체로서 소량 호흡하더라도 인체에 치명적인 독성효과를 일으키는 것으로 내연기관의 배기가스나 공기통 충전 시 공기 압축기의 배기가스, 무연탄 등에 일산화탄소가 다량으로 포함되어 있다.

02 다음 중 물의 흐름에 영향을 가장 작게 끼치는 것은?

① 조수
② 중력
③ 바람
④ 염분도

해설
물의 흐름에 영향을 끼치는 요소로는 조류, 바람, 중력, 지구 자전 등이 있다.

03 온도가 일정할 때 기체의 부피는 절대압력에 반비례하고, 밀도는 압력에 비례한다는 기체의 법칙은?

① 샤를의 법칙
② 돌턴의 법칙
③ 헨리의 법칙
④ 보일의 법칙

해설
보일의 법칙 : 일정한 온도하에서 기체의 부피는 절대압력에 반비례하고 그 밀도는 정비례한다. 즉, 외부압력이 2배로 되면 기체의 부피는 반으로 줄고 그 기체의 밀도는 2배로 된다.

04 수심 30m는 절대압력으로 몇 대기압에 해당되는가?

① 5기압
② 3기압
③ 4기압
④ 6기압

해설
수중의 압력을 나타낼 때 사용하는 절대압력은 수압과 대기압을 합한다. 즉, 절대압은 계기압에 대기압을 더한 것으로 계기압보다 항상 1기압이 더 크다.
∴ 절대압력 = 3 + 1 = 4기압
※ 10m마다 1기압

정답 1 ② 2 ④ 3 ④ 4 ③

05 다음 중 파장이 가장 긴 빛은?

① 빨 강
② 노 랑
③ 파 랑
④ 보 라

해설
파장이 긴 색깔은 빨강 > 주황 > 노랑 > 파랑 > 보라색의 순이다.

06 해류의 속도를 나타내는 단위는?

① knot
② yd³
③ ha
④ kPa

해설
바다에서는 '해도(바다의 지도)'를 사용하고 해도에서는 거리 단위로 km가 아닌 '해리(海里)'를 사용하기 때문에 해도를 볼 때 편리한 노트(knot)로 사용한다. 1knot는 우리가 흔히 속력을 나타낼 때 쓰는 단위인 km/h로 나타내면 1.852km/h로 한 시간에 지구 위도 45°에서의 1분에 해당하는 해면상의 거리 1해리(1,852m)를 갈 수 있는 속도이다.

07 주어진 온도에서 액체에 용해되는 기체의 양은 그 기체의 부분 압력과 비례한다는 법칙은?

① 돌턴의 법칙
② 헨리의 법칙
③ 샤를의 법칙
④ 보일의 법칙

해설
헨리의 법칙 : 일정한 온도하에서 액체에 녹아 들어가는 기체의 양은 그 기체의 부분압에 비례한다는 법칙으로 흡수의 법칙 또는 감압표의 법칙이라고도 한다.

08 수중에서의 1기압의 변화를 바르게 표시한 것은?

① 담수는 33ft, 해수는 34ft마다
② 담수와 해수 모두 33ft마다
③ 담수는 34ft, 해수는 33ft마다
④ 담수와 해수 모두 34ft마다

해설
담수는 34ft(10.3m)가 1기압이고, 해수는 33ft(10m)가 1기압이다.

09 30℃의 온도를 지닌 공기통 속에 150kg/cm²의 압력으로 공기가 채워져 있다. 이 공기통을 수온이 10℃인 수중으로 가져가면 이때 공기통 속의 압력은 어떻게 되는가?

① 변화 없다.
② 50kg/cm²
③ 120kg/cm²
④ 140kg/cm²

해설

$$\frac{P_1 V_1}{T_1} = \frac{P_2 V_2}{T_2}$$

P_1 : 처음 절대압력, V_1 : 처음 부피, T_1 : 처음 절대온도
P_2 : 나중 절대압력, V_2 : 나중 부피, T_2 : 나중 절대온도

$$\frac{150}{30+273} = \frac{x}{10+273}$$

$x = 140$kg/cm²

10 1.033kg/cm²과 동등한 압력은?

① 14.7psi
② 18.7psi
③ 20.7psi
④ 24.4psi

해설
해면에서의 대기압은
1.033kg/cm²(14.7psi = 760mmHg = 1.013bar)이다.

11 표면 공기 공급 잠수를 마친 잠수사에게 수면도착 20분 후부터 하반신 마비증상이 나타났다. 다음 중 어떻게 치료하는 것이 가장 효과적인가?(단, 체임버를 갖춘 병원은 5시간 정도 떨어진 곳에 위치하고 있다)

① 수중에 다시 잠수시켜 재가압치료를 시도한다.
② 응급조치로 수중재압치료를 한 후 병원으로 후송한다.
③ 가장 가까운 신경과 병원으로 간다.
④ 100% 산소호흡을 시키고 체임버가 있는 병원으로 즉시 후송한다.

해설
감압병 증상이 의심이 되면 우선 응급치료로서 환자를 수평으로 눕히고 100% 산소를 투여하며, 신속하게 재가압치료가 가능한 체임버와 전문 치료진이 있는 곳으로 이동시킨다. 100% 산소 흡입은 비활성 기체의 배출을 촉진시키며 허혈 조직의 혈액순환을 돕고 부종을 줄이는 효과가 있다.

12 잠수작업 후 수면으로 상승할 때는 감압병을 예방하기 위하여 단계적 감압을 실시한다. 이러한 단계적 감압이 실시되는 목적으로 가장 적합한 것은?

① 체내에 필요 이상으로 흡수된 산소가 정상 농도가 되기를 기다리기 위하여
② 체내에 흡수된 탄산가스가 소모되는 상태를 기다리기 위하여
③ 해저에서 손실된 체온을 다시 획득하기 위하여
④ 체내에 용해된 질소가스를 배출하기 위하여

해설
잠수 시 질소는 수중에 체류하는 시간에 비례하여 체내에 용해 축적되게 된다. 이 축적된 질소는 잠수사가 해면으로 복귀할 때 서서히 조직에서 해리되어 체외로 배출되어야 하는데 대기압으로 복귀하는 속도가 한계치를 넘어서게 되면 체내에 질소의 기포를 생성하게 되므로 이를 예방하기 위해서 단계적 감압을 실시해야 한다.

13 감압이 필요한 잠수를 한 후 비행기를 탑승하려면 잠수 후 최소한 몇 시간 정도 경과하여야 안전한가?

① 24시간
② 48시간
③ 12시간
④ 6시간

해설
잠수 후 비행기 탑승은 최소한 12시간 이후에, 감압이 필요한 잠수 후에는 24시간 이후에 한다.

14 질소마취를 피하기 위한 일반적인 안전잠수 수심은?

① 60m 이내
② 50m 이내
③ 40m 이내
④ 30m 이내

해설
질소는 수심 30m부터 마취현상이 나타나기 시작하여 수심 60m에서는 황홀감, 판단력 둔화, 기억력 상실 등이 발생한다. 질소의 마취적 특성은 공기의 압력이 증가될수록 더욱더 심해지기 때문에 공기잠수의 한계를 미국에서는 수심 58m(영국, 캐나다 등에서는 50m)로 제한하고 있으며, 특히 개방식 스쿠버잠수일 경우에는 수심 30m까지 제한하고 있고 해저체류시간도 비감압한계시간을 초과하지 않기를 권장하고 있다.

15 급격한 압력의 변화에 따라 폐포 파열로 기포가 형성되어 혈류의 흐름을 차단하는 증세는?

① 감압증(Decompression Sickness)
② 공기색전증(Air Embolism)
③ 질소마취(Nitrogen Narcosis)
④ 산소 중독(Oxygen Poisoning)

해설
공기색전증
폐 파열로 인해 폐로부터 빠져 나온 공기기포가 뇌동맥으로 들어가 뇌로 통하는 혈액의 흐름을 차단하는 것이 원인이다. 빠른 속도로 상승을 하였을 경우 수면에서 즉시 발생하며 피를 흘리며 기절할 수 있다. 기포가 뇌로 들어가 혈관을 차단할 경우 현기증, 마비, 의식 상실 등은 물론 치명적인 상태에 이를 수도 있다.
※ 감압병과 공기색전증을 가장 크게 두 가지로 분류하는 것은 발병시간이다.

16 감압정지 시 정지 위치는 잠수사 몸의 어느 부분을 기준으로 하여야 하는가?

① 머리
② 목
③ 가슴
④ 허리

해설
수중에서 감압을 해야 할 경우 감압해야 할 수심이 잠수사의 가슴 위치에 오는 것이 좋다.

정답 13 ① 14 ④ 15 ② 16 ③

17 잠수 도중 호흡을 멈추거나 의식적으로 호흡량을 줄였을 때 두통, 구토 등 증상이 일어나는 원인은?

① 이산화탄소 중독
② 일산화탄소 중독
③ 산소 중독
④ 기체색전증

해설
이산화탄소 중독
인체의 신진대사 과정에서 발생되는 이산화탄소는 호흡을 통해 배출되어야 한다. 하지만 불충분한 호흡으로 CO_2가 배출되지 않아 몸속에 축적되어 다양한 증상을 일으키게 된다.
- 원인 : 수중에서 잠수사가 공기를 아끼기 위하여 숨을 참으면서 호흡할 때 탄산가스가 축적된다.
- 증상 : 호흡곤란, 두통, 현기증, 기절

18 중증 감압병이나 기체색전증일 때 공기방울이 뇌 혈관을 막으면 뇌 조직에 손상을 초래한다. 일반적으로 뇌세포에 약 몇 분 정도 산소공급이 차단되면 뇌기능 손실이 초래되기 시작하는가?

① 1~2분
② 4~5분
③ 6~7분
④ 8~10분

해설
호흡이나 심장기능이 정지되어 4분 이상 경과하면 뇌에 돌이킬 수 없는 손상이 초래된다.

19 감압병 환자를 다시 수중에 잠수시키거나 체임버를 이용하여 재압치료를 하는 등의 압력을 높이는 방법의 제1차적인 목적은?

① 혈액순환 촉진
② 체내에 형성된 기포 크기 축소
③ 체내 지방층(피하층) 자극으로 기포흡수 촉진
④ 정신적 위안감 부여

해설
감압병이 발생했을 때 즉시 수심 18m로 내려가면 기포는 크기가 축소되거나 소실된다. 그다음 서서히 상승하면서 치료표에 의해 체내의 과흡수된 질소를 빼주면 증상이 사라진다.

20 기체압축기의 배기가스가 공기흡입관으로 유입되어 호흡기체를 오염시켰을 때 발생 위험성이 가장 높은 것은?

① 산소 부족증
② 이산화탄소 과다증
③ 일산화탄소 중독증
④ 윤활유에 의한 폐렴

해설
일산화탄소는 연료의 불완전연소에 의해 발생하며 무색, 무미, 무취하나 화학적 활성이 높기 때문에 인체에 치명적일 수 있는 기체이다.

정답 17 ① 18 ② 19 ② 20 ③

21 다음 중 감압병을 발생시키거나 증상을 악화시키는 요인과 가장 거리가 먼 것은?

① 음 주 ② 더운 목욕
③ 운 동 ④ 발포성 음료수

해설
수심, 개인 간의 차이, 적응, 나이, 심해잠수, 반복 잠수, 음주 다이빙, 피로한 상태에서의 다이빙, 다이빙 이후 항공기 탑승, 높은 고도의 산으로 운전, 다이빙 이후에 사우나, 신체적인 부적합 상태, 잠수 후 바로 운동을 격렬하게 한 상태, 조류, 해저 상황으로 급상승 등 다양한 조건들이 복합되었을 때 가장 흔히 볼 수 있다.

22 중증 감압병 환자나 기체색전증 환자를 재압체임버가 있는 의료시설로 옮길 때의 주의사항 중 틀린 것은?

① 가능하면 100% 산소를 공급한다.
② 비행기로 옮길 때는 가능한 낮게 비행하도록 한다.
③ 머리를 다리보다 높게 하여 후송한다.
④ 가급적 최대한 빠르게 후송한다.

해설
의료시설로 환자를 옮길 때의 주의사항
과거에는 뇌동맥으로의 공기 유입을 방지하기 위하여 머리를 낮게, 다리를 높게 하는 자세를 권장하였으나 현재는 편평하게 눕히는 자세를 권장하고 있다.

23 감압병에 대한 설명으로 적합하지 않은 것은?

① 케이슨병 혹은 벤즈라고도 한다.
② 약자로 DCS(DeCompression Sickness)라고 부른다.
③ 대부분 표면에 상승한 후 증상이 즉시 나타난다.
④ 증상이 주로 일어나는 부위는 팔과 다리의 관절 부분이다.

해설
감압병과 공기색전증의 구분

구 분	감압병	공기색전증
발병 시간	10분 이후	해면에 도착한 전후 수초 내지는 10분 이내

24 재압체임버의 압력 검사 시기에 대한 설명 중 틀린 것은?

① 최초 설치 시
② 제작일로부터 매 2년마다
③ 이동 또는 재설치 시
④ 설치된 장소에서 5년마다

해설
재압체임버는 최초 설치 시, 그 후에는 매 2년 간격, 오버홀 또는 중요 장치의 수리와 체임버를 이동시킬 때마다 압력검사를 받아야 한다.

25 두 눈만 감싸고 코가 외부에 노출된 물안경을 잠수 시 사용해서는 안 되는 이유로 가장 적합한 것은?

① 시야가 좁아져 작업효율이 낮아지기 때문이다.
② 중이의 압력평형이 힘들기 때문이다.
③ 코로 물이 들어와 질식할 수 있기 때문이다.
④ 물안경 압착증을 예방할 수 없기 때문이다.

[해설]
물안경 압착증을 방지하려면 코로 공기를 물안경 속으로 불어 넣어야 하기 때문이다.

26 공기압축기의 공기청정장치(Air Filter)에서 기름과 냄새 제거의 역할을 하는 것은?

① 활성탄
② 실리카겔
③ 소다솔브
④ 활성 알루미나

[해설]
여과물질
• 실리카겔이나 활성 알루미나는 습기를 제거하는 물질로 습기가 차면 색깔이 변한다.
• 활성탄은 기름과 냄새를 제거해 준다.

27 개방형 잠수종(Diving Bell)의 설명으로 옳지 않은 것은?

① 공기 잠수는 190ft까지, 표면공급식 혼합기체 잠수는 300ft까지 사용할 수 있다.
② 빈 공간을 제공하여 잠수사가 휴식하며, 마스크를 벗을 수 있다.
③ 상승률은 30fpm이고, 하잠률은 120fpm이다.
④ 기체공급장치와 통화장치가 마련되어 있다.

[해설]
상승률은 30fpm이고 하잠률은 75fpm이다.

28 스쿠버용 공기통의 수압검사는 상용압력보다 약 몇 배까지 올려 검사하는가?

① 1.4배
② 1.7배
③ 2.0배
④ 2.4배

[해설]
수압검사를 할 때는 상용압력 × 1.7배로 압력을 올려 약 30초간 유지했다가 압력을 감소시키면 상태가 양호한 공기통은 정상으로 돌아오지만 비정상적인 공기통은 원래대로 돌아오지 않는다.

29 스쿠버(SCUBA) 공기통의 압력검사 기간은?(단, 신규검사 후를 말하며, 10년을 경과하지 않은 것이다)

① 2년마다 수압검사
② 3년마다 수압검사
③ 5년마다 수압검사
④ 7년마다 수압검사

> 해설
> 수압검사는 미국에서는 매 5년마다, 한국은 10년 이내는 매 5년, 10년이 경과되면 매 3년마다 검사를 해야 한다.

30 KMB 장비 중 생명줄(Umbilical)의 가장 중요한 기능은?

① 안전이동
② 수직이동
③ 안전수심책정
④ 호흡매체 공급

> 해설
> 생명줄은 잠수사의 생명유지를 위해 필요한 것으로 공기를 공급하는 기체 호스(가장 중요한 기능), 수심 측정 호스, 통화용 전선, 장력로프 등으로 구성되어 있다.

31 심해 잠수용 헬멧에 부착되어 있는 역지밸브(Non Return Valve)에 관한 내용이 옳은 것은?

① 공기 공급조절 밸브
② 공급된 공기는 나올 수 없는 밸브
③ 공기를 정화시키는 밸브
④ 산소를 사용할 때만 사용하는 밸브

> 해설
> 역지밸브는 헬멧 내부 또는 밴드마스크 내부에 공급되는 기체를 일정하게 흐르도록 유지해 주며, 주 기체 공급이 차단되었을 때 잠수사의 안면 압착과 물의 유입을 방지해 준다(압착병 방지).

32 밴드마스크(KMB) 잠수 시 비상공기통을 착용하여야 하는 기준이 되는 수심은?

① 10m
② 15m
③ 18m
④ 23m

> 해설
> 수심 18m 이상, 침몰선 내부, 폐쇄된 공간 등에는 반드시 비상기체통을 착용해야 한다.

33 수심 측정 호스에 대한 내용 중 맞는 것은?

① 일반적으로 내경은 3/8inch이다.
② 견고한 고압 호스를 사용한다.
③ 호스의 끝단이 잠수사의 가슴 정도에 위치한다.
④ 제작일자로부터 3년 경과 후 매년 압력검사를 한다.

> 해설
> 수심 측정 호스는 잠수조정장치의 수심계기판에서 잠수사의 가슴까지 연결되는 호스로서 잠수사가 체류하고 있는 수심을 지상에서 측정할 수 있도록 해 준다. 색깔과 외경은 다양하지만 내경은 6.45mm(1/4inch)이다. 제작일로부터 5년 경과 후 매년 압력시험을 한다.

34 스쿠버 잠수기구의 장점이 아닌 것은?

① 체류 시간의 무제한
② 양호한 기동성
③ 장비의 간편성
④ 적은 인원의 지원

> 해설
> **스쿠버 잠수의 장단점**
>
> | | |
> |---|---|
> | 장 점 | • 장비의 운반, 착용, 해체가 간편해 신속한 기동성을 발휘한다.
• 잠수 작업 시 적은 인원이 소요된다.
• 수평, 수직 이동이 원활하다.
• 수중 활동이 자유롭다. |
> | 단 점 | • 수심과 해저체류 시간에 제한을 받는다.
• 호흡 저항에 영향을 받는다.
• 조류에 영향을 받는다(최대 1knot).
• 지상과 통화를 할 수 없다.
• 오염된 물, 기계적인 손상 등 신체 보호에 제한을 받는다.
• 잠수사 이상 유무 확인 불가능하다. |

35 다음 중 스쿠버나 후카용 2단계 호흡기(Regulator)를 사용 시 입안으로 계속 조금씩 물이 들어올 경우 그 원인으로 볼 수 있는 가장 적합한 것은?

① 흡기공기 호스에 조그만 구멍이 생겼기 때문
② 마우스 피스에 구멍이 생겼기 때문
③ 호스와 호흡기 연결이 헐거워졌기 때문
④ 호흡기 배기밸브에 이물질이 끼거나 상처 때문

> 해설
> 스쿠버 호흡조절기 1단계의 중간압이 필요 이상 높으면 2단계에서 공기가 샌다. 또 스쿠버나 후카용 2단계 호흡기(Regulator)를 사용하는 잠수 중에 입안으로 계속 조금씩 물이 들어올 경우 그 원인은 호흡기 배기밸브에 이물질이 끼거나 상처가 있기 때문이다.

36 공기압축기를 정지한 후 파일럿 밸브(Pilot Valve)를 잠그는 주 이유는?

① 잔여공기를 완전히 배출하기 위하여
② 공기 파이프 계통의 파손을 방지하기 위하여
③ 다음 운전 시 엔진의 부하를 적게 하기 위하여
④ 드레인을 빼기 위하여

> 해설
> 공기압축기를 정지한 후 파일럿 밸브를 잠그는 주 이유는 다음 운전 시 엔진의 부하를 적게 하여 시동을 용이하게 하기 위해서이다.

정답 33 ③ 34 ① 35 ④ 36 ③

37 슈퍼라이트 헬멧의 역지밸브(Non Return)검사는 언제 하는가?

① 매일 첫 잠수 전
② 잠수 후 세척 시
③ 일주일 간격으로
④ 잠수 후 보관 시 한번씩

해설
매 잠수일 첫 잠수 전에 검사한다.

38 표면공급식 잠수가 스쿠버 잠수보다 유리한 이유가 아닌 것은?

① 잠수를 오래할 수 있다.
② 기동성이 좋다.
③ 안전 및 작업 진척 확인이 용이하다.
④ 통신이 용이하다.

해설
표면공급식 잠수의 장단점

장점	• 공기 공급의 무제한으로 장시간 해저 체류가 가능 • 양호한 수평 이동과 최대 조류 2.5knot까지 작업 가능 • 줄신호 및 통화가 가능하므로 잠수사의 안전 및 작업진척 확인이 원활함 • 현장 지휘 및 통제가 가능
단점	• 기체 호스의 꺾임 • 수직 이동의 제한 • 기동성 저하

39 경량 헬멧 내부 장치 중 이산화탄소의 축적을 방지하며, 불필요한 기체를 줄여 주는 역할을 하는 부품은?

① 오럴 마스크(Oral Nasal Mask)
② 기체확산관(Gas Train Tube)
③ 환기밸브(Steady Flow Valve)
④ 퍼지버튼(Purge Button)

40 4행정 기관의 행정 순서로 알맞은 것은?

① 흡입 → 압축 → 폭발 → 배기
② 흡입 → 폭발 → 압축 → 배기
③ 폭발 → 압축 → 배기 → 흡입
④ 압축 → 배기 → 폭발 → 흡입

해설
4행정 기관의 행정 순서
• 흡입행정 : 실린더 내에 연료와 공기의 혼합공기를 흡입하는 행정
• 압축행정 : 실린더 내에 흡입된 새 공기를 피스톤의 상승 작용에 의해 압축하는 행정
• 폭발행정 : 혼합가스가 연소하여 피스톤을 밀어내리는 행정
• 배기행정 : 배기밸브가 열리면서 동력 행정에서 일을 한 연소가스를 실린더 밖으로 배출시키는 행정

41 수중발파 작업 시 장전한 폭약의 폭력이 부족하여 암석을 파괴하지 못하고 폭력이 공구 쪽으로 빠져 나가 전색물만 날려 보내는 것은?

① 공 발
② 불 발
③ 사 압
④ 순 폭

해설
② 불발 : 발파작업에 있어서 점화를 하였는데도 기폭약포가 폭발하지 않아 폭발이 일어나지 않은 현상이다.
③ 사압 : 폭약은 일반적으로 장전 비중이 크게 되면 폭발속도는 증가하지만 초안계 폭약, 기타 특정 폭약에는 일정 압력 이상으로 압착하면 점화해도 연소는 하나, 폭발하지 않는다. 이 압력 또는 현상을 사압이라 한다.
④ 순폭 : 한 개의 폭약이 폭발할 때 공기, 물, 기타 매체를 통해 인접폭약이 감응폭발하는 현상이다.

42 MAPP가스 절단방법에 관한 설명 중 틀린 것은?

① 비금속류도 절단할 수 있다.
② 슬래그의 영향이 적다.
③ 간단한 경량 잠수기구로도 절단 가능하다.
④ 산소아크 절단보다 예열시간이 짧다.

해설
산소아크 절단보다 예열시간이 길고, 산소·수소 절단보다는 예열시간이 짧다.

43 다음 중 스쿠버 잠수 시 수중에서 짝을 잃은 경우 짝을 찾는 방법으로 가장 적합한 것은?

① 수중에서 1분간 주위를 찾아보고 수면으로 상승해서 기다린다.
② 잠수 지점에서 정지한 채로 계속 기다린다.
③ 수면으로 상승하여 수면에서 짝을 확인할 수 없으면 다시 하강하여 계속 찾아본다.
④ 수중에서 찾을 때까지 잠수를 계속한다.

해설
어떤 이유에서든 잠수사가 짝을 잃으면 다른 잠수사도 짝을 잃은 것이니 상승하여 수면이나 해면에서 만난다.

44 수중용접 및 절단 시 전류와 관련한 내용으로 틀린 것은?

① 육상용접은 AC 전원을 사용하고, 수중용접·절단은 DC 전원을 사용한다.
② 전류는 음극(−)에서 양극(+)으로 흐른다.
③ 용접 홀더 및 절단 토치는 절연체를 사용한다.
④ 음극(−)은 작업물에 연결하고, 양극(+)은 홀더 또는 토치에 연결한다.

해설
② 전류는 양극(+)에서 음극(−)으로 흐른다.
④ 음극(−)에 홀더 또는 토치를 연결하고, 양극(+)을 작업물의 접지면에 연결하는 정극성이 사용된다.

정답 41 ① 42 ④ 43 ① 44 ②·④

45 선박 구난에 사용되는 나일론 로프는 같은 직경의 마닐라 로프보다 몇 배 강한가?

① 약 1.5배
② 약 2.75배
③ 약 3.5배
④ 약 4배

46 수중촬영 시 주의사항으로 가장 거리가 먼 것은?

① 카메라가 흔들리지 않도록 해야 한다.
② 정확하게 피사체의 앵글을 잡아야 한다.
③ 가능한 피사체를 크게 찍는 것이 좋다.
④ 산호초에 몸을 단단히 지지하고 촬영을 해야 한다.

47 지반조사에서 토질시험 항목에 포함되지 않는 것은?

① 물리시험
② 입도분석
③ 비중시험
④ 일축압축시험

해설
토질시험 내용
- 시료의 조제
- 입도시험
- 액성한계, 소성한계
- 함수량시험
- 비중시험
- 흙의 공학적 분류방법
- 다짐시험
- 노상토 지지력비(CBR) 시험방법
- 흙의 일축압축시험
- 흙의 압밀시험
- 흙의 투수시험
- 변형량시험
- 평판재하시험
- 암석시험
- 현장밀도시험

48 법령에서 규정한 잠수사의 건강진단 주기에 관한 설명으로 옳은 것은?

① 일반건강진단은 1년 1회 이상, 특수건강진단은 2년 1회 이상
② 일반건강진단은 2년 1회 이상, 특수건강진단은 1년 1회 이상
③ 일반건강진단 및 특수건강진단 각각 1년에 1회 이상
④ 일반건강진단은 1년에 1회 이상, 특수건강진단은 6개월에 1회 이상

정답 45 ② 46 ④ 47 ① 48 ③

49 「고기압 작업에 관한 기준」 제5조(잠수시간)에서는 사업주는 잠수작업에 근로자를 종사하게 하는 때의 잠수시간을 기준으로 명시하고 있다. 잠수작업 시 근로시간에 대한 내용이 옳은 것은?

① 1일 2시간, 1주 18시간을 초과하지 아니할 것
② 1일 5시간, 1주 24시간을 초과하지 아니할 것
③ 1일 6시간, 1주 34시간을 초과하지 아니할 것
④ 1일 8시간, 1주 40시간을 초과하지 아니할 것

해설
※ 고기압 작업에 관한 기준 개정(시행일 : 2018.06.29.)으로 잠수시간은 제6조에서 규정하고 있다.

잠수시간(고기압 작업에 관한 기준 제6조)
㉠ 사업주는 근로자에게 잠수작업을 하도록 할 때에는 다음에서 정하는 1일 잠수시간을 준수하여야 한다.
1. 공기를 호흡용 기체로 사용하는 잠수작업의 경우(이하 공기 잠수작업) 다음에서 정하는 잠수시간을 초과하지 아니할 것
   • 별표 4에서 수심별로 정하는 최장 잠수시간을 초과하지 아니할 것
   • 잠수작업이 1일 1회 이루어지는 경우에는 실제 실시한 잠수시간과 다음 어느 하나에 해당하는 시간(이하 감압시간)을 합한 시간이 1일 6시간을 초과하지 아니할 것
      – 물속에서 감압하는 경우 : 제8조에 따라 부상을 하는 데에 걸리는 시간
      – 기압조절실을 이용하여 감압하는 경우 : 제8조에 따라 부상을 하는 데에 걸리는 시간과 제9조에 따라 기압조절실에서 감압을 하는 데에 걸리는 시간을 합한 시간
   • 잠수작업이 1일 1회를 초과하는 때에는 각 회별 잠수시간과 감압시간을 모두 합한 시간이 1일 6시간을 초과하지 아니할 것
2. 헬륨과 산소를 혼합한 기체를 호흡용 기체로 사용하는 잠수작업(이하 혼합기체 잠수작업)의 경우 별표 5에서 수심별로 정하는 최장 잠수시간을 초과하지 아니할 것
㉡ 사업주는 근로자에게 잠수작업을 하도록 할 때에는 각 회별 잠수시간과 감압시간을 모두 합한 시간이 1주 34시간을 초과하지 아니하도록 하여야 한다.

50 동일한 규격일 때 섀클(Shackle)의 강도는?

① 훅의 3배
② 훅의 5배
③ 체인의 2배
④ 체인의 3배

해설
훅보다 5배 강하다.

51 다음 중 산업잠수에서 스쿠버 잠수 장비를 사용하는 것이 적합하지 않은 수중 작업은?

① 해안 조사
② 수중절단
③ 탐 색
④ 가벼운 수리작업

해설
스쿠버 잠수의 적용
• 조사 : 비파괴검사, 선거·부두·댐 조사
• 탐색 : 수중구조물, 분실된 물건, 해저문화재
• 간단한 잠수작업 : 선체방수, 수중촬영, 선거 보수, 프로펠러 보수

52 항해 중의 선박이 발파지역에서 몇 m 이내에 있을 때 발파점화를 하면 안 되는가?

① 약 460m
② 약 500m
③ 약 540m
④ 약 600m

해설
항해 중의 선박이 발파지역에서 1,500ft(457.2m) 이내에 있을 때는 발파점화를 하여서는 안 된다. 1,500ft 이내에 정박하고 있는 선박에 승선하고 있는 사람들은 발파점화 전에 통보를 받아야 한다.

정답 49 ③ 50 ② 51 ② 52 ①

53 4mm 용접봉을 가지고 수평수중용접 시 가장 적절한 전류(A)는?

① 140~180
② 170~210
③ 200~240
④ 240~280

해설
용접자세에 따른 전류(A) 표

용접봉 직경	수평용접	수직용접	두상용접
3.18mm (1/8inch)	140~180(A)	145~180(A)	140~180(A)
3.97mm (5/32inch)	170~210(A)	170~210(A)	170~190(A)
4.76mm (3/16inch)	240~280(A)	240~280(A)	235~275(A)

54 소할발파 중 가장 효율적인 발파방법은?

① 사공법
② 복토법
③ 천공법
④ OD법

해설
소할발파법에는 천공법, 복토법, 사공법 등이 있으며 천공법이 가장 양호하다.

55 폭약취급 시 안전수칙에 관한 내용 중 틀린 것은?

① 뇌관과 폭약은 같은 상자에 보관한다.
② 사용 전 도화선은 끝에서 15cm 정도 자른다.
③ 도폭선은 도화선과 함께 보관해서는 안 된다.
④ 짧은 퓨즈를 사용하지 않는다.

해설
뇌관과 폭약은 같은 상자에 보관하지 말아야 한다.

56 다음 중 수중용접 및 절단 시 위험이 가장 크게 수반되는 것은?

① 수소 가스
② 휘발유 가스
③ 연료류
④ 페인트류

해설
수중용접 시 발생되는 가스의 약 70%가 폭발성 높은 수소이다. 수중용접 시 전류는 주변의 물을 수소와 산소 기포로 바꾸는데, 이것은 적은 양이라도 크게 폭발할 수 있다.

정답 53 ② 54 ③ 55 ① 56 ①

57 공기흡입기(Air Lift)의 파이프 직경이 10inch, 공기 공급 호스 직경이 2inch일 경우 분당 흡입량(ft^3)은?(단, 분당 요구 공기량을 충족한다고 가정한다)

① 100~200
② 200~400
③ 700~800
④ 900~1,000

해설
공기흡입기(Air Lift) : 수중에서 뻘이나 자갈, 모래에 웅덩이를 파거나 제거할 때 사용한다.

58 Eye Splice에 대한 설명 중 옳은 것은?

① Eye Splice는 영구적인 고리를 만들 때 사용한다.
② Thimble 없이 만드는 것을 Hard Eye라 한다.
③ Thimble을 사용하여 만드는 것을 Soft Eye라 한다.
④ 20%의 강도가 감소된다.

해설
② Thimble 없이 만드는 것을 Soft Eye라 한다.
③ Thimble을 사용하여 만드는 것을 Hard Eye라 한다.
④ 10%의 강도가 감소된다.

59 다음 중 수면부터 20m 범위 내의 수중 촬영 시 고려되어야 할 가장 중요한 사항은?

① 탁 도
② 수 심
③ 수 온
④ 명 도

해설
물의 밀도는 공기의 밀도보다 약 800배 정도 높기 때문에 작은 입자들을 부유시킨다. 즉, 공기 중에서 보다 많은 부유물을 포함하게 된다. 이런 부유물이 많으면 반사, 굴절, 산란 등에 의해 빛의 진행이 방해받게 되어 결국 투명도가 떨어지게 된다. 투명도가 높아야 깨끗한 장면을 얻을 수 있다.

60 침몰선박의 일반적인 구조 작업의 기본 순서로 옳은 것은?

① 탐색 → 방수 → 인양 → 배수 → 예인
② 탐색 → 인양 → 방수 → 배수 → 예인
③ 탐색 → 방수 → 배수 → 인양 → 예인
④ 방수 → 인양 → 배수 → 탐색 → 예인

정답 57 ③ 58 ① 59 ① 60 ①

2016년 제4회 과년도 기출문제

01 10L의 공기를 넣은 고무풍선을 수심 40m로 가지고 내려가면 그 고무풍선의 부피는?

① 2L ② 2.5L
③ 4L ④ 5L

해설
보일의 법칙 : 일정한 온도하에서 기체의 부피는 절대압에 반비례하고 그 밀도는 정비례한다. 육상에서 10L의 공기를 넣은 고무풍선을 바다 수심 40m의 물속으로 가지고 내려가면 외부수압(절대압)이 5대기압이 되므로 그 풍선의 부피는 2L가 되고 풍선 안의 공기밀도는 5배로 된다.

02 공기통 속에 150kg/cm²의 압력으로 공기를 충전하고 이때 공기통 온도가 25℃이었다고 하자. 이 공기통을 가지고 수온이 18℃인 수중으로 가지고 가면 이 공기통 속의 압력은 약 kg/cm²로 변하는가?

① 약 146.5kg/cm²
② 약 148.7kg/cm²
③ 약 150.2kg/cm²
④ 약 152.0kg/cm²

해설
$$\frac{P_1 V_1}{T_1} = \frac{P_2 V_2}{T_2}$$

P_1 : 처음 절대압력, V_1 : 처음 부피, T_1 : 처음 절대온도
P_2 : 나중 절대압력, V_2 : 나중 부피, T_2 : 나중 절대온도

$$\frac{150}{25+273} = \frac{x}{18+273}$$

$x = 146.4765$kg/cm²

03 지구를 둘러싸고 있는 기체의 무게로 해면을 누르는 힘을 무엇이라고 하는가?

① 대기압 ② 기 압
③ 절대압 ④ 계기압

04 5기압하에서 질소의 부분압력은?(단, 질소는 79%)

① 800mmHg
② 3,000mmHg
③ 4,000mmHg
④ 5,000mmHg

해설
5atm × 79% = 3.95atm
1atm = 760mmHg이므로 3.95 × 760 = 3,002mmHg

1 ① 2 ① 3 ① 4 ② **정답**

05 수중에서 가장 빨리 흡수되는 색은?

① 빨 강   ② 주 황
③ 노 랑   ④ 파 랑

해설
백색광선인 햇빛이 물을 통과할 때 물은 색깔을 하나씩 순차적으로 흡수하는데, 이는 빨강, 주황, 노랑의 순서로 가장 마지막까지 남는 것은 파랑이다.

06 바닷물과 강물의 밀도는 어느 것이 더 높은가?

① 바닷물
② 강 물
③ 수심에 따라 다르다.
④ 수온에 따라 다르다.

해설
염류의 농도가 더 큰 바닷물은 강물보다 밀도가 더 크므로 같은 사람이라도 강보다는 바다에서 수영할 때에 몸이 훨씬 잘 뜨게 된다.

07 다음 설명 중 맞지 않는 것은?

① 질소기체는 고압하에서 장시간 호흡하면 마취현상이 생긴다.
② 헬륨기체는 장시간 호흡하면 오리목소리가 나며 한기와 마취현상이 생긴다.
③ 네온기체는 장시간 호흡하면 마취현상, 언어장애, 한기증상이 생기지 않아 혼합기체 사용에 연구 중이다.
④ 이산화탄소는 대기공기 중에 0.03% 존재하며 신맛과 신 냄새가 난다.

해설
헬륨기체는 장시간 호흡하면 오리목소리가 나며 열전도율이 높아 한기가 생긴다. 심해 잠수 시 질소마취를 배제하기 위해 사용된다.

08 다음 중 음력 15일에 조류가 가장 센 지역은?

① 동해 강릉 앞바다
② 부산 앞바다
③ 인천 앞바다
④ 제주도 앞바다

해설
우리나라에서 조수 간만의 차가 가장 큰 곳은 인천 앞바다이다. 차이가 약 8m이라고 한다.

09 해류의 생성 원인으로 가장 거리가 먼 것은?

① 수온의 차이
② 지진과 화산 폭발
③ 지구의 회전
④ 바 람

해설
해류는 바람이나 해면의 경사 또는 해수의 밀도 등에 의해 생기고 거기에 대륙 및 지구 자전의 영향을 받아서 거의 일정한 방향으로 오른다.

정답   5 ④   6 ①   7 ②   8 ③   9 ②

10 1계기압에 해당되는 해수 수심은?

① 20m(66ft)
② 17m(55ft)
③ 10m(33ft)
④ 3m(10ft)

해설

1기압(미터법과 피트법)

미터법	1기압 = 10m = 1.025kg/cm^2
피트법	1기압 = 33ft = 14.7psi

11 재압체임버의 압력검사에 대한 내용으로 틀린 것은?

① 시설에 처음 설치된 후 실시한다.
② 이동되어 재설치 시 실시한다.
③ 매 작동 시 시작 전마다 실시한다.
④ 매 2년마다 실시한다.

해설
재압체임버는 최초 설치 시, 그 후에는 매 2년 간격, 오버홀 또는 중요장치의 수리와 체임버를 이동시킬 때마다 압력검사를 받아야 한다.

12 폐의 과도팽창을 예방하기 위한 방법으로 가장 거리가 먼 것은?

① 호흡을 짧게 자주 한다.
② 비상 상승 시 기도가 개방되도록 수면을 보며 상승한다.
③ 계속 정상적인 호흡을 한다.
④ 상승속도를 지킨다.

해설
상승 중인 스쿠버 잠수사는 팽창하는 폐 속의 공기를 내보내야 하므로 정상호흡을 해야 하며, 잠수 장비의 이상이 있을 경우는 계속해서 공기를 내뿜어야 한다. 이렇게 하지 않으면 폐의 과팽창이 일어나고 폐조직이 파열되어 공기가 폐포에서 빠져 나오게 된다.

13 잔여질소시간을 산출하는 주된 이유는?

① 신체에 남아 있는 잔여질소가 빠져나갈 때까지의 시간을 알기 위하여
② 재잠수의 해저체류시간에 반드시 더해야 하는 시간을 계산하기 위하여
③ 잠수를 하기 위해 수면에 있어야 하는 최소한의 시간을 산출하기 위하여
④ 잠수 후에 남아 있는 비감압시간의 양을 알기 위하여

해설
잔여질소시간 : 잔여질소로 인해 재잠수 중에는 비감압 한계시간이 짧아진다. 잔여질소시간이란 재잠수 시 실제 해저체류시간에 더해야 하는 시간을 말한다.

14 감압병의 증상 중 가장 많이 발생하는 것은?

① 관절통   ② 현기증
③ 신경마비 ④ 의식상실

> **해설**
> 빠른 속도로 상승하면 갑작스러운 수압 차이로 인해 이미 인체에 용해된 질소는 과포화 상태가 되어 혈액과 조직 속에 기포를 형성한다. 기포는 인체의 구조상 혈액순환이 느린 곳에서 잘 발생하며, 가장 흔하게 모이는 장소는 관절 부위이다.

15 다음 중 잠수 시 질소마취를 예방하기 위한 방법으로 가장 적합한 것은?

① 계속 호흡한다.
② 깊이 잠수하지 않는다.
③ 초과호흡을 하지 않는다.
④ 상승속도를 천천히 한다.

> **해설**
> 질소마취를 예방하는 방법으로는 수심 30m를 초과하는 잠수를 피하는 것이다.

16 잠수사의 수심과 해저체류시간을 근거로 감압표에 의해 적절한 감압 절차를 마련하여 효율적인 잠수활동을 하기 위한 것은?

① 감압계획
② 잠수감압표
③ 잠수기록도표
④ 반복기호지정표

> **해설**
> **감압계획**
> 감압표상에 기술된 것과 같이 감압수심과 해저체류시간으로 구성된 감압절차이다.

17 부비동(Sinus)이란 무엇인가?

① 귀와 코가 연결되는 관
② 목구멍 윗부분
③ 두개골 속에 있는 작은 공간들
④ 귓속에 있는 감각기관

> **해설**
> 부비동은 두개골의 빈 공간을 의미하며 점막으로 둘러싸인 이 부분은 비강까지 연결된다.

18 상처의 종류에서 날카로운 물체에 의해서 생긴 베어진 상처는 무엇이라 하는가?

① 열 창   ② 타박상
③ 자 창   ④ 절 창

> **해설**
> ① 열창(짓눌린 상처) : 둔한 물건에 타박 또는 압박되거나 면(面)에 부딪혔을 때 생기는 상처이다.
> ② 타박상 : 외부의 충격에 의해 피부에는 상처를 주지 않고 피부 안쪽층에서 내출혈이 생겨 멍이 드는 외상이다.
> ③ 자창(찔린 상처) : 보통 바늘, 철사, 못, 송곳, 총알 등에 찔리거나 충격이 가해진 상태로서 상처는 깊고 좁으며 출혈은 많지 않다.

정답 14 ① 15 ② 16 ① 17 ③ 18 ④

19 잠수사에게 발생할 수 있는 이압성 골괴사의 특징에 대한 설명으로 틀린 것은?

① 대개의 경우 통증이나 관절운동 제한 등의 증상이 발생하지 않는다.
② 제일 많이 발생하는 부위는 두개골이다.
③ 주기적으로 X-ray를 찍어 진단하는 것이 가장 좋다.
④ 효과적인 예방책과 치료법이 아직 개발되지 않았다.

해설
제일 많이 발생하는 부위는 대퇴골과 상완골의 체부이다.

20 해저체류시간의 계산은?

① 물 밑바닥에 도달하여 바닥을 떠날 때까지
② 하잠을 시작하여 다시 수면에 돌아올 때까지
③ 하잠의 시작부터 상승 시작 직전까지
④ 바닥에 도달하여 수면에 돌아올 때까지

해설
해저체류시간 : 수면을 떠난 시각부터 잠수를 마치고 상승을 위해 해저를 떠난 시각까지 소요된 시간을 말한다. 상승시간 및 감압시간은 해저체류시간으로 간주하지 않는다. 그 이유는 상승 또는 감압 중에는 체내의 잔여 질소들이 호흡을 통해 외부로 배출되기 때문이다.

21 심호흡을 하고 호흡정지 잠수를 할 때 수심에 따른 호흡정지 시간의 변화는?(단, 수온으로 인한 차이는 고려치 않는다)

① 육상에서 가장 길다.
② 수면에서 가장 길다.
③ 수심이 깊을수록 길다.
④ 육상, 수면, 깊이에 관계 없이 일정하다.

22 다음 중 감압증에 나쁘게 작용하는 요인과 가장 거리가 먼 것은?

① 과 로
② 비 만
③ 과수면
④ 과한 음주

해설
감압병의 원인은 과도한 질소의 흡수이다. 잠수 시 인체의 질소 흡수는 수심과 해저체류시간, 수온, 육체적 활동, 연령, 비만, 과로, 수면 부족, 음주, 불량한 혈액순환 등에 따라 다르다.

23 잠수 중 일산화탄소 중독에 걸릴 우려가 있는 경우로 가장 적합한 것은?

① 잠수 장비가 좋지 못한 것을 사용했을 경우
② 수중에서 중노동을 했을 경우
③ 심해 잠수를 했을 경우
④ 엔진 배기가스가 압축공기 중에 섞여 있을 경우

해설
일산화탄소는 무색, 무미, 무취의 기체로서 소량 호흡하더라도 인체에 치명적인 독성효과를 일으키는 것으로 내연기관의 배기가스나 공기통 충전 시 공기압축기의 배기가스, 무연탄 등의 일산화탄소가 다량으로 포함되어 있다.

24 비만하고 뚱뚱한 사람이 마른 사람에 비해 심해 잠수에 불리한 주 이유는?

① 체구가 커 특수 잠수복이 필요하기 때문이다.
② 피하층이 두꺼워 쉽게 떠오르기 때문이다.
③ 지방질이 많아 질소가 체내에 잘 녹기 때문이다.
④ 대체로 운동신경이 둔하기 때문이다.

25 산소중독의 예방에 관한 설명으로 가장 거리가 먼 것은?

① 산소사용한계수심을 지킨다.
② 가급적 잠수 시의 운동량을 많도록 한다.
③ 자신이 호흡하는 기체의 종류를 알고 최대수심에서 산소분압이 어느 정도인지 파악한다.
④ 산소를 사용하여 재압치료 중이거나 감압 중에는 치료 및 감압 규정에 따라 공기호흡주기를 지킨다.

해설
잠수사는 호흡장비를 잘 정비하고 한계점을 관찰하고 과도한 활동을 피하고 일어날 수 있는 비정상적인 증상에 주의를 기울이는 등 현명한 예방조치를 취해야 한다.

26 슈퍼라이트-17 헬멧의 부품이 아닌 것은?

① 목 수밀대(Neck Dam)
② 스파이더(Spider)
③ 압력균형장치(Nose Block Device)
④ 비상기체 공급밸브(Auxiliary Valve)

해설
5가닥 머리고정판(Head Harness Spider)은 KMB 밴드마스크 부품이다.

정답 23 ④ 24 ③ 25 ② 26 ②

27 국내에서 신규검사 후 경과연수가 10년 미만인 고압공기통의 압력검사는 제작일로부터 몇 년마다 받아야 하는가?

① 1년
② 3년
③ 5년
④ 10년 미만의 공기통은 검사를 받지 않아도 된다.

해설
공기통은 10년 이하는 매 5년에 1회, 10년 이상은 3년에 1회 검사를 받아야 한다.

28 기체 압축기에서 공기흡입구에 여과기를 설치한 이유가 아닌 것은?

① 공기를 깨끗이 하기 위해서
② 소음을 적게 하기 위해서
③ 습기를 제거하기 위해서
④ 먼지를 제거하기 위해서

29 다음 중 스쿠버 호흡조절기 2단계에 물이 들어오는 이유로 가장 거리가 먼 것은?

① 2단계 저압시트가 벌어졌을 때
② 다이어프램이 찢어졌을 때
③ 다이어프램이 이탈되었을 때
④ 2단계 배출밸브에 틈새가 있을 때

해설
2단계 저압시트 손상 시 호흡조절기 2단계로 기체가 조금씩 새어 나온다.

30 수중절단에서 사용되는 산소통의 설명으로 틀린 것은?

① 산소의 순도는 절단효율과 비례한다.
② 색깔은 녹색이다.
③ 사용 시 밸브는 1/2회전만 연다.
④ 우선나사를 사용한다.

해설
밸브를 열 때는 천천히 열고, 완전히 연 후에는 반드시 반 바퀴 잠가야 한다.

정답 27 ③ 28 ② 29 ① 30 ③

31 기관에 사용되는 윤활유에 대한 설명으로 틀린 것은?

① 인화점과 발화점이 높은 것이 좋다.
② 점도가 클수록 온도에 대한 점도변화가 크다.
③ SAE 번호는 점도만을 나타낸다.
④ 응고점이 낮은 것이 바람직하다.

해설
윤활유는 점도지수가 클수록 온도에 의한 점도변화가 작은 것을 의미한다.

32 밴드 마스크(KMB) 안면창에 대한 내용으로 틀린 것은?

① 안면창의 재질은 렉산(Lexan)으로 흠집이 잘 생기는 단점이 있다.
② 안면창은 내면과 외면의 차이가 없어 넓은 시야를 제공한다.
③ 안면창 고정대에서 안면창을 고정시켜 주는 나사의 수는 15개이다.
④ 안면창 고정대의 재질은 강화플라스틱이다.

해설
안면창 고정대(Port Retainer)
크롬으로 도금된 황동으로서 15개의 나사가 안면창을 고정시켜 주고, 15개의 나사 중 안면창 고정대 아래에 있는 좌우 4개(2개씩)의 나사는 구레나룻 배출구까지 고정시켜 준다. 그리고 수중용접 및 절단용 차광렌즈를 부착할 수 있도록 2개의 볼트가 별도로 있다.

33 수심계(Depth Gauge)에 관한 내용으로 틀린 것은?

① 잠수 중 도달한 최대수심을 알려 주는 기능이 있는 종류도 있다.
② 부르동(Bourdon)식은 수심에 관계없이 눈금간격이 일정하다.
③ 모세관식은 수심이 깊어질수록 눈금이 촘촘해져 부정확해진다.
④ 수심계는 압력계와 연결되어 있어 실린더의 압력이 전달된다.

해설
수심계는 잠수 중 현재의 수심을 알려 주는 계기이고, 수중압력계는 스쿠버 실린더에 남아 있는 공기의 압력(잔압)을 나타낸다.

34 표면공급식 잠수의 생명줄(Umbilical)의 3가지 사용목적이 아닌 것은?

① 지상과 수중 간의 교신을 제공
② 하잠 및 상승을 유도
③ 공기 공급 호스의 장력 감소
④ 수심계기를 충격으로부터 보호

해설
생명줄은 3가지 목적으로 사용되는데, 지상과 수중 간의 교신을 제공하고 잠수사의 상승과 하잠을 유도하며, 기체 호스의 장력을 감소시키는 역할을 한다.

정답 31 ② 32 ④ 33 ④ 34 ④

35 일반적인 스쿠버 잠수장비의 장점이 아닌 것은?

① 장비를 빨리 해체할 수 있다.
② 적은 인원으로 지원이 가능하다.
③ 기동성이 좋다.
④ 해저체류시간을 무한정으로 할 수 있다.

> **해설**
> 스쿠버 잠수와 표면공급식 잠수의 비교

	스쿠버 잠수	표면공급식 잠수
장점	• 장비의 운반, 착용, 해체가 간편해 신속한 기동성을 발휘한다. • 잠수 작업 시 적은 인원이 소요된다. • 수평, 수직 이동이 원활하다. • 수중 활동이 자유롭다.	• 공기 공급의 무제한으로 장시간 해저 체류가 가능하다. • 양호한 수평 이동과 최대 조류 2.5knot까지 작업이 가능하다. • 줄신호 및 통화가 가능하므로 잠수사의 안전 및 작업 진척 확인이 원활하다. • 현장 지휘 및 통제가 가능하다.
단점	• 수심과 해저체류시간에 제한을 받는다. • 호흡 저항에 영향을 받는다. • 조류에 영향을 받는다(최대 1knot). • 지상과 통화를 할 수 없다. • 오염된 물, 기계적인 손상 등 신체 보호에 제한을 받는다. • 잠수사의 이상 유무 확인이 불가능하다.	• 기체 호스가 꺾인다. • 수직 이동의 제한이 있다. • 기동성이 저하된다.

36 슈퍼라이트 헬멧의 특징이 아닌 것은?

① 기체확산관은 헬멧 내부 왼쪽에 장착되어 있다.
② 안면창의 재질은 렉산이다.
③ 15개의 나사가 안면창을 고정시킨다.
④ EGS밸브는 측면 부품대의 구성품에 속한다.

> **해설**
> 기체확산관은 헬멧 내부 오른쪽에 측면 부품대로부터 납작한 원통 부분이 1개의 너트로 고정되어 있고, 원통에서 긴 관이 안면창의 곡선에 따라 여러 개의 구멍이 뚫려 있다.

37 스쿠버 공기통의 안전판에 관한 설명으로 틀린 것은?

① 상용압력×1.4배 이상에서 파열된다.
② 더블밸브의 안전판은 2개이다.
③ 강철공기통은 최대 5,000psi에서 안전판이 파열된다.
④ 안전판의 위치는 잠수사의 반대방향이나 옆에 위치한다.

> **해설**
> 강철공기통은 최대 3,750psi에서 안전판이 파열된다. 알루미늄 실린더는 5,000psi에서 터진다.

38 심해잠수에 사용되는 생명줄(Umbilical)의 구성품이 아닌 것은?

① 온수공급용 호스
② 통화선
③ 고압공기 압력호스
④ CCTV용 전선

> **해설**
> 생명줄
> • 생명줄의 구성 요소는 잠수사에게 공기를 공급하는 기체 호스, 수심 측정 호스, 통화용 전선, 장력로프(조합형) 등 각기 용도가 다른 3가지 요소가 하나로 형성되어 있다.
> • 최근에는 3가지 요소 외에 온수잠수복용 호스와 폐쇄회로용 (CCTV) 전선까지 생명줄에 추가시키고 있다.

정답 35 ④ 36 ① 37 ③ 38 ③

39 수상(水上)에 요구하지 않더라도 슈퍼라이트-17 헬멧을 착용한 2명의 잠수사가 수중에서 서로 통화가 가능하려면 통화선은 몇 가닥이어야 하는가?

① 2가닥
② 3가닥
③ 4가닥
④ 6가닥

해설
통화용 전선은 두껍고 유연한 재질의 피복 속에 통화 기능을 제공하기 위해 4가닥의 전선이 보호되어 있다.

40 2행정기관에서 행정의 순서는?

① 압축폭발, 배기흡입
② 흡입압축, 폭발배기
③ 압축배기, 폭발흡입
④ 흡입폭발, 압축배기

해설
행정순서
• 2행정기관 : 흡입압축-폭발배기
• 4행정기관 : 흡입-압축-폭발-배기

41 다음 중 수중시야가 매우 어두운 환경에서 수중용접 시 가장 적절한 차광렌즈번호는?

① No.4
② No.5
③ No.6
④ No.7

해설
차광렌즈가 어두울수록 번호(No)가 높다.

42 오탁방지막의 구성품이 아닌 것은?

① 플로트(Float)
② 캔버스(Canvas)
③ 스토퍼(Stopper)
④ 체인(Chain)

해설
오탁방지막 부속재료 : 앵커(Anchor)블록, 와이어로프(Wire Rope), 클립(Clip), 구속물(Shackle), 플로트(Float), 플라이(Fly), 스틸체인(Steel Chain), 캔버스(Canvas)

43 해난구조방법 결정 시 고려사항으로 가장 거리가 먼 것은?

① 구조를 위한 경비
② 선박의 파손상태
③ 동원 가능한 인원
④ 장비구매계획

해설
해난구조의 조사 및 구조계획 수립사항
• 경제성(구조를 위한 경비 인양 후 선박수리 및 보수의 적합성)
• 선박의 형태와 적재물(설계도 및 적재물의 종류와 상태)
• 인원과 장비(사용 가능한 장비와 인원)
• 좌초선의 파손상태
• 수심(작업현장의 환경여건)

정답 39 ③ 40 ② 41 ① 42 ③ 43 ④

44 수중작업 시 폭약을 사용하는 장점으로 틀린 것은?
① 장비의 간단함
② 경제적이며 빠른 진행속도
③ 노동력 감소
④ 고도의 훈련된 인력 불필요

> **해설**
> 수중작업 시 폭약을 사용하는 단점
> • 고도의 훈련된 인력 필요
> • 까다로운 안전수칙 준수 요구
> • 언제나 위험성이 따름

45 수랭식 기관에서 냉각수로 많이 쓰이는 것은?
① 해 수
② 경 수
③ 청 수
④ 산성분이 많은 해수

46 직경 15cm(6inch) 이상의 철봉이나 각봉을 폭약으로 절단하려할 시 어떠한 방법으로 장전하여야 높은 효과를 얻을 수 있는가?
① 한쪽만 장전한다.
② 지환식(Sock)으로 장전한다.
③ 대각선으로 장전한다.
④ 엇갈림식(Stagger)으로 장전한다.

> **해설**
> 6인치 이내는 엇갈림식으로, 6인치 이상은 지환식으로 폭약을 장전한다.

47 수중 카메라의 조리개 설명으로 틀린 것은?
① 렌즈의 유효직경을 변경시키고 들어오는 광선의 양을 조절한다.
② 화상 전체의 밝기를 고르게 한다.
③ 같은 노출을 유지하기 위해서는 조리개 구멍을 작게 할수록 셔터의 속도는 빠르게 해야 된다.
④ 조리개의 숫자를 작게 할수록 들어오는 빛의 양은 커진다.

> **해설**
> 어느 피사체나 노출의 양은 조리개와 셔터 속도로 정해지는데 조리개를 크게 하면 상대적으로 셔터 속도는 짧아지고, 조리개를 작게 하면 셔터 속도는 길어지게 된다.

48 와이어로프의 규격 표시는 다음 중 어느 것으로 하는가?
① 강 도
② 둘 레
③ 직 경
④ 길 이

> **해설**
> 크기는 직경으로 나타낸다.

49 공사의 세부적인 시공기준이 제시되어 있는 것은?

① 전문시방서
② 시공계획서
③ 단위공정표
④ 설계도면

해설
전문시방서 : 시설물별 표준시방서를 기본으로 모든 공종을 대상으로 하여 특정한 공사의 시공 또는 공사시방서의 작성에 활용하기 위한 종합적인 시공기준을 말한다.

50 현재 국내에서 아크 용접봉의 코드 분류는 어디에 규정하고 있는가?

① ISO 9100
② KS S 6001
③ KS G 9001
④ KS D 7004

해설
KS D 7004 : 연강용 피복 아크 용접봉 국가표준코드이다.

51 수중 수직용접을 할 때 하향식을 사용하는 이유로 가장 적합한 것은?

① 더욱 견고하게 하기 위하여
② 전류 조절이 용이하기 때문에
③ 정밀한 용접에 적합하기 때문에
④ 피복제의 기포가 시야를 방해하지 않으므로

해설
용접봉을 위에서 아래로 진행해야만 피복제의 기포가 시야를 가리지 않는다.

52 수중폭파에서 사용되는 회로구성 중 그림과 같은 것은?

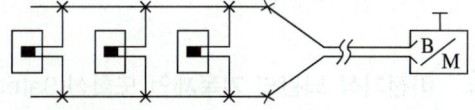

① 직렬회로
② 병렬회로
③ 지연식회로
④ 직·병렬회로

해설
병렬회로는 두 개 이상의 소자를 나란히 연결하여 만든 회로이다.

53 섬유색의 취급 및 보관에 대한 설명으로 틀린 것은?

① 일반적으로 섬유색은 직사광선에 약하므로 그늘진 곳과 통풍이 잘되는 곳에 보관해야 한다.
② 산성물질, 페인트, 그리스, 유류 등과 접촉하지 않아야 한다.
③ 섬유색을 사릴 때는 꼬임을 방지하기 위해 둥글게 또는 8자로 사려야 한다.
④ 섬유색 뭉치에서 로프를 풀 때, 엉킴방지를 위해 바깥쪽부터 풀어내야 한다.

> 해설
> ④ 섬유색 뭉치에서 로프를 풀 때 안쪽부터 풀어낸다. 바깥쪽에서 풀어내면 풀어낼 때마다 계속 엉킨다.

54 비전기식 뇌관의 기폭제인 도화선(Safety Fuse)의 사용 전 연소시간을 산출해야 하는 이유로 가장 적합한 것은?

① 예민도 측정 때문이다.
② 성능 및 강도검사 때문이다.
③ 대피시간 측정 때문이다.
④ 강력한 효과를 얻기 위해서이다.

55 수중용접 및 절단에서 잠수사와 잠수보조자(Tender)의 준수사항으로 가장 적합한 것은?

① 실제로 용접이나 절단을 할 때 전원은 항상 도통시켜야 한다.
② 잠수사는 토치(Torch)와 접지 사이에 들어가서 작업해야 한다.
③ 절단봉 교환 시 전원을 차단하고 실시한다.
④ 양극(+)에 전극봉을 연결한다.

56 배수펌프에서 흡입과정에 주로 이용되는 힘은?

① 원심력　　② 추 력
③ 중심력　　④ 원추력

> 해설
> 양수, 배수, 소화의 용도에 사용되는 원심펌프의 작동원리는 여러 개의 임펠러가 스파이럴 케이싱 속에서 고속회전을 하면 흡입관 속이 거의 진공상태가 되므로 물이 흡입되어 임펠러의 중심부로 들어가 원심력을 받아 압력이 생기고 토출구로 방출된다.

57 비상신호 중 '나는 엉켰다. 그러나 혼자 풀 수 있다.'의 줄신호 방법은?

① 1-2-3
② 2-1-2
③ 3-3-3
④ 4-4-4

> 해설
> ① 1-2-3 : 짧은 줄을 보내라.
> ② 2-1-2 : 슬레이트를 보내라.
> ④ 4-4-4 : 나를 즉시 상승시켜라.

58 수심 20m에 있는 딱딱한 뻘 바닥에 폭 30cm, 깊이 50cm 정도의 긴 도랑을 파려고 할 때 다음 중 가장 적합한 것은?

① 공기제토기(Air Lift)
② 크레인(Crane)
③ 드릴(Drill)
④ 워터 제트(Water Jet)

> 해설
> 워터 제트 : 펌프 또는 압축공기를 이용해 노즐에서 뿜어내는 물줄기의 힘으로 모래, 뻘, 자갈을 해체시키는 장비로 특히 딱딱한 뻘에서 깊이 50cm 도랑을 파는 데 용이하다.

59 다음 중 얼음 밑 다이빙(Ice Diving)을 할 때 기본적으로 가장 중요한 안전장비는?

① 수중전등
② 보조 공기통
③ 안전밧줄
④ 온수 잠수기 장비

> 해설
> 아이스 다이빙에 있어서 안전줄은 생명줄과 마찬가지이다.

60 문제 삭제

정답 57 ③ 58 ④ 59 ③ 60 문제 삭제

2017년 제3회 과년도 기출복원문제

※ 2017년부터는 CBT(컴퓨터 기반 시험)로 진행되어 수험자의 기억에 의해 문제를 복원하였습니다. 실제 시행문제와 일부 상이할 수 있음을 알려드립니다.

01 1계기압에 해당하는 해수 수심은?

① 20m(66ft)
② 17m(55ft)
③ 10m(33ft)
④ 3m(10ft)

해설
1기압(미터법과 피트법)

미터법	1기압 = 10m = 1.025kg/cm²
피트법	1기압 = 33ft = 14.7psi

02 다음 중 잠수사의 수중 부력조절에 가장 영향을 적게 미치는 것은?

① 호흡
② 잠수복
③ 중량벨트
④ 물의 밀도

해설
다이버의 부력은 주로 웨이트의 무게와 부력조절기, 폐 속의 공기량을 변화시켜 줌으로써 조절할 수 있다.

03 파도의 모양에 영향을 미치는 요소들과 가장 거리가 먼 것은?

① 바람의 방향
② 바람의 속도
③ 수 심
④ 수 온

해설
파도는 바람, 지진, 바닷속의 화산 등에 의해 생기며, 파도의 발달은 바람의 세기, 지속시간, 바람이 부는 해면의 넓이와 수심, 바람의 주기적인 변동 상태에 영향을 받는다.

04 해양생물이 사람을 공격하는 가장 큰 이유로 옳은 것은?

① 공격적 성질
② 방어적 성질
③ 침략적 성질
④ 집단적 성질

정답 1 ③ 2 ④ 3 ④ 4 ②

05 수중에서 10ft(약 3m)의 거리에 있는 물체는 잠수사에게 얼마의 거리에 있는 것처럼 보이는가?

① 5ft ② 7.5ft
③ 13.3ft ④ 20ft

해설
빛의 굴절 현상
수중에서는 마스크를 통하여 보는 모든 물체는 33%만큼 크게 보이고 동시에 실제 거리보다 25%만큼 가깝게 보인다.
10 − (10 × 25%) = 7.5ft

07 혼합기체의 종류로 옳지 않은 것은?

① 하이드렐리옥스 = 산소 + 수소
② 나이트록스 = 산소 + 질소
③ 헬리옥스 = 산소 + 헬륨
④ 트라이믹스 = 산소 + 헬륨 + 질소

해설
하이드렐리옥스 = 산소 + 수소 + 헬륨

06 잠수 중 수중의 어느 곳에서 소리가 발생하는지 구분하기 어려운 주 이유는?

① 수압으로 고막이 영향을 받기 때문이다.
② 물속에서는 소리가 전달되지 않기 때문이다.
③ 물속에서는 소리가 아주 빠르게 전달되기 때문이다.
④ 물의 무게는 고막을 찌그러뜨리기 때문이다.

해설
수중의 소리는 지상보다 약 4배 빠르게 전달된다. 즉, 음의 진원지 방향을 판단하는 것이 어려운 이유는 공기 중에서는 매초 340m의 속도로 전달되는 소리가 물속에서는 그 4배의 속도로 되기 때문이다.

08 10L의 공기를 넣은 고무풍선을 수심 40m로 가지고 내려가면 그 고무풍선의 부피는?

① 2L ② 2.5L
③ 4L ④ 5L

해설
보일의 법칙
일정한 온도하에서 기체의 부피는 절대압에 반비례하고 그 밀도는 정비례한다. 육상에서 10L의 공기를 넣은 고무풍선을 바다 수심 40m의 물속으로 가지고 내려가면 외부 수압(절대압)이 5대기압이 되므로 그 풍선의 부피는 2L가 되고 풍선 안의 공기밀도는 5배로 된다.

정답 5 ② 6 ③ 7 ① 8 ①

09 1g의 물을 1℃ 증가시키는 데 필요한 열량으로 옳은 것은?

① 1cal
② 1kcal
③ 10cal
④ 1Btu

해설
1g의 물을 1℃ 증가시키는 데 필요한 열량은 1cal이다.

10 1대기압의 공기 중 산소가 차지하고 있는 부분압은?

① 0.21대기압
② 1.21대기압
③ 0.79대기압
④ 1대기압

해설
1대기압의 공기가 산소 21%, 질소 79%로 구성되었다고 할 때, 산소의 부분압은 0.21대기압이고 질소의 부분압은 0.79대기압이 되는 것이다.

11 섭씨 19℃일 때 화씨온도는?

① 66.2°F
② 68.2°F
③ 64.3°F
④ 65.3°F

해설
온도전환
- 화씨에서 섭씨로 : (°F−32)÷0.56=℃(소수점 아래 첫째 자리 올림)
- 섭씨에서 화씨로 : 1.8×℃+32=°F(소수점 아래 첫째 자리 올림)
1.8×19+32=66.2°F

12 다음 중 비상 상승에 대한 설명으로 옳지 않은 것은?

① 공기가 떨어진 상황에서 혼자 있을 때 비상 상승하는 방법으로 비교적 얕은 수심에서 사용되는 것은 비상 수영 상승이다.
② 비교적 깊은 수심에서 공기가 떨어진 상황에서 혼자 있을 때 비상 상승하는 방법은 긴급 부력 상승이다.
③ 잔압이 50bar 이하로 떨어지기 전에 상승을 시작해야 한다.
④ 비상 상승 중에는 숨을 참아야 한다.

해설
비상 상승 중에도 절대로 숨을 참지 말아야 하며, 잠수 중 공기가 고갈되지 않도록 주기적으로 잔압을 점검해야 한다.

13 기체색전증의 특징 중 틀린 것은?

① 상승 중 또는 수면 도착 10분 이내에 발생한다.
② 팔다리 마비, 어지러움증 등이 급속히 나타난다.
③ 어깨, 무릎 등에 극심한 통증이 나타난다.
④ 재가압 치료를 해야 한다.

해설
③ 어깨, 무릎 등에 극심한 통증이 나타나는 것은 감압병이다.
기체색전증의 증상
가슴의 통증, 기침 또는 숨을 헐떡거림, 입가의 피거품, 두통, 부분적 또는 완전한 시각 장애, 저리거나 얼얼함(감각 저하), 힘이 빠지거나 마비, 상반신의 감각 상실 또는 변화, 현기증, 혼란스러움, 갑작스러운 의식 상실, 호흡 정지, 사망 등이다. 만일 잠수 도중 수면에서 의식을 잃고 있는 잠수사를 발견하였다면 기체색전증 환자로 간주하여 응급 처치하는 것이 요구된다.

정답
9 ① 10 ① 11 ① 12 ④ 13 ③

14 산소중독의 예방에 관한 설명으로 가장 거리가 먼 것은?

① 산소사용한계수심을 지킨다.
② 잠수 시 가급적 운동량이 많도록 한다.
③ 자신이 호흡하는 기체의 종류를 알고 최대수심에서 산소분압이 어느 정도인지 파악한다.
④ 산소를 사용하여 재압치료 중이거나 감압 중에는 치료 및 감압 규정에 따라 공기호흡 주기를 지킨다.

해설
②의 행동은 오히려 산소중독을 촉진시킨다.
산소중독을 촉진하는 조건들
• 힘든 육체작업
• 이산화탄소의 축적
• 저체온 또는 고체온에 의한 스트레스
• 개인적 적응력(산소내성)
• 과민성 갑상선 증세 및 비타민 E 결핍
• 인슐린 복용 또는 충혈 완화제의 사용

15 잠수 중 일산화탄소 중독에 걸릴 우려가 있는 경우로 가장 적합한 것은?

① 잠수 장비가 좋지 못한 것을 사용했을 경우
② 수중에서 중노동을 했을 경우
③ 심해 잠수를 했을 경우
④ 엔진 배기가스가 압축공기 중에 섞여 있을 경우

해설
일산화탄소는 무색, 무미, 무취의 기체로서 소량 호흡하더라도 인체에 치명적인 독성효과를 일으키는 것으로 내연기관의 배기가스나 공기통 충전 시 공기압축기의 배기가스, 무연탄 등의 일산화탄소가 다량으로 포함되어 있다.

16 다음 중 잠수 시 질소마취를 예방하기 위한 방법으로 가장 적합한 것은?

① 계속 호흡한다.
② 깊이 잠수하지 않는다.
③ 초과호흡을 하지 않는다.
④ 상승속도를 천천히 한다.

해설
질소마취를 예방하는 방법은 수심 30m를 초과하는 잠수를 피하는 것이다.

17 다음 중 잠수종의 하잠속도 및 상승속도로 가장 적합한 것은?

① 하잠속도 120fpm, 상승속도 30fpm
② 하잠속도 125fpm, 상승속도 20fpm
③ 하잠속도 75fpm, 상승속도 30fpm
④ 하잠속도 125fpm, 상승속도 35fpm

해설
잠수종의 하잠률과 상승률은 표준공기감압표와 동일하다(하잠률 : 75fpm, 상승률 : 30fpm).

정답 14 ② 15 ④ 16 ② 17 ③

18 사람이 물속에 들어 있을 때 체온을 가장 많이 빼앗기는 부분은?

① 심장　　② 다리
③ 머리　　④ 팔

19 감압표의 설명으로 가장 적합한 것은?

① 잠수한 작업내용을 기록하는 표
② 잠수작업의 순서를 표시하는 표
③ 수심에 따른 잠수시간의 한계 등을 나타내는 표
④ 잠수장비의 목록을 작성하는 표

20 체임버 내부에 사용되는 장비 중 설치할 수 없는 것은?

① 통신장비　　② 수은식 온도계
③ 산소 호흡기　　④ 압력계

해설
체임버 내부에 사용되는 온도계는 전기식, 바이메탈식, 알코올식, 리퀴드 크리스탈식만 사용해야 한다. 체임버에는 절대로 수은식 온도계를 사용하면 안 된다.

21 다음 중 감압병 예방을 위하여 가장 중요한 것은?

① 표면체류시간　　② 잔여질소시간
③ 감압　　④ 하잠률

해설
감압병의 예방
- 스쿠버 잠수는 반드시 비감압 한계 시간 내에서 끝내도록 해야 한다.
- 상승 속도는 1분에 9m의 속도로 천천히 올라오도록 해야 한다.
- 감압표의 지시를 철저히 준수하고 항상 감압표를 보는 습관을 들여야 한다. 그러나 잘못 암기된 감압표는 감압병을 일으키기 때문에 절대 암기해서는 안 된다.

22 감압병의 증상 중 가장 많이 발생하는 것은?

① 관절통　　② 현기증
③ 신경마비　　④ 의식상실

해설
빠른 속도로 상승하면 갑작스러운 수압 차이로 인해 이미 인체에 용해된 질소는 과포화 상태가 되어 혈액과 조직 속에 기포를 형성한다. 기포는 인체의 구조상 혈액순환이 느린 곳에서 잘 발생하며, 가장 흔하게 모이는 장소는 관절부위이다.

정답 18 ③ 19 ③ 20 ② 21 ③ 22 ①

23 기체압축기(Air Compressor)에 대한 설명으로 옳지 않은 것은?

① 기체압축기를 선택하는 데 있어서 가장 중요한 것은 상용압력과 토출량이다.
② 기체압축기는 일반적으로 63kg/cm² 미만이냐 이상이냐에 따라 크게 고압용과 저압용으로 구분한다.
③ 표면공급식 잠수에 사용되는 기체압축기는 저압용으로서 압력은 약 20kg/cm² 미만으로 압력이 특별히 높아야 할 필요성은 없다.
④ 표면공급식 잠수에 사용되는 기체압축기는 반드시 호흡용으로 사용할 필요는 없다.

[해설]
기체압축기는 사용용도에 따라 호흡용과 공업용으로 나누어지는데, 표면공급식 잠수에 사용되는 기체압축기는 반드시 호흡용을 사용해야 한다.

25 공기통 속에 150kg/cm²의 압력으로 공기를 충진하고 이때 공기통 온도가 25℃이었다고 하자. 이 공기통을 가지고 수온이 18℃인 수중으로 가지고 가면 이 공기통 속의 압력은 약 kg/cm²로 변하는가?

① 약 146.5kg/cm²   ② 약 148.7kg/cm²
③ 약 150.2kg/cm²   ④ 약 152.0kg/cm²

[해설]
$$\frac{P_1 V_1}{T_1} = \frac{P_2 V_2}{T_2}$$
여기서, P_1 : 처음 절대압력
V_1 : 처음 부피
T_1 : 처음 절대온도
P_2 : 나중 절대압력
V_2 : 나중 부피
T_2 : 나중 절대온도
$$\frac{150}{25+273} = \frac{x}{18+273}$$
$x = 146.4765$kg/cm²

24 스쿠버용 공기통의 장기 보관 방법 중 옳은 것은?

① 공기통을 눕혀 둔다.
② 햇볕이 잘 비치는 곳에 둔다.
③ 공기통의 공기를 완전히 뽑아내고 건조한 상태로 둔다.
④ 공기통의 공기를 100psi 이상 남겨서 둔다.

[해설]
사용하지 않는 실린더는 100psi 이상의 압력을 유지해야 한다. 즉, 공기통에는 항상 15bar 정도의 공기를 남겨 두어야 먼지나 물이 통 속으로 들어가는 것을 막을 수 있다.

26 KMB 밴드마스크에 대한 설명 중 틀린 것은?

① KMB 18A/B 밴드마스크의 본체는 유리섬유(Fiberglass) 재질이다.
② KMB 28 밴드마스크의 본체는 제노이(Xenoy)와 폴리카보나이트 혼합의 비전도체 재질이다.
③ 마스크 내부의 초과압력을 상쇄하기 위해 머리덮개 상부에 6mm 정도의 구멍이 뚫려 있다.
④ KMB-10 밴드마스크의 공기는 Whisker를 통해서 배출된다.

[해설]
KMB-10 밴드마스크에는 구레나룻 배출구(Exhaust Whisker)가 없다.

[정답] 23 ④ 24 ④ 25 ① 26 ④

27 슈퍼라이트 헬멧의 역지밸브(Non-return Valve) 검사는 언제 하는가?

① 매일 첫 잠수 전
② 잠수 후 세척 시
③ 일주일 간격으로
④ 잠수 후 보관 시 한 번씩

> 해설
> 매일 첫 잠수 전에 검사한다.

28 심장으로부터 산소가 풍부한 혈액을 조직에 전달하는 혈관으로 벽이 3겹으로 되어 있는 것은?

① 동 맥　　② 정 맥
③ 모세혈관　　④ 소정맥

> 해설
> 순환계는 심장, 동맥, 정맥, 모세혈관으로 구성되어 있다. 동맥은 심장에서 밀려나온 혈액을 신체 각 부위로 전달하는 역할을 하는 혈관으로 크게 대동맥과 폐동맥으로 구분된다. 동맥의 혈관 벽을 구성하는 조직은 내막, 중막, 외막의 3겹으로 되어 있으며, 각 층의 두께 및 구조는 혈관의 굵기에 따라 달라진다.

29 심해 잠수 헬멧에 부착되어 있는 역지밸브(Non-return Valve)란?

① 공기 공급조절 밸브
② 공급된 공기는 나올 수 없는 밸브
③ 공기를 정화시키는 밸브
④ 산소를 사용할 때만 사용하는 밸브

> 해설
> 기체공급 역지밸브는 호흡기체 공급이 두절된 상황에서 호흡기체가 역류하는 것을 방지한다.

30 생명줄(Umbilical)은 여러 개의 호스로 구성되어 있는데 그중 장력선의 용도가 아닌 것은?

① 하잠과 상승을 유도한다.
② 수중과 육상과의 줄신호 역할을 한다.
③ 통화선의 장력을 제거한다.
④ 통화기를 충격으로부터 보호한다.

> 해설
> 생명줄은 3가지 목적으로 사용되는데, 지상과 수중 간의 교신을 제공하고 잠수사의 상승과 하잠을 유도하며, 기체 호스의 장력을 감소시키는 역할을 한다.

31 해저 출발로부터 해면 도착까지의 시간을 계산한 것을 나타내는 용어는?

① 총잠수시간 ② 총감압시간
③ 총해저체류시간 ④ 표면경과시간

해설
총감압시간(Total Decompression Time)이란 해저 출발로부터 해면 도착까지의 시간을 계산한 것이다.

32 공기압축기 시동 전 반드시 검사하지 않아도 되는 것은?

① 윤활유 검사 ② 연료 검사
③ 드레인 검사 ④ 전기계통 검사

33 기체압축기 동력장치로서 기관식 장치에 대한 설명 중 옳은 것은?

① 전원이 없어도 사용 가능하고 휴대가 간편하다.
② 전기식에 비해 소음이 적다.
③ 매연이 발생하지 않는다.
④ 2행정 기관의 행정순서는 흡입-폭발, 압축-배기이다.

해설
① 전원이 없어도 사용할 수 있으므로 휴대하기 적합하다.

34 탐색 면적이 적고 수중 시정이 불량한 심해에서 가장 적합한 탐색방법은?

① 서클링 탐색 ② 잭스테이 탐색
③ 사자스 탐색 ④ 텐더드 탐색

해설
수중탐색
• 서클링(원) 탐색 : 수중 시정이 불량한 심해에서 탐색 면적이 적고 수심이 깊을 때 사용
• 사자스(수영자 예인) 탐색 : 수중 시정이 불량한 심해에서 탐색 면적이 넓은 지역에 사용
• 텐더드 탐색 : 조류가 세고 탐색 면적이 넓은 곳에 적합한 탐색
• 잭스테이 탐색 : 수중 시정이 좋고 탐색 면적이 적합한 탐색

35 풀리지 않도록 끝줄을 원줄의 밑으로 넣어 뽑는 결색으로, 당길수록 조여지는 매듭이며 주로 작업현장에서 유용하게 사용되는 결색은?

① 올가미 매듭(Bow Line)
② 압박 매듭(Constrictor Knot)
③ 닻줄 매듭(Anchor Bend)
④ 겹 감아 매듭(Rolling Hitch)

해설
① 올가미 매듭(Bow Line) : 임시 고리, 인명구조용으로 많이 사용하는 매듭
③ 닻줄 매듭(Anchor Bend) : 닻고리나 부표 고리에 줄을 맬 시 사용
④ 겹 감아 매듭(Rolling Hitch) : 매끄러운 기둥과 같은 원형 물체의 이동 시 가장 적합한 결색

정답 31 ② 32 ③ 33 ① 34 ① 35 ②

36 수중용접 및 절단에 대한 설명 중 틀린 것은?

① 절단 토치는 산소 누설이 없어야 한다.
② 수중용접 홀더는 전도체로 되어 있다.
③ 수중용접 전선의 연결점은 완전히 절연해야 한다.
④ 수중절단의 전극 홀더는 절연체로 되어 있다.

해설
홀더와 토치의 조건
- 전류가 흐르는 모든 부품은 외부와 완전히 절연되어야 하고, 내부 부품은 접촉이 좋아야 한다.
- 부품들은 내구성이 있고, 전극봉 교환이 용이해야 한다.
- 절단 토치는 산소 누설이 없어야 한다.
- 비철금속으로 제조되어야 한다.
- 전극봉 조임이 좋아야 한다.
- 염분에 의한 전해작용이 일어나지 않아야 한다.

37 피복제(Flux)의 설명 중 가장 적합한 것은?

① 전극봉의 강도를 높게 한다.
② 아크를 시작하고 계속 유지시킨다.
③ 절연을 방지한다.
④ 전기가 봉의 밖으로 계속 흐르도록 유지한다.

해설
피복제는 아크열에 의해 분해되어 아크를 안정하게 하고, 가스(CO_2, CO) 또는 슬래그를 발생시켜 용융 금속이 대기 중의 산소나 질소와 접촉하는 것을 막아 산화 및 질화를 방지하며(중성 또는 환원성 분위기를 만듦), 적당한 화학반응에 의하여 용접 금속은 정련된다.

38 "SAE 10"이 나타내는 것은 무엇인가?

① 윤활유의 비중
② 윤활유의 색깔
③ 윤활유의 점도
④ 윤활유의 온도

해설
SAE 번호는 점도를 나타낸다.

39 수심 20m에 있는 딱딱한 뻘 바닥에 폭 30cm, 깊이 50cm 정도의 긴 도랑을 파려고 할 때 다음 중 가장 적합한 것은?

① 공기제토기(Air Lift)
② 크레인(Crane)
③ 드릴(Drill)
④ 워터 제트(Water Jet)

해설
워터 제트
펌프 또는 압축공기를 이용해 노즐에서 뿜어내는 물줄기의 힘으로 모래, 뻘, 자갈을 해체시키는 장비로 특히 딱딱한 뻘에서 깊이 50cm 도랑을 파는 데 용이하다.

36 ② 37 ② 38 ③ 39 ④

40 Eye Splice에 대한 설명 중 옳은 것은?

① Eye Splice는 영구적인 고리를 만들 때 사용한다.
② Thimble 없이 만드는 것을 Hard Eye라 한다.
③ Thimble을 사용하여 만드는 것을 Soft Eye라 한다.
④ 20%의 강도가 감소된다.

해설
② Thimble 없이 만드는 것을 Soft Eye라 한다.
③ Thimble을 사용하여 만드는 것을 Hard Eye라 한다.
④ 10%의 강도가 감소된다.

41 일반적인 표면공급식 잠수장비가 아닌 것은?

① EXO26 밴드마스크
② KMB 밴드마스크
③ 슈퍼라이트 헬멧
④ ADS(Atmospheric Diving Suit)

해설
ADS(Atmospheric Diving Suit)란 대기압잠수복으로서 우주복과 같은 형태로 특수재료 및 구조로 만들어진 내압성의 잠수복을 말한다.

42 수중에서 수평필릿 용접 시 용접봉의 각도는 몇 도를 유지하여야 가장 좋은 효과를 얻을 수 있는가?

① 진행방향 5~20°
② 진행방향 15~45°
③ 진행방향 40~55°
④ 진행방향 55~75°

해설
수평용접 시 각도는 15~45°를 유지한다.

43 수중용접 시 피복제(Flux)에 의해 가장 많이 생성되는 기체는?

① 산 소
② 질 소
③ 수 소
④ 헬 륨

정답 40 ① 41 ④ 42 ② 43 ③

44 수중절단작업을 할 때 사용되는 보호렌즈에 관한 설명으로 옳지 않은 것은?

① No. 2, 6, 8, 10 등으로 구분된다.
② 번호가 낮을수록 어두운 것이다.
③ 필요할 때마다 사용할 수 있도록 탈착이 가능해야 한다.
④ 물의 혼탁도와 작업수심에 따라 알맞은 렌즈를 선택해야 한다.

해설
② 번호가 높을수록 어두운 것이다.

45 수중절단 및 용접의 안전수칙으로 틀린 것은?

① 작업자는 작업물, 토치 및 물과 완전히 절연되도록 복장을 갖추어야 한다.
② 모든 전선의 연결점 및 전극봉 홀더의 전류가 통과하며 노출된 부분은 고무테이프나 기타 방법으로 완전히 절연시켜야 한다.
③ 안전 스위치는 최대한 먼 곳에 설치하여야 한다.
④ 용접회로의 노출된 단자가 씌워져 있지 않은 용접봉 하단부가 잠수부의 몸으로 향해 있어서는 안 된다.

해설
잠수 감독자가 항상 조정할 수 있고 잠수부의 요청에 따라 즉시 용접회로를 열거나 닫을 수 있는 위치에 작동이 양호한 안전 스위치를 용접회로 가운데에 연결하여야 한다.

46 수중발파작업 시 장전한 폭약의 폭력이 부족하여 암석을 파괴하지 못하고 폭력이 공구 쪽으로 빠져나가 전색물만 날려 보내는 것은?

① 공 발
② 불 발
③ 사 압
④ 순 폭

해설
② 불발 : 발파작업에 있어서 점화를 하였는데도 기폭약포가 폭발하지 않아 폭발이 일어나지 않은 현상이다.
③ 사압 : 폭약은 일반적으로 장전 비중이 크게 되면 폭발속도는 증가하지만 초안계 폭약, 기타 특정 폭약에는 일정 압력 이상으로 압착하면 점화해도 연소는 하나, 폭발하지 않는다. 이 압력 또는 현상을 사압이라 한다.
④ 순폭 : 한 개의 폭약이 폭발할 때 공기, 물, 기타 매체를 통해 인접폭약이 감응폭발하는 현상이다.

47 비전기식 뇌관의 점화용이며 사용 전 15cm를 자르는 것은?

① 펜트리트
② 다이너마이트
③ 도화선
④ 도폭선

해설
비전기식 뇌관 점화용 도화선은 6ft 이상의 길이로 사용하며 사용 전에 끝에서 15cm(6inch) 정도를 잘라낸다.

48 와이어로프(Wire Rope)의 파단력(BS) 산출공식은?(단, D는 직경, C는 원주, 단위는 ton)

① BS = $D^2 \times 4$
② BS = $D^2 \times 7$
③ BS = $C^2 \times 1.2$
④ BS = $C^2 \times 4$

해설
파단력(BS) = $C^2 \times 4$ton

49 다음 중 산소치료표에 해당되지 않는 것은?

① 표 2A   ② 표 5
③ 표 6A   ④ 표 6

해설
산소치료표의 종류
- 표 5(2시간 15분)
- 표 6(4시간 45분)
- 표 6A(5시간 19분)
- 표 4(38시간 11분, 산소와 공기 겸용)
- 표 7(36시간)
- 표 8(헬륨-산소 혼합기체잠수의 폐초과팽창증상 치료표)

50 수중작업 시 폭약을 사용하는 장점으로 틀린 것은?

① 장비의 간단함
② 경제적이며 빠른 진행속도
③ 노동력 감소
④ 고도의 훈련된 인력 불필요

해설
수중작업 시 폭약을 사용하는 단점
- 고도의 훈련된 인력 필요
- 까다로운 안전수칙 준수 요구
- 언제나 위험성이 따름

51 비전기식 뇌관의 기폭제인 도화선(Safety Fuse)의 사용 전 연소시간을 산출해야 하는 이유 중 가장 적합한 것은?

① 예민도 측정 때문이다.
② 성능 및 강도검사 때문이다.
③ 대피 시간 측정 때문이다.
④ 강력한 효과를 얻기 위해서이다.

52 발파에 관련한 설명으로 옳지 않은 것은?

① 수중발파는 해저암의 상태에 따라 내부 장약발파인 천공발파와 외부 장약발파인 표면발파로 구분한다.
② 잠수사에 의한 천공에는 주로 착암기를 사용하며, 좁은 지역이나 정밀도가 요구되는 경우에 적절하다.
③ 1~6개의 자유면이 존재하며, 자유면의 수가 적을수록 발파효과가 크다.
④ 소할발파법에는 천공법, 복토법, 사공법 등이 있으며 천공법이 가장 양호하다.

해설
면의 수에 따라 1~6개의 자유면이 있다. 자유면의 수가 많을수록 동일한 장약량으로 발파할 경우 파쇄효과가 좋아진다.

정답 48 ④ 49 ① 50 ④ 51 ③ 52 ③

53 폭굉의 특징이 아닌 것은?

① 기체에서 고체로 변화
② 폭속이 최초에는 낮지만 나중에는 일정해짐
③ 폭속은 1,000m/s 이상
④ 폭약의 충격, 마찰, 가열 등에 의한 폭발

54 잠수작업 및 작업 전후 보조사(Tender)가 하는 작업 및 기본 준비 사항에 대한 설명으로 틀린 것은?

① 생명줄을 잠수사의 활동력을 감안하여 최소 3m 이상의 여유를 준다.
② 생명줄을 8자로 사린다.
③ 공기 호스가 얼마 정도 풀려나갔는지 알고 있어야 한다.
④ 호스를 통해 오는 감각으로 잠수사의 움직임을 알 수 있어야 한다.

> **해설**
> 잠수작업 중에 생명줄이 장력을 유지해야 할 상황이 아니라면 보조사는 생명줄에 1~1.5m 여유를 주어 잠수사의 활동에 지장을 주지 않아야 한다.

55 탐색신호 중(탐색줄을 사용치 않을 때) "정지하여 너 있는 곳을 탐색하라"의 신호 방법은?

① 1번 당김 ② 2번 당김
③ 3번 당김 ④ 4번 당김

> **해설**
> **탐색신호(탐색줄 없이)**
> • 1번 당김 : 정지하여 너의 주위를 살펴라.
> • 2번 당김 : 줄을 늦추면 보조사로부터 멀리가고, 줄을 당기면 보조사 쪽으로 오라.
> • 3번 당김 : 보조사를 향하여 서서 오른편으로 가라.
> • 4번 당김 : 보조사를 향하여 서서 왼편으로 가라.
> • 7번 당김 : 탐색 시작, 탐색 끝

56 물안경 압착을 방지하려면 어떻게 해야 하는가?

① 코로 공기를 물안경 속으로 불어 넣는다.
② 물안경을 꽉 조여 맨다.
③ 물안경을 느슨하게 맨다.
④ 좋은 물안경을 쓴다.

> **해설**
> 물안경에 의한 얼굴의 압착은 코를 통해 공기를 불어 넣는 것으로 방지할 수 있다. 물안경의 압착을 느낄 경우 언제든지 실시한다.

57 수중촬영 시 주의사항으로 가장 거리가 먼 것은?

① 카메라가 흔들리지 않도록 해야 한다.
② 정확하게 피사체의 앵글을 잡아야 한다.
③ 가능한 피사체를 크게 찍는 것이 좋다.
④ 산호초에 몸을 단단히 지지하고 촬영을 해야 한다.

58 해난구조방법 결정 시 고려사항으로 가장 거리가 먼 것은?

① 구조를 위한 경비
② 선박의 파손상태
③ 동원 가능한 인원
④ 장비구매계획

[해설]
해난구조의 조사 및 구조계획 수립사항
• 경제성(구조를 위한 경비 인양 후 선박수리 및 보수의 적합성)
• 선박의 형태와 적재물(설계도 및 적재물의 종류와 상태)
• 인원과 장비(사용가능한 장비와 인원)
• 좌초선의 파손상태
• 수심(작업현장의 환경여건)

59 우리나라에서 10년 이상 된 스쿠버용 공기통은 몇 년마다 수압검사를 받아야 하는가?

① 3년　　② 7년
③ 10년　　④ 15년

[해설]
수압검사
• 10년 이하는 매 5년에 1회 검사
• 10년 이상은 3년에 1회 검사

60 「고기압 작업에 관한 기준」 제6조(잠수시간)에서는 사업주는 잠수작업을 하도록 할 때의 잠수시간을 기준으로 명시하고 있다. 잠수작업 시 근로시간에 대한 내용이 옳은 것은?

① 1일 2시간, 1주 18시간을 초과하지 아니할 것
② 1일 5시간, 1주 24시간을 초과하지 아니할 것
③ 1일 6시간, 1주 34시간을 초과하지 아니할 것
④ 1일 8시간, 1주 40시간을 초과하지 아니할 것

[해설]
잠수시간(고기압 작업에 관한 기준 제6조)
㉠ 사업주는 근로자에게 잠수작업을 하도록 할 때에는 다음에서 정하는 1일 잠수시간을 준수하여야 한다.
1. 공기를 호흡용 기체로 사용하는 잠수작업의 경우(이하 공기 잠수작업) 다음에서 정하는 잠수시간을 초과하지 아니할 것
   • 별표 4에서 수심별로 정하는 최장 잠수시간을 초과하지 아니할 것
   • 잠수작업이 1일 1회 이루어지는 경우에는 실제 실시한 잠수시간과 다음 어느 하나에 해당하는 시간(이하 감압시간)을 합한 시간이 1일 6시간을 초과하지 아니할 것
     − 물속에서 감압하는 경우 : 제8조에 따라 부상을 하는 데에 걸리는 시간
     − 기압조절실을 이용하여 감압하는 경우 : 제8조에 따라 부상을 하는 데에 걸리는 시간과 제9조에 따라 기압조절실에서 감압을 하는 데에 걸리는 시간을 합한 시간
   • 잠수작업이 1일 1회를 초과하는 때에는 각 회별 잠수시간과 감압시간을 모두 합한 시간이 1일 6시간을 초과하지 아니할 것
2. 헬륨과 산소를 혼합한 기체를 호흡용 기체로 사용하는 잠수작업(이하 혼합기체 잠수작업)의 경우 별표 5에서 수심별로 정하는 최장 잠수시간을 초과하지 아니할 것
㉡ 사업주는 근로자에게 잠수작업을 하도록 할 때에는 각 회별 잠수시간과 감압시간을 모두 합한 시간이 1주 34시간을 초과하지 아니하도록 하여야 한다.

2018년 제4회 과년도 기출복원문제

01 "SAE 10"이 나타내는 것은 무엇인가?

① 윤활유의 비중
② 윤활유의 색깔
③ 윤활유의 점도
④ 윤활유의 온도

해설
SAE 번호는 점도를 나타낸다.

02 풀리지 않도록 끝줄을 원줄의 밑으로 넣어 뽑는 결색으로, 당길수록 조여지는 매듭이며 주로 작업현장에서 유용하게 사용되는 결색은?

① 올가미 매듭(Bow Line)
② 압박 매듭(Constrictor Knot)
③ 닻줄 매듭(Anchor Bend)
④ 겹감아 매듭(Rolling Hitch)

해설
① 올가미 매듭(Bow Line) : 임시 고리, 인명구조용으로 많이 사용하는 매듭이다.
③ 닻줄 매듭(Anchor Bend) : 닻고리나 부표 고리에 줄을 맬 때 사용한다.
④ 겹감아 매듭(Rolling Hitch) : 매끄러운 기둥과 같은 원형 물체를 이동시킬 때 가장 적합한 결색이다.

03 탐색 면적이 좁고 수중 시정이 불량한 심해에서 가장 적합한 탐색방법은?

① 서클링 탐색
② 잭스테이 탐색
③ 사자스 탐색
④ 텐더드 탐색

해설
수중탐색
• 서클링(원) 탐색 : 수중 시정이 불량한 심해에서 탐색 면적이 좁고 수심이 깊을 때 사용한다.
• 사자스(수영자 예인) 탐색 : 수중 시정이 불량한 심해에서 탐색 면적이 넓은 지역에 사용한다.
• 텐더드 탐색 : 조류가 세고 탐색 면적이 넓은 곳에 적합한 탐색이다.
• 잭스테이 탐색 : 수중 시정이 좋고 탐색 면적이 넓은 곳에 적합한 탐색이다.

04 슈퍼라이트 헬멧의 역지밸브(Non Return Valve) 검사는 언제 하는가?

① 매일 첫 잠수 전
② 잠수 후 세척 시
③ 일주일 간격으로
④ 잠수 후 보관 시 한 번씩

해설
매 잠수일 첫 잠수 전에 검사한다.

1 ③ 2 ② 3 ① 4 ① 정답

05 잠수 중 소리가 수중의 어느 곳에서 발생하는지 구분하기 어려운 주된 이유는?

① 수압으로 고막이 영향을 받기 때문이다.
② 물속에서는 소리가 전달되지 않기 때문이다.
③ 물속에서는 소리가 매우 빠르게 전달되기 때문이다.
④ 물의 무게는 고막을 찌그러뜨리기 때문이다.

해설
수중에서는 소리가 지상보다 약 4배 빠르게 전달된다. 즉, 음의 진원지 방향을 판단하는 것이 어려운 이유는 공기 중에서는 매초 340m의 속도로 전달되는 소리가 물속에서는 그 4배의 속도로 전달되기 때문이다.

06 잠수사가 수중작업 중 사용하는 비상신호인 "나를 즉시 상승시켜라"의 줄신호는?

① 1-1-1 ② 2-2-2
③ 3-3-3 ④ 4-4-4

해설
④ 4-4-4 : 나를 즉시 상승시켜라. 위급하다.
② 2-2-2 : 나는 엉켰다. 다른 잠수사의 도움이 필요하다.
③ 3-3-3 : 나는 엉켰다. 그러나 혼자서 풀 수 있다.

07 감압병의 증상 중 가장 많이 발생하는 것은?

① 관절통 ② 현기증
③ 신경마비 ④ 의식 상실

해설
빠른 속도로 상승하면 갑작스러운 수압 차이로 인해 이미 인체에 용해된 질소가 과포화 상태가 되어 혈액과 조직 속에 기포를 형성한다. 기포는 인체 구조상 혈액순환이 느린 곳에서 잘 발생하며, 가장 흔하게 모이는 장소는 관절 부위이다.

08 스쿠버용 공기통의 수압검사는 상용압력보다 약 몇 배까지 올려 검사하는가?

① 1.4배 ② 1.7배
③ 2.0배 ④ 2.4배

해설
수압검사를 할 때는 상용압력×1.7배로 압력을 올려 약 30초간 유지했다가 압력을 감소시키면 상태가 양호한 공기통은 정상으로 돌아오지만 비정상적인 공기통은 원래대로 돌아오지 않는다.

09 잠수 도중 호흡을 멈추거나 의식적으로 호흡량을 줄였을 때 두통, 구토 등의 증상이 일어나는 원인은?

① 이산화탄소 중독
② 일산화탄소 중독
③ 산소 중독
④ 기체색전증

해설
이산화탄소 중독
인체의 신진대사 과정에서 발생되는 이산화탄소(CO_2)는 호흡을 통해 배출되어야 한다. 그러나 불충분한 호흡으로 이산화탄소가 배출되지 않아 몸속에 축적되면 다양한 증상을 일으키게 된다.
• 원인 : 수중에서 잠수사가 공기를 아끼기 위하여 숨을 참으면서 호흡할 때 탄산가스가 축적된다.
• 증상 : 호흡곤란, 두통, 현기증, 기절

정답 5 ③ 6 ④ 7 ① 8 ② 9 ①

10 수중 용접작업 중 전선의 불량으로 인해 인체에 흐르는 전류가 잠수사의 근육수축을 유발하고, 지배력을 상실하게 하는 전류량으로 가장 적절한 것은?

① 1mA 이내
② 2~5mA
③ 5~10mA
④ 10~20mA

해설
전류별 영향
- 10mA : 견디기 힘든 고통
- 20mA : 근육수축
- 50mA : 사망 우려
- 100mA : 치명적

11 질소마취증상과 가장 거리가 먼 것은?

① 몸이 나른해지고 정신이 흐려진다.
② 술에 취한 것과 비슷해진다.
③ 기분이 좋아지기도 하고 엉뚱한 행동을 한다.
④ 시야가 좁아진다.

해설
질소마취증상
처음에는 술에 취한 것처럼 느껴지지만 수심이 깊어질수록 사고력, 판단력, 추리력, 기억력이 점차 흐려진다. 수심 30m 이하부터 증세가 나타나며 저항력은 각 개인차가 있다.

12 피복제(Flux)의 설명 중 가장 적합한 것은?

① 전극봉의 강도를 높게 한다.
② 아크를 시작하고 계속 유지시킨다.
③ 절연을 방지한다.
④ 전기가 봉의 밖으로 계속 흐르도록 유지한다.

해설
피복제는 아크열에 의해 분해되어 아크를 안정되게 하고, 가스(CO_2, CO) 또는 슬래그를 발생시켜 용융금속이 대기 중의 산소나 질소와 접촉하는 것을 막아 산화 및 질화를 방지하며(중성 또는 환원성 분위기를 만듦), 적당한 화학반응에 의하여 용접금속은 정련된다.

13 해면상에 작용하는 절대기압은?

① 4기압　　② 3기압
③ 2기압　　④ 1기압

해설
해면에서의 표준대기압을 절대압력으로 나타내면 1기압이다.

14 1기압의 공기 중 산소가 차지하고 있는 부분압은?

① 0.21기압　　② 1.21대기압
③ 0.79기압　　④ 1기압

해설
1대기압의 공기가 산소 21%, 질소 79%로 구성되었다고 할 때, 산소의 부분압은 0.21대기압이고, 질소의 부분압은 0.79대기압이 된다.

15 수중 절단 시 사용되는 산소의 설명 중 잘못된 것은?

① 순도는 99.5% 이상이어야 한다.
② 순도가 1% 떨어지면 절단능력은 25% 감소된다.
③ 산소통은 녹색이며, 좌선나사이다.
④ 산소 자체는 연소하는 성질이 없고, 다른 물질의 연소를 돕는 조연체의 기체이다.

해설
③ 산소통은 녹색이며, 우선나사를 사용한다.

16 수중 용접 절단 시 정극성일 경우 음(-)극의 연결은 어디에 하는가?

① 작업물
② 특별한 구분이 없다.
③ 홀더나 토치
④ 접지 클램프

17 다음 중 여름철에 사용할 공기압축기의 오일로 가장 적합한 것은?

① SAE 10
② SAE 30
③ SAE 10W
④ SAE 20W

해설
오일의 점도
- 여름 : SAE 30
- 겨울 : SAE 10W
- 영하 15℃ 이하 : SAE 5W

18 잠수사에게 체온의 손실을 가져오는 1차적인 열의 이동요인은?

① 전 도   ② 대 류
③ 복 사   ④ 열하락층

해설
① 전도 : 직접적인 접촉에 의해 열이 이동하는 것이다.
② 대류 : 유동적인 열의 움직임으로 열이 이동하는 것이다.
③ 복사 : 에너지의 전자 파장에 의해 전달되는 열이다.

19 부피가 일정할 때는 온도 증가와 더불어 기체의 압력도 증가한다는 법칙은?

① 보일법칙   ② 샤를법칙
③ 돌턴법칙   ④ 헨리법칙

해설
② 샤를법칙 : 부피가 일정할 때는 온도 증가와 더불어 기체의 압력도 증가한다는 법칙
① 보일법칙 : 절대온도 하에서 압력과 부피는 반비례한다는 기체의 법칙
③ 돌턴법칙 : 일정한 용기 안에 들어 있는 혼합기체의 전체 압력은 각 구성기체의 부분압의 합과 같다는 법칙
④ 헨리법칙 : 일정한 온도에서 일정 부피의 액체 용매에 녹는 기체의 질량, 즉 용해도는 용매와 평형을 이루고 있는 그 기체의 부분압력에 비례한다는 법칙

정답 15 ③ 16 ③ 17 ② 18 ① 19 ②

20 호흡기체 중에 이산화탄소 함유량이 많을 때 감압병에 미치는 영향에 관한 설명으로 가장 적합한 것은?

① 아무런 영향을 주지 않는다.
② 감압병 발생을 증가시킨다.
③ 감압병 발생을 감소시킨다.
④ 단지 감압병의 증상을 악화시킨다.

> **해설**
> 이산화탄소 중독은 감압병에 걸릴 위험을 증가시키므로, 중독 증상을 느끼는 다이버는 따뜻하게 해 주어야 한다.

21 높은 지대에 위치한 호수 등에 잠수했을 때 소요되는 감압시간을 바다와 동일한 조건으로 잠수를 했을 때와 비교한 내용으로 옳은 것은?

① 높은 지대에서의 잠수는 더 긴 감압시간이 필요하다.
② 높은 지대에서의 잠수는 더 짧은 감압시간이 필요하다.
③ 높은 지대의 물이 민물일 때는 더 짧은 감압시간이 필요하다.
④ 감압시간에는 차이가 없다.

> **해설**
> 높은 지대에 있는 호수나 저수지에서 잠수할 경우 그 수면에서의 대기압은 1대기압보다 낮다. 그러므로 더 긴 감압시간이 필요하다. 이때는 1대기압에서 잠수하는 것을 기준으로 만들어진 표준잠수표를 그 지대의 대기압에서 따라 환산해서 사용해야 한다.

22 중증 감압병 환자나 기체색전증 환자를 재압 체임버가 있는 의료시설로 옮길 때의 주의사항 중 틀린 것은?

① 가능하면 100% 산소를 공급한다.
② 비행기로 옮길 때는 가능한 한 낮게 비행하도록 한다.
③ 머리를 다리보다 높게 하여 후송한다.
④ 가급적 최대한 빠르게 후송한다.

> **해설**
> 이송 시 환자의 머리를 낮게 하고, 다리는 높게 한 상태에서 100% 산소를 호흡한다. 재압 체임버까지 이동하여 즉시 재압치료를 한다.

23 다음 중 감압병 환자를 치료하는 방법으로 가장 적합한 것은?

① 즉시 재압실에 수용하고 치료한다.
② 즉시 수중 감압을 실시한다.
③ 뜨거운 물로 찜질한다.
④ 즉시 진정제를 투여한다.

> **해설**
> 감압병으로 의심이 되면 재압실로 이동하여 재압치료를 받아야 한다.

24 잠수복이 몸에 비해 큰 경우 잠수복 안으로 들어온 물이 체온에 의해 데워지지만 곧 외부의 찬물과 교환되어 체온이 급격하게 떨어지게 된다. 이러한 물의 온도 변화와 가장 관계가 깊은 현상은?

① 대 류 ② 복 사
③ 증 발 ④ 전 도

해설
① 대류 : 유동적인 열의 움직임으로 열이 이동하는 것을 말한다.
② 복사 : 에너지의 전자 파장에 의해 전달되는 열이다.
③ 증발 : 물이 수증기로 변해 공기 중으로 돌아가는 현상이다.
④ 전도 : 직접적인 접촉에 의해 열이 전달되는 것을 말한다.

25 메탈아크(Metal-arc) 절단법에 관한 설명으로 옳지 않은 것은?

① 고열에 의한 용해 절단법이다.
② 산화되는 절단법이다.
③ 비철금속의 절단에 효과적이다.
④ 높은 전류가 필요하다.

해설
메탈아크 절단법은 산소아크 절단법에서 쉽게 산화되지 않았던 금속들, 즉 비철금속을 절단할 때 사용된다.

26 다음 중 잠수종의 하잠률로 가장 적합한 것은?

① 하잠률 10fpm
② 하잠률 50fpm
③ 하잠률 75fpm
④ 하잠률 125fpm

해설
잠수종의 하잠률과 상승률은 표준공기감압표와 동일하다(하잠률 : 75fpm, 상승률 : 30fpm).

27 수중 촬영 시 수중카메라에 장착되는 렌즈와 가장 거리가 먼 것은?

① 오목렌즈 ② 광각렌즈
③ 표준렌즈 ④ 접사렌즈

해설
수중 촬영 시 카메라에 사용되는 렌즈 : 표준렌즈, 광각렌즈, 망원렌즈, 매크로(접사)렌즈, 줌렌즈

28 와이어로프(Wire Rope)의 파단력(BS) 산출공식은?(단, D는 직경, C는 원주, 단위는 ton)

① $BS = D^2 \times 4$
② $BS = D^2 \times 7$
③ $BS = C^2 \times 1.2$
④ $BS = C^2 \times 4$

해설
파단력(BS) = $C^2 \times 4$ton

정답 24 ① 25 ② 26 ③ 27 ① 28 ④

29 수중작업 중 폭약 사용의 장점이 아닌 것은?

① 숙달된 수중 폭약 기술자가 필요 없다.
② 작업 진행 속도가 절약된다.
③ 노동력의 감소효과가 있다.
④ 장비가 간편하다.

해설
폭약 사용의 장단점

장 점	• 작업 진행시간이 절약된다. • 경제적이고, 노동력이 감소된다. • 장비가 간단하다.
단 점	• 고도로 훈련된 기술자가 필요하다. • 까다로운 안전수칙 준수가 요구된다. • 언제나 위험성이 따른다.

30 수중에서 해난구조를 위한 방수작업 중 콘크리트를 사용하고자 할 때, 빨리 응고시키기 위해 일반적으로 사용하기에 가장 적절한 골재 배합의 배율은?(단, 시멘트, 모래, 자갈의 순서이다)

① 1.5 : 1 : 2
② 1.5 : 2 : 1
③ 2 : 1.5 : 1
④ 1 : 1.5 : 2

31 수중 용접 시 양(+)극의 전원은 어디에 연결하는가?

① 홀 더   ② 접지선
③ 산소조절기   ④ 리액터

해설
(+)극은 접지선에 연결하고 (−)극은 전극봉에 연결한다.

32 파도(Wave)의 특성에 대한 설명이 틀린 것은?

① 절벽이나 방파제를 만나면 반사파가 생긴다.
② 해변이나 암초 지역에서는 쇄파(Break)현상이 생긴다.
③ 수심이 깊은 곳일수록 영향이 크게 미친다.
④ 진행 방향에 섬 등의 돌출부가 있으면 회절현상이 일어난다.

해설
파도는 수심이 깊은 곳에서는 속도가 빠르고 얕은 곳에서는 느려진다.

33 도화선이나 도폭선을 사용 전 끝에서 15cm(6inch) 정도 절단해야 하는 이유는?

① 침수 및 부식의 우려 때문
② 폭발의 위험 때문
③ 끝단에는 안전을 위해 이물질로 채워졌기 때문
④ 내수성 제재로 되어 있기 때문

정답 29 ① 30 ④ 31 ② 32 ③ 33 ①

34 다음 계기 중 잠수에서의 필요성과 가장 거리가 먼 것은?

① 수온계　　② 잔압계
③ 수심계　　④ 나침반

해설
① 수온계 : 현재 수온을 나타낸다.
② 잔압계 : 현재 실린더 안의 공기 잔량을 나타낸다.
③ 수심계 : 현재의 수심을 보여 준다.
④ 나침반 : 수중에서 방향을 지시함으로써 원하는 방향을 찾을 수 있다.

35 다음 중 KMB 밴드마스크의 장점이 아닌 것은?

① 헬멧에 비하여 가격이 저렴하다.
② 가볍고 사용이 간편하다.
③ 활동성이 헬멧에 비해 좋은 편이다.
④ 머리 전체를 단단한 재질로 보호해 준다.

해설
④는 헬멧의 장점이다.
밴드마스크의 장점
• 헬멧에 비해 가격이 저렴하다.
• 착용이 간편하다.
• 가볍고, 물의 저항이 작아 활동성이 자유롭다.
• 제품에 따라 혼자 착용할 수 있다.

36 KMB 밴드마스크와 헬멧에서 역지밸브(One-way Valve)의 역할은?

① 기체 공급 호스의 압력이 높아지지 않게 한다.
② 비상 기체통의 기체를 공급한다.
③ 잠수사에게 압착이 일어나지 않게 한다.
④ 안면창의 김 서림을 제거한다.

해설
역지밸브는 헬멧 내부 또는 밴드마스크 내부에 공급되는 기체를 일정하게 흐르도록 유지해 주며, 주기체 공급이 차단되었을 때 잠수사의 안면 압착과 물의 유입을 방지해 준다(압착병 방지).

37 절대압력 1기압은 계기압력으로 몇 기압인가?

① 0기압　　② 1기압
③ 2기압　　④ 10기압

해설
절대압은 계기압에 대기압을 더한 것으로 계기압보다 항상 1기압이 더 크다. 즉, 계기압이 0기압이면 절대압력은 1기압이다.

38 수심 45m에서 KMB 밴드마스크로 2명의 잠수사가 잠수작업을 한다면 표면에서 보내 주어야 할 최소 공기압력은?

① 약 $12kg/cm^2$　　② 약 $14kg/cm^2$
③ 약 $15kg/cm^2$　　④ 약 $16kg/cm^2$

해설
$45 \times 0.1025 + 11.5 = 16.1125$
약 $16kg/cm^2$이다.

39 다음 중 스쿠버 실린더 밸브의 구성 부품이 아닌 것은?

① 다이어프램(Diaphragm)
② 오링(O-ring)
③ 밸브 스노클(Valve Snorkel)
④ 안전판(Burst Disk)

해설
판막(Diaphragm)은 호흡조절기의 구성품이다.

40 호흡 정지 잠수(거식잠수)를 하는 해녀의 경우 감압병의 발생 여부에 대한 설명으로 가장 옳은 것은?

① 15m 이상 잠수 시 발생한다.
② 3분 이상 잠수 시 발생한다.
③ 반복해서 잠수 시 발생한다.
④ 어떠한 경우에도 발생하지 않는다.

해설
감압병(Decompression Sickness)
잠수 중 인체에 과다하게 축적된 질소가 수면으로 급상승하거나 짧은 시간에 반복잠수를 하는 잠수부의 몸속에서 질소 방울로 변하여 신경세포를 압박하거나 혈액순환을 방해함으로써 발생하는 질병이다.

41 정극성으로 결선할 때 수중 용접에서 모재에 공급되는 전극은?

① 양극(+) ② 음극(-)
③ AC전원 ④ 양극과 음극의 교차

해설
직류 아크용접에서 직류 정극성과 역극성의 특징

직류 정극성(DCSP) 모재 : (+), 용접봉 : (-)	직류 역극성(DCRP) 모재 : (-), 용접봉 : (+)
• 모재의 용입이 깊다.	• 모재의 용입이 얕다.
• 비드 폭이 좁다.	• 비드 폭이 넓다.
• 용접봉의 용융이 늦다.	• 용접봉의 용융이 빠르다.
• 일반적으로 널리 쓰인다.	• 주로 박판의 용접에 쓰인다.

42 일반적인 소형 선외기모터(Out Side Motor)의 운전용 연료와 윤활유의 혼합비율은?(단, 오일 혼합이 불필요한 개량형 엔진은 제외)

① 15 : 1   ② 20 : 1
③ 35 : 1   ④ 50 : 1

43 재잠수 또는 반복잠수(Repetitive Diving)란?

① 잠수 후 10분 이상 12시간 이내에 잠수하는 것
② 잠수 후 1시간 이상 6시간 이내에 잠수하는 것
③ 잠수 후 5분 이내 즉시 잠수하는 것
④ 잠수 후 24시간 경과 후 잠수하는 것

해설
재잠수란 잠수 후 10분 이상 지난 후 12시간 이내에 실시되는 잠수이다.

정답 39 ① 40 ③ 41 ① 42 ④ 43 ①

44 해류가 있는 하류에서 상류로의 잠수방법으로 가장 적합한 것은?

① 수면에 떠서 전진한다.
② 바닥에 붙어서 전진한다.
③ 수면과 바닥을 교차하면서 유영한다.
④ 해류가 약해질 때를 기다린다.

> [해설]
> 흐름이 있는 곳에서는 흐름의 상류에서 잠수를 시작하여 하류로 떠내려가면서 잠수하면 힘이 들지 않고 편하다. 그러나 흐름을 거슬러 올라갈 때는 수면보다 바닥에 붙어 이동하는 것이 훨씬 쉽다.

45 파도 모양에 영향을 미치는 요소들과 가장 거리가 먼 것은?

① 바람의 방향
② 바람의 속도
③ 수 심
④ 수 온

> [해설]
> 파도는 바람, 지진, 바닷속의 화산 등에 의해 생기며, 파도의 발달은 바람의 세기, 지속시간, 바람이 부는 해면의 넓이와 수심, 바람의 주기적인 변동 상태에 영향을 받는다.

46 다음 중 해류를 만드는 주된 요인이 아닌 것은?

① 수온차
② 달의 인력
③ 바 람
④ 바닥의 경사도

47 잠수과정 중 현기증 발생 가능성이 가장 높을 때는?

① 잠수 직후
② 해저 도착 직후
③ 해저 출발 직후
④ 상승 중

> [해설]
> 현기증은 잠수 시 너무 빨리 상승 또는 하강할 경우에 나타난다. 원인은 양쪽 귀에서 팽창되는 공기가 유스타키오관을 통해 빠져나가는 속도가 달라서 양쪽 귀 압력에 차이가 생기기 때문이다.

48 잠수 중 몸속에 이산화탄소가 축적되는 원인과 가장 거리가 먼 것은?

① 수중에서의 심한 노동
② 호흡조절기의 과다한 저항
③ 공기를 아끼면서 호흡
④ 빠른 하잠

> [해설]
> **이산화탄소의 축적원인**
> • 초과 호흡(긴장 상태에서의 비정상적인 호흡, 너무 오래 숨을 참는 경우)
> • 수중에서 의식적으로 호흡기체를 아끼는 행위
> • 수중 호흡장비의 부적당한 환기와 호흡저항
> • 이산화탄소 제거장비의 결함(정화기 고장)
> • 호흡기체의 이산화탄소 오염 등에 의해 발생
> • 수중에서 빨리 수영하거나 중노동을 할 때

[정답] 44 ② 45 ④ 46 ④ 47 ④ 48 ④

49 침몰선에 물막이(Cofferdam) 설치 시 고려해야 하는 내용으로 가장 적합한 것은?

① 만조 시 설치하여 만조 시 배수한다.
② 만조 시 설치하여 저조 시 배수한다.
③ 저조 시 설치하여 만조 시 배수한다.
④ 저조 시 설치하여 저조 시 배수한다.

해설
물막이는 만조 시에 설치하여 저조 시에 배수한다.

50 다음 중 법률에 의한 잠수사의 1주 근로시간 기준은?

① 30시간　② 34시간
③ 38시간　④ 40시간

해설
유해·위험작업에 대한 근로시간 제한 등(산업안전보건법 제139조)
사업주는 유해하거나 위험한 작업으로서 높은 기압에서 하는 작업 등 대통령령으로 정하는 작업에 종사하는 근로자에게는 1일 6시간, 1주 34시간을 초과하여 근로하게 해서는 아니 된다.

51 수중용접 시 피복제(Flux)에 의해 가장 많이 생성되는 기체는?

① 산 소　② 질 소
③ 수 소　④ 헬 륨

52 Eye Splice에 대한 설명 중 옳은 것은?

① Eye Splice는 영구적인 고리를 만들 때 사용한다.
② Thimble 없이 만드는 것을 Hard Eye라고 한다.
③ Thimble을 사용하여 만드는 것을 Soft Eye라고 한다.
④ 20%의 강도가 감소된다.

해설
② Thimble 없이 만드는 것을 Soft Eye라고 한다.
③ Thimble을 사용하여 만드는 것을 Hard Eye라고 한다.
④ 10%의 강도가 감소된다.

정답　49 ②　50 ②　51 ③　52 ①

53 수심 20m에 있는 딱딱한 뻘 바닥에 폭 30cm, 깊이 50cm 정도의 긴 도랑을 파려고 할 때 다음 중 가장 적합한 것은?

① 공기제토기(Air Lift)
② 크레인(Crane)
③ 드릴(Drill)
④ 워터 제트(Water Jet)

해설
워터 제트
펌프 또는 압축공기를 이용해 노즐에서 뿜어내는 물줄기의 힘으로 모래, 뻘, 자갈을 해체시키는 장비로, 특히 딱딱한 뻘에서 깊이 50cm 도랑을 파는 데 용이하다.

54 공기 중 질소의 비율은 약 얼마나 되는가?

① 18%   ② 21%
③ 50%   ④ 79%

해설
공기는 산소 21%, 질소 79%로 구성되어 있다.

55 반복잠수를 해야 할 경우 깊은 곳에서부터 잠수를 시작하는 이유는 무엇을 예방하기 위해서인가?

① 기체색전증
② 산소중독
③ 감압병
④ 질소마취

56 잠수 시 발생하는 압착(Squeeze)과 기체색전증(Gas Embolism)이 관계되는 기체의 법칙은?

① 게이뤼삭의 법칙
② 헨리의 법칙
③ 돌턴의 법칙
④ 보일의 법칙

해설
보일의 법칙
• 압력 × 부피 = 일정
• 압력이 감소하면 기체의 부피는 증가하고, 압력이 증가할수록 기체의 부피는 감소한다. 동일한 공기량을 가지고 잠수하여도 수심이 깊어질수록 공기가 빨리 소모되는 것을 설명한 법칙이다.

정답 53 ④ 54 ④ 55 ③ 56 ④

57 다음 중 햇빛이 바닷속으로 침투하는 데 방해를 하는 것 중 그 영향이 가장 적은 것은?

① 파도
② 플랑크톤
③ 수온
④ 수중 부유물

해설
물속의 부유물, 플랑크톤에 의해 빛이 확산됨으로써 더욱 어두워지는 원인이 되고, 수중 사진 촬영 시 대비감이 상실된다.

58 수중의 잠수사에게 표준신호에서 탐색신호로 전환하라고 지시할 때의 줄신호는?

① 잠수사가 7번 당긴다.
② 보조사가 7번 당긴다.
③ 잠수사가 4-3번을 당긴다.
④ 보조사가 4-3번을 당긴다.

해설
탐색신호
• 탐색줄 미사용 시
 - 1번 당김 : 정지하여 너의 주위를 살펴라.
 - 2번 당김 : 줄을 늦추면 보조사로부터 멀리 가고, 줄을 당기면 보조사 쪽으로 오라.
 - 3번 당김 : 보조사를 향해 오른편으로 가라.
 - 4번 당김 : 보조사를 향해 왼편으로 가라.
 - 7번 당김 : 탐색 시작, 탐색 끝
• 탐색줄 사용 시
 - 1번 당김 : 정지하여 너의 주위를 탐색하라.
 - 2번 당김 : 추로부터 물러나라.
 - 3번 당김 : 추를 향해 오른편으로 가라.
 - 4번 당김 : 추를 향해 왼편으로 가라.
 - 7번 당김 : 탐색 시작, 탐색 끝

59 저체온증에 관한 설명으로 옳은 것은?

① 저체온증은 사지의 체온이 정상 이하로 내려간 상태를 말한다.
② 잠수 중 저체온증은 주로 따뜻한 물에서 오래 잠수할 경우 발생된다.
③ 저체온증을 예방하려면 보온이 잘되는 잠수복을 착용해야 한다.
④ 찬물에서 심한 운동을 하면 저체온증이 예방된다.

해설
저체온증은 체온이 35℃ 이하로 떨어진 상태로, 주로 찬물에 빠진 경우나 한랭한 공기, 눈, 얼음 등에 장기간 노출된 경우에 발생한다.

60 수중 시정이 좋고 탐색 면적이 넓은 곳에 적합한 탐색방법은?

① 서클링 탐색
② 잭스테이 탐색
③ 사자스 탐색
④ 텐더드 탐색

해설
수중탐색
• 서클링(원) 탐색 : 수중 시정이 불량한 심해에서 탐색 면적이 좁고 수심이 깊을 때 사용한다.
• 사자스(수영자 예인) 탐색 : 수중 시정이 불량한 심해에서 탐색 면적이 넓은 지역에 사용한다.
• 텐더드 탐색 : 조류가 세고 탐색 면적이 넓은 곳에 적합한 탐색이다.
• 잭스테이 탐색 : 수중 시정이 좋고 탐색 면적이 넓은 곳에 적합한 탐색이다.

2019년 제2회 과년도 기출복원문제

01 다음은 심폐소생술에 대한 설명이다. ( ) 안에 들어갈 내용으로 알맞은 것은?

> 심폐소생술은 가슴 압박 (㉠)회, 인공호흡 (㉡)회를 시행하는 것으로, 구급대원이 현장에 도착할 때까지 반복해서 시행한다.

① ㉠ 30, ㉡ 2
② ㉠ 20, ㉡ 3
③ ㉠ 30, ㉡ 5
④ ㉠ 20, ㉡ 2

해설
심폐소생술 시행방법
반응 확인 → 119 신고·요청 → 호흡 확인 → 가슴 압박 30회 시행 → 인공호흡 2회 시행 → 가슴 압박과 인공호흡의 반복
※ 최근에는 심폐소생술에 익숙하지 않은 일반인은 인공호흡 단계를 생략하고, 가슴 압박만 시행하도록 교육이 이루어지고 있다.

02 법으로 규정한 잠수사의 1일 최대 근로시간은?

① 4시간
② 6시간
③ 8시간
④ 수심에 따라 다르다.

해설
유해·위험작업에 대한 근로시간 제한 등(산업안전보건법 제139조)
사업주는 유해하거나 위험한 작업으로서 높은 기압에서 하는 작업 등 대통령령으로 정하는 작업에 종사하는 근로자에게는 1일 6시간, 1주 34시간을 초과하여 근로하게 해서는 아니 된다.

03 수중에서 가장 빨리 흡수되는 색은?

① 빨 강
② 주 황
③ 노 랑
④ 파 랑

해설
백색광선인 햇빛이 물을 통과할 때 물은 색깔을 하나씩 순차적으로 흡수하는데, 이는 빨강, 주황, 노랑의 순서로 가장 마지막까지 남는 색은 파랑이다.

04 해류의 속도를 나타내는 단위는?

① knot
② yd^3
③ ha
④ kPa

해설
바다에서는 '해도(바다의 지도)'를 사용한다. 해도에서는 거리 단위로 km가 아닌 '해리(海里)'를 사용하기 때문에 해도를 볼 때 편리한 노트(knot) 단위를 사용한다. 1knot는 우리가 흔히 속력을 나타낼 때 쓰는 단위인 km/h로 나타내면 1.852km/h로 한 시간에 지구 위도 45°에서의 1분에 해당하는 해면상의 거리인 1해리(1,852m)를 갈 수 있는 속도이다.

정답 1 ① 2 ② 3 ① 4 ①

05 수중작업 시 폭약을 사용하는 장점으로 틀린 것은?

① 장비의 간단함
② 경제적이며 빠른 진행속도
③ 노동력 감소
④ 고도의 훈련된 인력 불필요

> **해설**
> **수중작업 시 폭약 사용의 장단점**
>
> | 장점 | • 작업 진행 시간이 절약된다.
• 경제적이고 노동력이 감소된다.
• 장비가 간단하다. |
> |---|---|
> | 단점 | • 고도로 훈련된 기술자가 필요하다.
• 까다로운 안전수칙 준수가 요구된다.
• 언제나 위험성이 따른다. |

06 수중용접 시 피복제(Flux)에 의해 가장 많이 생성되는 기체는?

① 산 소
② 질 소
③ 수 소
④ 헬 륨

07 Eye Splice에 대한 설명 중 옳은 것은?

① Eye Splice는 영구적인 고리를 만들 때 사용한다.
② Thimble 없이 만드는 것을 Hard Eye라고 한다.
③ Thimble을 사용하여 만드는 것을 Soft Eye라고 한다.
④ 20%의 강도가 감소된다.

> **해설**
> ② Thimble 없이 만드는 것을 Soft Eye라고 한다.
> ③ Thimble을 사용하여 만드는 것을 Hard Eye라고 한다.
> ④ 10%의 강도가 감소된다.

08 수심 20m에 있는 딱딱한 뻘 바닥에 폭 30cm, 깊이 50cm 정도의 긴 도랑을 파려고 할 때 다음 중 가장 적합한 것은?

① 공기제토기(Air Lift)
② 크레인(Crane)
③ 드릴(Drill)
④ 워터제트(Water Jet)

> **해설**
> **워터제트**
> 펌프 또는 압축공기를 이용해 노즐에서 뿜어내는 물줄기의 힘으로 모래, 뻘, 자갈을 해체시키는 장비로, 특히 딱딱한 뻘에서 깊이 50cm 도랑을 파는 데 용이하다.

09 "SAE 10"이 나타내는 것은 무엇인가?

① 윤활유의 비중
② 윤활유의 색깔
③ 윤활유의 점도
④ 윤활유의 온도

> **해설**
> SAE 번호는 점도를 나타낸다.

정답 5 ④ 6 ③ 7 ① 8 ④ 9 ③

10 슈퍼라이트 헬멧의 역지밸브(Non Return Valve) 검사는 언제 하는가?

① 매일 첫 잠수 전
② 잠수 후 세척 시
③ 일주일 간격으로
④ 잠수 후 보관 시 한번씩

해설
슈퍼라이트 헬멧의 역지밸브 검사는 매일 첫 잠수 전에 한다.

11 기체압축기(Air Compressor)에 대한 설명으로 옳지 않은 것은?

① 기체압축기를 선택하는 데 있어서 가장 중요한 것은 상용압력과 토출량이다.
② 기체압축기는 일반적으로 $63kg/cm^2$ 미만이냐 이상이냐에 따라 크게 고압용과 저압용으로 구분한다.
③ 표면공급식 잠수에 사용되는 기체압축기는 저압용으로서 압력은 약 $20kg/cm^2$ 미만으로 압력이 특별히 높을 필요성은 없다.
④ 표면공급식 잠수에 사용되는 기체압축기는 반드시 호흡용으로 사용할 필요는 없다.

해설
기체압축기는 사용용도에 따라 호흡용과 공업용으로 나누어지는데, 표면공급식 잠수에 사용되는 기체압축기는 반드시 호흡용을 사용해야 한다.

12 공기 중 질소의 비율은 약 얼마나 되는가?

① 18%   ② 21%
③ 50%   ④ 79%

해설
공기는 산소 21%, 질소 79%로 구성되어 있다.

13 파도의 모양에 영향을 미치는 요소들과 가장 거리가 먼 것은?

① 바람의 방향
② 바람의 속도
③ 수 심
④ 수 온

해설
파도는 바람, 지진, 바닷속의 화산 등에 의해 생기며, 파도의 발달은 바람의 세기, 지속시간, 바람이 부는 해면의 넓이와 수심, 바람의 주기적인 변동 상태에 영향을 받는다.

14 다음 중 여름철에 사용할 공기압축기의 오일로 가장 적합한 것은?

① SAE 10
② SAE 30
③ SAE 10W
④ SAE 20W

해설
오일의 점도
• 여름 : SAE 30
• 겨울 : SAE 10W
• 영하 15℃ 이하 : SAE 5W

15 감압병의 증상 중 가장 많이 발생하는 것은?

① 관절통
② 현기증
③ 신경마비
④ 의식 상실

해설
물속에서 수면을 향해 빠른 속도로 상승하면 갑작스러운 수압 차이로 인해 이미 인체에 용해된 질소는 과포화 상태가 되어 혈액과 조직 속에 기포를 형성한다. 기포는 인체의 구조상 혈액순환이 느린 곳에서 잘 발생하며, 가장 흔하게 모이는 장소는 관절 부위이다.

16 해류의 생성원인으로 가장 거리가 먼 것은?

① 수온의 차이
② 지진과 화산 폭발
③ 지구의 회전
④ 바 람

해설
해류는 바람이나 해면의 경사 또는 해수의 밀도 등에 의해 생기고, 대륙 및 지구 자전의 영향을 받아서 거의 일정한 방향으로 오른다.

17 스쿠버용 공기통의 수압검사는 상용압력보다 약 몇 배까지 올려 검사하는가?

① 1.4배 ② 1.7배
③ 2.0배 ④ 2.4배

해설
수압검사를 할 때는 상용압력 × 1.7배로 압력을 올려 약 30초간 유지했다가 압력을 감소시키면 상태가 양호한 공기통은 정상으로 돌아오지만 비정상적인 공기통은 원래대로 돌아오지 않는다.

18 감압병에 대한 설명으로 적합하지 않은 것은?

① 케이슨병 혹은 벤즈라고도 한다.
② 약자로 DCS(DeCompression Sickness)라고 한다.
③ 대부분 표면에 상승한 후 증상이 즉시 나타난다.
④ 증상이 주로 일어나는 부위는 팔과 다리의 관절 부분이다.

해설
감압병과 공기색전증의 구분

구 분	감압병	공기색전증
발병 시간	10분 이후	해면에 도착한 전후 수초 내지는 10분 이내

19 급격한 압력의 변화에 따라 폐포 파열로 기포가 형성되어 혈류의 흐름을 차단하는 증세는?

① 감압증(Decompression Sickness)
② 공기색전증(Air Embolism)
③ 질소마취(Nitrogen Narcosis)
④ 산소중독(Oxygen Poisoning)

해설
공기색전증
폐 파열로 인해 폐로부터 빠져 나온 공기 기포가 뇌동맥으로 들어가 뇌로 통하는 혈액의 흐름을 차단하는 것이 원인이다. 빠른 속도로 상승하였을 경우 수면에서 즉시 발생하며 피를 흘리며 기절할 수 있다. 기포가 뇌로 들어가 혈관을 차단할 경우 현기증, 마비, 의식 상실 등은 물론 치명적인 상태에 이를 수도 있다.
※ 감압병과 공기색전증을 크게 두 가지로 분류하는 기준은 발병시간이다.

20 재잠수 또는 반복잠수(Repetitive Diving)란?

① 잠수 후 10분 이상 12시간 이내에 잠수하는 것
② 잠수 후 1시간 이상 6시간 이내에 잠수하는 것
③ 잠수 후 5분 이내 즉시 잠수하는 것
④ 잠수 후 24시간 경과 후 잠수하는 것

> **해설**
> 재잠수란 잠수 후 10분 이상 지난 후 12시간 이내에 다시 실시되는 잠수를 말한다.

21 반복잠수를 해야 할 경우 깊은 곳에서부터 잠수를 시작하는 이유는 무엇을 예방하기 위해서인가?

① 기체색전증 ② 산소중독
③ 감압병   ④ 질소마취

22 해수 33ft(10m)에서의 절대압력은?

① 10.4psi
② 12.4psi
③ 29.4psi
④ 44.1psi

> **해설**
> 수중의 압력을 나타낼 때 사용하는 절대압력은 수압과 대기압의 합이다.
> 14.7 + 14.7 = 29.4psi

23 다음 중 상승 시 압력과 관계있는 증상이 아닌 것은?

① 공기색전증(Air Embolism)
② 피하기종(Emphysema)
③ 기흉(Pneumothorax)
④ 마스크 압착(Mask Squeeze)

> **해설**
> 마스크 압착은 하강 시 발생한다.

24 체임버의 기본 밸브 색깔 중 틀린 것은?

① 산소공급 : 녹색
② 공기공급 : 회색
③ 공기배출 : 은색
④ 헬륨-산소 : 오렌지색

> **해설**
> 체임버의 기체 표시와 도색
>
> | 기체 배관 | 기체 표시 | 도 색 |
> |---|---|---|
> | 헬 륨 | He | 담황색(Buff) |
> | 산 소 | O_2 | 녹색(Green) |
> | 헬륨-산소 혼합 | $He-O_2$ | 오렌지색(Orange) |
> | 질 소 | N | 밝은 회색(Light Gray) |
> | 배 기 | E | 은색(Silver) |
> | 고압공기 | AHP | 검은색(Black) |
> | 저압공기 | ALP | |

25 물의 열전도율을 공기와 비교하면?

① 같다.
② 낮다.
③ 높다.
④ 온도에 따라 높거나 낮음이 달라진다.

해설
물의 열전도율은 공기에 비해 25배 정도 높다.

26 수중용접작업 중 전선의 불량으로 인해 인체에 흐르는 전류가 잠수사의 근육 수축을 유발하고 지배력을 상실케하는 전류량으로 가장 적절한 것은?

① 1mA 이내
② 2~5mA
③ 5~10mA
④ 10~20mA

해설
전류별 영향
- 10mA : 견디기 힘든 고통
- 20mA : 근육 수축
- 50mA : 사망 우려
- 100mA : 생명에 치명적임

27 수심 40m에서 슈퍼라이트 헬멧으로 2명의 잠수사가 잠수작업을 한다고 가정할 때 분당 적정 공기공급량으로 가장 적합한 것은?

① 80L 이상
② 100L 이상
③ 200L 이상
④ 400L 이상

해설
1분당 공급해야 하는 공기량(토출량) = 절대 대기압 × 잠수사가 1분당 실제 필요한 공기량 × 잠수사의 수
= 5 × 40~127L × 2
= 400~1,270L

28 잠수 시 발생하는 압착(Squeeze)과 기체색전증(Gas Embolism)이 관계되는 기체의 법칙은?

① 게이뤼삭의 법칙
② 헨리의 법칙
③ 돌턴의 법칙
④ 보일의 법칙

해설
보일의 법칙
- 압력 × 부피 = 일정
- 압력이 감소하면 기체의 부피는 증가하고, 압력이 증가할수록 기체의 부피는 감소한다. 이는 동일한 공기량을 가지고 잠수하여도 수심이 깊어질수록 공기가 빨리 소모되는 것을 설명한다.

29 다음 중 부력과 가장 관계가 깊은 법칙은?

① 헨리 법칙
② 돌턴 법칙
③ 아르키메데스 원리
④ 보일 법칙

해설
그리스의 수학자 아르키메데스는 '어떤 물체가 액체 속에 잠기면 그 물체가 액체 속에 잠긴 만큼의 부피와 동일한 액체를 밀어낸다. 이 밀려난 액체의 무게만큼 그 물체는 원래의 무게보다 가벼운 상태가 된다.'라고 하였다. 이를 아르키메데스의 원리 또는 부력의 원리라고 한다.

30 목재나 로프에 끝줄을 완전히 졸라맬 때 사용하며, 매끄러운 기둥과 같은 원형 물체의 이동 시 가장 적합한 결색은?

① 올가미 매듭(Bow Line)
② 어부 매듭(Anchor Bend)
③ 묶기 매듭(Sheet Bend)
④ 겹 감아 매듭(Rolling Hitch)

해설
① 올가미 매듭(Bow Line) : 임시 고리, 인명 구조용
② 어부 매듭(Anchor Bend) : 닻고리나 부표고리에 줄을 맬 때 사용
③ 묶기 매듭(Sheet Bend) : 아주 빠르게 묶을 수 있고, 두 개의 굵기가 다른 줄을 연결할 때 사용
④ 겹 감아 매듭(Rolling Hitch) : 목재나 로프에 끝줄을 완전히 졸라맬 때 사용

31 수중용접 또는 절단 시 쓰이는 용접봉 또는 절단봉에 입혀진 피복제(Flux)의 역할과 거리가 먼 것은?

① 아크를 안정시킨다.
② 절연작용을 한다.
③ 슬래그가 되어 용착금속의 급랭을 막아 조직을 좋게 한다.
④ 용접봉 또는 절단봉의 빠른 소모를 방지한다.

해설
피복제(Flux)의 기능
- 보호통을 형성하여 아크 안정과 지향성의 향상을 도모하고, 아크 분위기로 대기의 침입 저지, 스패터(Spatter)의 억제작용을 한다.
- 용적 이행을 용이하게 하고, 각종 용접 자세로의 적용성을 높인다.
- 양호한 점성과 표면장력을 가진 슬래그를 형성하여 용융부를 덮어 대기에 의한 산화, 질화를 방지한다.
- 용접 금속의 탈산 정련작용과 필요한 합금 원소를 첨가한다.
- 용접 금속의 응고와 냉각속도를 완화시켜 조직을 좋게 한다.
- 수중에서 아크가 일어나면 기포를 발생시켜 물의 접촉을 막는 기포막을 형성시킨다.

32 일반적인 소형 선외기모터(Out Side Motor)의 운전용 연료와 윤활유의 혼합 비율은?(단, 오일 혼합이 불필요한 개량형 엔진은 제외)

① 15 : 1
② 20 : 1
③ 35 : 1
④ 50 : 1

33 다음 중 햇빛이 바닷속으로 침투하는 데 방해를 하는 것 중 그 영향이 가장 적은 것은?

① 파 도
② 플랑크톤
③ 수 온
④ 수중 부유물

34 수중의 잠수사에게 표준신호에서 탐색신호로 전환하라고 지시할 때의 줄신호는?

① 잠수사가 7번 당긴다.
② 보조사가 7번 당긴다.
③ 잠수사가 4-3번을 당긴다.
④ 보조사가 4-3번을 당긴다.

> **해설**
> 탐색신호
> • 탐색줄 미사용 시
> - 1번 당김 : 정지하여 너의 주위를 살펴라.
> - 2번 당김 : 줄을 늦추면 보조사로부터 멀리 가고, 줄을 당기면 보조사 쪽으로 오라.
> - 3번 당김 : 보조사를 향해 오른편으로 가라.
> - 4번 당김 : 보조사를 향해 왼편으로 가라.
> - 7번 당김 : 탐색 시작, 탐색 끝
> • 탐색줄 사용 시
> - 1번 당김 : 정지하여 너의 주위를 탐색하라.
> - 2번 당김 : 추로부터 물러나라.
> - 3번 당김 : 추를 향해 오른편으로 가라.
> - 4번 당김 : 추를 향해 왼편으로 가라.
> - 7번 당김 : 탐색 시작, 탐색 끝

35 다음 중 스쿠버 실린더 밸브의 구성 부품이 아닌 것은?

① 다이어프램(Diaphragm)
② 오링(O-ring)
③ 밸브 스노클(Valve Snorkel)
④ 안전판(Burst Disk)

> **해설**
> 판막(Diaphragm)은 호흡조절기의 구성품이다.

36 저체온증에 관한 설명으로 옳은 것은?

① 저체온증은 사지의 체온이 정상 이하로 내려간 상태를 말한다.
② 잠수 중 저체온증은 주로 따뜻한 물에서 오래 잠수할 경우 발생된다.
③ 저체온증을 예방하려면 보온이 잘되는 잠수복을 착용해야 한다.
④ 찬물에서 심한 운동을 하면 저체온증이 예방된다.

> **해설**
> ① 저체온증은 체온이 35℃ 이하로 떨어진 상태를 말한다.
> ② 저체온증은 주로 찬물에 빠진 경우나 한랭한 공기, 눈, 얼음 등에 장기간 노출된 경우에 발생한다.

37 해류를 만드는 주된 요인이 아닌 것은?

① 수온차
② 달의 인력
③ 바 람
④ 바닥의 경사도

38 다음 계기 중 잠수에서의 필요성과 가장 거리가 먼 것은?

① 수온계
② 잔압계
③ 수심계
④ 나침반

해설
① 수온계 : 현재 수온을 나타낸다.
② 잔압계 : 현재 실린더 안에 공기 잔량을 나타낸다.
③ 수심계 : 현재의 수심을 보여 주는 계기이다.
④ 나침반 : 수중에서 방향을 지시함으로써 원하는 방향을 찾을 수 있다.

39 KMB 밴드마스크와 헬멧에서 역지밸브(One-way Valve)의 역할은?

① 기체 공급 호스의 압력이 높아지지 않게 한다.
② 비상기체통의 기체를 공급한다.
③ 잠수사에게 압착이 일어나지 않게 한다.
④ 안면창의 김 서림을 제거한다.

해설
역지밸브는 헬멧 내부 또는 밴드마스크 내부에 공급되는 기체를 일정하게 흐르도록 유지해 주며, 주기체 공급이 차단되었을 때 잠수사의 안면 압착과 물의 유입을 방지해 준다(압착병 방지).

40 수중 시정이 좋고 탐색 면적이 넓은 곳에서의 탐색 방법은?

① 서클링 탐색
② 잭스테이 탐색
③ 사자스 탐색
④ 텐더드 탐색

해설
수중탐색
- 서클링(원) 탐색 : 수중 시정이 불량한 심해에서 탐색 면적이 작고 수심이 깊을 때 사용
- 사자스(수영자 예인) 탐색 : 수중 시정이 불량한 심해에서 탐색 면적이 넓은 지역에 사용
- 텐더드 탐색 : 조류가 세고 탐색 면적이 넓은 곳에 적합한 탐색
- 잭스테이 탐색 : 수중 시정이 좋고 탐색 면적이 넓은 곳에 적합한 탐색

정답 37 ④ 38 ① 39 ③ 40 ②

41 배수펌프의 구조에서 물의 흡입에 주역할을 하는 것은?

① 회전축　② 플라이 휠
③ 파일럿　④ 임펠러

해설
임펠러는 러너(Runner)라고도 하는데 증기 터빈이나 반동수차(反動水車)에 있어서 증기 또는 물의 에너지를 받아 회전하는 바퀴이다.

42 수중에서 수평 필릿용접 시 용접봉의 각도는 몇 도를 유지하여야 가장 좋은 효과를 얻을 수 있는가?

① 진행방향 5~20°
② 진행방향 15~45°
③ 진행방향 40~55°
④ 진행방향 55~75°

해설
수평 용접 시 각도는 15~45°를 유지한다.

43 소할발파 중 가장 효율적인 발파방법은?

① 사공법　② 복토법
③ 천공법　④ OD법

해설
소할발파법에는 천공법, 복토법, 사공법 등이 있으며 천공법이 가장 양호하다.

44 수중에서 수면으로 비상 상승을 할 때 허파 파열을 예방하기 위하여 어떤 조치를 하여야 하는가?

① 가능한 최대로 숨을 들이 쉰다.
② 비상 상승을 시작함과 동시에 공기를 최대로 한꺼번에 내뿜는다.
③ 수면에 도착할 때까지 쉬지 않고 계속해서 공기를 내뿜는다.
④ 깊은 수심에서는 빨리, 많이 내뿜고 얕은 수심에서는 서서히, 조금씩 내뿜는다.

해설
폐파열(기체색전증) 예방법
• 상승 시 숨을 참지 말고 정상 호흡을 하며, 상승속도를 지킨다.
• 비상 상승 시 고개를 뒤로 젖혀 기도를 열어 주고 폐 속에 팽창된 공기를 계속 내뿜으며 상승한다.

45 질소마취 현상은 어느 정도의 수심에서부터 발생하기 시작하는가?

① 30m　② 60m
③ 90m　④ 120m

해설
질소마취를 예방하는 방법으로는 수심 30m를 초과하는 잠수를 피하고, 30m 초과 잠수 시에는 마취효과가 작은 불활성기체를 산소와 혼합하여 잠수하는 방법이 있다.

정답　41 ④　42 ②　43 ③　44 ③　45 ①

46 공기압축기 정지 후 기기 내부 잔압을 제거하는 주된 이유는?

① 드레인을 제거하여 냄새를 없애기 위하여
② 잔여 공기를 배출하여 배관의 손상을 감소시키기 위하여
③ 배관의 성능을 증가시키기 위하여
④ 다음 운전 시 엔진의 부하를 작게 주어 시동을 용이하게 하기 위하여

해설
공기압축기 정지 후 기기 내부 잔압을 제거하는 주된 이유는 다음 운전 시 엔진의 부하를 작게 주어 시동을 용이하게 하기 위해서이다(조정밸브를 잠그는 이유).

47 밀폐된 격실을 절단할 때 취해야 할 가장 필요한 조치는?

① 잠수사가 모서리에 다치지 않게 안전조치를 한다.
② 모서리에 전극봉을 잘 접촉시킨다.
③ 가스 누출구를 만들어야 한다.
④ 가능한 한 빨리 절단한다.

해설
침몰선에 적재된 채소나 동물성 물질의 부패와 부식, 밀폐된 격실이나 모서진 곳에서 수중 용접 및 절단작업을 할 때는 우선 폭발의 가능성을 없애기 위해서 발생된 가스의 배출구를 마련해야 한다.

48 스쿠버 잠수 시 수중칼(KNIFE)에 관한 설명 중 틀린 것은?

① 중량벨트에 맨다.
② 허벅지에 맨다.
③ 한쪽은 칼, 한쪽은 톱이다.
④ 녹슬지 않는 금속이다.

해설
수중칼은 구명복, 엉덩이, 종아리 등에 착용한다. 납벨트에 매어서는 안 된다.

49 공기압축기의 공기청정장치(Air Filter)에서 기름과 냄새 제거의 역할을 하는 것은?

① 활성탄
② 실리카겔
③ 소다솔브
④ 활성 알루미나

해설
여과물질
• 실리카겔이나 활성 알루미나는 습기를 제거하는 물질로 습기가 차면 색깔이 변한다.
• 활성탄은 기름과 냄새를 제거해 준다.

정답 46 ④ 47 ③ 48 ① 49 ①

50 얼음 밑 다이빙(Ice Diving)을 할 때 가장 중요한 안전 장비는?

① 수중 전등
② 보온 잠수복
③ 안전 밧줄
④ 온수 잠수기 장비

해설
아이스 다이빙에 있어서 안전줄은 생명줄과 마찬가지이다.

51 압력의 단위가 아닌 것은?

① psi
② bar
③ mmHg
④ kg/cm^3

해설
압력의 단위 비교
1atm = 14.7psi = 1.013bar = 760mmHg = 1.033kg/cm^2

52 스쿠버 탱크에 공기를 주입하는 이동용 기체압축기의 흡입구 설치방법으로 가장 적합한 것은?

① 바람이 불어오는 방향으로 2m 이하로 낮게 설치한다.
② 바람이 불어오는 방향으로 2m 이상으로 높게 설치한다.
③ 바람이 불어오는 반대 방향으로 2m 이하로 낮게 설치한다.
④ 바람이 불어오는 반대 방향으로 2m 이상으로 높게 설치한다.

해설
압축기 흡입구는 오염되지 않은 외부에 설치하거나 바람이 불어오는 방향으로 2m 이상 높게 설치하면 오염물질로부터 방지할 수 있다.

53 수중 용접기의 전선을 사용하지 않을 때는 어떻게 보관 관리하여야 하는가?

① 감아서 기름을 조금 뿌려 둔다.
② 감아서 놓아 두며, 통풍이 잘되는 곳에 보관한다.
③ 아무렇게나 해도 관계없다.
④ 물속에 담가 둔다.

해설
모든 전선의 수명은 사용하지 않을 때 적절히 감아 놓거나 기름에 대한 노출을 최소화함으로써 연장된다.

54 수중에서 10ft(약 3m)의 거리에 있는 물체는 잠수사에게 얼마의 거리에 있는 것처럼 보이는가?

① 5ft
② 7.5ft
③ 13.3ft
④ 20ft

[해설]
빛의 굴절현상
수중에서 마스크를 통하여 보는 모든 물체는 33%만큼 크게 보이고 동시에 실제 거리보다 25%만큼 가깝게 보인다.
10 − (10 × 25%) = 7.5ft

55 스쿠버 잠수용 호흡조절기의 분해소제 시 녹을 제거하기 위하여 빙초산을 혼합한다. 그 비율은?

① 물 : 빙초산 = 5 : 1 (5배액)
② 물 : 빙초산 = 10 : 1 (10배액)
③ 물 : 빙초산 = 16 : 1 (16배액)
④ 물 : 빙초산 = 20 : 1 (20배액)

56 산소(O_2) 가스(Gas) 저장통의 색깔은?

① 적 색
② 녹 색
③ 주황색
④ 흑 색

[해설]
각종 가스용기의 도색 구분

가스의 종류	도색 구분	가스의 종류	도색 구분
산 소	녹 색	아세틸렌	황 색
수 소	주황색	아르곤	회 색
액화 탄산가스	청 색	액화 암모니아	백 색
LPG	밝은 회색	기타 가스	회 색

57 스쿠버용 호흡기 속에 기름칠을 해서는 안 되는 주된 이유는?

① 고압의 산소가 기름과 접하면 폭발할 우려 때문에
② 기름이 호흡기 일단계의 작동을 방해하므로
③ 기름 냄새가 많이 나기 때문에
④ 고압에서는 기름이 굳어지는 성질을 지니고 있기 때문에

[정답] 54 ② 55 ③ 56 ② 57 ①

58 다음에 열거한 산소중독의 초기 증상 중 발작을 예고하는 가장 중요한 증상은?

① 시야가 좁아지는 시야 협착 증세
② 메스꺼움이나 구역질
③ 얼굴 부위 근육의 떨림
④ 안절부절못하는 증상과 현기증

해설

극히 짧은 시간 안에 나타나며 뚜렷한 사전 예고 증상이 없다. 입술이 실룩거리거나 안면근육이 일그러지면 산소중독의 초기 증상이 온 것으로 판단해야 한다.
※ 산소중독 증상은 'CONVENTID'라는 약어를 사용하면 암기하기 쉽다.

산소중독 현상

약 어	증 상
CONvulsion(경련)	산소중독으로 인한 증상들 중 가장 치명적인 것이다. 잠수사가 발작 도중 익사하거나 표면으로 빨리 끌어올릴 경우 기체색전증에 걸릴 수 있다.
Vision(시각)	터널 속을 보는 듯이 시각 기능이 비정상적으로 된다.
Ears(청각)	청각 장애나 귀에 윙윙 울리는 소리가 들린다.
Nausea(구역질)	간헐적으로 경험한다.
Twitching(근육 경련)	보통 입술이나 다른 안면근육에서 먼저 시작된다.
Irritability(초조함)	불안, 초조, 혼란, 이례적인 피로감 등의 변화가 온다.
Dizziness(현기증)	잠수 도중 어지러움을 느낀다.

59 1기압을 미터법으로 옳게 표시한 것은?

① $0.1025kg/cm^2$
② $1.025kg/cm^2$
③ $0.1013kg/cm^2$
④ $1.013kg/cm^2$

해설

1기압(미터법과 피트법)

미터법	1기압 = 10m = $1.025kg/cm^2$
피트법	1기압 = 33ft = 14.7psi

60 잠수작업 및 작업 전후 보조사(Tender)가 하는 작업 및 기본 준비사항에 대한 설명으로 틀린 것은?

① 생명줄은 잠수사의 활동력을 감안하여 최소 3m 이상의 여유를 준다.
② 생명줄을 8자로 사린다.
③ 공기 호스가 얼마 정도 풀려나갔는지 알고 있어야 한다.
④ 호스를 통해 오는 감각으로 잠수사의 움직임을 알 수 있어야 한다.

해설

잠수작업 중에 생명줄이 장력을 유지해야 할 상황이 아니라면 보조사는 생명줄에 1~1.5m 여유를 주어 잠수사의 활동에 지장을 주지 않아야 한다.

2020년 제2회 과년도 기출복원문제

01 기체색전증의 특징 중 틀린 것은?

① 재가압 치료를 해야 한다.
② 팔다리 마비, 어지럼증 등이 급속히 나타난다.
③ 어깨, 무릎 등에 극심한 통증이 나타난다.
④ 상승 중 또는 수면 도착 10분 이내에 발생한다.

해설
어깨, 무릎 등에 극심한 통증이 나타나는 것은 감압병이다. 기체색전증의 증상은 가슴의 통증, 기침 또는 숨을 헐떡거림, 입가의 피거품, 두통, 부분적 또는 완전한 시각 장애, 저리거나 얼얼함(감각 저하), 힘 빠짐이나 마비, 상반신의 감각 상실 또는 변화, 현기증, 혼란스러움, 갑작스러운 의식 상실, 호흡 정지, 사망 등이다. 만일 잠수 도중 수면에서 의식을 잃고 있는 잠수사를 발견하였다면 기체색전증 환자로 간주하여 응급처치하는 것이 요구된다.

02 잠수 시 발생하는 압착(Squeeze)과 기체색전증(Gas Embolism)이 관계되는 기체의 법칙은?

① 게이뤼삭의 법칙
② 헨리의 법칙
③ 돌턴의 법칙
④ 보일의 법칙

해설
보일의 법칙
- 압력 × 부피 = 일정
- 압력이 감소하면 기체의 부피는 증가하고, 압력이 증가할수록 기체의 부피는 감소한다. 이는 동일한 공기량을 가지고 잠수하여도 수심이 깊어질수록 공기가 빨리 소모되는 것을 설명한다.

03 기체색전증 환자를 병원으로 후송할 때 또는 응급처치로 가장 좋은 방법은?

① 100%의 산소를 공급한다.
② 운동을 시켜 체내의 질소가스를 빨리 배출시킨다.
③ 공기 방울의 크기를 줄이기 위하여 몸을 차게 한다.
④ 진정·진통제를 복용시키고 뜨거운 온천목욕을 시킨 후 후송한다.

해설
이송과정 동안 환자 마스크를 통해 계속 고압의 산소로 호흡시켜야 한다.

04 다음 중 스쿠버나 후카용 2단계 호흡기(Regulator)를 사용하는 잠수 시 입안으로 계속 조금씩 물이 들어올 경우 그 원인으로 가장 적합한 것은?

① 마우스피스에 구멍이 생겼기 때문
② 배출공기 호스에 조그마한 구멍이 생겼기 때문
③ 호스와 호흡기 연결이 헐거워졌기 때문
④ 호흡기 배기변에 이물질이 끼거나 상처 때문

해설
스쿠버 호흡조절기 1단계의 중간압이 필요 이상 높으면 2단계에서 공기가 샌다. 또 스쿠버나 후카용 2단계 호흡기(Regulator)를 사용하는 잠수 중에 입안으로 계속 조금씩 물이 들어올 경우, 그 원인은 호흡기 배기밸브에 이물질이 끼거나 상처가 있기 때문이다.

정답 1 ③ 2 ④ 3 ① 4 ④

05 다음 중 수중용접 및 절단 시 위험이 가장 크게 수반되는 것은?

① 수소 가스
② 휘발유 가스
③ 연료류
④ 페인트류

해설
수중용접 시 발생되는 가스의 약 70%가 폭발성 높은 수소이다. 수중용접 시 전류는 주변의 물을 수소와 산소 기포로 바꾸는데, 이것은 적은 양이라도 크게 폭발할 수 있다.

06 재압체임버의 안전 수칙 중 틀린 것은?

① 소화장비를 준비한다.
② 어떤 장비나 부속들에 휘발성 기름을 칠하지 않는다.
③ 내부 보조원은 자격이 있는 요원(잠수사)만 조작한다.
④ 작동 시에는 체임버 내에 합성섬유로 된 담요만 비치하여야 한다.

해설
오직 고압 체임버를 위해 만들어진 매트리스만 사용해야 하며, 울 또는 합성섬유는 정전기로 인한 스파크의 가능성 때문에 절대 사용해서는 안 된다.

07 항해 중의 선박이 발파지역에서 몇 m 이내에 있을 때 발파점화를 하면 안 되는가?

① 약 460m
② 약 500m
③ 약 540m
④ 약 600m

해설
항해 중의 선박이 발파지역에서 1,500ft(457.2m) 이내에 있을 때는 발파점화를 하면 안 된다. 1,500ft 이내에 정박하고 있는 선박에 승선하고 있는 사람들은 발파점화 전에 통보를 받아야 한다.

08 선박이나 해양구조물의 부식방지를 위한 아노드(Anode)의 재질은?

① 아 연
② 은
③ 니 켈
④ 납

해설
아노드(Anode)
금속 부품이나 금속 장비의 부식을 방지하기 위해 대신 희생 부식되는 부품으로 사용조건에 따라 민물에서는 주로 마그네슘 아노드를, 해수에서는 아연 아노드를 사용한다. 양쪽 모두에서 사용 가능한 알루미늄 아노드도 있다.

09 국내에서 신규검사 후 경과연수가 10년 미만인 고압 공기통의 압력검사는 제작일로부터 몇 년마다 받아야 하는가?

① 1년
② 3년
③ 5년
④ 10년 미만의 공기통은 검사를 받지 않아도 된다.

> **해설**
> 공기통은 10년 이하는 매 5년에 1회, 10년 이상은 3년에 1회 검사를 받아야 한다.

10 다음 중 침수 중인 선박에서 먼저 제거해야 할 적화물은?

① 유류 ② 목재
③ 철강재 ④ 곡물

> **해설**
> 침수되는 화물선에 곡물이 적재되어 있을 때는 반드시 곡물을 먼저 버려야 한다. 곡물은 수분을 흡수하면 팽창하는데, 팽창된 곡물이 화물칸의 격벽을 파손시켜 인양 작업 시 선박의 강도를 저하시키기 때문이다.

11 심해 잠수 헬멧에 부착되어 있는 역지 밸브(Non-return Valve)란?

① 공기 공급조절 밸브
② 공급된 공기는 나올 수 없는 밸브
③ 공기를 정화시키는 밸브
④ 산소를 사용할 때만 사용하는 밸브

> **해설**
> 기체 공급 역지 밸브는 호흡기체 공급이 두절된 상황에서 호흡기체가 역류하는 것을 방지한다.

12 해수 33ft(10m)에서의 절대압력은?

① 10.4psi ② 12.4psi
③ 29.4psi ④ 44.1psi

> **해설**
> 수중의 압력을 나타낼 때 사용하는 절대압력은 수압과 대기압의 합이다.
> 14.7 + 14.7 = 29.4psi

정답 9 ③ 10 ④ 11 ② 12 ③

13 수중작업에 폭약을 사용할 때의 장점으로 틀린 것은?

① 장비의 간단함
② 경제적이며 빠른 진행속도
③ 노동력 감소
④ 고도의 훈련된 인력 불필요

> **해설**
> 수중작업에 폭약 사용 시 단점
> • 고도의 훈련된 인력 필요
> • 까다로운 안전수칙 준수 요구
> • 언제나 위험성이 따름

14 다음 줄신호 중 특수신호가 아닌 것은?

① 5   ② 1-2-3
③ 2-1-2   ④ 2-2-2

> **해설**
> 2-2-2는 비상신호이다.

15 지나치게 깊은 수심의 호흡정지 잠수 시 가장 특징적으로 나타날 수 있는 건강장애는?

① CO중독증   ② 산소독성
③ 폐 압착증   ④ 폐기종

> **해설**
> 잠수작업의 가장 간단한 형태는 호흡정지 잠수로, 해저체류시간이 짧고, 한계수심을 초과하여 잠수하면 폐 압착증(Lung Squeeze)이 초래된다. 또한, 호흡정지 시간을 연장하기 위한 지나친 과호흡(Hyperventilation)은 폐 내 탄산가스 농도를 크게 낮추어, 호흡정지 시간은 연장되나 작업 후 상승 시 급성 저산소증을 초래할 위험성이 높다.

16 잠수사에게 체온의 손실을 가져오는 1차적인 열의 이동요인은?

① 전 도   ② 대 류
③ 복 사   ④ 열하락층

> **해설**
> ① 전도 : 직접적인 접촉에 의해 열이 이동하는 것이다.
> ② 대류 : 유동적인 열의 움직임으로 열이 이동하는 것이다.
> ③ 복사 : 에너지의 전자 파장에 의해 전달되는 열이다.

17 1기압을 미터법으로 옳게 표시한 것은?

① 0.1025kg/cm² ② 1.025kg/cm²
③ 0.1013kg/cm² ④ 1.013kg/cm²

해설
1기압(미터법과 피트법)

미터법	1기압 = 10m = 1.025kg/cm²
피트법	1기압 = 33ft = 14.7psi

18 잠수사에게 가장 장애를 주는 해저 지질의 형태는?

① 모 래 ② 진흙펄
③ 자 갈 ④ 산호질

해설
바닥 구성 요소가 잠수에 미치는 영향
• 침전물이 많은 바닥은 쉽게 먼지처럼 일어나 시야를 흐리게 한다.
• 진흙이나 펄 바닥은 입·출수 시나 이동 시 빠지는 경우가 있다.
• 바닥의 침전물이나 먼지 속으로 물건을 떨어뜨렸을 경우 이를 찾기 어렵다.
• 바닥에 가라앉아 있는 장애물이나 인위적으로 만들어 놓은 구조물, 수중 식물에 걸리거나 감기는 경우가 있다.
• 산호나 날카로운 바위 등에 긁히거나 베이는 경우가 있다.

19 하잠줄을 사용하여 잠수할 때의 장점이 아닌 것은?

① 하잠을 빨리할 수 있다.
② 정확한 작업지점에 내려갈 수 있다.
③ 조류에 떠밀리지 않는다.
④ 하잠 및 상승 속도를 조절하기 쉽다.

해설
하잠줄을 잡고 하잠하면 하잠 속도를 유지하기 쉽고 정확한 지점으로 하잠할 수 있으며, 일행들과 헤어지는 것을 방지할 수 있다.

20 공기압축기 정지 후 기기 내부 잔압을 제거하는 주 이유는?

① 드레인을 제거하여 냄새를 없애기 위하여
② 잔여 공기를 배출하여 배관의 손상을 감소시키기 위하여
③ 배관의 성능을 증가시키기 위하여
④ 다음 운전 시 엔진의 부하를 작게 주어 시동을 용이하게 하기 위하여

해설
공기압축기 정지 후 기기 내부 잔압을 제거하는 주이유는 다음 운전 시 엔진의 부하를 작게 주어 시동을 용이하게 하기 위해서이다(조정밸브를 잠그는 이유).

정답 17 ② 18 ② 19 ① 20 ④

21 감압병의 증상 중 가장 많이 발생하는 것은?

① 관절통
② 현기증
③ 신경마비
④ 의식 상실

해설
물속에서 수면을 향해 빠른 속도로 상승하면 갑작스러운 수압 차이로 인해 이미 인체에 용해된 질소는 과포화 상태가 되어 혈액과 조직 속에 기포를 형성한다. 기포는 인체의 구조상 혈액순환이 느린 곳에서 잘 발생하며, 기포가 가장 흔하게 모이는 장소는 관절 부위이다.

감압병의 각 부위별 증상
- 국부와 관절 부분 : 89%(팔 70%, 다리 30%)
- 중추신경계 : 11%(현기증 5.3%, 마비 2.3%, 질식 1.6%, 극심한 피로와 통증 1.3%, 허탈과 의식 불명 0.5%)

22 음파의 수중 전달 속도는 공기보다 약 몇 배 빠른가?

① 2배
② 3배
③ 4배
④ 10배

해설
수중에서의 음파 전달 속도(약 1,500m/s)는 공기 중 음파 전달 속도(약 340m/s)의 약 4배이다.

23 다음 중 법률에 의한 잠수사의 1주 근로시간 기준은?

① 30시간
② 34시간
③ 38시간
④ 40시간

해설
유해·위험작업에 대한 근로시간 제한 등(산업안전보건법 제139조)
사업주는 유해하거나 위험한 작업으로서 높은 기압에서 하는 작업 등 대통령령으로 정하는 작업에 종사하는 근로자에게는 1일 6시간, 1주 34시간을 초과하여 근로하게 해서는 아니 된다.

24 감압표 선정 시 사용되는 해저체류시간이란?

① 물속에 들어가 있는 시간
② 바닥에 도착해서 바닥을 떠날 때까지
③ 해면 출발 직후부터 해저 출발 직전까지
④ 바닥에 도착한 때부터 물 위에 올라왔을 때까지

해설
해저체류시간
수면을 떠난 시각부터 잠수를 마치고 상승을 위해 해저를 떠난 시각까지 소요된 시간이다. 상승시간 및 감압시간은 해저체류시간으로 간주하지 않는데 상승 또는 감압 중에는 체내의 잔여 질소들이 호흡을 통해 외부로 배출되기 때문이다.

25 법령에서 규정한 잠수사의 건강진단 주기에 대한 설명으로 옳은 것은?

① 일반건강진단은 1년 1회 이상, 특수건강진단은 2년에 1회 이상
② 일반건강진단은 2년 1회 이상, 특수건강진단은 1년에 1회 이상
③ 일반건강진단 및 특수건강진단 각각 1년에 1회 이상
④ 일반건강진단은 1년 1회 이상, 특수건강진단은 6개월에 1회 이상

해설
일반건강진단의 주기(산업안전보건법 시행규칙 제197조) : 사업주는 상시 사용하는 근로자 중 사무직에 종사하는 근로자(공장 또는 공사현장과 같은 구역에 있지 않은 사무실에서 서무·인사·경리·판매·설계 등의 사무업무에 종사하는 근로자를 말하며, 판매업무 등에 직접 종사하는 근로자는 제외한다)에 대해서는 2년에 1회 이상, 그 밖의 근로자에 대해서는 1년에 1회 이상 일반건강진단을 실시해야 한다.
특수건강진단의 주기(산업안전보건법 시행규칙 별표 23) : 12개월

26 공기압축기에서 여과장치의 기능이 아닌 것은?

① 먼지를 제거한다.
② 수분을 제거한다.
③ CO를 제거한다.
④ 기름을 제거한다.

해설
여과기의 필터 속에 있는 여과물질들은 공기 속의 이물질(먼지, 수분, 기름 등)을 흡수시키는 역할을 하며, 흡수면적을 높이기 위해 알맹이 형태로 이루어졌다.

27 잠수 중인 잠수사가 보조사에게 '1-2-3' 신호를 보냈다. 무슨 뜻인가?

① 나는 엉켰다.
② 수중 기록판을 보내라.
③ 짧은 줄을 보내라.
④ 긴 줄을 보내라.

해설
① 나는 엉켰다. 그러나 혼자서 풀 수 있다. : 3-3-3
② 수중 기록판을 보내라. : 2-1-2
④ 긴 줄을 보내라. : 5

28 다음 중 여름철에 사용할 공기압축기의 오일로 가장 적합한 것은?

① SAE 10 ② SAE 30
③ SAE 10W ④ SAE 20W

해설
오일의 점도
• 여름 : SAE 30
• 겨울 : SAE 10W
• 영하 15℃ 이하 : SAE 5W

29 잠수에 사용하는 고무제품은 잠수 후 어떻게 보관해야 하는가?

① 직사광선에 말린다.
② 청수로 씻어 더운 곳에서 말린다.
③ 청수로 씻고 파우더(Powder)를 칠해 서늘한 곳에 보관한다.
④ 종류별로 분류하여 쌓아 보관한다.

> **해설**
> 고무제품은 직사광선을 피해 보관한다. 오랫동안 사용하지 않고 보관할 때는 완전히 건조시킨 후 실리콘 기름을 약간 뿌리고 비닐봉지에 넣어 두면 고무가 삭는 속도를 늦출 수 있다. 실(Seal) 부위에는 파우더를 발라야 한다.

30 비전기식 뇌관의 점화용이며 사용 시 15cm 정도를 제거하고 사용하는 것은?

① 펜트리트
② 다이너마이트
③ 도화선
④ 헥소겐(RDX)

> **해설**
> 비전기식 뇌관 점화용 도화선은 6ft 이상의 길이로 사용하며 사용 전에 끝에서 15cm(약 6inch) 정도 잘라낸다.

31 수중용접 작업 시 용접봉은 홀더에서 얼마 정도 남았을 때 교환해야 가장 좋은가?

① 1~2cm
② 3~4cm
③ 5~7cm
④ 8~9cm

32 스쿠버용 공기통의 장기 보관 방법 중 옳은 것은?

① 공기통을 눕혀 둔다.
② 햇볕이 잘 비치는 곳에 둔다.
③ 공기통의 공기를 완전히 뽑아내고 건조한 상태로 둔다.
④ 공기통의 공기를 100psi 이상 남겨서 둔다.

> **해설**
> 사용하지 않는 실린더는 100psi 이상의 압력을 유지해야 한다. 즉, 공기통에는 항상 15bar 정도의 공기를 남겨 두어야 먼지나 물이 통 속으로 들어가는 것을 막을 수 있다.

33 연료의 불완전연소에 의해 발생하며 무색, 무미, 무취하나 화학적 활성이 높기 때문에 인체에 치명적일 수 있는 기체는?

① 이산화탄소(CO_2)
② 일산화탄소(CO)
③ 질소(N_2)
④ 헬륨(He)

해설
① 이산화탄소(CO_2) : 공기 중 0.03%인 이산화탄소는 저농도일 때 무색, 무미, 무취하지만 고농도일 때는 카보닉 산(Carbon Acid)을 형성하여 신맛과 신 냄새가 난다.
③ 질소(N_2) : 공기의 성분 중 79%를 차지하며 무색, 무미, 무취한 기체로서 공기 중에 가장 많이 함유되어 있다.
④ 헬륨(He) : 무색, 무미, 무취한 비활성 기체로서, 물에 녹지 않고 공기보다 7배 가볍다.

34 다음 중 상승 시 압력과 관계있는 증상이 아닌 것은?

① 공기색전증(Air Embolism)
② 피하기종(Emphysema)
③ 기흉(Pneumothorax)
④ 마스크 압착(Mask Squeeze)

해설
마스크 압착은 하강 시 발생한다.

35 스쿠버 공기통의 미국 DOT 기준에 의한 검사 실시에 관련된 사항 중 틀린 것은?

① 상용압력의 1과 2/3배로 수압검사
② 매년 시각검사
③ 3년마다 수압검사
④ 5년마다 수압검사

해설
DOT(미 운송국) 규정에 따라 매 5년마다 충전압력의 5/3배로 수압검사를 한다.

36 피복제(Flux)의 설명 중 가장 적합한 것은?

① 전극봉의 강도를 높인다.
② 아크를 시작하고 계속 유지시킨다.
③ 절연을 방지한다.
④ 전기가 봉의 밖으로 계속 흐르도록 유지한다.

해설
피복제는 아크열에 의해 분해되어 아크를 안정하게 하고, 가스(CO_2, CO) 또는 슬래그를 발생시켜 용융 금속이 대기 중의 산소나 질소와 접촉하는 것을 막아 산화 및 질화를 방지하며(중성 또는 환원성 분위기를 만듦), 적당한 화학반응에 의하여 용접 금속은 정련된다.

정답 33 ② 34 ④ 35 ③ 36 ②

37 수중에서 폭발이 발생했을 때 인체의 장기나 조직 중 어느 부분에 가장 큰 손상이 발생하는가?

① 뇌
② 심 장
③ 간 장
④ 폐

해설
수중 폭파 사고 시 가장 손상을 많이 받는 인체 부위는 폐이다.

38 재잠수 또는 반복잠수(Repetitive Diving)란?

① 잠수 후 10분 이상 12시간 이내에 잠수하는 것
② 잠수 후 1시간 이상 6시간 이내에 잠수하는 것
③ 잠수 후 5분 이내 즉시 잠수하는 것
④ 잠수 후 24시간 경과 후 잠수하는 것

해설
재잠수란 잠수 후 10분 이상 지난 후 12시간 이내에 실시되는 잠수이다.

39 해난구조작업 중에 와이어(Wire)의 일시적인 고리(Eye)를 만들 때 사용되는 방법은?

① 쇼트 스플라이스(Short Splice)
② 롱 스플라이스(Long Splice)
③ 아이 스플라이스(Eye Splice)
④ 와이어로프 클립(Wire Rope Clip)

해설
와이어로프 클립 스플라이스(Wire Rope Clip Splice) : 와이어에 일시적인 고리를 만들거나 2개의 와이어를 연결하는 데 사용

40 재압체임버의 기본 배관 색깔 중 틀린 것은?

① 산소공급 : 녹색
② 공기공급 : 회색
③ 공기배출 : 은색
④ 헬륨-산소 : 오렌지색

해설
체임버의 기체 표시와 도색

기체 배관	기체 표시	도 색
헬 륨	He	담황색(Buff)
산 소	O₂	녹색(Green)
헬륨-산소 혼합	He-O₂	오렌지색(Orange)
질 소	N	밝은 회색(Light Gray)
배 기	E	은색(Silver)
고압공기	AHP	검은색(Black)
저압공기	ALP	

41 스쿠버용 알루미늄 공기통의 밸브 안전판은 상용 압력의 몇 배에서 파열되도록 설계되어 있는가?

① 1.1　　② 1.4
③ 1.7　　④ 2.0

> **해설**
> 안전판은 대개 얇은 동판으로 만들어져 있으며, 상용 압력의 1.4배 정도에서 파열된다.

42 바닷물과 강물의 밀도는 어느 것이 더 높은가?

① 바닷물
② 강 물
③ 수심에 따라 다르다.
④ 수온에 따라 다르다.

> **해설**
> 염류의 농도가 더 높은 바닷물이 강물보다 밀도가 더 크므로 같은 사람이라도 강보다는 바다에서 수영할 때 몸이 훨씬 잘 뜬다.

43 다음 중 해류를 만드는 주된 요인이 아닌 것은?

① 수온차
② 달의 인력
③ 바 람
④ 바닥의 경사도

44 스쿠버 잠수자가 상승 중에 호흡을 정지하였을 때의 설명으로 가장 적합한 것은?

① 기포의 잡음이 적어지므로 주위 소리가 잘 들린다.
② 공기가 팽창하여 폐 파열의 원인이 된다.
③ 공기가 압착되어 폐 압착의 원인이 된다.
④ 질소마취가 심해진다.

> **해설**
> 상승 시 숨을 멈추면 폐포가 과도하게 팽창되어 파열을 일으키게 된다.

45 도화선이나 도폭선을 사용한 발파 시 최소안전대피거리의 산출식은?

① $300yd \times \sqrt[3]{사용폭약(파운드)}$
② $300ft \times \sqrt[3]{사용폭약(파운드)}$
③ $300yd \times \sqrt[3]{사용폭약(kg)}$
④ $300ft \times \sqrt[3]{사용폭약(kg)}$

> **해설**
> 도폭선이나 도화선을 사용한 폭파 시 안전대피거리의 산출 공식 $300ft \times \sqrt[3]{사용폭약(파운드)}$

[정답] 41 ②　42 ①　43 ④　44 ②　45 ②

46 중추신경계 감압병 증상과 가장 거리가 먼 것은?
① 현기증 ② 마 비
③ 질 식 ④ 부 종

해설
중추신경계 감압병 증상
현기증, 마비, 질식, 극심한 피로와 통증, 허탈과 의식 불명

47 스쿠버용 공기통의 수압검사는 상용압력보다 약 몇 배까지 올려 검사하는가?
① 1.4배 ② 1.7배
③ 2.0배 ④ 2.4배

해설
수압검사를 할 때는 상용압력 × 1.7배로 압력을 올려 약 30초간 유지했다가 압력을 감소시키면 상태가 양호한 공기통은 정상으로 돌아오지만, 비정상적인 공기통은 원래대로 돌아오지 않는다.

48 체임버 내부에 사용되는 장비 중 설치할 수 없는 것은?
① 통신장비 ② 수은식 온도계
③ 산소호흡기 ④ 압력계

해설
체임버 내부에 사용되는 온도계는 전기식, 바이메탈식, 알코올식, 리퀴드 크리스탈식만 사용해야 한다. 체임버에는 절대로 수은식 온도계를 사용하면 안 된다.

49 탐색 면적이 작고 수중 시정이 불량한 심해에서 가장 적합한 탐색방법은?
① 서클링 탐색 ② 잭스테이 탐색
③ 사자스 탐색 ④ 텐더드 탐색

해설
수중탐색
- 서클링(원) 탐색 : 수중 시정이 불량한 심해에서 탐색 면적이 작고 수심이 깊을 때 사용
- 잭스테이 탐색 : 수중 시정이 좋고 탐색 면적이 적합한 탐색방법
- 사자스(수영자 예인) 탐색 : 수중 시정이 불량한 심해에서 탐색 면적이 넓은 지역에 사용
- 텐더드 탐색 : 조류가 세고 탐색 면적이 넓은 곳에 적합한 탐색 방법

50 용접에 사용되는 비파괴검사 중 수중에서 사용 불가한 검사법은?
① 방사선투과검사
② 자기탐상검사
③ 초음파투과법
④ 침투탐상검사

해설
침투탐상검사는 용접 부위에 침투액을 도포하여 결함 부위에 침투를 유도하고, 표면을 닦아낸 후 판단하기 쉬운 검사액을 도포하여 검출하는 방법이다.

51 수중작업에 필요한 면허, 자격, 경험 등을 가진 근로자 외의 자에게 해당 수중작업을 시킨 사업주의 벌금 기준은?

① 300만 원 이하의 벌금
② 500만 원 이하의 벌금
③ 1,000만 원 이하의 벌금
④ 3,000만 원 이하의 벌금

해설

벌칙(산업안전보건법 제140조, 제169조)
사업주는 유해하거나 위험한 작업으로서 상당한 지식이나 숙련도가 요구되는 고용노동부령으로 정하는 작업의 경우 그 작업에 필요한 자격·면허·경험 또는 기능을 가진 근로자가 아닌 사람에게 그 작업을 하게 해서는 아니 되며 이를 위반한 자는 3년 이하의 징역 또는 3,000만 원 이하의 벌금에 처한다.

※ 고용노동부령으로 정하는 작업 중 표면공급식 잠수장비 또는 스쿠버 잠수장비에 의해 수중에서 행하는 작업의 자격·면허·기능 또는 경험(유해·위험작업의 취업 제한에 관한 규칙 별표 1)
- 국가기술자격법에 따른 잠수기능사보 이상의 자격
- 국민 평생 직업능력개발법에 따른 해당 분야 직업능력개발 훈련 이수자
- 3개월 이상 해당 작업에 경험이 있는 사람
- 이 규칙에서 정하는 해당 교육기관에서 교육을 이수한 사람

52 다음에 열거한 산소중독의 초기 증상 중 발작을 예고하는 가장 중요한 증상은?

① 시야가 좁아지는 시야 협착 증세
② 메스꺼움이나 구역질
③ 얼굴 부위 근육의 떨림
④ 안절부절못하는 증상과 현기증

해설
산소중독은 극히 짧은 시간 안에 나타나며 뚜렷한 사전 예고 증상이 없다. 입술이 실룩거리거나 안면근육이 일그러지면 산소중독의 초기 증상이 온 것으로 판단해야 한다.
※ 산소중독 증상은 'CONVENTID'라는 약어를 사용하면 암기하기 쉽다.

산소중독 현상

약 어	증 상
CONvulsion(경련)	산소중독으로 인한 증상들 중 가장 치명적인 것이다. 잠수사가 발작 도중 익사하거나 표면으로 빨리 끌어올릴 경우 기체색전증에 걸릴 수 있다.
Vision(시각)	터널 속을 보는 듯이 시각 기능이 비정상적으로 된다.
Ears(청각)	청각 장애나 귀에 윙윙 울리는 소리가 들린다.
Nausea(구역질)	간헐적으로 경험한다.
Twitching(근육 경련)	보통 입술이나 다른 안면근육에서 먼저 시작된다.
Irritability(초조함)	불안, 초조, 혼란, 이례적인 피로감 등의 변화가 온다.
Dizziness(현기증)	잠수 도중 어지러움을 느낀다.

53 슈퍼라이트 헬멧의 역지 밸브(Non-return Valve) 검사는 언제 하는가?

① 매일 첫 잠수 전
② 잠수 후 세척 시
③ 일주일 간격으로
④ 잠수 후 보관 시 한번씩

해설
매일 첫 잠수 전에 검사한다.

54 배수펌프에서 흡입과정에 주로 이용되는 힘은?

① 원심력
② 추 력
③ 중심력
④ 원추력

해설
양수, 배수, 소화의 용도에 사용되는 원심펌프의 작동원리는 여러 개의 임펠러가 스파이럴 케이싱 속에서 고속회전을 하면 흡입관 속이 거의 진공 상태가 되므로 물이 흡입되어 임펠러의 중심부로 들어가 원심력을 받아 압력이 생기고 토출구로 방출된다.

55 감압이 필요한 잠수를 한 후 비행기를 탑승하려면 잠수 후 최소한 몇 시간 정도 경과하여야 안전한가?

① 24시간　　② 48시간
③ 12시간　　④ 6시간

해설
잠수 후 비행기 탑승은 최소한 12시간 이후에, 감압이 필요한 잠수 후에는 24시간 이후에 한다.

56 와이어로프의 규격 표시는 다음 중 어느 것으로 하는가?

① 강 도　　② 둘 레
③ 직 경　　④ 길 이

해설
크기는 직경으로 나타낸다.

57 수면에서 심호흡을 한 후 호흡을 멈춘 상태로 물속 10m 수심까지 잠수하였을 경우 폐 내부의 공기 체적(부피)의 변화는?

① 변화가 없다.
② 체적이 감소한다.
③ 체적이 증가한다.
④ 체적이 증가하다 감소한다.

해설
수심이 깊어지면 폐의 부피도 감소한다.

58 감압병 환자를 치료하는 방법 중 가장 적합한 것은?

① 즉시 재압실에 넣고 치료한다.
② 즉시 수중감압을 실시한다.
③ 온천수에 찜질한다.
④ 즉시 진정제를 투여한다.

해설
감압병의 치료
- 100%의 산소 호흡을 시키며 즉시 재압실로 후송한다.
- 가벼운 증상이라도 반드시 재압치료를 하는 것이 좋다.
- 재압치료시설이 멀다고 수중에서 재압치료를 하면 안 된다.

59 밴드마스크(KMB) 잠수 시 비상공기통을 착용하여야 하는 기준이 되는 수심은?

① 10m ② 15m
③ 18m ④ 23m

해설
수심 18m 이상, 침몰선 내부, 폐쇄된 공간 등에는 반드시 비상기체통을 착용해야 한다.

60 중이 압착증은 잠수과정 중 언제 제일 잘 발생하는가?

① 하잠 중
② 해저 체류 중
③ 상승 중
④ 어느 때나 똑같다.

해설
하잠할 때 머리부터 내려가는 것보다 다리부터 직립하여 내려가는 것이 중이 압착증을 예방할 수 있는 좋은 하잠방법이다. 이는 수압에 의해 제일 먼저 반응이 오는 곳이 귀의 고막이기 때문이다.

정답 57 ② 58 ① 59 ③ 60 ①

2021년 제2회 과년도 기출복원문제

01 잠수복이 몸에 비해 큰 경우 잠수복 안으로 들어온 물이 체온에 의해 데워지지만, 바로 외부의 찬물과 교환되어 체온이 급격하게 떨어지게 된다. 이러한 물의 온도 변화와 가장 관계 깊은 현상은?

① 대 류
② 복 사
③ 증 발
④ 전 도

해설
① 대류 : 유동적인 열의 움직임으로 열이 이동하는 현상이다.
② 복사 : 에너지의 전자 파장에 의해 전달되는 열이다.
③ 증발 : 물이 수증기로 변해 공기 중으로 돌아가는 현상이다.
④ 전도 : 직접적인 접촉에 의해 열이 전달되는 현상이다.

02 해류의 생성원인으로 가장 거리가 먼 것은?

① 수온의 차이
② 지진과 화산 폭발
③ 지구의 회전
④ 바 람

해설
해류의 생성원인은 바람이나 해면의 경사 또는 해수의 밀도 등에 의해 생기며, 대륙 및 지구 자전의 영향을 받아서 거의 일정한 방향으로 오른다.

03 너울이 해안에 가까워지면 어떻게 변하는가?

① 파장이 짧아지고 파고는 낮아진다.
② 파장이 길어지고 파고는 높아진다.
③ 파장이 길어지고 파고는 낮아진다.
④ 파장이 짧아지고 파고는 높아진다.

해설
수심이 파장의 반 이하로 낮아지는 순간부터 너울이 바닥에 닿기 시작한다. 이 영향으로 물입자의 운동이 제약을 받아 파의 속도는 느려지지만 뒤따라오는 파도는 원래의 속도를 유지하기 때문에 파장이 짧아지면서 높은 파고를 형성한다.

04 역류(이안류)에 대한 설명 중 가장 적합한 것은?

① 항상 일정한 속도로 흐른다.
② 수심이 얕은 곳으로 흐른다.
③ 해안에서 바다 쪽으로 흐른다.
④ 남극에서 적도를 향해 흐르는 해류이다.

해설
역류(Rip Current, 이안류)
해안에서 바다 방향으로 흐르는 해류이다. 주로 완만한 경사, 넓은 면적을 가진 해변에서 발생하며 폭이 좁고, 물살이 매우 빠르다.

05 잠수 시 발생하는 각종 압착증의 발생원인과 관련 있는 기체법칙은?

① 헨리의 법칙
② 보일의 법칙
③ 돌턴의 법칙
④ 샤를의 법칙

해설
보일의 법칙 : 압력과 부피의 관계를 설명한 것으로, 온도가 일정할 때 기체의 부피는 절대압력에 반비례하고, 그 밀도는 압력에 비례한다.

06 잠수 중 고막이 파열되어 찬물이 귓속으로 들어간 경우 발생할 수 있는 증세는?

① 호흡곤란
② 심한 작열감
③ 심한 두통
④ 심한 현기증

해설
귀의 압력균형을 하지 않고 수심 깊이 잠수하면 고막이 파열된다. 고막이 파열했을 때 잠수사는 짧은 순간이지만 심한 현기증을 겪는데 이 현기증으로 메스꺼움이나 구토를 일으킬 수 있다.

07 다음은 고압가스 안전관리법상 고압가스에 대한 설명이다. ( ) 안에 공통으로 들어갈 내용으로 알맞은 것은?

> 상용(常用)의 온도에서 압력(게이지압력을 말한다)이 ( ) 이상이 되는 압축가스로서 실제로 그 압력이 ( ) 이상이 되는 것 또는 35℃의 온도에서 압력이 ( ) 이상이 되는 압축가스(아세틸렌가스는 제외한다)를 고압가스라고 한다.

① 1MPa
② 4MPa
③ 6MPa
④ 1.5MPa

해설
고압가스의 종류 및 범위(고압가스 안전관리법 시행령 제2조)
상용(常用)의 온도에서 압력(게이지압력을 말한다)이 1MPa 이상이 되는 압축가스로서 실제로 그 압력이 1MPa 이상이 되는 것 또는 35℃의 온도에서 압력이 1MPa 이상이 되는 압축가스(아세틸렌가스는 제외한다)

08 육상보다 수중에서는 소리의 전달속도가 약 몇 배 정도 빠른가?

① 2배
② 4배
③ 6배
④ 8배

해설
육상보다 수중에서는 소리의 전달속도가 약 4배 정도 빠르다.

09 1계기압에 해당되는 해수 수심은?

① 17m(55ft)
② 20m(66ft)
③ 10m(33ft)
④ 3m(10ft)

해설
1기압(미터법과 피트법)

미터법	1기압 = 10m = 1.025kg/cm²
피트법	1기압 = 33ft = 14.7psi

10 좌초반응력에 대해 설명한 내용 중 틀린 것은?

① 좌초반응력은 좌초선의 부력을 복원하여 줄일 수 있다.
② 좌초선의 부력과 선체 무게의 변화에 따라 그 값이 달라진다.
③ 좌초된 배를 이초시키는 데 필요한 수평 당김의 힘이다.
④ 좌초반응력은 정해진 수치가 없다.

정답 6 ④ 7 ① 8 ② 9 ③ 10 ③

11 수중 촬영 시 수중카메라에 장착되는 렌즈와 가장 거리가 먼 것은?

① 오목렌즈
② 광각렌즈
③ 표준렌즈
④ 접사렌즈

> [해설]
> 수중 촬영 시 카메라에 사용되는 렌즈 : 표준렌즈, 광각렌즈, 망원렌즈, 매크로(접사)렌즈, 줌렌즈

12 잠수 시 탄산가스 축적의 예방방법과 가장 거리가 먼 것은?

① 긴장을 풀고 천천히 심호흡한다.
② 호흡기 성능이 좋은 것을 사용한다.
③ 잠수 중 숨을 참지 않는다.
④ 숨을 조금씩 빨리 쉰다.

> [해설]
> 예방법으로는 크고 깊은 호흡을 규칙적으로 하는 것이다.

13 기체의 용해도가 가장 높은 경우는?

① 온도는 낮고 압력은 높을 때
② 온도는 높고 압력은 낮을 때
③ 온도와 압력이 모두 높을 때
④ 온도와 압력이 모두 낮을 때

> [해설]
> 기체의 용해도는 기체의 종류에 따라 다르다. 일반적으로 온도가 낮을수록, 압력이 높을수록 높다.

14 슈퍼라이트-17 헬멧의 부품이 아닌 것은?

① 실린더 밸브
② 역지밸브
③ 측면 부품대
④ 굴곡관

15 슈퍼라이트 헬멧으로 수심 130ft 이내에서 작업 시 최소 매니폴드 요구압력(MMP)를 구하는 공식으로 옳은 것은?

① $(D \times 0.445) + 135\text{psi}$
② $(D \times 0.445) + 165\text{psi}$
③ $(D \times 0.445) + 95\text{psi}$
④ $(D \times 0.445) + 150\text{psi}$

> [해설]
> **최소 매니폴드 요구압력(MMP)**
> 130ft(39.624m) 기준으로
> • 얕은 수심일 때 : $(D \times 0.445) + 135\text{psi}$
> • 깊은 수심일 때 : $(D \times 0.445) + 165\text{psi}$

[정답] 11 ① 12 ④ 13 ① 14 ① 15 ①

16 수중의 압력을 나타낼 때 사용하는 절대압력은 수압과 무엇을 합한 것과 같은가?

① 산소압 ② 질소압
③ 계기압 ④ 대기압

해설
절대압은 계기압에 대기압을 더한 것으로 계기압보다 항상 1기압이 더 크다.

17 수중에서 실제 크기가 30cm인 물고기가 약 40cm로 더 크게 보이는 것은 빛의 어떤 현상 때문인가?

① 확산 ② 굴절
③ 반사 ④ 확대

해설
굴절현상은 빛이 공기 중보다 수중에서 더 느리게 이동하기 때문에 수중에서는 물체가 실제보다 4 : 3의 비율로 가깝고 크게 보인다.

18 스쿠버(SCUBA)의 종류가 아닌 것은?

① 개방식 ② 반개방식
③ 폐쇄식 ④ 반폐쇄식

해설
스쿠버 장비는 폐쇄식과 반폐쇄식, 개방식으로 나눌 수 있다.

19 KMB 밴드마스크의 장점이 아닌 것은?

① 헬멧에 비하여 가격이 저렴하다.
② 가볍고 사용이 간편하다.
③ 헬멧에 비해 활동성이 좋은 편이다.
④ 머리 전체를 단단한 재질로 보호해 준다.

해설
머리 전체를 단단한 재질로 보호해 주는 건 헬멧의 장점이다.
밴드마스크의 장점
• 헬멧에 비해 가격이 저렴하다.
• 착용이 간편하다.
• 가볍고 물의 저항이 작아 활동성이 자유롭다.
• 제품에 따라 혼자 착용할 수 있다.

20 표면공급식 잠수에 사용되는 생명줄(Umbilical)의 구성품이 아닌 것은?

① CCTV용 전선
② 통화선
③ 온수공급호스
④ 고압공기호스

해설
잠수조정장치에서부터 잠수사 헬멧까지 연결되는 기체호스는 산업 잠수 기체 호흡용으로, 특수 제작된 저압용의 정품을 사용해야 하며 중간 이음새 부분이 없어야 한다.

정답 16 ④ 17 ② 18 ② 19 ④ 20 ④

21 피복제(Flux)의 설명 중 가장 적합한 것은?

① 전극봉의 강도를 높게 한다.
② 아크를 시작하고 계속 유지시킨다.
③ 절연을 방지한다.
④ 전기가 봉의 밖으로 계속 흐르도록 유지한다.

해설
피복제는 아크열에 의해 분해되어 아크를 안정하게 하고, 가스(CO_2, CO) 또는 슬래그를 발생시켜 용융 금속이 대기 중의 산소나 질소와 접촉하는 것을 막아 산화 및 질화를 방지하며(중성 또는 환원성 분위기를 만듦), 적당한 화학반응에 의하여 용접 금속은 정련된다.

22 산소아크(OXY-ARC) 수중절단은 주로 어떤 작용에 의해 절단되는가?

① 용해작용   ② 탄화작용
③ 동화작용   ④ 용융작용

해설
산소아크절단법(Oxy Arc Cutting)은 산소와 아크열의 용융작용에 의해 금속을 절단하는 방법이다.

23 하잠하는 동안 눈 위 이마 부분에 바늘로 찌르는 듯한 통증이 나타나는 증세는?

① 유스타키안관 압착
② 물안경 압착
③ 사이너스(부비동) 압착
④ 케이슨 병

해설
부비동 압력손상
- 중이와 더불어 부비동(특히 전두동)은 잠수종사자들의 압력손상이 가장 흔한 부위 중 하나이다.
- 알레르기 비염, 감기, 부비동염, 용종, 비중격만곡증 등으로 부비동 통로가 막히면 하잠 시 압력균형이 되지 않아 바늘로 찌르는 듯한 통증이 발생한다.
- 부비동 압력손상은 부비동과 인접한 치아의 통증을 유발하기도 하며, 때때로 코피를 동반하기도 한다.

24 저체온증에 관한 설명으로 옳은 것은?

① 저체온증은 사지의 체온이 정상 이하로 내려간 상태를 말한다.
② 잠수 중 저체온증은 주로 따뜻한 물에서 오래 잠수할 경우 발생된다.
③ 저체온증을 예방하려면 보온이 잘되는 잠수복을 착용해야 한다.
④ 찬물에서 심한 운동을 하면 저체온증이 예방된다.

해설
① 저체온증은 체온이 35℃ 이하로 떨어진 상태를 말한다.
② 저체온증은 주로 찬물에 빠진 경우나 한랭한 공기, 눈, 얼음 등에 장기간 노출된 경우에 발생한다.

25 감압병의 증상 중 가장 많이 발생하는 것은?

① 관절통
② 현기증
③ 신경마비
④ 의식상실

해설
감압병의 각 부위별 증상
- 국부와 관절 부분 : 89%(팔 70%, 다리 30%)
- 중추신경계 : 11%(현기증 5.3%, 마비 2.3%, 질식 1.6%, 극심한 피로와 통증 1.3%, 허탈과 의식불명 0.5%)

26 다음 중 감압병 예방을 위하여 가장 중요한 것은?

① 표면체류시간 ② 잔여질소시간
③ 감 압 ④ 하잠률

해설
감압병의 예방
- 스쿠버 잠수는 반드시 비감압 한계시간 내에서 끝내야 한다.
- 상승 속도는 1분에 9m의 속도로 천천히 올라오도록 해야 한다.
- 감압표의 지시를 철저히 준수하고 항상 감압표를 보는 습관을 들여야 한다. 그러나 잘못 암기된 감압표는 감압병을 일으키기 때문에 절대 암기해서는 안 된다.

27 흡연이 잠수에 미치는 영향으로 거리가 먼 것은?

① 감압병에 걸릴 확률이 높아진다.
② 기체색전증에 걸릴 확률이 높아진다.
③ 혈액의 산소공급능력이 떨어진다.
④ 질소마취에 걸릴 확률이 높아진다.

해설
흡연이 잠수에 미치는 영향
- 담배 연기 속의 CO가 몸 안에 흡수되면 놀랍게도 오래 지속되어, 인체에 축적된 CO의 양을 50% 낮추는 데 약 6시간이 걸린다. 그 여분은 24시간 이상 계속 남아 있기도 하는데, 그것이 혈액 속의 헤모글로빈과 결합하는 능력은 산소보다 210배나 더 커서 혈액의 산소운반능력을 급격히 감소시킨다.
- 호흡순환계 능률의 15~18%가 감소하게 되므로 잠수 후 몸 안의 질소를 배출하는 능력이 감소되어 감압병에 걸리기 쉽다.
- 담배 연기 속의 니코틴과 타르는 호흡기관의 예민한 조직들을 손상시키며 가래를 생기게 한다. 가래는 호흡기의 가는 통로들을 잘 막히게 하여 잠수 후 상승할 때 공기전색증에 걸릴 위험이 높다.

28 허파가 파열된 환자의 기체색전증을 예방하려면 어떠한 자세를 취하는 것이 가장 효과적인가?

① 환자를 오른쪽으로 눕힌다.
② 환자를 왼쪽으로 눕힌다.
③ 환자를 반듯하게 눕힌다.
④ 환자를 엎어 눕힌다.

해설
과거에는 환자를 옮길 시 뇌동맥으로의 공기 유입을 방지하기 위하여 머리를 낮게, 다리를 높게 하는 자세를 권장하였으나 현재는 편평하게 눕히는 자세를 권장하고 있다.

29 산소치료표에 해당하지 않는 것은?

① 1A ② 2A
③ 6 ④ 4

해설
산소치료표의 종류
- 표 5(2시간 15분)
- 표 6(4시간 45분)
- 표 6A(5시간 19분)
- 표 4(38시간 11분, 산소와 공기 겸용)
- 표 7(36시간)
- 표 8(헬륨-산소 혼합기체잠수의 폐초과팽창증상 치료표)

30 구조용 체인 한 절(Shot)의 길이는?

① 약 18m ② 약 27m
③ 약 35m ④ 약 45m

정답 26 ③ 27 ④ 28 ③ 29 ② 30 ②

31 폭발에 대해 잘못 기술한 것은?

① 폭발 시 화학반응으로 압력과 열의 상승이 동반된다.
② 폭발은 폭약이 고체에서 순간적으로 기체 상태로 변하는 것이다.
③ 폭파속도가 느릴수록 파괴력이 강하다.
④ 폭발물이 폭파되었을 때는 유독가스가 발생할 수 있다.

> **해설**
> 폭파속도가 빠를수록 파괴력이 강하다.

32 수중에서 폭발이 발생했을 때 인체의 장기나 조직 중 가장 큰 손상이 발생하는 부위는?

① 허 파   ② 간 장
③ 심 장   ④ 뇌

> **해설**
> 수중 폭파사고 시 가장 손상을 많이 받는 인체 부위는 허파이다.

33 폭발물의 반응을 나타내는 'm/s'는 무엇을 말하는가?

① 예민도
② 폭파속도
③ 도화선의 연소시간
④ 화약계수

> **해설**
> 폭파속도는 폭파하는 동안 폭발물의 반응이 진행되는 속도이다.

34 수중작업 중 폭약 사용의 장점이 아닌 것은?

① 숙달된 수중 폭약 기술자가 필요 없다.
② 작업 진행속도가 절약된다.
③ 노동력의 감소효과가 있다.
④ 장비가 간편하다.

> **해설**
> **폭약 사용의 장단점**
> • 장 점
> - 작업 진행시간이 절약된다.
> - 경제적이고, 노동력이 감소된다.
> - 장비가 간단하다.
> • 단 점
> - 고도로 훈련된 기술자가 필요하다.
> - 까다로운 안전수칙 준수가 요구된다.
> - 언제나 위험성이 따른다.

35 선박의 장거리 예인 시 예색의 길이로 가장 적합한 것은?

① 500~600ft
② 600~700ft
③ 900~1,000ft
④ 1,200~1,500ft

> **해설**
> 장거리 예인 시 가장 적당한 예색의 길이는 1,200~1,500ft이다.

정답 31 ③ 32 ① 33 ② 34 ① 35 ④

36 기체압축기나 펌프를 운전하기 전에 가장 먼저 검사하여야 할 것은?

① 윤활유 계통
② 드레인 계통
③ 냉각수 계통
④ 연료 계통

해설
공기압축기나 펌프를 운전하기 전에 가장 먼저 검사하여야 할 곳은 윤활유 계통이다.

37 다음 그림이 나타내는 병의 원리는?

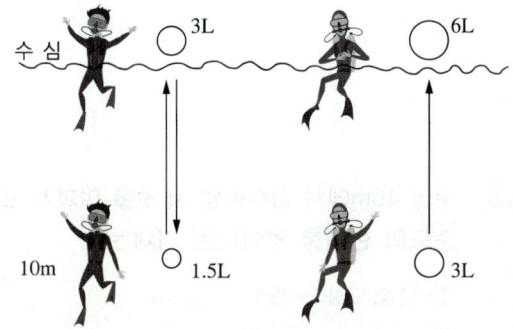

① 감압병
② 질소마취
③ 산소중독
④ 기체색전증

해설
기체색전증
• 부주의 또는 공기의 고갈로 급상승하게 되면 폐가 파열되는 기체색전증(Gas Embolism)이 발생한다. 이는 수심이 점차 얕아질수록, 즉 수심 10m에서 표면까지의 수심권은 부피의 변화가 상당히 크므로 급상승할 경우 폐 속에 팽창된 공기를 내뿜지 않으면 위험에 처하게 된다.
• 보일의 법칙과 관련이 있다.

38 재가압치료를 할 필요 없는 것은?

① 기체색전증
② 감압병
③ 기 흉
④ 저산소증

39 항만시설용 블록으로 옳지 않은 것은?

① 중력식 블록
② 케이슨 블록
③ 셀룰러 블록
④ 앵커 블록

40 엔진에 윤활유를 너무 많이 넣을 경우 나타나는 현상은?

① 연료의 연소작용이 잘된다.
② 기관의 냉각이 잘된다.
③ 기관의 회전속도가 높아진다.
④ 연소실에 윤활유가 올라와 연소된다.

해설
연소실 내로 올라와 윤활유가 연소되는 원인
• 윤활유의 열화 또는 점도 불량
• 오일팬 내의 윤활유량 과대
• 피스톤과 실린더의 간극 과대
• 피스톤링의 불량

41 파도의 모양에 영향을 미치는 요소들과 가장 거리가 먼 것은?

① 수 심
② 해저 지형
③ 바람의 속도
④ 수 온

해설
파도는 바람, 지진, 바닷속의 화산 등에 의해 생기며, 파도의 발달은 바람의 세기, 지속시간, 바람이 부는 해면의 넓이와 수심, 바람의 주기적인 변동 상태에 영향을 받는다.

42 반복잠수를 해야 할 경우 깊은 곳에서부터 잠수를 시작하는 이유는 무엇을 예방하기 위해서인가?

① 기체색전증
② 산소중독
③ 감압병
④ 질소마취

43 와이어로프가 꺾이게 되면 파단력이 몇 % 감소되는가?

① 20%
② 30%
③ 50%
④ 60%

해설
와이어로프는 꺾임(Kink), 굴곡이 일어나지 않도록 해야 한다. 와이어로프가 꺾이게 되면 파단력이 60% 감소되어, 국부적인 마모를 유발하여 강도가 약해진다.

44 68°F는 섭씨 몇 도인가?

① 28℃
② 20℃
③ 24℃
④ 18℃

해설
℃ = (°F − 32) ÷ 1.8
　 = (68 − 32) ÷ 1.8
　 = 20

45 수심 40m에서 잠수작업 시 호흡 여과기 표준공기 순도의 한계를 벗어나는 기체는?

① 산소 : 20~22%
② 탄화수소 : 최대 35ppm
③ 일산화탄소 : 최대 20ppm
④ 이산화탄소 : 최대 1,000ppm

해설
표준공기순도표

성 분	기 준
산 소	20~22%
이산화탄소	최대 1,000ppm
일산화탄소	최대 20ppm
탄화수소	최대 25ppm
먼지 및 기름	최대 5mg/m³
냄새, 맛	불쾌하지 않을 정도

46 가스용기의 색상으로 옳은 것은?

① 산소 – 흑색
② 수소 – 주황색
③ 아르곤 – 황색
④ 아세틸렌 – 회색

해설
각종 가스용기의 도색 구분

가스의 종류	도색 구분	가스의 종류	도색 구분
산 소	녹 색	아세틸렌	황 색
수 소	주황색	아르곤	회 색
액화 탄산가스	청 색	액화 암모니아	백 색
LPG	회 색	기타 가스	회 색

47 연료의 불완전연소에 의해 발생하며 무색, 무미, 무취하나 화학적 활성이 높기 때문에 인체에 치명적일 수 있는 기체는?

① 이산화탄소(CO_2)
② 일산화탄소(CO)
③ 질소(N_2)
④ 헬륨(He)

해설
① 이산화탄소(CO_2) : 공기 중 0.03%인 이산화탄소는 저농도일 때 무색, 무미, 무취하지만 고농도일 때는 카보닉 산(Carbon Acid)을 형성하여 신맛과 신 냄새가 난다.
③ 질소(N_2) : 공기의 성분 중 79%를 차지하며 무색, 무미, 무취한 기체로서 공기 중에 가장 많이 함유되어 있다.
④ 헬륨(He) : 무색, 무미, 무취한 비활성 기체로서, 물에 녹지 않고 공기보다 7배 가볍다.

48 알루미늄 공기통의 재질 중 순수 알루미늄에 첨가되지 않는 성분은?

① 망 간
② 마그네슘
③ 크 롬
④ 미량의 실리콘

해설
알루미늄 공기통의 재질 중 순수 알루미늄에는 망간, 마그네슘, 미량의 실리콘이 첨가된다.

49 컴프레서의 공기여과기에 사용되는 여과물질과 가장 거리가 먼 것은?

① 실리카겔
② 활성탄
③ 활성알루미나
④ 실리콘

해설
여과물질
• 실리카겔이나 활성알루미나는 습기를 제거하는 물질로, 습기가 차면 색깔이 변한다.
• 활성탄은 기름과 냄새를 제거해 준다.
• 활성 제올라이트는 기름과 수분을 동시에 흡수한다.

50 다음 기체 중 잠수를 위하여 사용되지 않는 것은?

① 산 소
② 질 소
③ 헬 륨
④ 아르곤

해설
혼합기체에는 산소+질소, 산소+헬륨, 산소+헬륨+질소, 산소+수소, 산소+수소+헬륨, 순산소 등이 사용된다.

정답 46 ② 47 ② 48 ③ 49 ④ 50 ④

51 국내에서 신규검사 후 경과연수가 10년 미만인 고압 공기통의 압력검사는 제작일로부터 몇 년마다 받아야 하는가?

① 1년
② 3년
③ 5년
④ 10년 미만의 공기통은 검사를 받지 않아도 된다.

해설
공기통은 10년 이하는 매 5년에 1회, 10년 이상은 3년에 1회 검사를 받아야 한다.

52 스쿠버용 공기통의 압력이 3,000psi는 몇 kg/cm^2인가?

① $160.6kg/cm^2$
② $190kg/cm^2$
③ $210kg/cm^2$
④ $230kg/cm^2$

해설
1psi = $0.070307kg/cm^2$
∴ 3,000 × 0.070307 = $210.921kg/cm^2$

53 수심이 증가함에 따른 압력과 부피의 변화는?

① 압력은 증가하고 부피는 감소한다.
② 압력은 감소하고 부피는 증가한다.
③ 압력과 부피 모두 감소한다.
④ 압력과 부피 모두 증가한다.

해설
수심이 증가할수록 압력은 증가하고 부피는 감소한다(보일의 법칙).

54 질소마취를 피하기 위한 일반적인 안전잠수의 수심은?

① 30m 이내
② 40m 이내
③ 50m 이내
④ 60m 이내

해설
질소는 수심 30m부터 마취현상이 나타나기 시작하여 수심 60m에서는 황홀감, 판단력 둔화, 기억력 상실 등이 발생한다. 질소의 마취적 특성은 공기의 압력이 증가될수록 더욱더 심해지기 때문에 미국에서는 공기잠수의 한계를 수심 58m(영국, 캐나다 등에서는 50m)로 제한하고 있다. 특히 개방식 스쿠버잠수일 경우에는 수심 30m까지 제한하고, 해저체류시간도 비감압한계시간을 초과하지 않기를 권장하고 있다.

55 수중 촬영 시 고려되어야 할 가장 중요한 사항은?

① 수 온
② 수 심
③ 조 석
④ 물의 혼탁성

해설
부유물이 많으면 반사, 굴절, 산란 등에 의해 빛의 진행이 방해를 받아 투명도가 떨어진다. 투명도가 높아야 깨끗한 장면을 얻을 수 있다.

정답 51 ③ 52 ③ 53 ① 54 ① 55 ④

56 풀리지 않도록 끝줄을 원줄의 밑으로 넣어 뽑는 결색으로, 당길수록 조여지는 매듭이며 주로 작업현장에서 유용하게 사용되는 결색은?

① 올가미 매듭(Bow Line)
② 압박 매듭(Constrictor Knot)
③ 닻줄 매듭(Anchor Bend)
④ 겹 감아 매듭(Rolling Hitch)

> **해설**
> ① 올가미 매듭(Bow Line) : 임시 고리, 인명구조용으로 많이 사용한다.
> ③ 닻줄 매듭(Anchor Bend) : 닻고리나 부표고리에 줄을 맬 시 사용한다.
> ④ 겹 감아 매듭(Rolling Hitch) : 매끄러운 기둥과 같은 원형 물체의 이동 시 가장 적합한 결색이다.

57 탐색신호 중(탐색 줄을 사용하지 않을 때) '정지하여 너 있는 곳을 탐색하라.'의 신호방법은?

① 1번 당김 ② 2번 당김
③ 3번 당김 ④ 4번 당김

> **해설**
> **탐색신호(탐색 줄 없이)**
> • 1번 당김 : 정지하여 너의 주위를 살펴라.
> • 2번 당김 : 줄을 늦추면 보조사로부터 멀리가고 줄을 당기면 보조사 쪽으로 오라.
> • 3번 당김 : 보조사를 향해 오른편으로 가라.
> • 4번 당김 : 보조사를 향해 왼편으로 가라.
> • 7번 당김 : 탐색 시작, 탐색 끝

58 잠수 중인 잠수사가 보조사에게 '2-1-2' 신호를 보냈다면, 그 의미는?

① 나는 엉켰다.
② 수중 기록판을 보내라.
③ 짧은 줄을 보내라.
④ 긴 줄을 보내라.

> **해설**
> ① 나는 엉켰다. 그러나 혼자서 풀 수 있다. : 3-3-3번 당김
> ③ 짧은 줄을 보내라. : 1-2-3번 당김
> ④ 긴 줄을 보내라. : 5번 당김

59 잠수사의 1일 근로시간을 초과하여 작업을 진행시켰다면 사업주가 받는 벌칙기준은?

① 3년 이하의 징역
② 6개월 이하의 징역
③ 1년 이하의 징역 또는 1천만 원 이하의 벌금
④ 3년 이하의 징역 또는 3천만 원 이하의 벌금

> **해설**
> **유해·위험작업에 대한 근로시간 제한 등(산업안전보건법 제139조, 제169조)**
> 사업주는 유해하거나 위험한 작업으로서 높은 기압에서 하는 작업 등 대통령령으로 정하는 작업에 종사하는 근로자에게는 1일 6시간, 1주 34시간을 초과하여 근로하게 해서는 아니 된다. 이를 위반한 자는 3년 이하의 징역 또는 3천만 원 이하의 벌금에 처한다.
> ※ 높은 기압에서 하는 작업 등 대통령령으로 정하는 작업이란 잠함(潛函) 또는 잠수 작업 등 높은 기압에서 하는 작업을 말한다(산업안전보건법 시행령 제99조).

60 산업안전보건법 시행규칙에서 규정한 잠수사의 건강진단 주기에 대한 설명으로 옳은 것은?

① 일반건강진단은 1년 1회 이상, 특수건강진단은 2년에 1회 이상
② 일반건강진단은 2년 1회 이상, 특수건강진단은 1년에 1회 이상
③ 일반건강진단 및 특수건강진단 각각 1년에 1회 이상
④ 일반건강진단은 1년 1회 이상, 특수건강진단은 6개월에 1회 이상

> **해설**
> **일반건강진단의 주기(산업안전보건법 시행규칙 제197조)** : 사업주는 상시 사용하는 근로자 중 사무직에 종사하는 근로자(공장 또는 공사현장과 같은 구역에 있지 않은 사무실에서 서무·인사·경리·판매·설계 등의 사무업무에 종사하는 근로자를 말하며, 판매업무 등에 직접 종사하는 근로자는 제외한다)에 대해서는 2년에 1회 이상, 그 밖의 근로자에 대해서는 1년에 1회 이상 일반건강진단을 실시해야 한다.
> **특수건강진단의 주기(산업안전보건법 시행규칙 별표 23)** : 12개월

정답 56 ② 57 ① 58 ② 59 ④ 60 ③

2022년 제2회 과년도 기출복원문제

01 다음 중 물의 흐름에 영향을 가장 적게 끼치는 것은?
① 조 수
② 중 력
③ 지구의 자전
④ 염분도

해설
물의 흐름에 영향을 끼치는 요소로 조류, 바람, 중력, 지구의 자전 등이 있다.

02 폭속의 정의로 옳은 것은?
① 폭발파가 전파되는 속도
② 음속보다 빠른 폭굉의 파
③ 폭약이 기폭할 수 있는 예민도
④ 추진적 폭발 효과를 나타내는 속도

해설
폭속(VOD ; Velocity Of Detonation) : 폭약이 1초당 연소 또는 폭굉하는 속도
② 폭굉 : 폭발 중 폭발성 기체 및 고체 등을 음속보다 빠른 속도로 연소반응이 전하는 현상
③ 기폭감도

03 용접봉을 위에서 아래로 향하여 하는 용접은?
① 수평 용접
② 아래보기 용접
③ 위보기 용접
④ 수직 용접

해설
수직 용접은 용접봉(갱)을 위에서 아래로 향하여 하는 용접이다. 용접봉을 위에서 아래로 진행해야만 피복제의 기포가 시야를 가리지 않는다.

04 수중발파 작업 시 장전한 폭약의 폭력이 부족하여 암석을 파괴하지 못하고 폭력이 공구 쪽으로 빠져 나가 전색물만 날려 보내는 것은?
① 공 발
② 불 발
③ 사 압
④ 순 폭

해설
② 불발 : 발파작업에 있어서 점화를 하였는데도 기폭약포가 폭발하지 않아 폭발이 일어나지 않은 현상이다.
③ 사압 : 폭약은 일반적으로 장전 비중이 크게 되면 폭발속도는 증가하지만 초안계 폭약, 기타 특정 폭약에는 일정 압력 이상으로 압착하면 점화해도 연소는 하나, 폭발하지 않는다. 이 압력 또는 현상을 사압이라 한다.
④ 순폭 : 한 개의 폭약이 폭발할 때 공기, 물, 기타 매체를 통해 인접폭약이 감응폭발하는 현상이다.

05 다음 중 비활성기체가 아닌 것은?
① Ar
② O_2
③ He
④ Ne

해설
활성기체와 비활성기체
- 활성기체 : 산소처럼 다른 기체와 화합을 잘하며 혼합물질을 만들어내는 것
- 비활성(불활성)기체 : 성질이 다른 것들과 좀처럼 화합을 하지 않는 것

06 수중에서 가장 빨리 흡수되는 색은?

① 빨 강
② 초 록
③ 노 랑
④ 파 랑

해설
수심이 깊어짐에 따라 빨간색 → 주황색 → 노란색 → 초록색 → 파란색의 순으로 흡수된다.

07 수중에서 잠수사가 뜨지도 가라앉지도 않는 상태는?

① 양성부력(Positive Buoyancy)
② 중성부력(Neutral Buoyancy)
③ 음성부력(Negative Buoyancy)
④ 보상부력(Compensation Buoyancy)

해설
부력의 종류
- 양성부력 : 어떤 물체가 액체에 뜨는 상태
- 중성부력 : 어떤 물체가 액체에 뜨지도 가라앉지도 않는 상태
- 음성부력 : 어떤 물체가 액체에 완전히 가라앉은 상태

08 해난구조작업에 사용되는 와이어로프는 꺾임, 굴곡이 일어나지 않도록 해야 한다. 와이어로프가 꺾이게 되면 파단력은 몇 % 감소되는가?

① 약 20%
② 약 40%
③ 약 60%
④ 약 80%

해설
와이어로프가 꺾이면 파단력이 약 60% 감소되어 국부적인 마모를 유발하여 강도가 약해진다.

09 스쿠버 탱크에 공기를 주입하는 이동용 기체 압축기의 흡입구 설치방법으로 가장 적합한 것은?

① 바람이 불어오는 방향으로 2m 이하 낮게 설치
② 바람이 불어오는 방향으로 2m 이상 높게 설치
③ 바람이 불어오는 반대 방향으로 2m 이하 낮게 설치
④ 바람이 불어오는 반대 방향으로 2m 이상 높게 설치

해설
원동기에서 내뿜는 배기가스나 엔진오일이 연소되어 컴프레서의 공기 흡입구로 유입되는 현상을 방지하기 위해서는 필히 바람이 불어오는 방향으로 공기 주입구가 위치하도록 하며, 가능한 공기 흡입구를 높게 설치한다.

10 다음 스쿠버 장비 중 빙초산 세척을 해서는 안 되는 부품은?

① 피스톤
② 1단계 몸체
③ 호흡 조절기 필터
④ 공기통 목 부분

해설
스쿠버 잠수용 호흡 조절기의 분해소제 시 녹을 제거하기 위하여 물(16) : 빙초산(1)을 혼합하여 사용한다. 그러나 호흡 조절기 세척 중에 호흡 조절기 필터나 2단계 공기 유입구로는 물이 들어가면 안 된다. 특히 호흡 조절기를 공기통에서 분리시킨 상태에서 세척할 때에는 물이 들어가지 않도록 1단계에는 먼지 마개를 끼우고, 2단계는 누름 단추가 눌리지 않도록 해야 한다.

11 법률에 의해 잠수작업에 필요한 자격·면허·경험 또는 기능을 가진 근로자 외의 자를 잠수작업에 고용했을 경우 사업주의 벌칙은?

① 500만 원 이하의 과태료
② 3년 이하의 징역 또는 3천만 원 이하의 벌금
③ 2년 이하의 징역 또는 2천만 원 이하의 벌금
④ 5년 이하의 징역 또는 5천만 원 이하의 벌금

해설
벌칙(산업안전보건법 제140조, 제169조)
사업주는 유해하거나 위험한 작업으로서 상당한 지식이나 숙련도가 요구되는 고용노동부령으로 정하는 작업의 경우 그 작업에 필요한 자격·면허·경험 또는 기능을 가진 근로자가 아닌 사람에게 그 작업을 하게 하여서는 아니 되며, 이를 위반한 자는 3년 이하의 징역 또는 3천만 원 이하의 벌금에 처한다.

12 잠수하여 내려가는 도중 귀가 아플 때 가장 적절한 조치는?

① 그날 잠수를 포기한다.
② 약간 위로 올라가 압력균형을 한다.
③ 참고 조금 내려간다.
④ 해면으로 올라와서 압력균형을 한다.

해설
고막이 아프기 시작하면 이미 늦은 때이고, 이때는 제대로 이행되지 않는다. 이런 경우에는 1m 정도 상승한 뒤 다시 압력균형을 실시해야 한다.

13 상승 시 압력과 관계있는 증상이 아닌 것은?

① 마스크 압착(Mask Squeeze)
② 피하기종(Emphysema)
③ 기흉(Pneumothorax)
④ 공기색전증(Air Embolism)

해설
마스크 압착은 하강 시 발생한다.

14 생명줄(Umbilical)은 여러 개의 호스로 구성되어 있는데 그중 장력선의 용도가 아닌 것은?

① 하잠과 상승을 유도한다.
② 수중과 육상과의 줄신호 역할을 한다.
③ 통화선의 장력을 제거한다.
④ 통화기를 충격으로부터 보호한다.

해설
생명줄은 3가지 목적으로 사용되는데, 지상과 수중 간의 교신을 제공하고 잠수사의 상승과 하잠을 유도하며, 기체 호스의 장력을 감소시키는 역할을 한다.

15 잠수작업 시 재압체임버로 치료하는 경우와 가장 거리가 먼 것은?

① 기체색전증
② 감압병
③ 일산화탄소(CO) 중독
④ 이산화탄소(CO_2) 중독

해설
이산화탄소 축적은 신선한 공기에서 정상적인 호흡을 되찾으면 바로 회복되지만, 두통 등의 증세는 다이빙 후에도 얼마간 지속될 수 있다.

16 호흡기체 중에 이산화탄소 함유량이 많으면 감압병에 어떤 영향을 미치는가?

① 아무런 영향을 주지 않는다.
② 감압병 발생을 증가시킨다.
③ 감압병 발생을 감소시킨다.
④ 단지 감압병의 증상을 악화시킨다.

해설
과잉된 탄산가스 호흡은 감압병이 발생할 확률을 높이며 산소중독의 발생을 가속시킨다. 이를 예방하기 위해 헬멧에 신선한 기체로 자주 환기를 시켜주어야 한다.

17 고압공기 압축기(H.P Compressor) 운전 중 드레인 밸브를 열어 주는 이유는?

① 공기의 적절한 양을 조절하기 위하여
② 압축기의 운전을 용이하게 하기 위하여
③ 공기탱크에 신선한 공기를 넣기 위하여
④ 공기탱크에 습기가 많이 차지 않도록 하기 위하여

18 슈퍼라이트-17 헬멧의 종류 중 B형과 K형의 차이점은?

① 생명줄의 연결방향이 다르다.
② 최대 작업심도가 다르다.
③ 비상기체밸브의 위치가 다르다.
④ 걸쇠(Latch Catch)와 목 고정대가 다르다.

19 잠수기록표에 기록하지 않아도 되는 것은?

① 대기 잠수작업자에 관한 인적 사항
② 잠수의 시작·종료 일시 및 장소
③ 잠수작업자의 건강상태
④ 잠수장비의 목록

해설
잠수기록의 작성·보존(산업안전보건기준에 관한 규칙 제536조의2)
사업주는 근로자가 잠수작업을 하는 경우에는 다음의 사항을 적은 잠수기록표를 작성하여 3년간 보존하여야 한다.
- 다음의 사람에 관한 인적 사항
  - 잠수작업을 지휘·감독하는 사람
  - 잠수작업자
  - 감시인
  - 대기 잠수작업자
  - 잠수기록표를 작성하는 사람
- 잠수의 시작·종료 일시 및 장소
- 시계(視界), 수온, 유속(流速) 등 수중환경
- 잠수방법, 사용된 호흡용 기체 및 잠수수심
- 수중체류 시간 및 작업내용
- 감압과 관련된 다음의 사항
  - 감압의 시작 및 종료 일시
  - 사용된 감압표 및 감압계획
  - 감압을 위하여 정지한 수심과 그 정지한 수심마다의 도착시간 및 해당 수심에서의 출발시간(물속에서 감압하는 경우만 해당한다)
  - 감압을 위하여 정지한 압력과 그 정지한 압력을 가한 시작시간 및 종료시간(기압조절실에서 감압하는 경우만 해당한다)
- 잠수작업자의 건강상태, 응급 처치 및 치료 결과 등

20 미 해군의 치료표 6의 용도에 대한 설명으로 맞는 것은?

① 산소 호흡주기 2 이하인 기압조절실 감압 중 표면 경과시간이 7분을 초과한 때
② 경증 감압병 증상이 있을 때
③ 30ft(9m)를 초과하는 수심에서 7분 이상 감압을 하지 못하였을 때
④ 60ft(18m)에서 통증이 지속될 때

해설
①, ② 치료표 5, ④ 치료표 6A
※ 잠수용 기압조절실을 이용한 감압병 응급조치에 관한 지침 (KOSHA GUIDE G-128-2020) 참고

정답 16 ② 17 ④ 18 ④ 19 ④ 20 ③

21 해발 100m에 있는 호수에서 잠수했을 경우와 바다에서 잠수했을 경우의 감압시간을 비교한 것으로 옳은 것은?(단, 수심과 체류시간은 같다)

① 호수에서보다 바다에서의 감압시간이 길다.
② 바다에서보다 호수에서의 감압시간이 길다.
③ 감압시간에는 차이가 없다.
④ 날씨 등에 따라 차이가 있다.

해설
높은 지대에 있는 호수나 저수지에서 잠수할 경우 그 수면에서의 대기압은 1대기압보다 낮다. 그러므로 더 긴 감압시간이 필요하다. 이때는 1대기압에서 잠수하는 것을 기준으로 만들어진 표준잠수표를 그 지대의 대기압에 따라 환산해서 사용해야 한다.

22 선홍색을 띠고, 출혈량이 많으며 물총으로 쏘듯 뿜어져 나오기도 하는 맥박성 출혈은?

① 동맥 출혈
② 정맥 출혈
③ 모세혈관 출혈
④ 림프 출혈

해설
- 동맥성 출혈 : 맥박이 뛰면서 뿜어져 나오기도 하며, 출혈량이 많다. 비교적 선홍색의 혈액이 배출된다.
- 정맥성 출혈 : 맥박과 상관없다. 검붉은 색의 혈액이 배출된다.
- 모세혈관성 출혈 : 출혈량이 적고 적색의 혈액이 배출된다.

23 일산화탄소 중독과 관련된 설명으로 틀린 것은?

① 저산소증과 유사한 증상이 나타나며, 가장 큰 위험은 갑자기 무의식상태에 빠질 때이다.
② 저산소증과 더불어 입술, 손톱 밑, 피부가 비정상적으로 붉어지며 이마의 두통, 호흡 곤란, 구토, 혼동 등을 나타낸다.
③ 담배 연기는 다량의 일산화탄소를 발생시키며, 혈액 내 산소 운반 능력을 현저히 감소시킬 뿐만 아니라 혈액 순환을 방해하여 감압병의 발생 빈도를 높인다.
④ 흡기 시 타는 듯한 느낌과 통증을 느끼고 의식이 있는 경우에는 격렬한 신경통도 동반된다.

해설
④ 폐 산소 중독의 증상이다.

24 입수 전 사이다와 같은 음식물을 섭취하지 않는 이유는?

① 어깨, 무릎 등에 통증을 유발할 수 있기 때문이다.
② 창자나 위 등 장기 내에 압착이 올 수 있기 때문이다.
③ 이마 부분, 잇몸의 윗부분이 바늘로 찌르는 듯 따끔거리고, 코피가 날 수 있기 때문이다.
④ 허파가 쪼그라들고, 심하면 갈비뼈도 부러져 큰 손상을 입을 수 있기 때문이다.

해설
탄산음료는 장기 내에서 포화를 일으켜 불편감을 줄 수 있다. 따라서 체내에 기체가 생기는 것을 방지하기 위해 발포성 음료수(콜라, 사이다)나 기체를 잘 만드는 음식(콩, 양파, 보리) 등은 입수 전 섭취하지 않는 것이 좋다.

정답 21 ② 22 ① 23 ④ 24 ②

25 인간의 심해 잠수능력을 제한하는 가장 큰 원인은?

① 수 온
② 수 압
③ 부 력
④ 광선의 부족

> **해설**
> 인간의 심해 잠수능력을 제한하는 가장 큰 원인은 깊어질수록 증가하는 수압이고, 두 번째로 큰 원인은 수온이다.

26 생명줄 중 기체 호스의 최고 사용압력은?

① 300psi
② 500psi
③ 800psi
④ 1,000psi

> **해설**
> 기체 호스의 규격은 공기 잠수 시 내경 9.5mm(3/8″), 심해 잠수 시 13mm(1/2″)를 사용하고, 최고 사용압력은 56kg/cm^2(800psi)이다.

27 고압 기체 압축기와 저압 기체 압축기를 구분하는 압력 기준은?

① 300psi
② 600psi
③ 900psi
④ 1,200psi

> **해설**
> 기체 압축기는 일반적으로 63kg/cm^2(900psi) 미만인 경우 저압용, 이상인 경우 고압용으로 구분한다.

28 고압 기체 압축기가 압축시키는 압력 수준으로 가장 적절한 것은?

① 500psi 이상
② 1,000psi 이상
③ 2,000psi 이상
④ 3,000psi 이상

> **해설**
> 고압 기체 압축기는 압력을 저압, 중압, 고압 등 각 단계로 점차 높게 하여 210kg/cm^2(3,000psi) 이상을 압축시킨다.

29 다음 중 샤를의 법칙에 대한 설명은?

① 압력이 일정할 때 기체의 부피는 절대온도에 비례하고, 부피가 일정할 때는 온도 증가와 더불어 기체의 압력도 증가한다.
② 일정한 용기 안에 들어 있는 혼합기체의 전체 압력은 각 구성 기체의 부분압의 합과 같다.
③ 일정한 온도하에서 액체에 녹아 들어가는 기체의 양은 그 기체의 부분압에 비례한다.
④ 압력이 높아지면 그에 반비례하여 부피는 줄어들고, 압력이 낮아지면 기체의 부피는 커진다.

> **해설**
> ① 샤를의 법칙
> ② 돌턴의 법칙
> ③ 헨리의 법칙
> ④ 보일의 법칙

30 나일론 로프가 젖었을 때 감소하는 파단력으로 가장 적절한 것은?

① 5%
② 15%
③ 25%
④ 45%

해설
젖은 나일론 로프는 파단력이 15% 정도 감소하므로 장력을 가하지 말아야 한다.

31 수중 촬영 시의 피사계 심도에 대한 설명으로 옳은 것은?

① 광량에 영향을 받지 않는다.
② 조리개 구멍을 크게 할수록 피사계 심도는 얕아진다.
③ 화상 전체의 밝기를 고르게 해주는 역할이다.
④ 영상을 필름에 정확히 맞추고 빛의 양을 조절하는 기능이다.

해설
피사계 심도
피사체 전후의 초점이 얼마나 잘 맞았는가 하는 것으로, 초점이 잘 맞는 것을 피사계 심도가 깊다고 하고, 초점이 흐려져 있는 것을 피사계 심도가 얕다고 한다. 동일한 조리개 값에서 초점 길이가 짧은 광각 렌즈는 피사계 심도가 깊고 초점 길이가 긴 망원렌즈의 피사계 심도는 얕다. 즉, 피사체의 주변이 피사체의 초점보다 흐리게 나오는 것을 피사계 심도가 얕다고 하고 반대로 초점이 비슷할수록 피사계 심도가 깊다고 표현하는 것이다. 또 조리개를 좁힐수록 피사계 심도가 깊어지고, 열수록 심도가 얕아진다.

32 텐더드 탐색(Tended Search) 방법에 대한 설명으로 틀린 것은?

① 표준 탐색 신호를 숙지하여야 한다.
② 탐색줄이 보조사와 연결되어야 한다.
③ 탐색줄은 항시 느슨하게 유지해야 한다.
④ 탐색줄의 길이가 충분히 길어야 한다.

해설
보조탐색(Tended Search)
- 다이빙 플랫폼(Diving Platform)에서 보조한다.
- 표준 탐색 신호를 사용한다.
- 텐딩 라인(Tending Line)을 탐색지역에 맞게 한다.
- 텐딩 라인(Tending Line)에 장력을 유지한다.
- 모든 신호에 응답하여야 한다.

33 미국 DOT 기준에 따른 스쿠버 공기통의 검사와 관련된 사항으로 틀린 것은?

① 상용압력의 1과 2/3배로 수압검사
② 매년 시각검사
③ 5년마다 수압검사
④ 3년마다 수압검사

해설
DOT(미 운송국) 규정에 따라 매 5년마다 충전압력의 5/3배로 수압검사를 한다.

34 다음 중 가장 깊이 잠수할 수 있는 방식은?

① 스쿠버 잠수
② 포화잠수
③ 잠수정
④ 대기압 잠수복

해설
- 스쿠버 잠수 : 최대 40m 10분 허용
- 포화잠수 : 하이드렐리옥스 이용 시 최대 600~700m
- 잠수정 : 중작업급 원격조종무인잠수정은 3,500m에서 작업 가능
- 대기압 잠수복 : 300~600m 수심의 작업에 이용

정답 30 ② 31 ② 32 ③ 33 ④ 34 ③

35 스쿠버용 공기통의 장기 보관 방법으로 옳은 것은?

① 공기통을 눕혀 둔다.
② 햇볕이 잘 비치는 곳에 둔다.
③ 공기통의 공기를 완전히 뽑아내고 건조한 상태로 둔다.
④ 공기통의 공기를 100psi 이상 남겨서 둔다.

해설
사용하지 않는 실린더는 100psi 이상의 압력을 유지해야 한다. 즉, 공기통에는 항상 15bar 정도의 공기를 남겨 두어야 먼지나 물이 통 속으로 들어가는 것을 막을 수 있다.

36 잠수 호흡 기체인 헬륨에 관한 설명 중 틀린 것은?

① 색, 맛, 냄새가 없는 매우 가벼운 기체로 다른 원소와 잘 결합하는 불안정한 기체다.
② 불활성기체로 질소마취와 같은 작용이 없다.
③ 가벼우므로 흡기 저항이 적어 심해잠수에 이용된다.
④ 음성이 똑바르게 나오지 않는 결점이 있다.

해설
헬륨(He)은 무색, 무미, 무취한 비활성기체로, 물에 녹지 않고 공기보다 7배나 가볍다.

37 10L의 공기를 넣은 고무풍선을 수심 40m로 가지고 내려가면 그 고무풍선의 부피는?

① 2L ② 2.5L
③ 4L ④ 5L

해설
보일의 법칙에 따라 일정한 온도하에서 기체의 부피는 절대압에 반비례하고 그 밀도는 정비례한다. 육상에서 10L의 공기를 넣은 고무풍선을 수심 40m의 물속으로 가지고 내려가면 외부수압(절대압)이 5대기압이 되므로 풍선의 부피는 2L가 되고 풍선 안의 공기 밀도는 5배가 된다.

38 슈퍼라이트-17 헬멧의 부품이 아닌 것은?

① 목 수밀대(Neck Dam)
② 스파이더(Spider)
③ 압력균형장치(Nose Block Device)
④ 비상기체 공급밸브(Auxiliary Valve)

해설
5가닥 머리고정판(Head Harness Spider)은 KMB 밴드마스크의 부품이다.

39 일반적으로 표면공급식 장비의 생명줄(Umbilical)은 어떻게 사리는가?

① 8자 모양으로 하고 양 끝단이 확인되도록
② 작은 원에서 시작하여 큰 원 모양으로
③ 큰 원에서 시작하여 작은 원 모양으로
④ 전체 길이에 따라 적당한 크기의 타원형으로

해설
생명줄은 8자로 사린다.

40 KMB 밴드마스크와 헬멧에서 역지밸브(One-way Valve)의 역할은?

① 기체 공급 호스의 압력이 높아지지 않게 한다.
② 비상기체통의 기체를 공급한다.
③ 잠수사에게 압착이 일어나지 않게 한다.
④ 안면창의 김 서림을 제거한다.

> **해설**
> 역지밸브는 헬멧 내부 또는 밴드마스크 내부에 공급되는 기체를 일정하게 흐르도록 유지해 주며, 주 기체 공급이 차단되었을 때 잠수사의 안면 압착과 물의 유입을 방지해 준다(압착병 방지).

41 다음 중 감압병 환자를 치료하는 방법으로 가장 적합한 것은?

① 즉시 재압실에 수용하고 치료한다.
② 즉시 수중 감압을 실시한다.
③ 뜨거운 물로 찜질한다.
④ 즉시 진정제를 투여한다.

> **해설**
> 감압병으로 의심이 되면 재압실로 이동하여 재압치료를 받아야 한다.

42 감압병의 증상 중 가장 많이 발생하는 것은?

① 관절통　　② 현기증
③ 신경마비　④ 의식상실

> **해설**
> 수중에서 빠른 속도로 상승하면 갑작스러운 수압 차이로 인해 이미 인체에 용해된 질소는 과포화 상태가 되어 혈액과 조직 속에 기포를 형성한다. 기포는 인체의 구조상 혈액순환이 느린 곳에서 잘 발생하며, 가장 흔하게 모이는 장소는 관절 부위이다.

43 기체색전증의 특징 중 틀린 것은?

① 재가압 치료를 해야 한다.
② 팔다리 마비, 어지럼증 등이 급속히 나타난다.
③ 어깨, 무릎 등에 극심한 통증이 나타난다.
④ 상승 중 또는 수면 도착 10분 이내에 발생한다.

> **해설**
> ③은 감압병의 증상이다.
> 기체색전증의 증상은 가슴의 통증, 기침 또는 숨을 헐떡거림, 입가의 피거품, 두통, 부분적 또는 완전한 시각 장애, 저리거나 얼얼함(감각 저하), 힘 빠짐이나 마비, 상반신의 감각 상실 또는 변화, 현기증, 혼란스러움, 갑작스러운 의식 상실, 호흡 정지, 사망 등이다. 만일 잠수 도중 수면에서 의식을 잃고 있는 잠수사를 발견하였다면 기체색전증 환자로 간주하여 응급처치하는 것이 요구된다.

44 질소마취 현상의 특징으로 가장 거리가 먼 것은?

① 급하게 하강하면 증상이 악화될 수 있다.
② 목표 수심에 도착한 후에도 체류시간이 길어질수록 악화된다.
③ 잠수사 사이에서도 개개인 차이가 심하다.
④ 약간의 적응력이 생긴다.

> **해설**
> 질소마취 현상은 대기압 조건으로 복귀 시 아무런 후유증 없이 회복되며 목표 수심 도착 직후에 증상이 가장 심하고 이후 약간 약화되나 개인차가 심하다.

45 수중용접과 절단에 대해 기술한 내용으로 틀린 것은?

① 수중절단과 용접을 하는 경우 교류발전기를 가장 많이 쓴다.
② 용접이나 절단 작업 시를 제외하고 전원은 항상 차단해야 한다.
③ 절단·용접봉의 끝단이 잠수사 쪽을 향해서는 안 된다.
④ 절단과 용접에 동일한 발전기를 사용할 수 있다.

[해설]
수중절단과 용접을 하는 경우 직류발전기를 가장 많이 쓴다.

46 다음 중 잠수종의 하잠속도 및 상승속도로 가장 적합한 것은?

① 하잠속도 120fpm, 상승속도 30fpm
② 하잠속도 125fpm, 상승속도 20fpm
③ 하잠속도 75fpm, 상승속도 30fpm
④ 하잠속도 125fpm, 상승속도 35fpm

[해설]
잠수종의 하잠률과 상승률은 표준공기감압표와 동일하다(하잠률 : 75fpm, 상승률 : 30fpm).

47 수심 10m(33ft)에서 받는 절대압력은 대략 몇 kg/cm²(psia)인가?

① 1.03kg/cm²(14.7psia)
② 2.05kg/cm²(29.4psia)
③ 3.10kg/cm²(44.1psia)
④ 4.13kg/cm²(58.8psia)

[해설]
절대압은 기압과 수압을 합한 것과 같으므로 수심 10m에서의 절대압은 2기압이 된다.
1기압(미터법과 피트법)

미터법	1기압 = 10m = 1.025kg/cm²
피트법	1기압 = 33ft = 14.7psi

48 ISO 100, f5.6/125초가 적정노출일 때, ISO를 200으로 하였다면, 적정노출의 조리개 및 셔터스피드는?

① f5.6/60초
② f5.6/250초
③ f8/60초
④ f8/250초

[해설]
셔터속도와 조리개 값

셔터속도	조리개 값
1/4,000	f1.4
1/2,000	f2
1/1,000	f2.8
1/500	f4
1/250	f5.6
1/125	f8
1/60	f11
1/30	f16

• 노출을 어둡게 하고 싶은 경우 : 조리개 값을 큰 쪽으로 옮기거나(f8에서 f11로), 셔터속도를 빠르게 한다(125에서 250으로).
• 노출을 밝게 하고 싶은 경우 : 조리개 값을 작은 쪽으로 옮기거나(f8에서 5.6으로), 셔터속도를 느리게(125에서 60으로), ISO 수치를 100에서 200, 400 등으로 올린다.
※ ISO(감도) : 빛을 받아들이는 민감도를 나타내는 말로 수치가 올라갈수록 제곱으로 밝아진다.

[정답] 45 ① 46 ③ 47 ② 48 ②

49 슈퍼라이트 헬멧으로 수심 50m에서 작업을 하려면 최소한 몇 kg/cm²의 압력을 올릴 수 있는 기체 압축기가 필요한가?

① 약 7kg/cm²
② 약 11kg/cm²
③ 약 17kg/cm²
④ 약 23kg/cm²

해설
슈퍼라이트 헬멧의 기체 요구량은 대체적으로 4.5acfm이며, 표면 공급 요구 압력은 8~16kg/cm²(115~225psi)가 유지되어야 한다.
최소 매니폴드 요구 압력(MMP)
130ft(39.624m) 기준으로
• 얕은 수심일 때 $(D \times 0.445) + 135\text{psi} = \text{MMP}$
• 깊은 수심일 때 $(D \times 0.445) + 165\text{psi} = \text{MMP}$
(1ft = 0.3048m, 1m = 3.28084ft, 1psi = 0.070307kg/cm²)
MMP = $[(50 \times 3.28084) \times 0.445] + 165\text{psi}$
= 237.99869psi
= 238 × 0.070307 = 16.733066kg/cm²
≒ 17kg/cm²

50 다음 계기 중 잠수에서의 필요성이 가장 떨어지는 것은?

① 수온계
② 잔압계
③ 수심계
④ 나침반

해설
② 잔압계 : 현재 실린더 안의 공기 잔량을 나타낸다.
③ 수심계 : 현재의 수심을 보여 주는 계기이다.
④ 나침반 : 수중에서 방향을 지시함으로써 원하는 방향을 찾을 수 있다.

51 수중 촬영법에 관한 설명으로 가장 거리가 먼 것은?

① 가능하면 피사체에 대하여 카메라를 수직으로 향해 촬영한다.
② 광각 렌즈는 가까운 곳에서 먼 곳까지 초점을 맞추기 쉬운 장점이 있다.
③ 좋은 사진을 촬영하기 위해서는 피사체에 대하여 카메라를 수평으로 향하여 찍는다.
④ 피사체의 실거리를 측정 후 카메라 눈금에 거리를 맞추어 놓고 촬영한다.

해설
수중 촬영 시 주의사항
• 카메라가 흔들리지 않도록 하고, 빠른 셔터 스피드로 촬영한다.
• 정확하게 피사체의 앵글을 잡고, 가능한 피사체를 크게 찍는다.
• 태양의 각도를 고려해서 촬영한다.
• 피사체에 대하여 카메라를 수평으로 향하여 찍는다.
• 피사체의 실거리를 측정 후 카메라 눈금에 거리를 맞추어 놓고 촬영한다.
• 수중 촬영 시 고려되어야 할 가장 중요한 사항은 물의 탁도(투명도)이다.

52 KMB 장비 중 생명줄(Umbilical)의 가장 중요한 기능은?

① 잠수사의 안전이동
② 잠수사의 수직이동
③ 잠수사의 안전수심책정
④ 잠수사의 호흡매체 공급

해설
생명줄의 구성 요소는 잠수사에게 공기를 공급하는 기체 호스, 수심 측정 호스, 통화용 전선, 장력 로프(조합형) 등 각기 용도가 다른 4가지 요소가 하나로 형성되어 있다. 최근에는 4가지 요소 외에 온수잠수복용 호스와 폐쇄회로용(CCTV) 전선까지 생명줄에 추가시키고 있다.

53 다음 중 감압병 예방을 위하여 가장 중요한 것은?

① 표면체류시간
② 잔여질소시간
③ 감 압
④ 하잠률

해설
감압병의 예방
- 스쿠버 잠수는 반드시 비감압 한계시간 내에서 끝내야 한다.
- 상승 속도는 1분에 9m의 속도로 천천히 올라오도록 해야 한다.
- 감압표의 지시를 철저히 준수하고 항상 감압표를 보는 습관을 들여야 한다. 그러나 잘못 암기된 감압표는 감압병을 일으키기 때문에 절대 암기해서는 안 된다.

55 재압실의 안전 수칙에 위배되는 것은?

① 소방 시설로 물과 모래를 사용한다.
② 베개의 덮개는 100% 순면을 사용한다.
③ 재질이 강철일 때만 도색한다.
④ 합성 섬유로 된 담요를 사용한다.

해설
재압실의 안전 수칙
- 경고판을 눈에 잘 띄도록 게시한다.
- 정격에 맞지 않는 전기 장치는 사용하지 말고 인화성이 있는 부품은 사전에 제거한다.
- 정전기로 인한 화재의 가능성을 고려하여 면이나 합성 섬유로 된 담요, 나일론 의복, 나무로 된 선반과 의자 등을 재압실 내부에 반입하지 않는다. 매트리스는 내화성 덮개로 덮고 시트와 베개의 덮개는 100% 순면을 사용한다. 또한 사용한 담요와 매트리스는 청결을 위해 자주 일광욕을 해 주어야 한다.
- 재압실 내부에는 가연성 윤활유나 알코올, 탄화수소 등의 휘발성 물질을 반입하지 않는다. 재압실 안에서는 식물성 오일 또는 식물성 그리스만 사용한다.
- 담배, 성냥, 라이터 등은 사용하지 않더라도 재압실 내부에 가지고 들어가지 않는다.
- 재압실의 재질이 강철일 때만 도색을 하되 반드시 비가연성 도료만 사용한다.
- 재압실에는 물통, 모래통 등의 소방 시설을 갖추어야 한다. 사염화탄소, 탄산가스 등의 소화제들은 재압실 내부에서 사용하게 되면 유독하다.

54 체임버 내부에 사용되는 장비로 적압하지 않은 것은?

① 통신장비
② 수은식 온도계
③ 산소호흡기
④ 압력계

해설
체임버 내부에는 전기식, 바이메탈식, 알코올식, 리퀴드 크리스탈식 온도계만 사용해야 한다. 절대로 수은식 온도계를 사용하면 안 된다.

56 얼음 밑 다이빙(Ice Diving)을 할 때 가장 중요한 안전 장비는?

① 수중 전등
② 보온 잠수복
③ 안전 밧줄
④ 온수 잠수기 장비

해설
아이스 다이빙에 있어서 안전줄은 생명줄과 마찬가지이다.

정답 53 ③ 54 ② 55 ④ 56 ③

57 수중에서 수면으로 비상 상승을 할 때 허파 파열을 예방하기 위하여 어떤 조치를 하여야 하는가?

① 가능한 최대로 숨을 들이쉰다.
② 비상 상승을 시작함과 동시에 공기를 최대로 한꺼번에 내뿜는다.
③ 수면에 도착할 때까지 쉬지 않고 계속해서 공기를 내뿜는다.
④ 깊은 수심에서는 빨리, 많이 내뿜고 얕은 수심에서는 서서히, 조금씩 내뿜는다.

> **해설**
> 폐파열(기체색전증) 예방법
> • 상승 시 숨을 참지 말고 정상 호흡을 하며, 상승속도를 지킨다.
> • 비상 상승 시 고개를 뒤로 젖혀 기도를 열어 주고 폐 속에 팽창된 공기를 계속 내뿜으며 상승한다.

58 다음 중 안전수칙에 위배되는 사항은?

① 폭발물을 호주머니에 넣고 운반하지 않아야 한다.
② 수중발파 시 발파반경 1,000m 내 접근 금지를 지켜야 한다.
③ 폭발물을 직사광선에 노출해서는 안 된다.
④ 뇌관과 폭약은 같은 상자에 보관하지 않는다.

> **해설**
> 수중폭파 시에는 2,000yd(약 1,828m) 내에서 잠수작업을 하지 말아야 한다.

59 침몰선에 물막이(Cofferdam)를 설치할 때 고려해야 하는 내용으로 가장 적합한 것은?

① 만조 시 설치하여 만조 시 배수한다.
② 만조 시 설치하여 저조 시 배수한다.
③ 저조 시 설치하여 만조 시 배수한다.
④ 저조 시 설치하여 저조 시 배수한다.

> **해설**
> 물막이 설치는 만조 시에 실시하며 배수는 저조 시에 진행한다.

60 잠수과정 중 현기증 발생 가능성이 가장 높을 때는?

① 잠수 직후
② 해저 도착 직후
③ 일정한 속도로 하강 중
④ 빠르게 상승 중

> **해설**
> 현기증은 잠수 시 빠른 속도로 상승하거나 하강할 경우에 나타난다. 원인은 양쪽 귀에서 팽창되는 공기가 유스타키오관을 통해 빠져나가는 속도가 달라서 양쪽 귀 압력에 차이가 생기기 때문이다.

2023년 제2회 과년도 기출복원문제

01 좌초반응력에 대한 설명 중 틀린 것은?

① 좌초반응력은 좌초선의 부력을 복원하여 줄일 수 있다.
② 좌초선의 부력과 선체 무게의 변화에 따라 그 값이 달라진다.
③ 좌초된 배를 이초시키는 데 필요한 수평 당김의 힘이다.
④ 좌초반응력은 정해진 수치가 없다.

02 미 해군 감압모델에서 조직별 총임계 비율(Critical Ratio)로 적절하지 않은 것은?

① 120분 조직   1:1
② 10분 조직   3.4:1
③ 5분 조직   4:1
④ 20분 조직   2.75:1

> **해설**
> 120분 조직의 총임계 비율은 1.96:1이다.

03 물의 열전도율을 공기와 비교하면?

① 같다.
② 낮다.
③ 높다.
④ 온도에 따라 높거나 낮음이 달라진다.

> **해설**
> 물의 열전도율은 공기에 비해 25배 정도 높다.

04 네오프렌 웨트수트를 입은 잠수사가 느끼는 체온 보호 효과에 대한 설명으로 옳은 것은?

① 수심이 깊어질수록 체온 보호 효과가 낮아진다.
② 수심에 따른 체온 보호 효과의 변화가 없다.
③ 고무 보호복과 비교했을 때 체온 보호 효과가 떨어진다.
④ 산소는 공기통에 있는 것을 보호복 내부로 유입시켜서 공급받는다.

> **해설**
> 습식 잠수복(Wet Suits)은 기포가 들어 있는 합성고무로 만드는데, 이 기포는 수압을 받으면 작아져 깊이 내려갈수록 잠수복은 얇아지고 부력이 줄어들어 보온력과 부력이 사라진다.

05 금속구조물의 비파괴검사에 사용하는 수중자분탐상기(Underwater Magnetic Particle Tester)를 이용한 검사의 장점으로 옳지 않은 것은?

① 결함 부위가 표면에 드러나 육안으로 관찰이 가능하다.
② 표면에 생긴 균열을 검사하는 데 적합하다.
③ 비자성체인 구조물도 검사가 가능하다.
④ 정밀한 전처리가 불필요하다.

> **해설**
> 수중자분탐상기를 이용한 검사는 강자성체의 재료에 한한다.

정답 1 ③ 2 ① 3 ③ 4 ① 5 ③

06 수중공사에 사용되는 구조물(시설용 블록, 케이슨)의 시멘트 재료 중 내해수성 시멘트가 아닌 것은?

① 백색 포틀랜드 시멘트
② 중용열 포틀랜드 시멘트
③ 플라이 애시 시멘트
④ 고로 슬래그 시멘트

07 슈퍼라이트 헬멧의 측면 부품대의 구조가 아닌 것은?

① 역지밸브
② 비상기체밸브
③ 주 기체 유입관
④ 요구형 호흡조절기

08 반복잠수 기준에서 최소 대기압 노출 시간은 몇 분 이상인가?

① 30분
② 5분
③ 10분
④ 20분

> **해설**
> 반복잠수(재잠수) : 전 잠수 후 10분 이상 12시간 이내에 잠수하는 것이다.

09 산소 중독 증상이 아닌 것은?

① 몸이 나른해지고 정신이 흐려진다.
② 근육의 경련과 발작이 일어난다.
③ 멀미와 현기증이 일어난다.
④ 호흡곤란과 시야가 좁아진다.

> **해설**
> **산소 중독**
> • 증상 : 근육의 경련과 발작, 멀미와 현기증, 호흡곤란과 시야가 좁아지는 등 사람마다 그 저항력의 차이가 있다.
> • 예방 : 스포츠다이버는 순수산소를 사용하면 안 되고 반드시 압축공기를 사용한다.

10 질소마취현상의 특징으로 거리가 먼 것은?

① 급하게 하강하면 증상이 악화될 수 있다.
② 목표 수심에 도착한 후에도 체류 시간이 길어질수록 악화된다.
③ 잠수사 사이에서도 개개인 차이가 심하다.
④ 약간의 적응력이 생긴다.

> **해설**
> 질소마취현상은 대기압 조건으로 복귀 시 아무런 후유증 없이 회복된다. 목표 수심 도착 직후에 증상이 가장 심하고 이후 약간 약화되지만 개인차가 심하다.

정답 6 ① 7 ④ 8 ③ 9 ① 10 ②

11 공기통 보관 시 실린더 안에 100psi 정도의 공기를 남겨 두는 이유로 가장 적절한 것은?

① 공기통에 녹이 스는 것을 막기 위해
② 안전판이 파열되는 것을 막기 위해
③ 고열 노출에 의한 성능 저하를 막기 위해
④ 통 속으로 먼지나 물이 유입되는 것을 막기 위해

12 잠수사는 1년에 1회 이상 일반건강검진을 받도록 법령에 명시되어 있다. 이를 위반했을 시 사업주가 받는 벌칙은?

① 300만 원 이하의 과태료
② 500만 원 이하의 과태료
③ 1,000만 원 이하의 과태료
④ 500만 원 이하의 벌금

해설
과태료(산업안전보건법 제175조 제4항 제7호)
일반건강진단 및 특수건강진단 등의 규정에 따른 근로자 건강진단을 하지 아니한 자에게는 1,000만 원 이하의 과태료를 부과한다.

13 수중 촬영 시 주의사항으로 가장 거리가 먼 것은?

① 카메라가 흔들리지 않도록 해야 한다.
② 피사체의 앵글을 정확하게 잡아야 한다.
③ 가능한 한 피사체를 크게 찍는 것이 좋다.
④ 산호초에 몸을 단단히 지지하고 촬영해야 한다.

해설
수중 촬영 시 주의 사항
- 카메라가 흔들리지 않도록 하고, 빠른 셔터 스피드로 촬영한다.
- 정확하게 피사체의 앵글을 잡고, 가능한 피사체를 크게 찍는다.
- 태양의 각도를 고려해서 촬영한다.
- 피사체에 대하여 카메라를 수평으로 향하여 찍는다.
- 피사체의 실거리를 측정 후 카메라 눈금에 거리를 맞추어 놓고 촬영한다.
- 수중 촬영 시 고려되어야 할 가장 중요한 사항은 물의 탁도(투명도)이다.

14 반복잠수 시 깊은 곳에서부터 잠수를 시작하는 이유는 무엇을 예방하기 위해서인가?

① 기체색전증
② 산소 중독
③ 감압병
④ 질소마취

15 수중 수직용접에서 두상용접을 할 때 가장 적절한 용접봉의 각도는?

① 10~15°
② 20~35°
③ 35~55°
④ 60~75°

해설
두상용접 시 각도는 35~55°, 수평용접 시 각도는 15~45°를 유지한다.

16 해수 수심 33ft에 해당하는 계기압은?

① 1기압
② 2기압
③ 3기압
④ 4기압

해설
1기압(미터법과 피트법)

미터법	1기압 = 10m = 1.025kg/cm²
피트법	1기압 = 33ft = 14.7psi

17 잠수복이 몸에 비해 큰 경우 잠수복 안으로 들어온 물이 체온에 의해 데워지지만, 곧 외부의 찬물과 교환되어 체온이 급격하게 떨어지게 된다. 이러한 물의 온도 변화와 가장 관계가 깊은 현상은?

① 대 류
② 복 사
③ 증 발
④ 전 도

해설
① 대류 : 유동적인 열의 움직임으로 열이 이동하는 현상이다.
② 복사 : 에너지의 전자 파장에 의해 전달되는 열이다.
③ 증발 : 물이 수증기로 변해 공기 중으로 돌아가는 현상이다.
④ 전도 : 직접적인 접촉에 의해 열이 전달되는 것을 말한다.

18 수중용접에 있어서 아크(Arc)의 안정성은 전류에 따라 어떠한가?

① 교류가 직류보다 안정성이 높다.
② 직류가 교류보다 안정성이 높다.
③ 교류와 직류는 안정성에 차이가 없다.
④ 사용환경에 따라 다르다.

해설
직류는 아크 안정성이 우수하나 교류는 약간 불안정하다.

19 중증 치료를 위한 것으로 산소와 공기를 호흡기체로 사용하며 치료 시간이 약 6시간 20분 정도이고 최대 50m 수심까지 가압하는 감압병 치료표는?

① 미 해군 치료표 1A
② 미 해군 치료표 4
③ 미 해군 치료표 5
④ 미 해군 치료표 6A

해설
산소치료표의 종류
• 표 5(2시간 15분)
• 표 6(4시간 45분)
• 표 6A(5시간 19분)
• 표 4(38시간 11분, 산소와 공기 겸용)
• 표 7(36시간)
• 표 8(헬륨-산소 혼합기체잠수의 폐초과팽창증상 치료표)

20 다음 중 가장 밀도가 높은 물은?

① 바닷물
② 민 물
③ 증류수
④ 빙하수

해설
물의 밀도(g/cm³)
• 증류수 : 1
• 민물 : 1
• 바닷물 : 1.025

21 기체색전증의 치료 방법으로 가장 올바른 것은?

① 수중으로 다시 잠수한 후 천천히 올라온다.
② 온천 목욕을 한다.
③ 재압체임버에 들어간다.
④ 모르핀 주사를 한다.

해설
기체색전증의 치료 방법
- 기체색전증이 발생한 경우에는 신속한 재압 치료가 요구된다.
- 기체색전증 환자를 발견한 경우 환자를 편평한 바닥에 눕히고 기도를 개방하여 호흡과 맥박을 유지시킨 후, 의료용 산소로 호흡시킨다.
- 가능한 한 빨리 의료용 감압실이 있는 곳으로 이송해야 하는데 항공 수송이 필요한 경우 실내 압력이 1기압 상태로 유지할 수 있는 항공기를 이용하며, 헬기를 이용할 경우 저고도로 비행하여야 한다.
- 치료를 목적으로 환자를 수중으로 다시 내려보내서는 안 된다.

22 감압병의 치료 방법으로 가장 올바른 것은?

① 즉시 재압실에 넣고 치료한다.
② 즉시 수중감압을 실시한다.
③ 온천수에 찜질한다.
④ 즉시 진정제를 투여한다.

해설
감압병의 치료 방법
- 100% 산소 호흡을 시키며 즉시 재압실로 후송한다.
- 가벼운 증상이라도 반드시 재압치료를 하는 것이 건강상 좋다.
- 재압치료 시설이 멀다고 수중에서 재압치료를 하면 안 된다.
- 이송 시 환자의 머리를 낮게 하고 다리는 높게 한 상태에서 100% 산소를 호흡하면서 재압체임버까지 이동하여 즉시 재압치료를 한다.
- 헬리콥터 등을 이용하는 경우는 가능한 한 낮게, 최대한 빠르게 후송한다.

23 수심에 따른 공기 부피 변화가 가장 큰 곳은?

① 0~10m
② 10~20m
③ 50~60m
④ 100~120m

해설
수심에 따른 공기 부피 변화가 가장 심한 곳은 수면에서 수심 10m이다.

수심에 따른 부피의 변화

수심(바다)	수심(민물)	절대압	부피의 변화	잠수 시간
0m	0m	1대기압	1	60분(가정)
10m	10.3m	2대기압	1/2	30분
20m	20.6m	3대기압	1/3	20분
30m	30.9m	4대기압	1/4	15분
40m	41.2m	5대기압	1/5	12분
50m	51.3m	6대기압	1/6	10분

24 잠수 후 수면으로 도착한 잠수부 중 98%가 감압병 진단을 받는 시간은?

① 24시간 이내
② 3시간 이내
③ 1시간 이내
④ 8시간 이내

해설
감압병의 진단
- 표면에 상승한 뒤 10분 이후에 발생한다.
- 1시간 이내 발생 : 42%
- 3시간 이내 발생 : 60%
- 8시간 이내 발생 : 83%
- 24시간 이내 발생 : 98%

25 둥근 나무나 말뚝 고리에 결색하는 방법은?

① 투 하프 히치(Two Half Hitch)
② 앵커 벤드(Anchor Bend)
③ 바우 라인(Bow Line)
④ 콘스트릭터 노트(Constrictor Knot)

해설
① 투 하프 히치 : 닻이 바람에 펄럭이지 않게 하는 데 사용하거나 둥근 나무나 말뚝(Bollard) 고리에 줄을 맬 때 사용한다.
② 앵커 벤드 : 어부 매듭이다. 닻고리나 부표 고리에 줄을 맬 때 사용한다.
③ 바우 라인 : 올가미 매듭이다. 외현 작업 시, 인명 구조 시, 육상에 줄을 걸 때 사용한다.
④ 콘스트릭터 노트 : 압박 매듭이다. 당길수록 조여지는 매듭은 주로 작업현장에서 유용하게 사용된다.

26 줄신호의 특수신호 중 2-1-2의 의미는?

① 긴 줄을 보내라.
② 기록판을 보내라.
③ 공기 공급을 늘려라.
④ 나는 엉켰다. 그러나 혼자 풀 수 있다.

해설
① 5번 당김
③ 3-2번 당김
④ 3-3-3번 당김

27 KMB 장비 중 생명줄(Umbilical)의 가장 중요한 기능은?

① 잠수사의 안전이동
② 잠수사의 수직이동
③ 잠수사의 안전수심책정
④ 잠수사의 호흡매체 공급

해설
생명줄은 잠수사의 생명 유지를 위해 필요한 것으로 공기를 공급하는 기체 호스(가장 중요한 기능), 수심 측정 호스, 통화용 전선, 장력 로프 등으로 구성되어 있다.

28 산소 아크 절단법에 대해 기술한 내용 중 틀린 것은?

① 전기 아크로 절단 부위를 가열한다.
② 산소로 급속한 산화작용을 유발시킨다.
③ 초고온 절단봉은 전류가 흐르지 않아도 산소가 공급되면 절단이 가능하다.
④ 절단봉은 주로 용접봉을 많이 쓴다.

해설
산소 아크 절단법에서 절단봉은 주로 전극봉을 많이 쓴다.

29 코퍼댐(Cofferdam)의 사용 목적으로 옳은 것은?

① 적화물을 옮겨 싣기 위한 것이다.
② 오염방지를 위한 것이다.
③ 물막이를 위해 설치하는 것이다.
④ 앵커 설치를 위한 것이다.

해설
강이나 해양공사 등에 사용되는 물막이 방수벽(Cofferdam)은 해난 구조기술의 한 방법으로도 유용하게 사용된다. 사용 가능한 최고 수심은 50ft이며, 선체가 15° 이상 경사지면 사용할 수 없다.

30 비상 상승에 대한 설명으로 옳지 않은 것은?

① 공기가 떨어진 상황에 혼자 있을 때 비상 상승하는 방법으로 비교적 얕은 수심에서 사용되는 것은 비상 수영 상승이다.
② 비교적 깊은 수심에서 공기가 떨어진 상황에 혼자 있을 때 비상 상승하는 방법은 긴급 부력 상승이다.
③ 잔압이 50bar 이하로 떨어지기 전에 상승을 시작해야 한다.
④ 비상 상승 중에는 숨을 참아야 한다.

해설
비상 상승 중에는 절대로 숨을 참지 말아야 하며 잠수 중 공기가 고갈되지 않도록 주기적으로 잔압을 점검해야 한다.

31 잠수 호흡 기체인 헬륨에 관한 설명 중 틀린 것은?

① 색, 맛, 냄새가 없는 매우 가벼운 기체로 다른 원소와 잘 결합하는 불안정한 기체이다.
② 비활성 기체로 질소 마취와 같은 작용이 없다.
③ 가벼우므로 흡기 저항이 작아 심해 잠수에 이용된다.
④ 음성이 똑바르게 나오지 않는 결점이 있다.

해설
헬륨(He)은 무색, 무미, 무취한 비활성 기체로서 물에 녹지 않고 공기보다 7배나 가볍다.

32 풀리지 않도록 끝줄을 원줄의 밑으로 넣어 뽑는 결색은?

① 앵커 벤드(Anchor Bend)
② 바우 라인(Bow Line)
③ 투 하프 히치(Two Half Hitch)
④ 콘스트릭터 노트(Constrictor Knot)

해설
④ 콘스트릭터 노트 : 압박 매듭이다. 당길수록 조여지는 매듭은 주로 작업현장에서 유용하게 사용된다.
① 앵커 벤드 : 어부 매듭이다. 닻고리나 부표 고리에 줄을 맬 때 사용한다.
② 바우 라인 : 올가미 매듭이다. 외현 작업 시, 인명 구조 시, 육상에 줄을 걸 때 사용한다.
③ 투 하프 히치 : 닻이 바람에 펄럭이지 않게 하는 데 사용하거나 둥근 나무나 말뚝(Bollard) 고리에 줄을 맬 때 사용한다.

정답 29 ③ 30 ④ 31 ① 32 ④

33 보조자가 잠수사에게 3번 당기는 줄신호를 하였다. 어떤 의미인가?

① 상승을 준비하라. ② 신호에 응하라.
③ 상승하라. ④ 정지하라.

해설
잠수신호(잠수작업 안전기술지침)

신호방법	신호종류	신호내용
보조사-잠수사에게	1번 당김	• 이상 없는가. • 하잠 시는 정지
	2번 당김	• 하잠하라. • 상승 시는 너무 많이 올라왔으니 지시까지 하잠하라.
	3번 당김	상승 준비
	4번 당김	상승하라.
	2-1번 당김	전화(신호)에 응하라.
잠수사-보조사에게	1번 당김	• 정 지 • 하잠 시는 해저도착
	2번 당김	하잠시켜라.
	3번 당김	늦추어진 줄을 당겨라 (상승 준비).
	4번 당김	상승시켜라.
	2-1번 당김	전화(신호)에 응답하라.

34 의식이 없는 기체색전증 환자를 운반할 때의 방법으로 가장 알맞은 것은?

① 머리와 엉덩이를 평행하게 하여 운반한다.
② 비행기로 옮길 때는 가능한 한 높게 비행하도록 한다.
③ 머리를 엉덩이보다 낮게 하여 운반한다.
④ 100% 산소를 공급해서는 안 된다.

해설
기체색전증의 치료 방법
• 기체색전증 환자를 발견한 경우 환자를 편평한 바닥에 눕히고 기도를 개방하여 호흡과 맥박을 유지시킨 후, 의료용 산소로 호흡시킨다.
• 가능한 한 빨리 의료용 감압실이 있는 곳으로 이송해야 하는데 항공 수송이 필요한 경우 실내 압력이 1기압 상태로 유지할 수 있는 항공기를 이용하며, 헬기를 이용할 경우 저고도로 비행하여야 한다.

35 하잠줄을 사용하여 잠수할 때의 장점이 아닌 것은?

① 빨리 하잠할 수 있다.
② 정확한 작업지점에 내려갈 수 있다.
③ 조류에 떠밀리지 않는다.
④ 하잠 및 상승 속도를 조절하기 쉽다.

해설
하잠줄을 잡고 하잠하면 하잠 속도를 조절 및 유지하기 쉽고, 정확한 지점으로 하잠할 수 있으며, 일행들과 헤어지는 것을 방지할 수 있다.

36 재압체임버 안에 들어갈 때 가지고 들어가면 안 되는 것은?

① 라이터 ② 음료수
③ 시 계 ④ 책

해설
체임버를 사용함에 있어서 가장 큰 위험은 폭발성 화재이다. 담배, 성냥, 라이터 등을 사용하지 않더라도 체임버 내부에 가지고 들어가서는 안 된다.

37 폭발물 취급 안전수칙에 관한 설명으로 옳지 않은 것은?

① 폭발물 취급에 대해 훈련받은 사람이면 취급이 가능하다.
② 화약류는 안정을 위해 얼지 않도록 보관하여야 한다.
③ 화약류에 충격을 가해서는 안 된다.
④ 화약류 주위에서는 담배를 피우지 않는다.

해설
다이너마이트와 다른 폭발물 그리고 발파기재의 수송, 취급, 저장 및 사용은 발파작업에 경험이 있고 면허를 소지한 자가 지휘·감독하여야 한다.

38 고압공기 압축기(H.P Compressor) 운전 중 드레인 밸브를 열어 주는 이유는?

① 공기의 적절한 양을 조절하기 위하여
② 압축기의 운전을 용이하게 하기 위하여
③ 공기탱크에 신선한 공기를 넣기 위하여
④ 공기탱크에 습기가 많이 차지 않도록 하기 위하여

39 잠수사 이송용 잠수종에 관한 설명 중 틀린 것은?

① 잠수사의 휴식처를 제공한다.
② 주로 보조사들이 수동으로 이송한다.
③ 작업 공구와 기구를 보관할 수 있다.
④ 공기 공급 장치와 통화 장치가 있다.

해설
잠수종
- 잠수종은 원래 잠수 작업의 효율성을 위해 고안되었으며, 특히 개방식 잠수종은 주로 잠수사의 수직 이송과 휴식처로 활용되고 있다.
- 잠수종은 비상시 기체 공급과 통화 수단을 제공하고 작업 공구와 기구를 보관하기도 한다.
- 잠수종은 일반적으로 본체, 반구형 지붕, 기체 공급 장치, 통화 장치, 발판, 중량추 등 6가지 기능으로 구성되어 있으며, 사용 목적에 따라 기능이 추가된다.

40 진공 속에서 소리가 전달되지 않는 이유는?

① 음파 전달 매개체가 없기 때문이다.
② 공기보다 온도가 낮기 때문이다.
③ 소리의 진동이 너무 크기 때문이다.
④ 소리의 진동이 너무 작기 때문이다.

해설
소리가 잘 전달되려면 반드시 공기, 물 등과 같은 매질이 있어야 한다. 진공 상태에서는 매질이 없기 때문에 소리가 전달되지 않는다.

41 스쿠버 공기통의 미국 DOT 기준에 의한 검사 실시 사항 중 틀린 것은?

① 상용 압력의 1과 2/3배로 수압검사
② 매년 시각검사
③ 3년마다 수압검사
④ 5년마다 수압검사

해설
DOT(미 운송국) 규정에 따라 5년마다 충전 압력의 5/3배로 수압검사를 한다.

42 고압용 기체 압축기와 저압용 기체 압축기를 구분하는 압력 기준은?

① $90kg/cm^2$
② $63kg/cm^2$
③ $54kg/cm^2$
④ $132kg/cm^2$

43 스쿠버 탱크에 공기를 주입하는 이동용 기체 압축기의 흡입구 설치 방법으로 가장 적합한 것은?

① 바람이 불어오는 방향으로 2m 이하 낮게 설치한다.
② 바람이 불어오는 방향으로 2m 이상 높게 설치한다.
③ 바람이 불어오는 반대 방향으로 2m 이하 낮게 설치한다.
④ 바람이 불어오는 반대 방향으로 2m 이상 높게 설치한다.

> **해설**
> 압축기 흡입구는 오염되지 않은 외부에 설치하거나 바람이 불어오는 방향으로 2m 이상 높게 설치하면 오염 물질의 유입을 방지할 수 있다.

44 스쿠버 장비 중 빙초산 세척을 하면 안 되는 부품은?

① 피스톤
② 1단계 몸체
③ 호흡 조절기 필터
④ 공기통 목 부분

> **해설**
> 스쿠버 잠수용 호흡 조절기의 분해소제 시 녹을 제거하기 위하여 물과 빙초산을 16:1로 혼합하여 사용한다. 그러나 호흡 조절기 세척 중에 호흡 조절기 필터나 2단계 공기 유입구로는 물이 들어가면 안 된다. 특히 호흡 조절기를 공기통에서 분리시킨 상태에서 세척할 때에는 물이 들어가지 않도록 1단계에는 먼지 마개를 끼우고, 2단계는 누름 단추가 눌리지 않도록 해야 한다.

45 일반적인 표면공급식 장비의 생명줄(Umbilical)의 결색 방법은?

① 8자 모양으로 하고 양 끝단이 확인되도록
② 작은 원에서 시작하여 큰 원 모양으로
③ 큰 원에서 시작하여 작은 모양으로
④ 전체 길이에 따라 적당한 크기의 타원형으로

46 다음 중 수중 폭파에 적합하지 않은 폭약은?

① 티엔티(TNT)
② 젤라틴 다이너마이트
③ 분말 다이너마이트
④ 교질 다이너마이트

> **해설**
> 겔 함유량 20 이상의 것을 교질 다이너마이트라고 하고, 그 이하의 것은 분말 다이너마이트라고 한다. 분말 다이너마이트는 수중 폭파에 적합하지 않다.

47 감압병을 일으키는 주요인은?

① 과포화 상태의 질소
② 과포화 상태의 산소
③ 공기의 팽창
④ 이산화탄소의 감소

> **해설**
> 수중에서 빠른 속도로 상승하면 갑작스러운 수압 차이로 인해 이미 인체에 용해된 질소는 과포화 상태가 되어 혈액과 조직 속에 기포를 형성한다.

48 생명줄(Umbilical)은 여러 개의 호스로 구성되어 있는데 그중 장력선의 용도가 아닌 것은?

① 하잠과 상승을 유도한다.
② 수중과 육상과의 줄신호 역할을 한다.
③ 통화선의 장력을 제거한다.
④ 통화기를 충격으로부터 보호한다.

> **해설**
> 생명줄의 3가지 목적
> • 지상과 수중 간의 교신을 제공한다.
> • 잠수사의 상승과 하잠을 유도한다.
> • 기체 호스의 장력을 감소시키는 역할을 한다.

49 슈퍼라이트-17 B형과 K형의 차이점은?

① 생명줄의 연결 방향이 다르다.
② 최대 작업심도가 다르다.
③ 비상기체밸브의 위치가 다르다.
④ 걸쇠(Latch Catch)와 목 고정대가 다르다.

50 초고온 절단봉을 구성하는 특수합금봉에 대한 설명 중 옳은 것은?

① 산소 공급을 원활하게 한다.
② 산소 공급 시 독자적인 연소와 아크를 발생한다.
③ 아크를 발생하며, 전원 차단 시 아크는 꺼진다.
④ 전원 공급을 수월하게 한다.

> **해설**
> 7개의 강철봉 중 1개(빨간색 표시)는 특수합금으로 되어 있어 아크가 일어난 뒤 전류를 차단시켜도 산소 공급이 중단되지 않는 한 독자적으로 연소하는 특징을 가지고 있다.

51 인체의 구조 중 호흡기의 끝부분에 달려 있는 아주 작은 공기주머니는?

① 폐
② 비 강
③ 폐 포
④ 기관지

52 수중 폭파 시 한 번 기폭시켜 순차적으로 여러 개를 폭파시키려면 어떤 뇌관을 사용하는 것이 가장 적합한가?

① 전기식 뇌관
② 비전기식 뇌관
③ 전기 지연식 뇌관
④ 발전식 뇌관

> **해설**
> 전기 지연식 뇌관(Delay Electric Detonator)
> 관체 내의 점폭약 위에 연시약을 장전하여 점화약이 발화할 때의 화염으로 연시약이 연소하고 일정시간 경과 후 점폭약이 폭발되도록 한 뇌관으로 지발 전기 뇌관이라고도 한다.

정답 48 ④ 49 ④ 50 ② 51 ③ 52 ③

53 파도의 모양에 영향을 미치는 요소들과 가장 거리가 먼 것은?

① 바람의 방향
② 바람의 속도
③ 수 심
④ 수 온

해설
파도는 바람, 지진, 바닷속의 화산 등에 의해 생기며, 파도의 발달은 바람의 세기, 지속시간, 바람이 부는 해면의 넓이와 수심, 바람의 주기적인 변동 상태에 영향을 받는다.

54 상어를 만났을 때의 조치법이나 상어 출현의 예방법과 가장 거리가 먼 것은?

① 어둡고 반사되지 않는 잠수복을 착용한다.
② 상어가 공격행동을 보일 때는 막대기, 작살, 칼 등으로 상어의 코 부분을 내리치거나 찔러 방어한다.
③ 오리발(핀)로 물소리를 크게 내어 도망가게 한다.
④ 고기를 사냥하지 않는다.

해설
상어에 대한 예방책
- 상어는 피냄새와 진동에 예민하기 때문에 작살로 고기를 잡는 행위와 첨벙첨벙거리는 발차기, 반짝이는 물건, 수중 폭발 등의 흥분에 난폭해지므로 조심한다.
- 핀킥을 할 때는 천천히 규칙적으로 하여 물 표면에서 첨벙거리지 않고, 상어는 밤에 더 활동적으로 먹이를 잡아먹으므로 야간 잠수에 주의한다.

물속에서 상어를 만났을 때
- 공격할 때는 막대기, 작살, 칼, 카메라 등 딱딱한 물체로 상어의 코, 눈, 아가미 등을 때리면 효과적이다. 하지만 상어를 죽이거나 상처를 내면 더 많은 상어를 부르게 된다.
- 상어가 주위를 뱅뱅 돌고 속도가 빨라지며 변덕스럽게 수영하는 것은 공격하려는 신호이므로 특히 주의해야 한다.

55 슈퍼라이트-17 헬멧 내부에 있는 입 마스크(Oral Nasal)의 용도 중 가장 적합한 것은?

① 헬멧 내 CO_2 확산을 막는다.
② 잠수사의 호흡량을 적절히 유통되게 한다.
③ 잠수사가 입과 코로 편안하게 호흡할 수 있도록 한다.
④ 헬멧 내 침수된 물이 호흡에 지장을 주지 않도록 한다.

해설
입 마스크는 불필요한 공기 영역을 감소시킴으로써 CO_2의 누적을 줄인다.

56 공기 압축기 시동 전 반드시 검사하지 않아도 되는 것은?

① 윤활유 검사
② 연료 검사
③ 드레인 검사
④ 전기 계통 검사

정답 53 ④ 54 ③ 55 ① 56 ③

57 침몰된 선박을 Oxy Arc 절단법으로 해체하려 할 때 인접 격실의 안전에 대한 조치로 가장 적합한 것은?

① 절단을 돕기 위하여 산소를 채운다.
② 모든 가스를 제거하고 물을 채운다.
③ 안전요원을 배치한다.
④ 공실로 그대로 둔다.

58 수중에서 방향을 판단할 때 참고할 수 있는 것으로 적합하지 않은 것은?

① 해저의 모래무늬
② 동료의 신호음
③ 해류의 방향
④ 생물의 움직임

해설
자연단서
빛과 그림자, 물의 움직임, 파랑(Surge), 바닥 물질과 지형, 해저 지형, 수중 생물, 소음

59 잔여질소시간을 산출하는 주된 이유는?

① 신체에 남아 있는 잔여질소가 빠져나갈 때까지 시간을 알기 위하여
② 재잠수의 해저체류시간에 반드시 더해야 하는 시간을 계산하기 위하여
③ 잠수를 하기 위해 수면에 있어야 하는 최소한의 시간을 산출하기 위하여
④ 잠수 후에 남아 있는 비감압 시간의 양을 알기 위하여

해설
잔여질소시간
재잠수의 해저체류시간에 반드시 더해야 하는 시간으로, 잔여질소로 인해 재잠수 중에는 비감압 한계 시간이 짧아진다.

60 스쿠버 실린더 밸브의 구성 부품이 아닌 것은?

① 다이어프램(Diaphragm)
② 오링(O-ring)
③ 밸브 스노클(Valve Snorkel)
④ 안전판(Burst Disk)

해설
판막(Diaphragm)은 호흡 조절기의 구성품이다.

정답 57 ② 58 ② 59 ② 60 ①

2024년 제2회 과년도 기출복원문제

01 잠수 시 알맞은 호흡법은?

① 느리고 깊게
② 느리고 얕게
③ 빠르고 얕게
④ 빠르고 깊게

> **해설**
> 잠수 시 효과적인 호흡법은 천천히 지속적으로 깊게 호흡하는 것이다.

02 20m(66ft) 수심에서 작업하던 스쿠버 잠수사가 최대로 숨을 들이마신 후, 잠수장비를 벗어 버리고 맨몸으로 긴급히 부상하려 한다. 허파가 파열되지 않게 하기 위해서는 이론적으로 최소 몇 L의 공기를 내뿜어야 하는가?(단, 허파의 총 용적은 6L이며 내뿜어야 하는 공기량은 대기압 상태로 구하시오)

① 6L
② 12L
③ 18L
④ 내뿜지 않아도 된다.

03 다음 중 발생 원인이 다른 하나는?

① 감압병
② 기체색전증
③ 기 흉
④ 종격동 기종

> **해설**
> ① 감압병 : 오랫동안 또는 너무 깊은 곳에서 고압의 불활성기체(질소, 헬륨 등)로 호흡을 한 후 몸에 축적된 불활성 기체를 제대로 배출시키지 못하여 인체 내에 기포가 생긴 병을 말한다.
> ② 기체색전증 : 폐에서 기체가 방출되지 않아 압력이 초과하게 되면 발생한다.
> ③ 기흉 : 폐와 흉벽 사이의 예비공간에 공기가 유입되어 폐와 심장을 압박하는 것을 말한다.
> ④ 종격동 기종 : 기체가 찢어진 폐조직을 통해서 가슴에 있는 느슨한 조직과 심장 주위, 기관지, 주요 혈관으로 유입되어 팽창하면서 심장 주혈관들, 기관지 등에 압박을 주는 것을 말한다.
>
> | 구 분 | 발병 원인 차이점 | 공통점 |
> | --- | --- | --- |
> | 기체색전증 | 기체의 팽창 | 기체의 기포 |
> | 감압병 | 질소 축적 | |

04 질소마취가 일어나기 시작하는 수심으로 가장 적절한 것은?

① 10m 이하
② 20m 이하
③ 30m 이하
④ 40m 이하

> **해설**
> 질소마취를 예방하는 방법으로는 수심 30m를 초과하는 잠수를 피하는 것과 30m 초과 잠수 시에 마취효과가 적은 불활성 기체를 산소와 혼합하여 잠수하는 방법이 있다.

05 수중의 잠수사에게 표준신호에서 탐색신호로 전환하라고 지시할 때의 줄신호는?

① 잠수사가 7번 당긴다.
② 보조사가 7번 당긴다.
③ 잠수사가 4-3번을 당긴다.
④ 보조사가 4-3번을 당긴다.

해설
탐색신호
- 탐색줄 미사용 시
  - 1번 당김 : 정지하여 너의 주위를 살펴라.
  - 2번 당김 : 줄을 늦추면 보조사로부터 멀리 가고, 줄을 당기면 보조사 쪽으로 오라.
  - 3번 당김 : 보조사를 향해 오른편으로 가라.
  - 4번 당김 : 보조사를 향해 왼편으로 가라.
  - 7번 당김 : 탐색 시작, 탐색 끝
- 탐색줄 사용 시
  - 1번 당김 : 정지하여 너의 주위를 탐색하라.
  - 2번 당김 : 추로부터 물러나라.
  - 3번 당김 : 추를 향해 오른편으로 가라.
  - 4번 당김 : 추를 향해 왼편으로 가라.
  - 7번 당김 : 탐색 시작, 탐색 끝

06 산업안전보건법에서 정한 잠수사의 1일 근로시간은?

① 5시간 ② 6시간
③ 7시간 ④ 잠수 깊이마다 다르다.

해설
유해·위험작업에 대한 근로시간 제한 등(산업안전보건법 제139조)
사업주는 유해하거나 위험한 작업으로서 높은 기압에서 하는 작업 등 대통령령으로 정하는 작업에 종사하는 근로자에게는 1일 6시간, 1주 34시간을 초과하여 근로하게 해서는 아니 된다.

07 물속에 잠긴 막대기가 휘어져 보이는 현상은 빛의 어떤 현상인가?

① 굴 절 ② 분 산
③ 반 사 ④ 확 대

08 수심 20m에 있는 딱딱한 뻘 바닥에 폭 30cm, 깊이 50cm 정도의 긴 도랑을 파려고 할 때 다음 중 가장 적합한 것은?

① 공기제토기(Air Lift)
② 크레인(Crane)
③ 드릴(Drill)
④ 워터 제트(Water Jet)

해설
워터 제트 : 펌프 또는 압축공기를 이용해 노즐에서 뿜어내는 물줄기의 힘으로 모래, 뻘, 자갈을 해체시키는 장비이다. 특히 딱딱한 뻘에서 깊이 50cm 정도의 도랑을 파는 데 용이하다.

09 일정한 온도하에서 액체에 녹아들어 가는 기체의 양은 그 기체의 부분압에 비례한다는 법칙은?

① 보일 법칙 ② 샤를 법칙
③ 돌턴 법칙 ④ 헨리 법칙

해설
④ 헨리 법칙 : 일정한 온도에서 일정 부피의 액체 용매에 녹는 기체의 질량, 즉 용해도는 용매와 평형을 이루고 있는 그 기체의 부분압력에 비례한다는 법칙이다.
① 보일 법칙 : 절대온도하에서 압력과 부피는 반비례한다는 기체의 법칙이다.
② 샤를 법칙 : 부피가 일정할 때는 온도 증가와 더불어 기체의 압력도 증가한다는 법칙이다.
③ 돌턴 법칙 : 일정한 용기 안에 들어 있는 혼합 기체의 전체 압력은 각 구성 기체의 부분압의 합과 같다는 법칙이다.

10 다음 중 스쿠버 잠수작업자의 휴대물에 속하지 않는 것은?

① 수중칼　　② 수중시계
③ 부력조절기　　④ 수중랜턴

> **해설**
> 스쿠버 잠수작업 시 조치(산업안전보건기준에 관한 규칙 제545조)
> 사업주는 스쿠버 잠수작업을 하는 잠수작업자에게 수중시계, 수중 압력계, 예리한 칼 등을 제공하여 잠수작업자가 이를 지니도록 하여야 하며, 잠수작업자에게 부력조절기를 착용하게 하여야 한다.

11 용접봉의 피복제(Flux) 역할은?

① 아크를 안정시킨다.
② 기포막을 없앤다.
③ 용착 금속을 급랭시킨다.
④ 전기전도성을 좋게 한다.

> **해설**
> 피복제의 역할
> • 아크를 안정시킨다.
> • 중성 또는 환원성 분위기로 공기에 의한 산화, 질화 등의 해를 방지하여 용착 금속을 보호한다.
> • 용적을 미세화하여 용착 효율을 높인다.
> • 용착 금속의 탈산 정련 작용을 한다.
> • 용착 금속에 필요 원소를 첨가시킨다.
> • 용융점이 낮은 적당한 점성을 가진 가벼운 슬래그가 되어 용착 금속의 급랭을 막아 조직을 좋게 한다.
> • 전기 절연 작용을 한다.

12 우리나라에서 10년 이상 된 스쿠버용 공기통은 몇 년마다 수압 검사를 받아야 하는가?

① 3년　　② 7년
③ 10년　　④ 15년

> **해설**
> 수압 검사
> • 10년 이하는 매 5년에 1회 검사
> • 10년 이상은 3년에 1회 검사

13 목재나 로프에 끝줄을 완전히 졸라맬 때 사용하며, 매끄러운 기둥과 같은 원형 물체의 이동 시 가장 적합한 결색은?

① 올가미 매듭(Bow Line)
② 어부 매듭(Anchor Bend)
③ 묶기 매듭(Sheet Bend)
④ 겹 감아 매듭(Rolling Hitch)

> **해설**
> ④ 겹 감아 매듭(Rolling Hitch) : 목재나 로프에 끝줄을 완전히 졸라맬 때 사용
> ① 올가미 매듭(Bow Line) : 임시 고리, 인명 구조용
> ② 어부 매듭(Anchor Bend) : 닻고리나 부표고리에 줄을 맬 때 사용
> ③ 묶기 매듭(Sheet Bend) : 아주 빠르게 묶을 수 있고, 두 개의 굵기가 다른 줄을 연결할 때 사용

14 무색·무미·무취한 비활성 기체로 물에 녹지 않고 공기보다 7배 가벼운 기체는?

① 질소　　② 일산화탄소
③ 이산화탄소　　④ 헬륨

> **해설**
> 헬륨(He)
> • 공기 중 5.24ppm이라는 미량의 천연 기체로서 미국 서남부, 캐나다, 러시아에서만 분출되며 전 세계에 공급되고 있다.
> • 무색, 무미, 무취한 비활성 기체로서 물에 녹지 않고 공기보다 7배나 가볍다.
> • 심해 잠수 시 잠수사의 질소 마취를 배제하기 위하여 사용하지만 잠수사의 목소리가 변하는 '도날드덕' 현상의 오리소리가 나므로 음성 변환 장치가 없으면 통화가 불가능하다. 또 열전도율이 높아 추위를 많이 타는 결점이 있다.
> • 헬륨은 질소에 비해 인체에 용해하는 양이 적으면서 배출은 빠르므로 심해 잠수에 적합한 기체이다.

15 컴프레서의 공기여과기에 사용되는 여과물질과 가장 거리가 먼 것은?

① 실리카겔 ② 활성탄
③ 활성알루미나 ④ 실리콘

해설
여과물질
- 실리카겔이나 활성알루미나는 습기를 제거하는 물질로 습기가 차면 색깔이 변한다.
- 활성탄은 기름과 냄새를 제거해 준다.
- 활성 제올라이트는 기름과 수분을 동시에 흡수한다.

16 굵기가 다른 로프의 연결 시 사용되는 결색은?

① 묶기 매듭 ② 콘스트릭터 매듭
③ 닻줄 매듭 ④ 겹 감아 매듭

해설
① 묶기 매듭(시트 벤드 : Sheet Bend) : 아주 빠르게 묶을 수 있고, 두 개의 굵기가 다른 줄을 연결할 때 사용한다.
② 콘스트럭터 매듭(Constrictor Knot) : 풀리지 않도록 끝줄을 원줄의 밑으로 넣어 뽑는 결색이다. 당길수록 조여지는 매듭은 주로 작업현장에서 유용하게 사용된다.
③ 닻줄 매듭(Anchor Bend) : 닻고리나 부표고리에 줄을 맬 때 사용한다.
④ 겹 감아 매듭(Rolling Hitch) : 목재나 로프에 끝줄을 완전히 졸라맬 때 사용한다. 매끄러운 기둥과 같은 원형 물체의 이동 시 가장 적합하다.

17 도화선이나 도폭선을 사용한 발파 시 최소안전대피거리의 산출식은?

① $300 ft \times \sqrt[3]{폭약\ 사용량(lbs)}$
② $200 ft \times \sqrt[3]{폭약\ 사용량(kg)}$
③ $200 ft \times \sqrt[2]{폭약\ 사용량(kg)}$
④ $300 ft \times \sqrt[2]{폭약\ 사용량(lbs)}$

해설
도폭선이나 도화선을 사용한 폭파 시 안전대피거리의 산출 공식
$300 ft \times \sqrt[3]{폭약\ 사용량(lbs)}$

18 수중에서 수면으로 비상 상승을 할 때 허파 파열을 예방하기 위하여 어떤 조치를 하여야 하는가?

① 가능한 최대로 숨을 들이 쉰다.
② 비상 상승을 시작함과 동시에 공기를 최대로 한꺼번에 내뿜는다.
③ 수면에 도착할 때까지 쉬지 않고 계속해서 공기를 내뿜는다.
④ 깊은 수심에서는 빨리, 많이 내뿜고 얕은 수심에서는 서서히, 조금씩 내뿜는다.

해설
폐파열(기체색전증) 예방법
- 상승 시 숨을 참지 말고 정상 호흡을 하며, 상승속도를 지킨다.
- 비상 상승 시 고개를 뒤로 젖혀 기도를 열어 주고 폐 속에 팽창된 공기를 계속 내뿜으며 상승한다.

19 수중공사에 사용되는 구조물(시설용 블록, 케이슨)의 시멘트 재료 중 내해수성 시멘트가 아닌 것은?

① 백색 포틀랜드 시멘트
② 중용열 포틀랜드 시멘트
③ 플라이 애시 시멘트
④ 고로 슬래그 시멘트

20 수중용접작업 중 전선의 불량으로 인해 인체에 흐르는 전류가 잠수사의 근육 수축을 유발하고 지배력을 상실케 하는 전류량으로 가장 적절한 것은?

① 1mA 이내 ② 2~5mA
③ 5~10mA ④ 10~20mA

해설
전류별 영향
- 10mA : 견디기 힘든 고통
- 20mA : 근육 수축
- 50mA : 사망 우려
- 100mA : 생명에 치명적임

21 밴드마스크(KMB) 잠수 시 비상공기통을 착용하여야 하는 기준이 되는 수심은?

① 10m ② 15m
③ 18m ④ 23m

해설
수심 18m 이상, 침몰선 내부, 폐쇄된 공간 등에는 반드시 비상기체통을 착용해야 한다.

22 기체색전증의 특징 중 틀린 것은?

① 재가압 치료를 해야 한다.
② 팔다리 마비, 어지럼증 등이 급속히 나타난다.
③ 어깨, 무릎 등에 극심한 통증이 나타난다.
④ 상승 중 또는 수면 도착 10분 이내에 발생한다.

해설
③은 감압병의 증상이다.
기체색전증의 증상은 가슴의 통증, 기침 또는 숨을 헐떡거림, 입가의 피거품, 두통, 부분적 또는 완전한 시각 장애, 저리거나 얼얼함(감각 저하), 힘 빠짐이나 마비, 상반신의 감각 상실 또는 변화, 현기증, 혼란스러움, 갑작스러운 의식 상실, 호흡 정지, 사망 등이다. 만일 잠수 도중 수면에서 의식을 잃고 있는 잠수사를 발견하였다면 기체색전증 환자로 간주하여 응급처치하는 것이 요구된다.

23 재압실의 안전 수칙에 위배되는 것은?

① 소방 시설로 물과 모래를 사용한다.
② 베개의 덮개는 100% 순면을 사용한다.
③ 재질이 강철일 때만 도색한다.
④ 합성 섬유로 된 담요를 사용한다.

해설
재압실의 안전 수칙
- 경고판을 눈에 잘 띄도록 게시한다.
- 정격에 맞지 않는 전기 장치는 사용하지 말고 인화성이 있는 부품은 사전에 제거한다.
- 정전기로 인한 화재의 가능성을 고려하여 면이나 합성 섬유로 된 담요, 나일론 의복, 나무로 된 선반과 의자 등을 재압실 내부에 반입하지 않는다. 매트리스는 내화성 덮개로 덮고 시트와 베개의 덮개는 100% 순면을 사용한다. 또한 사용한 담요와 매트리스는 청결을 위해 자주 일광욕을 해 주어야 한다.
- 재압실 내부에는 가연성 윤활유나 알코올, 탄화수소 등의 휘발성 물질을 반입하지 않는다. 재압실 안에서는 식물성 오일 또는 식물성 그리스만 사용한다.
- 담배, 성냥, 라이터 등은 사용하지 않더라도 재압실 내부에 가지고 들어가지 않는다.
- 재압실의 재질이 강철일 때만 도색을 하되 반드시 비가연성 도료만 사용한다.
- 재압실에는 물통, 모래통 등의 소방 시설을 갖추어야 한다. 사염화탄소, 탄산가스 등의 소화제들은 재압실 내부에서 사용하게 되면 유독하다.

24 스쿠버용 공기통의 압력 3,000psi는 몇 kg/cm² 인가?

① 160.6kg/cm² ② 190kg/cm²
③ 210kg/cm²   ④ 230kg/cm²

해설
1psi = 0.070307kg/cm²
∴ 3,000 × 0.070307 = 210.921kg/cm²

25 잠수 시 수중에서 잠수사의 체온손실 요인과 가장 거리가 먼 것은?

① 공기탱크의 압력　② 장시간의 잠수
③ 호흡에 의한 열손실　④ 맨몸으로 잠수

해설
잠수 시 체온손실 원인 : 물과의 직접 접촉, 호흡

26 수중작업에서의 폭약 사용 시 특징으로 옳은 것은?

① 시간이 절약된다.
② 작업이 안전하다.
③ 노동력이 많이 필요하다.
④ 숙달된 수중 폭약 기술자가 필요 없다.

해설
폭약 사용의 장단점

장점	• 작업 진행시간이 절약된다. • 경제적이고, 노동력이 감소된다. • 장비가 간단하다.
단점	• 고도로 훈련된 기술자가 필요하다. • 까다로운 안전수칙 준수가 요구된다. • 언제나 위험성이 따른다.

27 해수면에서 60분간 호흡할 수 있는 양의 공기를 가지고 수심 20m의 바닷속에서 호흡한다면 약 몇 분간 호흡할 수 있는가?(단, 20m의 수온은 수면 수온과 같고 해류의 움직임도 거의 없으며, 잠수사는 수면에서와 마찬가지로 심리적인 안정상태가 유지되고 있다고 가정한다)

① 50분　② 30분
③ 25분　④ 20분

해설
다이버가 해수면(1기압)에서 탱크 내부의 공기를 모두 호흡하는 데 1시간이 걸린다면 바닷속 10m(2기압)에서는 30분, 20m(3기압)에서는 20분, 30m(4기압)에서는 15분, 40m(5기압)에서는 12분이 걸린다.

28 다음 중 산소치료표에 해당되지 않는 것은?

① 표 3A　② 표 5
③ 표 6A　④ 표 6

해설
산소치료표의 종류
• 표 5(2시간 15분)
• 표 6(4시간 45분)
• 표 6A(5시간 19분)
• 표 4(38시간 11분, 산소와 공기 겸용)
• 표 7(36시간)
• 표 8(헬륨-산소 혼합기체잠수의 폐초과팽창증상 치료표)

29 SAE 10이 나타내는 것은 무엇인가?

① 윤활유의 비중　② 윤활유의 색깔
③ 윤활유의 점도　④ 윤활유의 온도

해설
SAE 번호는 점도를 나타낸다.

30 중추신경계 감압병 증상과 가장 거리가 먼 것은?

① 현기증　② 마비
③ 질식　④ 부종

해설
중추신경계 감압병 증상
현기증, 마비, 질식, 극심한 피로와 통증, 허탈과 의식 불명

31 다음 중 슈퍼라이트-17 헬멧의 비상기체공급 회로로 옳은 것은?

① 비상기체 공급 → 역지변 → 호흡조절기 → 잠수사
② 비상기체 공급 → 환기 및 호흡조절기 → 잠수사
③ 비상기체 공급 → 역지변 → 환기 및 호흡조절기 → 잠수사
④ 비상기체 공급 → 역지변 → 굴곡관 → 호흡조절기 → 잠수사

32 용접봉(갱)을 위에서 아래로 향하여 하는 용접은?

① 수평 용접   ② 아래보기 용접
③ 위보기 용접   ④ 수직 용접

33 수중 용접 및 절단용으로 사용되는 직류 아크발전기의 최소 용량은?

① 50A 이상   ② 100A 이상
③ 200A 이상   ④ 300A 이상

해설
수중 용접 및 절단에 사용되는 직류 아크 발전기는 최대 용량이 300A이지만, 어떤 종류의 작업에는 400A 이상이 요구되는 발전기를 사용한다.

34 아이 스플라이스에 대한 설명 중 옳은 것은?

① 아이 스플라이스는 영구적인 고리를 만들 때 사용한다.
② 심블 없이 만드는 것을 Hard Eye라 한다.
③ 심블을 사용하여 만드는 것을 Soft Eye라 한다.
④ 20%의 강도가 감소된다.

해설
② 심블 없이 만드는 것을 Soft Eye라 한다.
③ 심블을 사용하여 만드는 것을 Hard Eye라 한다.
④ 10%의 강도가 감소된다.

35 다음은 심폐소생술에 대한 설명이다. ( ) 안에 들어갈 내용으로 알맞은 것은?

> 심폐소생술은 가슴 압박 (㉠)회, 인공호흡 (㉡)회를 시행하는 것으로, 구급대원이 현장에 도착할 때까지 반복해서 시행한다.

① ㉠ 30   ㉡ 2
② ㉠ 20   ㉡ 3
③ ㉠ 30   ㉡ 5
④ ㉠ 20   ㉡ 2

해설
심폐소생술 시행방법
반응 확인 → 119 신고·요청 → 호흡 확인 → 가슴 압박 30회 시행 → 인공호흡 2회 시행 → 가슴 압박과 인공호흡의 반복
※ 최근에는 심폐소생술에 익숙하지 않은 일반인은 인공호흡 단계를 생략하고, 가슴 압박만 시행하도록 교육이 이루어지고 있다.

정답 31 ② 32 ④ 33 ④ 34 ① 35 ①

36 표면공급식 잠수가 스쿠버 잠수보다 유리한 이유가 아닌 것은?

① 잠수를 오래할 수 있다.
② 기동성이 좋다.
③ 안전 및 작업 진척 확인이 용이하다.
④ 통신이 용이하다.

해설
스쿠버 잠수와 표면공급식 잠수의 비교

	스쿠버 잠수	표면공급식 잠수
장점	• 장비의 운반, 착용, 해체가 간편해 신속한 기동성을 발휘한다. • 잠수 작업 시 적은 인원이 소요된다. • 수평, 수직 이동이 원활하다. • 수중 활동이 자유롭다.	• 공기 공급의 무제한으로 장시간 해저 체류가 가능하다. • 양호한 수평 이동과 최대 조류 2.5knot까지 작업이 가능하다. • 줄신호 및 통화가 가능하므로 잠수사의 안전 및 작업 진척 확인이 원활하다. • 현장 지휘 및 통제가 가능하다.
단점	• 수심과 해저체류시간에 제한을 받는다. • 호흡 저항에 영향을 받는다. • 조류에 영향을 받는다(최대 1knot). • 지상과 통화를 할 수 없다. • 오염된 물, 기계적인 손상 등 신체 보호에 제한을 받는다. • 잠수사의 이상 유무 확인이 불가능하다.	• 기체 호스가 꺾인다. • 수직 이동의 제한이 있다. • 기동성이 저하된다.

37 공기흡입기(Air Lift)의 파이프 직경이 10inch, 공기 공급 호스 직경이 2inch일 경우 분당 흡입량(ft^3)은?(단, 분당 요구 공기량을 충족한다고 가정한다)

① 100~200
② 200~400
③ 700~800
④ 900~1,000

해설
공기흡입기(Air Lift) : 수중에서 뻘이나 자갈, 모래에 웅덩이를 파거나 제거할 때 사용한다.

38 표면공급식 잠수의 공기 호스를 구입했을 때 5년이 지난 후 4년까지 매년 압력시험을 해야 하는데 최초 기준이 되는 것은?

① 출고일자
② 제작일자
③ 구입일자
④ 검사일자

해설
공기 호스는 제작일자로부터 5년 경과 후 매년 압력시험을 한다.

39 인체의 구조 중 호흡기의 끝부분에 달린 아주 작은 공기주머니는?

① 폐
② 비 강
③ 폐 포
④ 기관지

40 25℃에서 보관한 공기통을 수온이 15℃인 수중으로 가지고 내려갔을 때 공기압은?(단, 수심은 신경 쓰지 않는다)

① 공기탱크의 재질에 따라 다르다.
② 증가한다.
③ 감소한다.
④ 변화 없다.

해설
온도가 증가하면 압력도 증가하고 온도가 감소하면 압력도 감소한다.

정답 36 ② 37 ③ 38 ② 39 ③ 40 ③

41 수중폭파 시 한 번 기폭시켜 순차적으로 여러 개를 폭파하려면 어떤 뇌관을 사용하는 것이 가장 적합한가?

① 전기식 뇌관 ② 비전기식 뇌관
③ 지연식 뇌관 ④ 발전식 뇌관

> **해설**
> 전기 지연식 뇌관(Delay Electric Detonator)
> 관체 내의 점폭약 위에 연시약을 장전하여 점화약이 발화할 때의 화염으로 연시약이 연소하고 일정시간 경과 후 점폭약이 폭발하도록 된 뇌관으로 지발 전기 뇌관이라고도 한다.

42 다음 중 스쿠버 잠수 시 가장 중요한 것은?

① 줄의 연결
② 약간의 음성부력 유지
③ 감압표 선택
④ 상승속도 준수(분당 9m)

> **해설**
> 상승속도[30fpm(1분당 9m)]를 초과하지 않는다.

43 수중에서 수평필릿 용접 시 용접봉의 각도는 몇 도를 유지하여야 가장 좋은 효과를 얻을 수 있는가?

① 진행방향 5~20°
② 진행방향 15~45°
③ 진행방향 40~55°
④ 진행방향 55~75°

> **해설**
> 수평용접 시 각도는 15~45°를 유지한다.

44 높은 고지대의 호수나 저수지에서 잠수할 때, 감압시간을 결정하는 데 가장 많은 영향을 주는 요인으로 적합한 것은?

① 기 압
② 수 온
③ 물의 밀도
④ 중량벨트

> **해설**
> 높은 지대에 있는 호수나 저수지에서 잠수할 경우 그 수면에서의 대기압은 1대기압보다 낮다. 그러므로 더 긴 감압시간이 필요하다.

45 공기 중 산소의 비율은 약 얼마나 되는가?

① 11%
② 21%
③ 31%
④ 41%

> **해설**
> 공기는 산소 21%, 질소 79%로 구성되어 있다.

정답 41 ③ 42 ④ 43 ② 44 ① 45 ②

46 감압병을 전통적인 분류방법으로 구분할 때 다음 중 제2형(Type-2) 감압병 증상에 해당되지 않는 것은?

① 현기증
② 피부발진
③ 심장 및 호흡계 증상
④ 부 종

> **해설**
> 제1형 감압병의 대표적인 경한 증상으로는 근골격(관절) 통증, 피부 가려움, 부종이 있다. 제2형 감압병은 심한 증상 감압병으로서 기포로 인한 신경학적 증상, 현기증, 심장 및 호흡계 증상, 피부발진 등 치명적인 증상을 일으킨다.

47 코퍼댐(Cofferdam)은 무엇을 위한 것인가?

① 적화물을 옮겨 싣기 위한 것이다.
② 오염방지를 위한 것이다.
③ 방수처리를 위한 것이다.
④ 앵커 설치를 위한 것이다.

> **해설**
> **코퍼댐(Cofferdam)**
> • 강이나 해양공사 등에 사용되는 물막이 방수벽으로 해난 구조기술의 한 방법으로도 유용하게 사용된다.
> • 침몰선에 물막이(Cofferdam) 설치는 만조 시에 설치하여 저조 시에 배수한다.
> • 침몰선에 설치하는 코퍼댐(Cofferdam, 방축)의 사용이 가능한 최고 수심은 50feet이고, 선체가 15° 이상 경사지면 사용할 수 없다.

48 슈퍼라이트 헬멧의 특징이 아닌 것은?

① 기체확산관은 헬멧 내부 왼쪽에 장착되어 있다.
② 낙석 또는 외부의 충격으로부터 머리를 보호한다.
③ 장시간 사용해도 피로하지 않다.
④ 양질의 통화를 제공한다.

> **해설**
> 기체확산관은 헬멧 내부 오른쪽에 측면 부품대로부터 납작한 원통 부분이 1개의 너트로 고정되어 있고, 원통에서 긴 관이 안면창의 곡선에 따라 여러 개의 구멍이 뚫려 있다.

49 수중폭파 작업 시 잠수작업의 최소 안전거리는?

① 1,800m(2,000yd)
② 1,370m(1,500yd)
③ 910m(1,000yd)
④ 640m(700yd)

> **해설**
> 수중폭파 작업 시 잠수작업의 최소 안전거리는 1,800m(2,000yd) 이상이어야 한다.

50 구조펌프 설치 시 유지각은 몇 도 이상 초과해서는 안 되는가?

① 10°　　② 15°
③ 20°　　④ 25°

[정답] 46 ④　47 ③　48 ①　49 ①　50 ②

51 수심 45m에서 KMB 밴드마스크로 2명의 잠수사가 잠수작업을 한다면 표면에서 보내주어야 할 최소 공기압력은?

① 약 12kg/cm² ② 약 14kg/cm²
③ 약 15kg/cm² ④ 약 16kg/cm²

해설
45 × 0.1025 + 11.5 = 16.1125, 약 16kg/cm²이다.

52 수중 용접 및 절단에 대한 설명 중 틀린 것은?

① 절단 토치는 산소 누설이 없어야 한다.
② 수중용접 홀더는 전도체로 되어 있다.
③ 수중용접 전선의 연결점은 완전히 절연해야 한다.
④ 수중절단의 전극 홀더는 절연체로 되어 있다.

해설
홀더와 토치의 조건
- 전류가 흐르는 모든 부품은 외부와 완전히 절연되어야 하고, 내부 부품은 접촉이 좋아야 한다.
- 부품들은 내구성이 있고, 전극봉 교환이 용이해야 한다.
- 절단 토치는 산소 누설이 없어야 한다.
- 비철금속으로 제조되어야 한다.
- 전극봉 조임이 좋아야 한다.
- 염분에 의한 전해작용이 일어나지 않아야 한다.

53 잠수 중 상승속도는 2초에 몇 cm가 가장 적절한가?

① 15cm ② 25cm
③ 30cm ④ 35cm

해설
상승속도[30fpm(1분당 9m)]를 초과하지 않는다.
60 : 9 = 2 : x → x = 0.3m = 30cm

54 산업안전보건법에 의해 잠수작업에 필요한 자격·면허·경험 또는 기능을 가진 근로자 외의 자를 잠수작업에 고용했을 경우 사업주의 벌칙은?

① 500만 원 이하의 과태료
② 3년 이하의 징역 또는 3천만 원 이하의 벌금
③ 2년 이하의 징역 또는 2천만 원 이하의 벌금
④ 5년 이하의 징역 또는 5천만 원 이하의 벌금

해설
벌칙(산업안전보건법 제140조, 제169조)
사업주는 유해하거나 위험한 작업으로서 상당한 지식이나 숙련도가 요구되는 고용노동부령으로 정하는 작업의 경우 그 작업에 필요한 자격·면허·경험 또는 기능을 가진 근로자가 아닌 사람에게 그 작업을 하게 하여서는 아니 되며, 이를 위반한 자는 3년 이하의 징역 또는 3천만 원 이하의 벌금에 처한다.

55 질소마취현상의 특징으로 가장 거리가 먼 것은?

① 급하게 하강하면 증상이 악화될 수 있다.
② 목표 수심에 도착한 후에도 체류시간이 길어질수록 악화된다.
③ 잠수사 사이에서도 개개인 차이가 심하다.
④ 약간의 적응력이 생긴다.

해설
질소마취현상은 대기압 조건으로 복귀 시 아무런 후유증 없이 회복되며 목표 수심 도착 직후에 증상이 가장 심하고 이후 약간 약화되며 개인차가 심하다.

정답 51 ④ 52 ② 53 ③ 54 ② 55 ②

56 다음 중 스쿠버나 후카용 2단계 호흡기(Regulator)를 사용하는 잠수 시 입안으로 계속 조금씩 물이 들어올 경우 그 원인은?

① 배출공기 호스에 조그마한 구멍이 생겼기 때문
② 마우스피스에 구멍이 생겼기 때문
③ 호스와 호흡기 연결이 헐거워졌기 때문
④ 호흡기 배기변에 이물질이 끼거나 상처가 있기 때문

해설
스쿠버 호흡조절기 1단계의 중간압이 필요 이상 높으면 2단계에서 공기가 샌다. 또 스쿠버나 후카용 2단계 호흡기(Regulator)를 사용하는 잠수 중에 입안으로 계속 조금씩 물이 들어올 경우, 그 원인은 호흡기 배기밸브에 이물질이 끼거나 상처가 있기 때문이다.

57 많은 잠수사들이 수영자의 인도를 받아 탐색하는 방법은?

① 텐더드 탐색   ② 서클링 탐색
③ 잭스테이 탐색 ④ 사자스 탐색

해설
수중탐색
• 사자스(수영자 예인) 탐색 : 수중 시정이 불량한 심해와 탐색면적이 넓은 지역에서 고도의 기술이 필요하며 많은 잠수사들이 수영자의 인도를 받아 탐색하는 것이다.
• 텐더드 탐색 : 조류가 세고 탐색 면적이 넓은 곳에 적합한 탐색이다.
• 서클링(원) 탐색 : 소수 인원으로 수중시정이 불량한 심해에서 탐색면적이 적고 수심이 깊을 때 사용한다.
• 잭스테이 탐색 : 수중 시정이 좋고 탐색 면적이 넓은 곳에 적합한 탐색이다.

58 스쿠버용 호흡기 중 단관식(싱글 호스) 2단계 호흡기의 호스(Hose)는 최소 어느 정도의 압력에 견디어야 하는가?

① $5kg/cm^2$ ② $15kg/cm^2$
③ $50kg/cm^2$ ④ $150kg/cm^2$

59 수중 촬영 시 주의사항으로 옳지 않은 것은?

① 피사체에 대하여 카메라를 수직으로 향하여 촬영한다.
② 빠른 셔터 스피드로 촬영한다.
③ 고려되어야 할 가장 중요한 사항은 물의 탁도이다.
④ 피사체의 실거리를 측정 후 카메라 눈금에 거리를 맞추어 놓고 촬영한다.

해설
수중 촬영 시 주의사항
• 카메라가 흔들리지 않도록 하고, 빠른 셔터 스피드로 촬영한다.
• 정확하게 피사체의 앵글을 잡고, 가능한 피사체를 크게 찍는다.
• 태양의 각도를 고려해서 촬영한다.
• 피사체에 대하여 카메라를 수평으로 향하여 찍는다.
• 피사체의 실거리를 측정 후 카메라 눈금에 거리를 맞추어 놓고 촬영한다.
• 수중 촬영 시 고려되어야 할 가장 중요한 사항은 물의 탁도(투명도)이다.

60 도화선의 특징이 아닌 것은?

① 전기식 뇌관 폭파에 사용된다.
② 1ft당 연소시간은 약 40초이다.
③ 심은 흑색 화약으로서 서서히 연소한다.
④ 사용 전 끝에서 15cm 정도 끊어낸다.

해설
도화선은 일정한 시간이 필요하거나 거리가 떨어져 있는 뇌관을 점화할 때 사용한다.

정답 56 ④ 57 ④ 58 ② 59 ① 60 ①

2025년 제2회 최근 기출복원문제

01 기체색전증 및 압착증과 가장 관계가 깊은 기체 법칙은?

① 보일의 법칙
② 헨리의 법칙
③ 돌턴의 법칙
④ 샤를의 법칙

해설
보일의 법칙(Boyle's Law) : 압력 × 부피 = 일정
압력이 감소하면 기체의 부피는 증가하고, 압력이 증가할수록 기체의 부피는 감소한다. 이는 동일한 공기량을 가지고 잠수하여도 수심이 깊어질수록 공기가 빨리 소모되는 것을 설명한다.

02 감압병과 가장 관계가 깊은 기체 법칙은?

① 보일의 법칙
② 샤를의 법칙
③ 돌턴의 법칙
④ 헨리의 법칙

해설
헨리의 법칙(Henry's Law)
흡수의 법칙 또는 감압표의 법칙이라고도 하며, '일정한 온도하에서 액체에 녹아 들어가는 기체의 양은 그 기체의 부분압에 비례한다.'고 하였다.

03 기체색전증 환자를 병원으로 후송할 때 또는 응급 처치로 가장 좋은 방법은?

① 공기방울의 크기를 줄이기 위하여 몸을 차게 한다.
② 운동을 시켜 체내의 질소가스를 빨리 배출시킨다.
③ 100%의 산소를 공급한다.
④ 진정·진통제를 복용시키고 뜨거운 온천 목욕을 시킨 후 후송한다.

해설
이송과정 동안 환자 마스크를 통해서 계속해서 고압의 산소를 투입시켜야 한다.

04 수중발파를 할 때 수압을 보정하기 위해 매 수심 (m)당 얼마의 장약량을 증가시켜야 하는가?

① $0.01 kg/m^3$
② $0.1 kg/m^3$
③ $0.5 kg/m^3$
④ $1 kg/m^3$

05 뇌관의 첨장약과 도폭선의 심약으로 사용되는 폭약의 성분으로 옳은 것은?

① PETN
② TNT
③ 나이트로메탄
④ 나이트로글리세린

해설
PETN
파괴력이 TNT의 1.66배에 달하는 폭발성 백색 결정체로 도폭선의 심약, 뇌관의 첨장약, 혼합 폭약의 한 성분이다.

정답 1 ① 2 ④ 3 ③ 4 ① 5 ①

06 도폭선이나 도화선을 사용한 폭파 시 안전대피거리 산출 공식으로 옳은 것은?

① $200\text{ft} \times \sqrt[2]{사용폭약(\text{lbs})}$
② $200\text{ft} \times \sqrt[3]{사용폭약(\text{kg})}$
③ $300\text{ft} \times \sqrt[2]{사용폭약(\text{kg})}$
④ $300\text{ft} \times \sqrt[3]{사용폭약(\text{lbs})}$

07 수중 수직용접을 할 때 용접봉을 아래로 향하여 용접하는 이유로 가장 적합한 것은?

① 피복제의 기포가 시야를 방해하지 않으므로
② 전류 조절이 용이하기 때문에
③ 정밀한 용접에 적합하기 때문에
④ 잠수사의 건강을 위하여

해설
용접봉을 하향식으로 진행해야만 피복제의 기포가 잠수사의 시야를 가리지 않는다.

08 다음 중 가장 무거운 물은?

① 바닷물
② 민 물
③ 증류수
④ 빗 물

해설
바닷물에는 약 2,000가지의 광물질이 포함되어 있으므로 지역에 따라 그 비중이 1.019에서 1.024까지 차이가 난다.

09 폐의 과도팽창을 예방하기 위한 방법으로 가장 거리가 먼 것은?

① 호흡을 짧게 자주 한다.
② 비상 상승 시 기도가 개방되도록 수면을 보며 상승한다.
③ 계속 정상적인 호흡을 한다.
④ 상승속도를 지킨다.

해설
상승 중인 스쿠버 잠수사는 팽창하는 폐 속의 공기를 내보내야 하므로 정상호흡을 해야 하며, 잠수 장비의 이상이 있을 경우는 계속해서 공기를 내뿜어야 한다. 이렇게 하지 않으면 폐의 과팽창이 일어나고 폐조직이 파열되어 공기가 폐포에서 빠져 나오게 된다.

10 고압가스 안전관리법의 적용을 받는 상용의 온도에서 압축가스의 실제 압력 기준은?

① 3MPa
② 1.5MPa
③ 1MPa
④ 0.5MPa

해설
고압가스 안전관리법의 적용을 받는 압축가스의 기준(고압가스 안전관리법 시행령 제2조)
상용(常用)의 온도에서 압력(게이지압력)이 1MPa 이상이 되는 압축가스로서 실제로 그 압력이 1MPa 이상이 되는 것 또는 35℃의 온도에서 압력이 1MPa 이상이 되는 압축가스(아세틸렌가스는 제외)

정답 6 ④ 7 ① 8 ① 9 ① 10 ③

11 잠수기록표에 기록하지 않아도 되는 것은?

① 대기 잠수작업자에 관한 인적 사항
② 잠수의 시작·종료 일시 및 장소
③ 잠수작업자의 건강상태
④ 잠수장비의 목록

해설
잠수기록의 작성·보존(산업안전보건기준에 관한 규칙 제536조의2)
사업주는 근로자가 잠수작업을 하는 경우에는 다음 사항을 적은 잠수기록표를 작성하여 3년간 보존하여야 한다.
- 다음의 사람에 관한 인적 사항
  - 잠수작업을 지휘·감독하는 사람
  - 잠수작업자
  - 감시인
  - 대기 잠수작업자
  - 잠수기록표를 작성하는 사람
- 잠수의 시작·종료 일시 및 장소
- 시계, 수온, 유속 등 수중환경
- 잠수방법, 사용된 호흡용 기체 및 잠수수심
- 수중체류 시간 및 작업내용
- 감압과 관련된 다음의 사항
  - 감압의 시작 및 종료 일시
  - 사용된 감압표 및 감압계획
  - 감압을 위하여 정지한 수심과 그 정지한 수심마다의 도착시간 및 해당 수심에서의 출발시간(물속에서 감압하는 경우만 해당한다)
  - 감압을 위하여 정지한 압력과 그 정지한 압력을 가한 시작시간 및 종료시간(기압조절실에서 감압하는 경우만 해당한다)
- 잠수작업자의 건강상태, 응급 처치 및 치료 결과 등

12 잠수작업에 필요한 자격·면허·경험 또는 기능을 가진 근로자가 아닌 사람의 잠수작업을 금지할 것을 규정하는 법령으로 옳은 것은?

① 한국산업안전보건공단법
② 산업안전보건기준에 관한 규칙
③ 고압가스 안전관리법
④ 산업안전보건법

해설
산업안전보건법 제140조, 제169조에서 관련한 내용을 규정하고 있다.

13 법령상 표면공급식 잠수작업 시 사업주가 잠수작업자에게 제공해야 하는 장비로 가장 옳지 않은 것은?

① 비상기체통   ② 부력조절기
③ 통화장치   ④ 잠수헬멧

해설
표면공급식 잠수작업 시 사업주는 잠수작업자에게 비상기체통, 비상기체공급밸브·역지밸브(Non Return Valve) 등이 달려 있는 잠수마스크 또는 잠수헬멧, 감시인과 잠수작업자 간에 연락할 수 있는 통화장치를 제공하여야 한다(산업안전보건기준에 관한 규칙 제547조).

14 재압체임버의 안전 수칙으로 옳지 않은 것은?

① 소화장비를 준비한다.
② 내부 보조원은 자격이 있는 요원(잠수사)만 조작한다.
③ 어떤 장비나 부속들에 휘발성 기름을 칠하지 않는다.
④ 체임버 내에는 합성섬유로 된 담요만 비치하여야 한다.

해설
오직 고압 체임버를 위해 만들어진 매트리스만 사용해야 하며, 합성섬유는 정전기로 인한 스파크의 가능성 때문에 절대로 사용해서는 안 된다.

15 산소 아크 수중 절단은 주로 어떤 작용을 이용하는 것인가?

① 용해작용   ② 탄화작용
③ 폭발작용   ④ 용융작용

해설
산소 아크 절단법(Oxy Arc Cutting)은 산소와 아크열의 용융작용에 의해 금속이 절단되는 방법이다.

16 카메라의 조리개와 관련된 내용으로 옳은 것은?

① 셔터속도와 조리개는 비례한다.
② 조리개 구멍의 크기와 피사계 심도는 관계가 없다.
③ 조리개 구멍이 작을수록 빛이 적게 들어온다.
④ 조리개 구멍에 관계 없이 빛은 일정량으로 들어온다.

해설
촬영거리가 가깝고 조리개 구멍을 크게 할수록 피사계 심도는 얕아진다.

피사계 심도
- 피사체 전후의 초점이 잘 맞는 것을 피사계 심도가 깊다고 하고, 피사체 전후의 초점이 흐려져 있는 것을 피사계 심도가 얕다고 한다.
- 피사체의 주변이 피사체의 초점보다 흐리게 나오는 것을 피사계 심도가 얕다고 하고, 피사체와 주변의 초점이 비슷할수록 피사계 심도가 깊다고 표현한다.
- 조리개를 좁힐수록 피사계 심도가 깊어지고, 열수록 심도는 얕아진다.

17 수중 촬영에서 고려되는 가이드 넘버(Guide Number)란?

① 인공광원의 광량을 말한다.
② 피사체의 심도를 말한다.
③ 셔터스피드를 말한다.
④ 조리개의 크기를 말한다.

18 햇빛이 바닷속으로 침투하는 데 방해하는 것 중 그 영향이 가장 적은 것은?

① 파 도   ② 플랑크톤
③ 수 온   ④ 수중 부유물

해설
태양의 자연광은 해면에서 일어나는 파도의 영향에 의해 빛이 반사되기 때문에 수심이 깊을수록 어두워지는 경향도 있지만 물속의 부유물, 플랑크톤에 의해 빛이 확산됨으로써 더욱 어두워지는 원인이 되고 수중 사진 촬영 시 대비감이 상실된다.

19 다음 중 물의 흐름에 가장 적은 영향을 끼치는 것은?

① 조 수   ② 중 력
③ 바 람   ④ 염 도

해설
물의 흐름에 영향을 끼치는 요소로 조류, 바람, 중력, 지구의 자전 등이 있다.

20 해류가 있는 곳에서 하류에서 상류로의 잠수방법으로 가장 적합한 것은?

① 수면에 떠서 전진한다.
② 바닥에 붙어서 전진한다.
③ 수면과 바닥을 교차하면서 유영한다.
④ 해류가 약해질 때를 기다린다.

해설
흐름이 있는 곳에서는 흐름의 상류에서 잠수를 시작하여 하류로 떠내려가면서 잠수하는 것이 힘이 들지 않고 편하다. 그러나 흐름을 거슬러 올라갈 때는 수면보다 바닥에 붙어 이동하는 것이 훨씬 쉽다.

정답 16 ③ 17 ① 18 ③ 19 ④ 20 ②

21 다음 중 흡연이 잠수에 미치는 영향으로 가장 거리가 먼 것은?

① 감압병에 걸릴 확률이 높아진다.
② 기체색전증에 걸릴 확률이 높아진다.
③ 혈액의 산소 공급 능력이 떨어진다.
④ 질소마취에 걸릴 확률이 높아진다.

해설
흡연이 잠수에 미치는 영향
- 담배 연기는 다량의 일산화탄소를 발생시킨다. 담배의 일산화탄소는 혈액 내 산소 운반 능력을 현저히 감소시킬 뿐만 아니라 혈액 순환을 방해하여 감압병의 발생 빈도를 높인다.
- 담배 연기 속에 작용하는 니코틴과 타르는 폐에 가중한 부담을 주고 가래를 만든다. 이 가래는 호흡계의 좁은 공기 통로를 막을 가능성이 높아 기체색전증을 일으킬 수 있다. 따라서 잠수사는 금연을 하고 공기압축기의 흡입구를 엔진 배기관에서 멀리 설치하고 장비의 정비를 철저히 관리해야 한다.

22 수중에서 폭발이 발생했을 때 인체의 장기나 조직 중 가장 큰 손상이 발생하는 부위는?

① 허 파   ② 간 장
③ 심 장   ④ 뇌

해설
수중 폭파사고 시 가장 손상을 많이 받는 인체 부위는 허파이다.

23 해면상에 작용하는 절대기압은?

① 0기압   ② 1기압
③ 2기압   ④ 3기압

해설
해면에서의 표준대기압을 절대압력으로 나타내면 1기압이다.

24 공기압축기의 공기청정장치(Air Filter)에서 사용되는 여과재의 성분으로 옳지 않은 것은?

① 활성탄
② 실리카겔
③ 실리콘
④ 활성 알루미나

해설
여과물질
- 실리카겔이나 활성 알루미나는 습기를 제거하는 물질로 습기가 차면 색깔이 변한다.
- 활성탄은 기름과 냄새를 제거해 준다.

25 수중용접 및 절단에 사용되는 토치의 구성요소로 옳지 않은 것은?

① 비철금속으로 만들어져야 한다.
② 염분에 의한 전해작용이 잘 일어나야 한다.
③ 전극봉을 쉽게 갈아 끼울 수 있어야 한다.
④ 전기가 흐르는 부품은 외부와 완전히 절연되어야 한다.

해설
염분에 의한 전해작용이 일어나지 않아야 한다.

정답 21 ④ 22 ① 23 ② 24 ③ 25 ②

26 슈퍼라이트-17 헬멧의 부품이 아닌 것은?

① 실린더 밸브 ② 역지밸브
③ 측면 부품대 ④ 굴곡관

27 밴드마스크와 헬멧에 장착되어 유입된 공기가 한쪽으로만 흐르게 해 주는 밸브는?

① 유압밸브 ② 시퀀스밸브
③ 역지밸브 ④ 환기밸브

> **해설**
> 역지밸브는 헬멧 내부 또는 밴드마스크 내부에 공급되는 기체를 일정하게 흐르도록 유지해 주며, 주 기체 공급이 차단되었을 때 잠수사의 안면 압착과 물의 유입을 방지해 준다(압착병 방지).

28 스쿠버 잠수 시 사용되는 호흡 조절기를 공기통에 연결하여 사용하는 일반적인 방법으로 옳은 것은?(단, 옥토퍼스는 제외한다)

① 착용 시 잔압계가 있는 쪽으로 같이 연결하여 사용한다.
② 제1단계의 고압구멍(H.P)에 연결하여 사용한다.
③ 착용 시 잠수사의 오른쪽으로 연결하여 사용한다.
④ 제2단계의 왼쪽 고압공(H.P)에 연결하여 사용한다.

> **해설**
> 호흡 조절기에 부착되는 장비
> 호흡 조절기의 1단계 표면에는 잠수에 필요한 여러 장비들을 부착할 수 있도록 H.P로 각인된 구멍과 L.P로 각인된 구멍이 여러 개 구성되어 있다.
> • H.P(High Pressure, 고압) 구멍 : 공기잔압을 나타내는 압력게이지를 부착시킨다.
> • L.P(Low Pressure, 저압) 구멍 : 호흡 조절기의 호스, 부력 조절기 호스, 건식 잠수복 호스, 예비호흡 조절기 호스 등을 부착시킨다.

29 스쿠버 잠수사에게 수압과 동일한 압력으로 호흡할 수 있도록 해주는 호흡 조절기의 기능을 담당하는 것은?

① 1단계
② 2단계
③ 피스톤 균형 단계
④ 피스톤 비균형 단계

> **해설**
> 공기통 속의 고압(207bar)의 공기는 1단계에서 중간압(주변압 +9~10bar)으로 낮춰지고 2단계에서 다시 주변압으로 낮춰진다.

30 다음 중 스쿠버 잠수 시 수중에서 짝을 잃은 경우 짝을 찾는 방법으로 가장 적합한 것은?

① 수중에서 1분간 주위를 찾아보고 수면으로 상승해서 기다린다.
② 잠수 지점에서 정지한 채로 계속 기다린다.
③ 수면으로 상승하여 수면에서 짝을 확인할 수 없으면 다시 하강하여 계속 찾아본다.
④ 수중에서 찾을 때까지 잠수를 계속한다.

> **해설**
> 잠수사가 짝을 잃으면 다른 잠수사도 짝을 잃은 것이니 상승하여 수면이나 해면에서 만나야 한다.

정답 26 ① 27 ③ 28 ③ 29 ② 30 ①

31 시동 후 엔진이 몇 분간 돌아가다 정지되는 경우, 그 원인과 가장 거리가 먼 것은?

① 연료의 혼합이 부적합하다.
② 엔진이 너무 차갑다.
③ 연료의 공급이 원활하지 못하다.
④ 엔진오일의 양이 적정량보다 조금 많다.

해설
엔진오일량이 많으면 마찰증가로 연비가 나빠지고 출력이 떨어진다.

32 공기잠수 시 감압병의 발생원인이 되는 주 기체는?

① 탄산가스   ② 산 소
③ 헬 륨   ④ 질 소

해설
감압병(Decompression Sickness)
잠수 중 인체에 과다하게 축적된 질소가 수면으로 급상승하거나 짧은 시간에 반복 잠수를 하는 잠수부의 몸속에서 질소방울로 변하여 신경세포를 압박하거나 혈액순환을 방해함으로써 발생하는 질병을 말한다.

33 다음 잠수과정 중 중이 압착증이 가장 잘 발생하는 때는?

① 하잠 중
② 해저 체류 중
③ 상승 중
④ 어느 때나 똑같다.

해설
하잠할 때는 압력이 증가하고 부피가 감소하여 수경 압착, 중이 압착, 잠수복 압착 등이 발생한다.

34 잠수 중 일반적인 상승 속도로 가장 적절한 것은?

① 1분에 9m
② 1분에 18m
③ 1분에 36m
④ 1분에 54m

해설
감압병 예방을 위해 상승 속도는 30fpm(1분에 9m)을 초과하지 않으며 천천히 올라와야 한다.

35 부력과 밀도와의 관계를 옳게 나타낸 것은?

① 액체의 밀도와 관계없이 부력은 일정하다.
② 물의 밀도는 공기보다 약 800배 낮다.
③ 밀도가 큰 액체가 큰 부력을 준다.
④ 물은 수심이 깊을수록 밀도가 낮다.

해설
① 같은 물체라도 그 물체가 잠겨 있는 액체의 종류에 따라 부력의 크기가 달라진다.
② 물의 밀도는 공기보다 약 800배 높다.
④ 물은 수심에 관계 없이 밀도가 일정하다.

정답 31 ④ 32 ④ 33 ① 34 ① 35 ③

36 다음 중 비활성기체가 아닌 것은?

① Ar ② O_2
③ He ④ Ne

해설
활성기체와 비활성기체
- 활성기체 : 산소처럼 다른 기체와 화합을 잘하며 혼합물질을 만들어내는 것
- 비활성기체 : 성질이 다른 것들과 좀처럼 화합을 하지 않는 것

37 다음 인체 성분 중 호흡기체 속의 가스가 가장 잘 용해되는 것은?

① 혈 액 ② 지방질
③ 근 육 ④ 뼈

해설
호흡기체 속의 가스는 우리 인체 성분 중 지방질에 가장 잘 용해된다. 지방질은 혈액보다 5.3배 더 잘 용해된다.

38 좌초선 이초에 필요한 좌초반응력을 계산할 때 사용되는 방법이 아닌 것은?

① 흘수의 변화에 의한 방법
② 과도한 전후부 둘레의 방법
③ 침수 인치당 톤수에 의한 방법
④ 선수흘수의 변화에 의한 방법

39 합성 섬유색의 특징으로 옳은 것은?

① 내구성이 낮다.
② 비중이 높다.
③ 유연도가 낮다.
④ 강도가 강하다.

40 수중용접 및 절단 시 위험이 가장 크게 수반되는 것은?

① 수소 가스
② 휘발유 가스
③ 연료류
④ 페인트류

해설
수중용접 시 발생된 가스의 약 70%가 폭발성 높은 수소이다. 수중용접 시 전류는 주변의 물을 수소와 산소기포로 바꾸는데, 이것은 적은 양이라도 크게 폭발할 수 있다.

정답 36 ② 37 ② 38 ② 39 ④ 40 ①

41 다음 중 열의 전도율이 가장 낮은 것은?

① 철
② 헬 륨
③ 물
④ 공 기

해설
보통 나무, 공기, 스티로폼 등은 열의 전도율이 낮기 때문에 열의 전도가 잘되지 않는다.

42 수중에서 가장 빨리 흡수되는 색은?

① 빨 강
② 주 황
③ 노 랑
④ 파 랑

해설
수심이 깊어짐에 따라 빨간색 → 주황색 → 노란색 → 초록색 → 파란색 순으로 흡수된다.

43 수심 20m에서 KMB 밴드마스크로 잠수작업을 한다면 표면에서 보내주어야 할 적정 공기압력(kg/cm^2)은 약 얼마인가?

① $9kg/cm^2$
② $12kg/cm^2$
③ $15kg/cm^2$
④ $20kg/cm^2$

해설
KMB-10의 경우 Demand Regulator 방식의 호흡기를 쓰기 때문에 해면에서의 기본공급압력이 $9kg/cm^2$ 이상인데, 여기에 절대대기압 1을 더하고 수심 10m당 1씩 증가시키면 $12kg/cm^2$이다.

44 정극성으로 결선할 때 수중용접에서 모재에 공급되는 전극은?

① 양극(+)
② 음극(-)
③ AC전원
④ 양극과 음극의 교차

해설
직류 아크 용접에서 직류 정극성과 역극성의 특징

직류 정극성(DCSP) 모재 : (+) 용접봉 : (-)	직류 역극성(DCRP) 모재 : (-) 용접봉 : (+)
• 모재의 용입이 깊다.	• 모재의 용입이 얕다.
• 비드 폭이 좁다.	• 비드 폭이 넓다.
• 용접봉의 용융이 늦다.	• 용접봉의 용융이 빠르다.
• 일반적으로 널리 쓰인다.	• 주로 박판의 용접에 쓰인다.

41 ④ 42 ① 43 ② 44 ①

45 음파의 수중 전달 속도는 공기보다 약 몇 배 빠른가?

① 동일함　② 2배
③ 4배　④ 7배

해설
수중에서의 음파 전달 속도는 약 1,500m/s, 공기 중 음파속도는 약 340m/s로 음파의 수중 전달 속도는 약 4배 빠르다.

46 예인 시 지켜야 할 안전수칙에 어긋나는 것은?

① 윤활장치가 원만하지 않으면 프로펠러를 고정시킨다.
② 예선에는 예색 감시원을 배치한다.
③ 피예선에는 언제든지 투묘할 수 있도록 준비해 둔다.
④ 피예선의 침몰이 확실해도 예색을 자르면 안 된다.

해설
예인 시 안전수칙
• 즉시 분해할 수 없는 기구는 사용하지 않는다.
• 정지하여 예색을 전달·연결한 후 기관 회전을 3~5회전씩 증가시켜 전진하며 예색을 준다.
• 충돌 좌초의 위험이 없는 한 천해에서 예색을 길게 한 채 급회전하지 않는다.
• 회전 시 피예선이 예선의 정횡 방향에 있지 않도록 한다.
• 가능하면 투묘 후 예색을 연결한다.
• 심하게 꼬인 와이어는 예색으로 사용하지 않는다.
• 침몰이 확실하다고 느껴질 때는 예색을 사용하지 않는다.
• 풍파가 심한 해상에서는 짧은 예색을 사용하지 않는다.
• 항소상에 피예선을 방치해 두지 않는다.
• 윤활장치가 원활치 않으면 프로펠러를 고정시켜야 한다.
• 피예선은 언제라도 투묘할 수 있도록 준비해 둔다.
• 예선은 반드시 예색 감시원을 배치한다.

47 다음 폭약 중 감도가 가장 둔한 폭약은?

① PENT
② C-4
③ TNT
④ NG(나이트로글리세린)

해설
TNT는 중감도 폭약으로 분류되는데 순수 TNT 자체로 쓰는 경우는 거의 없고 다른 물질을 섞어 넣어 감도를 적당히 조절하여 사용한다.

48 감압병으로 인한 손상 중 중추신경계 손상은 몇 % 정도 되는가?

① 70%　② 89%
③ 30%　④ 11%

해설
감압병의 각 부위별 증상
• 국부와 관절 부분 : 89%(팔 70%, 다리 30%)
• 중추신경계 : 11%(현기증 5.3%, 마비 2.3%, 질식 1.6%, 극심한 피로와 통증 1.3%, 허탈과 의식 불명 0.5%)

49 법령에서 규정한 잠수사의 건강진단 주기에 대한 설명으로 옳은 것은?

① 일반건강진단은 1년 1회 이상, 특수건강진단은 2년에 1회 이상
② 일반건강진단은 2년 1회 이상, 특수건강진단은 1년에 1회 이상
③ 일반건강진단 및 특수건강진단 각각 1년에 1회 이상
④ 일반건강진단은 1년 1회 이상, 특수건강진단은 6개월에 1회 이상

해설
일반건강진단의 주기(산업안전보건법 시행규칙 제197조) : 사업주는 상시 사용하는 근로자 중 사무직에 종사하는 근로자(공장 또는 공사현장과 같은 구역에 있지 않은 사무실에서 서무·인사·경리·판매·설계 등의 사무업무에 종사하는 근로자를 말하며, 판매업무 등에 직접 종사하는 근로자는 제외한다)에 대해서는 2년에 1회 이상, 그 밖의 근로자에 대해서는 1년에 1회 이상 일반건강진단을 실시해야 한다.
특수건강진단의 주기(산업안전보건법 시행규칙 별표 23) : 12개월

50 부피가 100L인 고무풍선을 바닷물 속에 가지고 들어갔을 때 수심 40m에서의 부피는?(단, 압력 이외의 다른 조건 변화는 무시한다)

① 20L
② 25L
③ 33L
④ 50L

해설
수심 40m에서 절대압력은 5기압이고 부피는 100 ÷ 5 = 20L이다.
보일의 법칙(Boyle's Law) : 압력 × 부피 = 일정
• 압력이 감소하면 기체의 부피는 증가하고, 압력이 증가할수록 기체의 부피는 감소한다.
• 일정한 온도에서 압력이 2배, 3배이면 기체의 부피는 1/2배, 1/3배로 줄어든다.
• 일정한 온도에서 압력이 1/2배, 1/3배이면 기체의 부피는 2배, 3배로 늘어난다.

51 잠수 중 일산화탄소 중독에 걸릴 우려가 있는 경우는?

① 잠수장비가 좋지 못한 것을 사용했을 경우
② 수중에서 중노동을 했을 경우
③ 심해 잠수를 했을 경우
④ 엔진 배기가스가 압축공기 중에 섞여 있을 경우

해설
일산화탄소 중독
주로 공기압축기의 내연 기관을 통해 또는 점도가 낮은 윤활유가 연소되면서 발생하는데 0.002%(20ppm)의 농도에도 치명적인 손상을 입게 된다. 특히 일산화탄소 중독은 낮은 농도라고 하더라도 장시간 호흡하게 되면 단시간에 높은 농도로 호흡하는 것과 같은 효과를 가지기 때문에 가능한 빨리 2기압의 재압체임버에서 100%의 산소를 공급해야 한다.

52 다음 중 스쿠버 실린더 밸브의 구성 부품이 아닌 것은?

① 다이어프램(Diaphragm)
② 오링(O-ring)
③ 밸브 스노클(Valve Snorkel)
④ 안전판(Burst Disk)

해설
판막(Diaphragm)은 호흡 조절기의 구성품이다.

53 다음 중 부력 조절기의 용도를 잘못 설명한 것은?

① 표면에서의 부력 확보
② 하잠할 때의 부력 조절
③ 수중에서의 중성 부력 유지
④ 수중물체 인양 시의 부력 활용

> **해설**
> 부력 조절기는 수면에서는 양성 부력을 갖게 하고 수중에서 중성 부력을 유지할 수 있게 한다.

54 KMB 밴드마스크 내 물이 스며들 때 침수된 물을 제거하기 위해 환기밸브를 여는 것 이외의 다른 방법은?

① 비상탈출을 시도한다.
② 비상기체 공급밸브를 연다.
③ 요구형 호흡조절기의 퍼지버튼을 누른다.
④ 주 배출밸브를 완전히 연 후 상승한다.

> **해설**
> 환기밸브 또는 퍼지버튼을 눌러서 마스크 내부의 압력을 증가시켜 입 마스크 내부에 누적된 물을 제거한다.

55 배수펌프 작동 시 배수가 되지 않는 이유로 옳지 않은 것은?

① 회전 속도가 너무 낮을 때
② 흡입 호스에서 공기가 샐 때
③ 여과기에 이물질이 끼었을 때
④ 흡입 호스가 펌프 헤드보다 낮을 때

> **해설**
> **펌프 작동 시 배수되지 않는 이유**
> • 회전 속도가 너무 낮을 때
> • 흡입 호스에서 공기가 샐 때
> • 여과기에 이물질이 끼었을 때
> • 흡입 호스가 펌프 헤드보다 높을 때
> • 시동 시 흡입 호스에 물이 완전히 차 있지 않았을 때
> • 임펠러가 막혔거나 부러졌을 때

56 호흡의 충동을 느끼는 것은 혈액 내의 어떤 물질의 양에 주로 좌우되는가?

① 산 소
② 이산화탄소
③ 일산화탄소
④ 백혈구

> **해설**
> 사람이 호흡 충동을 느끼는 것은 산소가 부족해서가 아니라 이산화탄소의 증가 때문이다. 이산화탄소 중독은 산소 중독과는 다르게 뇌에 영향을 미치며, 호흡 중추를 자극해 호흡 비율과 호흡량이 증가하게 되어 심장 박동수도 증가한다.

정답 53 ④ 54 ③ 55 ④ 56 ②

57 섬유색의 취급 및 보관에 대한 설명으로 옳지 않은 것은?

① 일반적으로 섬유색은 직사광선에 약하므로 그늘진 곳과 통풍이 잘되는 곳에 보관해야 한다.
② 산성물질, 페인트, 그리스, 유류 등과 접촉하지 않아야 한다.
③ 섬유색을 사릴 때는 꼬임을 방지하기 위해 둥글게 또는 8자로 사려야 한다.
④ 섬유색 뭉치에서 로프를 풀 때, 엉킴방지를 위해 바깥쪽부터 풀어내야 한다.

> **해설**
> 섬유색 뭉치에서 로프를 풀 때 안쪽부터 풀어낸다. 바깥쪽에서 풀어내면 풀어낼 때마다 계속 엉킨다.

58 역류(이안류)에 대한 설명 중 가장 적합한 것은?

① 항상 일정한 속도로 흐른다.
② 남극에서 적도를 향해 흐르는 해류이다.
③ 해안에서 바다 쪽으로 흐른다.
④ 수심이 얕은 곳으로 흐른다.

> **해설**
> **역류(Rip Current, 이안류)**
> 해안에서 바다 방향으로 흐르는 해류이다. 대체적으로 완만한 경사, 넓은 면적을 가진 해변에서 주로 발생하며 폭이 좁고, 물살이 매우 빠르다.

59 질소마취 현상의 특징과 가장 거리가 먼 것은?

① 급하게 하강하면 증상이 악화될 수 있다.
② 목표 수심에 도착한 후에도 체류시간이 길어질수록 악화된다.
③ 잠수사 사이에서도 개인 차이가 심하다.
④ 약간의 적응력이 생긴다.

> **해설**
> 질소마취 현상은 대기압 조건으로 복귀 시 아무런 후유증 없이 회복되며 목표 수심 도착 직후에 증상이 가장 심하고 이후 약간 약화되며, 개인차가 심하다.

60 다음 중 감압병 발생과 수중 온도와의 관계로 옳은 것은?

① 찬물에 잠수하면 찬 사이다에서 기포가 적게 생기는 것처럼 감압병 발생률이 낮다.
② 더운물에서 잠수하면 감압병 발생률이 높다.
③ 찬물에서 잠수하면 감압병 발생률이 증가한다.
④ 찬물에서의 잠수와 감압병은 관계가 없다.

> **해설**
> 찬물에서 잠수를 하면 체온 유지를 위해 정상 시보다 호흡수가 빨라지고 말단 조직의 혈액 흐름이 줄어들게 된다. 잠수 초기에 말단부에 과다하게 들어간 질소는 체외로 미처 빠져나가지 못하여 결국 기포를 형성할 가능성이 많아지게 된다.

57 ④ 58 ③ 59 ② 60 ③

Win-Q 잠수기능사 필기

개정14판1쇄 발행	2026년 01월 05일 (인쇄 2025년 10월 22일)
초 판 발 행	2011년 09월 15일 (인쇄 2011년 07월 29일)
발 행 인	박영일
책 임 편 집	이해욱
편 저	기술자격연구팀
편 집 진 행	윤진영 · 오현석
표지디자인	권은경 · 길전홍선
편집디자인	정경일
발 행 처	(주)시대고시기획
출 판 등 록	제10-1521호
주 소	서울시 마포구 큰우물로 75 [도화동 538 성지 B/D] 9F
전 화	1600-3600
팩 스	02-701-8823
홈 페 이 지	www.sdedu.co.kr

I S B N	979-11-434-0184-7(13530)
정 가	28,000원

※ 저자와의 협의에 의해 인지를 생략합니다.
※ 이 책은 저작권법의 보호를 받는 저작물이므로 동영상 제작 및 무단전재와 배포를 금합니다.
※ 잘못된 책은 구입하신 서점에서 바꾸어 드립니다.

기능사 / 기사·산업기사 / 기능장 / 기술사

단기합격을 위한 완전 학습서

Win-Q 윙크시리즈
WIN QUALIFICATION

Win-Q
승강기기능사
필기+실기

Win-Q
전기기능사
필기

Win-Q
피복아크용접기능사
필기

Win-Q
컴퓨터응용선반·밀링기능사
필기

Win-Q
설비보전기능사
필기+실기

Win-Q
자동화설비기능사
필기

Win-Q
전산응용기계제도기능사
필기

Win-Q
화학분석기능사
필기+실기

자격증 취득에 승리할 수 있도록 **Win-Q시리즈**가 완벽하게 준비하였습니다.

Win-Q
위험물기능사
필기

Win-Q
환경기능사
필기+실기

Win-Q
화훼장식기능사
필기

Win-Q
원예기능사
필기+실기

Win-Q
공조냉동기계산업기사
필기

Win-Q
화학분석기사
필기

Win-Q
위험물산업기사
필기

Win-Q
소방설비기사[전기편]
필기

Win-Q
설비보전산업기사
필기+실기

Win-Q
가스산업기사
필기

Win-Q
에너지관리기사
필기

Win-Q
실내건축산업기사
필기

※ 도서의 이미지 및 구성은 변경될 수 있습니다.

기출분석에 집중하여 합격을 현실로!

무조건 단기에 뽀개기

이런 분들에게 추천해요!

| 이론도, 문제 풀이도 막막해서 **책 한 권으로 해결**하고 싶은 분들 | 노베이스에 혼자 공부하기 어려워 **동영상 강의 도움**이 필요하신 분들 | CBT 시험이 처음이라 시험 전 실전처럼 **온라인 모의고사**를 경험해 보고 싶은 분들 |

무단뽀 한권으로 한번에! 초단기 합격전략!
무단뽀가 곧 합격이다!